WARFARE
A Visual History

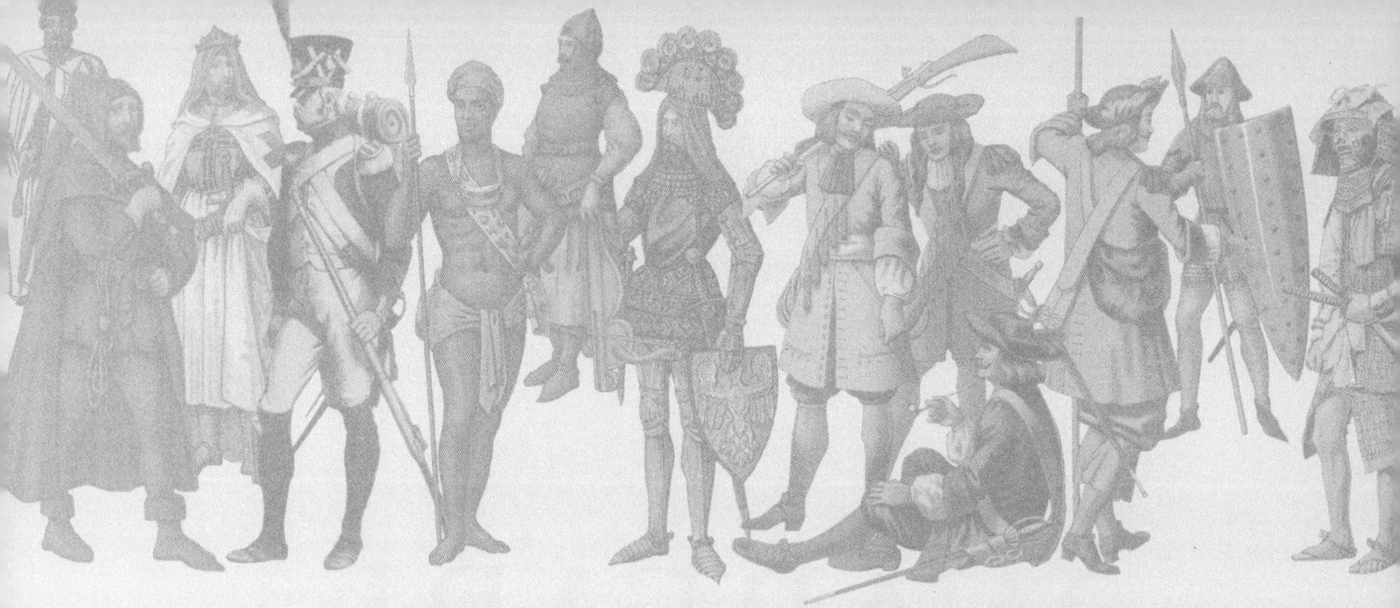

WARFARE
A Visual History

图解战争史
从上古时代到现代

[英] 蒂姆·纽瓦克 ——— 主编　　顾捷昕　丁广华 ——— 译

北京联合出版公司
Beijing United Publishing Co.,Ltd.

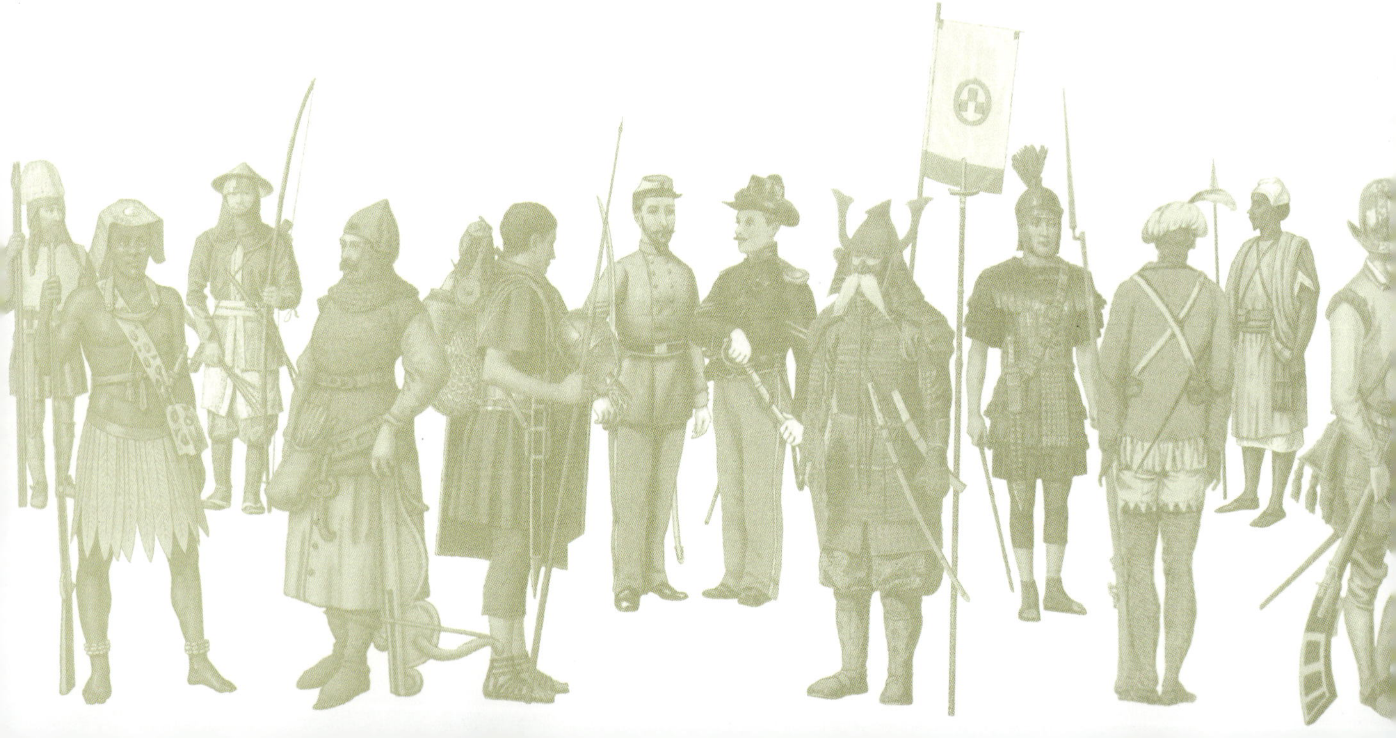

目录

- 6 引言

- 11 **战争的演变**
- 13 古代的战争
- 41 罗马及其敌人
- 73 中世纪战争
- 125 放眼世界
- 153 枪支革命
- 185 燧发枪时代
- 215 现代战争的开端
- 249 海战

- 277 **武器和盔甲革命**
- 279 武器
- 301 盔甲

- 308 时间表
- 312 术语表
- 314 参考书目
- 316 撰稿人说明
- 317 图片出处

引 言

两千多年前，军事学家兼哲学家孙武撰写了一部传世经典——《孙子兵法》。他在书中写道："能因敌变化而取胜者，谓之神。"根据形势的变化采取合适的战略战术，这确实是制敌取胜的关键。交战之时，蛮力并不是制胜因素，战斗者的机智、审时度势和创新能力才是真正的优势。天才军事家总是不惧劣势，屡出奇招，智胜对手。这种顽强的精神、灵活的策略，构成了《孙子兵法》的核心内容。

本书主要介绍战争的具体过程和相关规则——包括武装冲突中所有烦琐的细节，旨在揭示战争中各种要素的发展过程及其相互关系。本书考察了武器系统、指挥结构、后勤、组织、通讯、士兵的招募和训练、军队类型等战争要素，以及配置这些要素的方式方法。书中按时间顺序，介绍了战争的发展过程——始于旧石器时代晚期的人类冲突，止于美国南北战争。美国南北战争中，人们开始使用电报、铁甲战舰和蒸汽火车，这些装备其实只是工业革命的副产品，但是，军事历史学家据此得出结论，美国南北战争堪称第一次现代战争。美国南北战争期间，普通士兵也用上了步枪（rifle，即来复枪），步枪枪管内壁刻有膛线，其射程之远，射击精度之高，远胜前代。自然，这场战争无比惨烈，其伤亡率也创下了历史纪录。人类冲突自出现以来，在漫漫历史长河中不断发展演变，最终在美国南北战争时期发生质变，进入现代战争阶段。

人们研制武器，以攻克最先进最坚实的盔甲，而盔甲也一直在升级换代，以抵御新式武器。在人类科学发展史上，这种靠技术驱动的军备竞赛往往具有举足轻重的地位。军械制造师的聪明才智总是让我们啧啧称奇，历史上的兵器发明更让人叹为观止。本书介绍了历代能工巧匠研发并改进的诸多武器，它们

不仅在军事史上具有重要意义，其中有些更是巧夺天工的神来之笔。不过，武器系统并非本书的全部内容。

新式武器的出现，催生了兵种的变革。战士必须有盔甲护体，以降低风险，避免伤亡，但防护也得有度，否则他就不能有效地使用武器发动进攻；此外，装备成本也是人们必须考虑的因素。比如，弓箭手不宜身披重甲，否则拉弓射箭的能力就会受影响。再者，战场上必须有成千上万的弓箭手协同作战才具有杀伤力，但是若为这些人都配备最高档的全副铠甲，那开销就太大了，根本不现实。弓箭手这一兵种的优势是轻盈灵活，对士兵要求不高，可以从普通人中招募。相比之下，骑兵属于突击兵种，突击冲锋就是他们最重要的战术。他们需要重装铠甲护体，除了胯下坐骑之外，还应该额外准备战马，以防意外。骑兵是昂贵的兵种，只能从社会上富有的阶层中招募，因为他们必须财力雄厚，才能自行购置装备。所有的军队都由轻装和重装兵种混合而成，面对不同战况，他们要采用不同的战术，发挥各自优势，方能制敌取胜。

所谓战术，指的是交战之时军力和装备部署之术。历史上的名将要么能改变传统战术，大胆布局，推陈出新；要么能因地制宜，灵活调整战术，出奇制胜。为帮助读者理解军事发展史，本书忠实记录了世界各地战术的重大变化，

比如在古埃及和近东，马拉战车亮相，堪称军事技术史上的革命；后来，骑兵出现在战场上，再次丰富了作战方式，弓骑兵时代来临。我们发现，东方人往往采用灵活机动的战术；相比之下，西方人则更依赖绝对力量，更愿意在正面冲突中一决胜负，亚历山大大帝的长枪方阵和罗马军团都是典型例证。

当然，战术创新也只是战争史中的一个环节。18世纪普鲁士军事理论家卡尔·冯·克劳塞维茨（Carl von Clausewitz）将战争定义为"暴力的艺术"，并认为它"旨在强迫对手满足我们的意愿"。人们往往通过赢得一系列战役达到这一目的。除此之外，攻城也是战争的一种重要表现（其实，在战争史上，攻城战次数可能超过野战次数）。中国自古就有"攻城略地"一说，因为扩大地盘能取得战略优势。战略有别于战术，它是为实现全盘目标而制定的计划。比如，如果大军能够占领君士坦丁堡，就能获得达达尼尔海峡和博斯普鲁斯海峡附近

贸易路线的军事控制权，打通黑海至地中海的航道。至于围攻君士坦丁堡的具体方式（使用大炮或攻城器械发起进攻；搭云梯翻过墙头；或是连续数月围城，拖垮城内守军），则属于战术范畴。我们会在正文中详细介绍攻城战。

　　全球军事发展的契机和速度受到许多因素的影响，比如地理位置、气候、文化和自然资源等。为体现这些影响，我们在编撰此书时，除年代顺序外，还有横向主题方面的考虑。第一篇"战争的演变"简要介绍技术和战术发展过程；第二篇"武器和盔甲革命"则用大量翔实的细节，展示武器发展史。

　　本书内容繁杂，涉及多种文化和各个时代，但是全书采用19世纪的插图，保持了统一的风格。19世纪是现代学术体系肇始时期，本书插图正是那个时代学术先锋的作品。这位维多利亚时代的艺术家难免在创作过程中自由发挥，但是总体而言，他终是努力还原历史真实的。而且他的画作生动形象，让人有身临其境之感。此外，画家对古代军事技术的理解难免有误，本书编著人员一一指出了疏漏之处，并参照当今通行的权威学说，勘误补正。细心的读者会发现这类修正的可堪玩味之处。

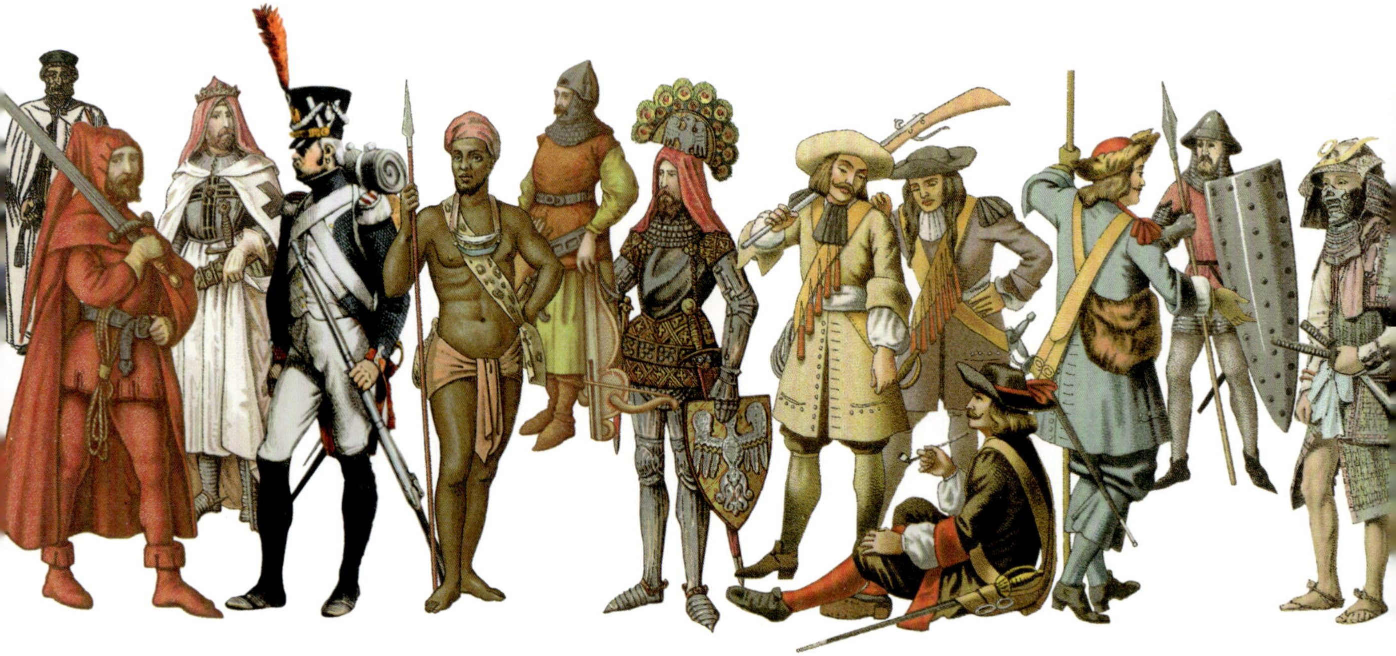

战争的演变

THE EVOLUTION OF WARFARE

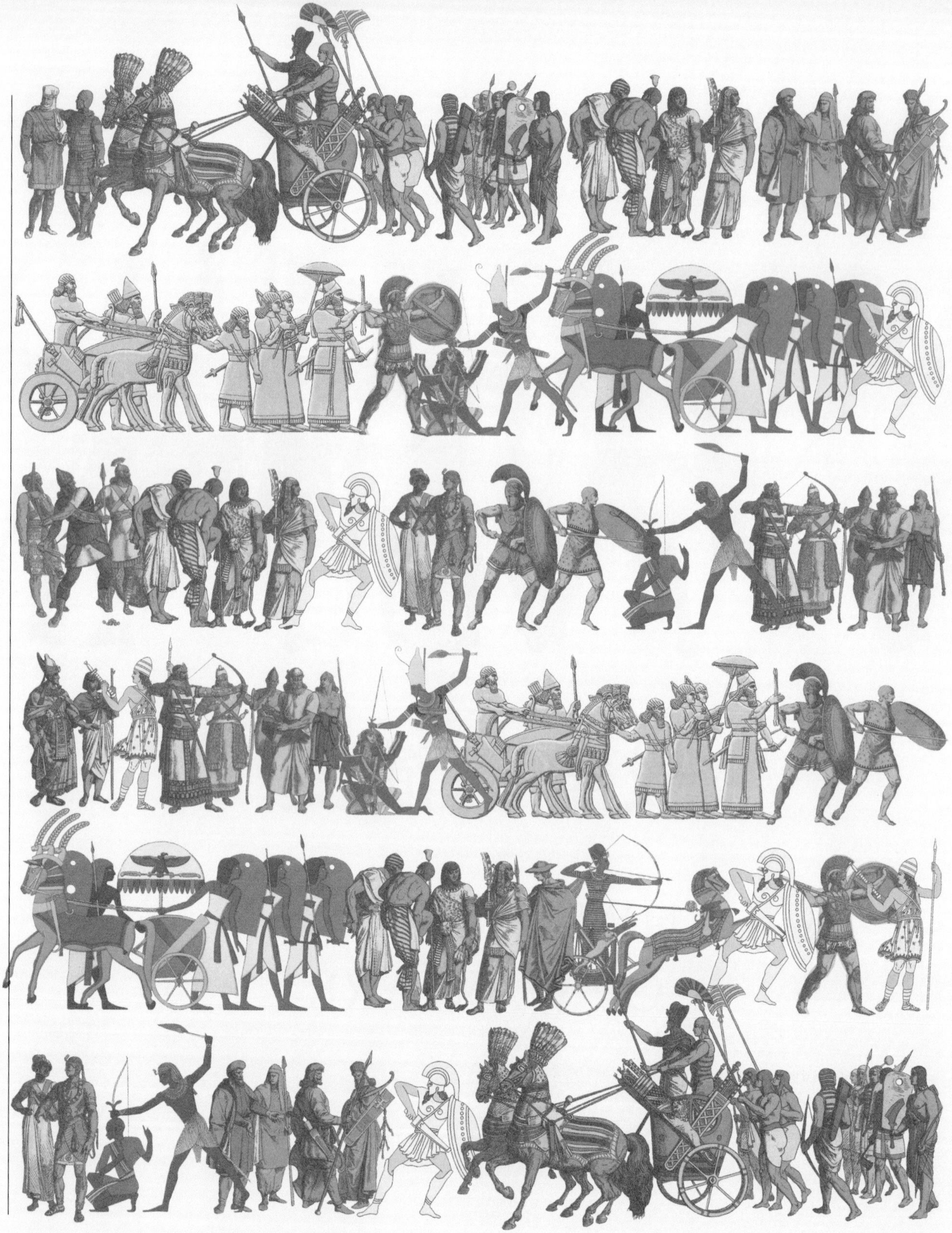

古代的战争
公元前3000—前323年

本章介绍自文明拂晓到亚历山大大帝去世大约3000年间，战争的演变历程。传统观点认为，人类历史上首个相对成熟的文明大约出现在公元前3000年，但那时的人们已经历经无数次战争，所以我们有必要探讨一下战争的起源。

我们通过观察大猩猩——两个小群体的大猩猩发生冲突，一方会袭击另一方的成员——不难推知人类战争的大致原型。但是，这种斗争不会导致不同群体之间有组织的冲突。人类这一物种发展到部落阶段时，其组织能力远远超过大猩猩。部落是亲族团体联盟，不仅靠亲缘关系维系，而且带有共同的族群标记，比如语言、风俗、符号和艺术风格等。在其他动物中，只有近亲组成的小团体成员才会相互合作，共同行动；但是人类部落能够发起成千上万人参与的有组织的冲突。在智人的认知能力足以创造族群标记时，部落战争可能就随之出现了。考古发现表明，在大约5万年前的旧石器时代晚期，人类创造力爆发，视觉艺术空前繁荣。显然，那时人类的认知水平已经发展到高级阶段。换言之，部落战争起源于旧石器时代晚期——这还是最保守的估计。自那以后，人类群体不断发展壮大，各群体之间的冲突成为常态——这种冲突也是引起文化变革的重要因素。

复杂社会的兴起并未改变战争的基本模式，但是和部落社会相比，组织者可以调动更多资源投入战争。不同的兵种逐次登场：青铜时代后期（约公元前1650年），马拉战车投入使用，士兵能够借助战车作战；铁器时代早期（约公元前1000年），纪律严明的步兵、首批骑兵、首批有效的攻城装备出现，战士开始尝试使用多种武器联合作战。公元前7世纪，希腊将领麾下出现重装步兵。公元前4世纪，马其顿重装骑兵出现，大型投石机也隆重登场。亚历山大大帝的军队吸收了所有上述元素，形成了无与伦比的军力。自那以后直至火药时期，战争这一军事机器并未经历重大革新。

战争中的古埃及，公元前3000—前1000年

古王国时期和中王国时期

古代埃及历史经历了30多个王朝。如今，文化专家将埃及古代史大致分为三个时期，即古王国、中王国和新王国，三个王国中间隔着过渡时期。也就是说，三个主要时期之间出现过群雄割据的现象。古王国自第三王朝开始，终于第六王朝（公元前2686—前2181年），是金字塔时代，也是埃及文明奠基阶段。第一个过渡时期始于公元前2181年，终于公元前2040年。在中王国时期（第十一、十二王朝，公元前2040—前1786年），埃及恢复法老制。在古王国时期，埃及仅有一支常备军——王家卫队。到了中王国时期，更正规的军事组织应运而生，国王还偶尔率军侵袭黎凡特地区。

盾牌

埃及盾框架为木质，表面用牛皮绷紧，顶部往往收窄（左）。士兵可以将盾牌挎在背上，双手能自由活动（右）。

努比亚人

努比亚（今埃及和苏丹交界处）位于尼罗河上游，埃及人称之为"库什"（Kush）。努比亚历史悠久，几乎与埃及同时成立统一王国，它的文明独具特色，但也深受埃及文明的影响。埃及人和努比亚人有密切的商业联系，贸易商品多种多样，有象牙、黄金、鸵鸟羽毛、猎豹毛皮等各种非洲特产。两国间也频繁发生军事冲突——双方可能都想夺取贸易路线的控制权。在左边这幅画中，国王乘牛车出行，远处的金字塔低矮狭小，具有显著的努比亚风格。图中还有国王的侍从和一位文士。此外，努比亚人使用埃及象形文字。

战争的演变

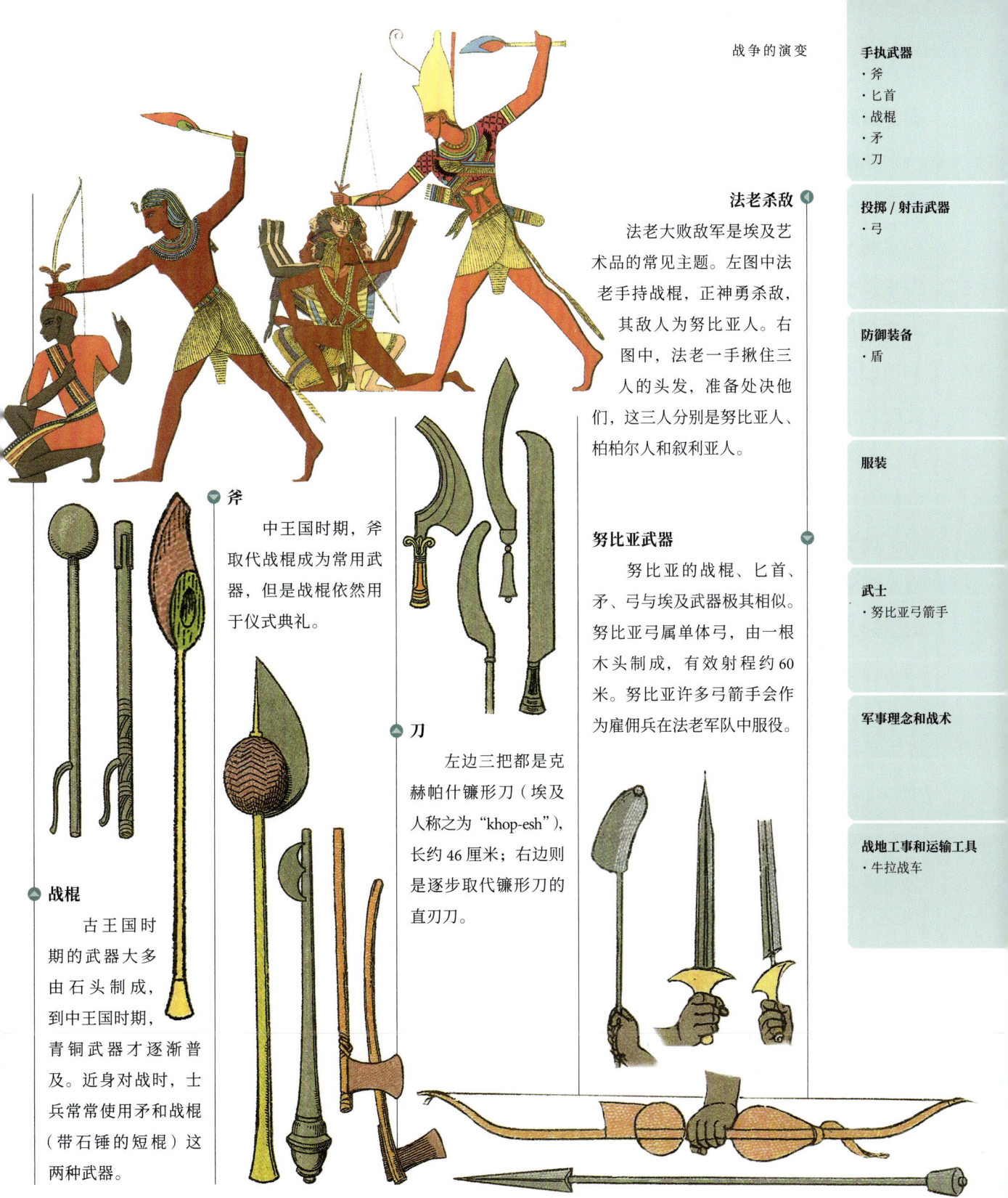

法老杀敌
法老大败敌军是埃及艺术品的常见主题。左图中法老手持战棍,正神勇杀敌,其敌人为努比亚人。右图中,法老一手揪住三人的头发,准备处决他们,这三人分别是努比亚人、柏柏尔人和叙利亚人。

努比亚武器
努比亚的战棍、匕首、矛、弓与埃及武器极其相似。努比亚弓属单体弓,由一根木头制成,有效射程约60米。努比亚许多弓箭手会作为雇佣兵在法老军队中服役。

斧
中王国时期,斧取代战棍成为常用武器,但是战棍依然用于仪式典礼。

刀
左边三把都是克赫帕什镰形刀(埃及人称之为"khop-esh"),长约46厘米;右边则是逐步取代镰形刀的直刃刀。

战棍
古王国时期的武器大多由石头制成,到中王国时期,青铜武器才逐渐普及。近身对战时,士兵常常使用矛和战棍(带石锤的短棍)这两种武器。

手执武器
- 斧
- 匕首
- 战棍
- 矛
- 刀

投掷/射击武器
- 弓

防御装备
- 盾

服装

武士
- 努比亚弓箭手

军事理念和战术

战地工事和运输工具
- 牛拉战车

新王国时期：战术和技术

在漫长的第三次过渡期内，尼罗河三角洲被来自亚洲的外族侵占，埃及人称入侵者为"喜克索斯人"。公元前 16 世纪，底比斯的统治者再次统一埃及。此时的埃及已经不是昔日绚烂多彩的独立王国，它成了强大的帝国，统治努比亚全境以及黎凡特大部分地区。新王国时期，埃及国力强盛，技术发达，文明璀璨。此时，埃及拥有庞大的常备军，战车兵更是其中的精英。大约公元前 1650 年，小亚细亚半岛上出现了由两匹战马拉动的轻型战车，而喜克索斯人把这项发明带到了埃及。青铜时代晚期（公元前 1550—前 1069 年），数个国家之间建立了持续的外交联系——现代人所说的国际关系那时已经萌芽。

法老亲征

青铜时代晚期出现了一种独特的战争形式：武士乘坐马拉战车，用复合弓向敌人放箭，除此之外，并无其他有效的进攻方式。战斗过程中，步兵可能无用武之地，仅起到看守军营和城墙的作用。下图描绘的就是这样一支典型队伍，尽管阵形松散，而且士兵的装备也各不相同（分别为矛、斧、战棍、克赫帕什镰形刀和单体弓），但这可能是历史状况的真实反映。

参见：
古王国时期和中王国时期，第 14—15 页；
短棍、战棍和斧，第 286—287 页

战争的演变

手执武器
- 斧
- 克赫帕什镰形刀
- 锤矛
- 矛

投掷/射击武器
- 弓

防御装备

服装

武士
- 战车武士

军事理念和战术
- 外交

战地工事和运输工具
- 双马战车

新王国的宫廷大臣

新王国时期，埃及成为高度军事化的帝国。新的贵族武士阶层崛起，军事精英，尤其是战车指挥官，屡屡取代传统的文士精英，成为法老的首席顾问。

新王国的法老

图中有一位法老和一名军官。新王国时期，法老的形象变得英勇威武。在古王国和中王国时期的艺术作品中，法老被刻画成仁慈的神，姿态安宁闲适。但是新王国时期，法老往往以引弓射箭的马车武士形象出现在艺术品中（参见第19页）。

战车

野马最早出现在亚欧大草原，可能在公元前第 4 千纪被驯化，主要用来为人类提供肉食。约公元前 3000 年，轮式车问世，但当时只是由牛拉动的重型车。由两匹马驱动的轻型车出现于公元前 17 世纪，也许源自小亚细亚半岛，可能用于捕猎——历史上，人们一直喜欢用马车捕猎。直至公元前 1650 年，马车才用于战争。当时，小亚细亚半岛上的赫梯王国因善用战车崛起，喜克索斯人驾着战车，入侵了埃及。埃及和赫梯王国是青铜时代晚期的两大王国，位于边境线上的黎凡特地区就是二者厮杀的战场。

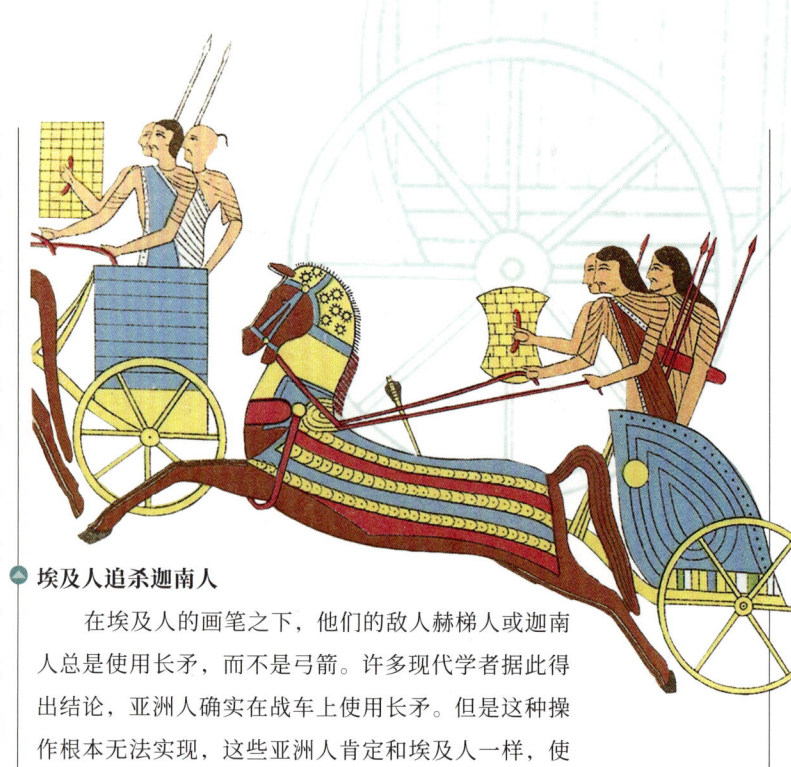

▶ 埃及人追杀迦南人

在埃及人的画笔之下，他们的敌人赫梯人或迦南人总是使用长矛，而不是弓箭。许多现代学者据此得出结论，亚洲人确实在战车上使用长矛。但是这种操作根本无法实现，这些亚洲人肯定和埃及人一样，使用弓箭。埃及艺术家在创作过程中，不惜采用曲笔，也要把敌人画得虚弱无力。

▶ 埃及战车兵

战车其实就是弓箭手的移动平台，最高速度能达到 16 千米每小时。如图所示，埃及战车上有两名战士，一位手持盾牌并驾车，另一位则是手执复合弓的弓箭手。复合弓射程是单体弓的两倍。马车侧面挂着箭袋和弓箱。

参见：
弓，第 290—291 页；
身体护甲，第 302—303 页

战争的演变

卡迭石之战

公元前 1275 年，埃及和赫梯两军在叙利亚卡迭石交锋，这场史诗级战役是青铜时代晚期最著名的战役。埃及法老拉美西斯二世为了纪念这一战役，命艺术家在埃及的许多庙宇内创作壁画，详细描绘了战场状况。赫梯军队有 3500 辆战车，埃及一方的装备可能与之相当。上图中，拉美西斯二世麾下士兵正在准备马车。

埃及战车

埃及古墓中出土的战车共有 11 辆，其中有 4 辆来自著名的图坦卡蒙墓，车身框架由轻巧的硬木制成，没有靠背，车底设网状皮垫，乘车人可以站在皮垫上。车轴两头贯穿车轮，每个车轮有 4—6 根辐条。战车重量约 30 千克，一人就能够扛起整个战车。

身体护甲

这幅图也取材于卡迭石之战。图中人物正是拉美西斯二世，他身披战甲——这是由千万片青铜片连缀而成的长袍式紧身护甲。在战车时代，为保护车上的战士免受箭伤，护甲应运而生。有时候，拉车的战马也会披裹铠甲。

手执武器
· 矛

投掷 / 射击武器
· 弓

防御装备
· 盾

服装
· 身体护甲
· 紧身护甲

武士
· 战车武士

军事理念和战术

战地工事和运输工具
· 战车

19

亚述，约公元前1000—前612年

亚述：战术和技术

青铜时代的美索不达米亚地区处于城邦割据状态，偶尔会有统治者试图完成统一霸业。首个美索不达米亚帝国约在公元前2300年由阿卡德的萨尔贡建立。但是这些帝国都是昙花一现。青铜时代后期，南部的巴比伦和北部的亚述王国同时崛起，与埃及新王国和赫梯王国类似，他们也倚仗战车大军四处征战。青铜时代末期，中东各地文明普遍衰微。铁器时代大约始于公元前1000年，在铸铁技术的推动之下，战争也发生了巨大变化，步兵阵形出现，军队逐渐变成以训练有素的步兵为主力。铁器时代的帝国不仅幅员辽阔，而且实力空前强大，亚述帝国就是其中的典型。

参见：
弓，第290—291页；
攻城器械，第294—295页；
盾，第306—307页

▼ 亚述围城

亚述军队的攻城器械令对手望而生畏。如下图所示，这两种攻城锤都可安在滚轮木车上。为了攻破守军堡垒，亚述军队会使用攻城锤，搭云梯，掘地道，三管齐下。后方的攻城塔楼上，有弓箭手负责掩护攻城队伍。

战争的演变

重装步兵

图中,亚述的重装步兵手执长矛和大型圆盾,头戴锥形铁盔,身穿前可掩胸、后可护背的战甲。重装步兵从纯种亚述人中招募,是军队主力。辅兵则大多来自阿拉米各部落,他们通常轻装上阵,有的执矛,有的使用弓箭或投石索。

狩猎队伍

亚述王族带上复合弓,准备战斗或狩猎。其中一人(左二)头戴亚述王冠,相伴的侍从则是两位轻装步兵和一位弹奏齐特琴的乐师。

手执武器
· 矛

投掷/射击武器
· 复合弓
· 投石索

防御装备
· 盾

服装
· 锥形铁盔
· 鳞甲

武士
· 弓箭手
· 辅兵
· 步兵

军事理念和战术
· 步兵阵形

战地工事和运输工具
· 战车
· 攻城装备

亚述帝国

亚述人的故乡位于底格里斯河上游，是一个绵延 160 千米的狭长地带。那里有两大古都：阿舒尔城是宗教之都，尼姆鲁德则是帝国首都。青铜时代晚期，亚述帝国兵强马壮，控制着美索不达米亚北部平原全部地区。铁器时代发端之时，亚述国力衰微，国土缩减，只剩下最初的狭长地带。但是到了公元前 9 世纪，随着步兵队伍的壮大，亚述帝国实现了复兴。亚述国王纳西尔帕二世（公元前 883—前 859 年在位）收复了失地，而且在叙利亚北部有一系列附属国，控制范围扩展至地中海地区。提格拉·帕拉萨三世（公元前 744—前 727 年在位）统治时期，亚述成为历史上第一个中央集权帝国，统一了亚述和巴比伦地区。公元前 7 世纪，埃及也成为亚述帝国的一部分。

成熟的亚述军队

在这幅宫殿浮雕上，有重装步兵（使用矛和盾）、轻装步兵（使用弓箭和投石索）和骑兵。持矛兵和弓箭手似乎在协同作战。也许弓箭手先行进攻，然后持矛的士兵再进入战场。

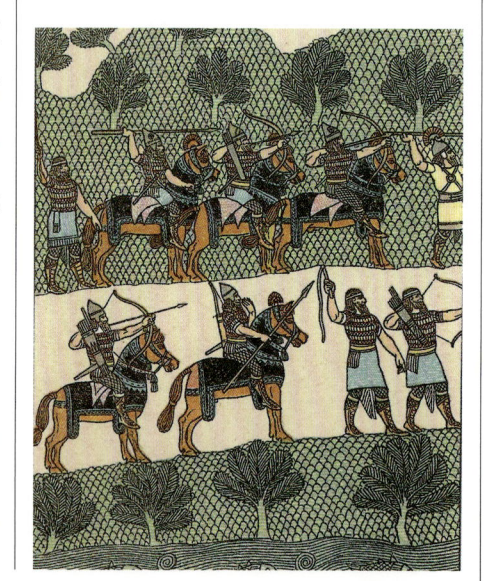

国王及其宫廷

国王在宫殿门前下车，侍臣和乐师簇拥在他身边。帝国下辖大约 80 个省，由各省长官理政，长官必须随时向宫廷汇报情况。亚述帝国有数百万子民，随时待命的武装部队人数可能达 50 万。总之，亚述幅员辽阔，体制健全，规模空前。

战争的演变

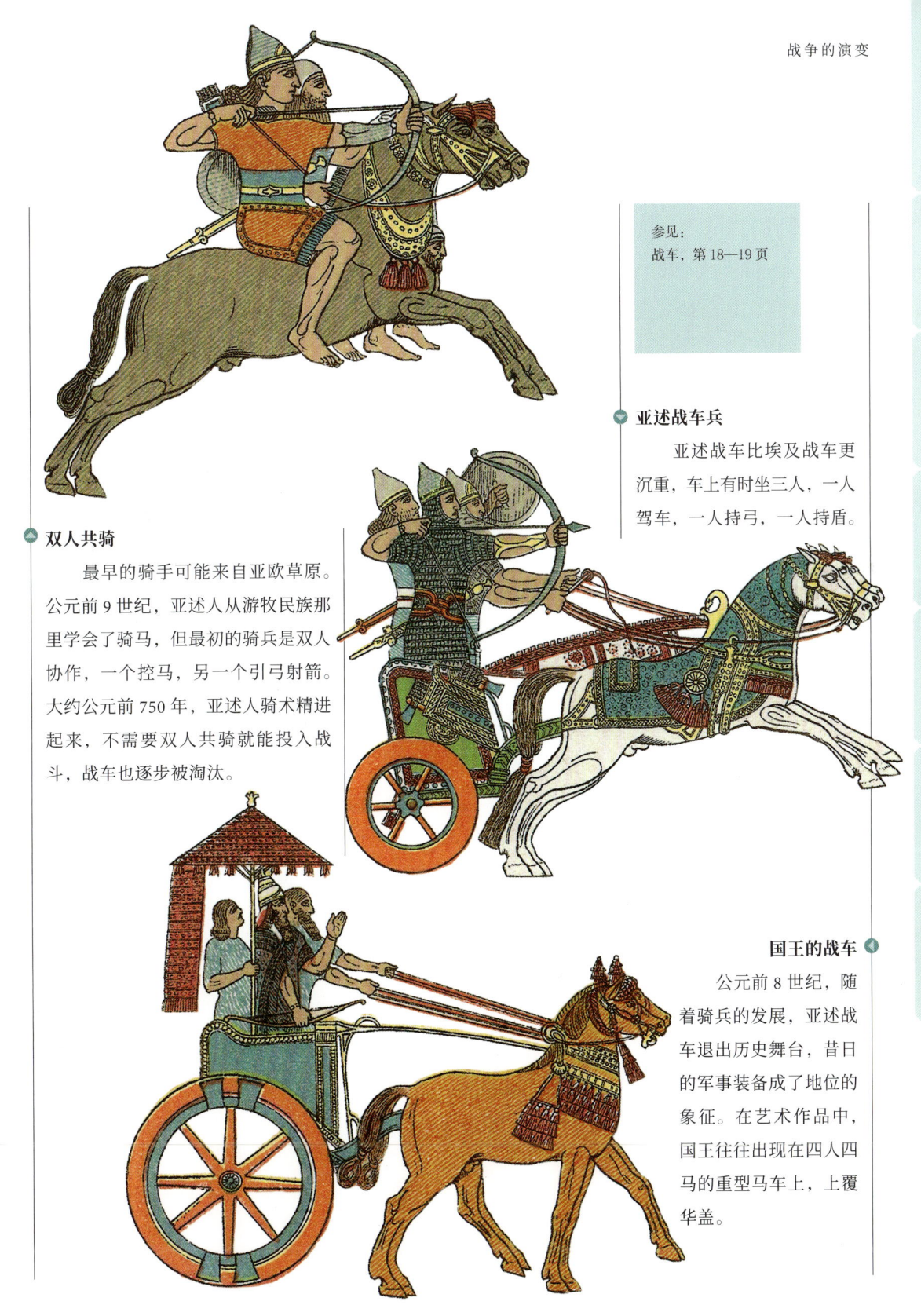

参见：
战车，第 18—19 页

亚述战车兵

亚述战车比埃及战车更沉重，车上有时坐三人，一人驾车，一人持弓，一人持盾。

双人共骑

最早的骑手可能来自亚欧草原。公元前 9 世纪，亚述人从游牧民族那里学会了骑马，但最初的骑兵是双人协作，一个控马，另一个引弓射箭。大约公元前 750 年，亚述人骑术精进起来，不需要双人共骑就能投入战斗，战车也逐步被淘汰。

国王的战车

公元前 8 世纪，随着骑兵的发展，亚述战车退出历史舞台，昔日的军事装备成了地位的象征。在艺术作品中，国王往往出现在四人四马的重型马车上，上覆华盖。

手执武器
· 矛

投掷 / 射击武器
· 复合弓
· 投石索

防御装备
· 盾

服装

武士
· 弓箭手
· 骑兵
· 步兵
· 持矛兵

军事理念和战术

战地工事和运输工具
· 战车

战争中的希腊，公元前1200—前300年

青铜时代到古典时期

青铜时代晚期，使用希腊语的地区（爱琴海周边地区）与中东联系紧密，其战争模式和西亚类似。约公元前1200年，希腊发生动乱（由于原因不详，所以称"神秘的动荡时期"），东地中海地区的宫殿和城堡几乎全部被洗劫一空。之后就是持续大约4个世纪的黑暗时代，爱琴海周围的城市逐步没落，文献失传。公元前8世纪，希腊文明复兴，新型社会形态出现，历史学家称其为古典时期。但它和东方文明并无交集，古典时期的战争以突击战为主，重装步兵是实现新战术的中坚力量。

英勇战斗

这是陶瓶上的装饰画，反映了后来的希腊人对荷马史诗记载的战斗场面的理解与想象。英雄身着重甲，手执大型圆盾和长枪，和后世希腊的重装步兵几乎相同。但其实后世步兵是组成方阵协同战斗，而那时的英雄则是单独对战。

荷马笔下的战争

历史上最早记录希腊战争的两部作品相传由荷马创作于公元前8世纪，它们就是长篇史诗《伊利亚特》和《奥德赛》。这两部史诗描绘了传说中希腊与特洛伊之间的战争，据说它大约发生于公元前1200年，而且一定是青铜时代文明终结的原因之一。但是，荷马在4个世纪之后才出生，他记述的青铜时代希腊（又称迈锡尼希腊或亚加亚希腊）可信度有待商榷。

参见：
亚述帝国，第22—23页；
身体护甲，第302—303页

战争的演变

希腊战车

《伊利亚特》记载,希腊英雄乘战车杀入战场,而后下车步战。使用战车确实是青铜时代希腊战争的重要特征之一,但荷马不知道400年前战车的具体用法。历史学家推测,在青铜时代,迈锡尼战车和亚洲战车一样,弓箭手依托战车作战,但是希腊地势崎岖不平,更加重视步战。

亚马孙女战士

希腊人相信,在黑海以北的大草原上,居住着由清一色女武士组成的部落,称"亚马孙女战士"。希腊神话中,有许多亚马孙女战士和希腊英雄(如忒修斯、赫拉克勒斯等)交战的故事。上图中,亚马孙女战士身着波斯传统服饰。

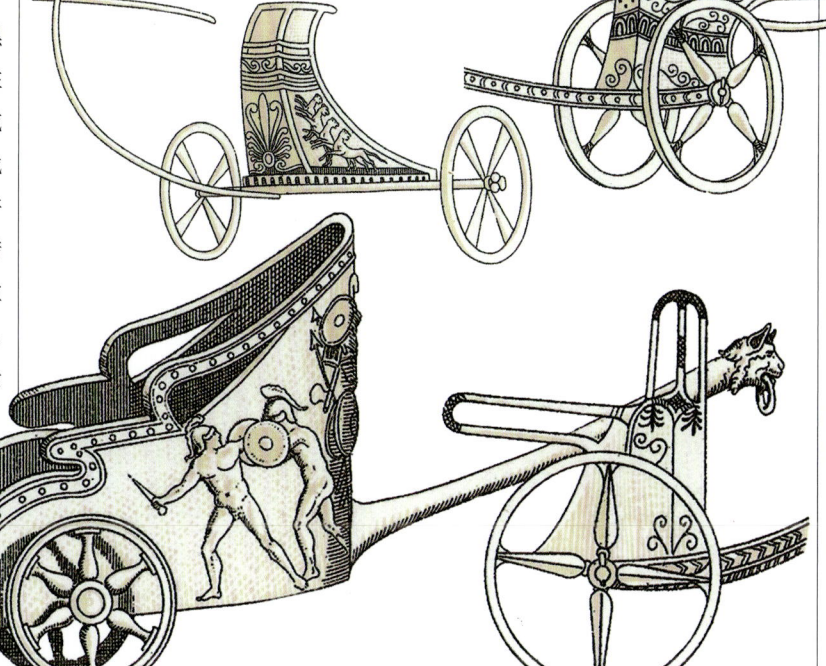

手执武器
· 矛

投掷/射击武器
· 弓

防御装备
· 大型圆盾

服装
· 战甲
· 波斯传统服饰

武士
· 弓箭手
· 重装步兵

军事理念和战术
· 突击战

战地工事和运输工具
· 战车

古典时期：战术和技术

公元前 7 世纪，希腊出现了独特的作战方法，即重装步兵全副甲胄，组成密集的步兵方阵。方阵纵深一般为 8 排，是战斗主力。手执武器只有在贴身对战时才能发挥效用，但是士兵想要贴近敌人本身就非易事，所以投掷或射击武器更受欢迎。步兵方阵解决了这一难题，因为阵形纵深足够，所以实际上把前排的士兵推向了敌军，去迎战手持长矛的敌人。

◎ 斯巴达式军事训练

步兵方阵可能是斯巴达人发明的。在希腊，斯巴达军队威名远扬，让敌人望而生畏。斯巴达文化独具特色，高度军事化、集体化：男性在兵营中居住，接受无比严苛的训练，这种训练被称为"斯巴达教养方式"。年轻男人出征的时候，母亲会把盾牌递给他，并告诉他，要么手持盾牌凯旋，要么躺在盾牌上被战友送回来。

◎ 古典时期的希腊士兵

古典时期希腊出现了各种类型的士兵。政府从富有的公民中招募骑兵，他们买得起战马，主要负责侦察敌情。轻装步兵从贫穷公民中招募，是小型战斗辅兵。重装步兵是军队主力，来自中产阶层，有财力购置甲胄和盾牌。图中最上面的重装士兵还须戴上右侧用来保护整个头部的筒状头盔，即科林斯式头盔。

战争的演变

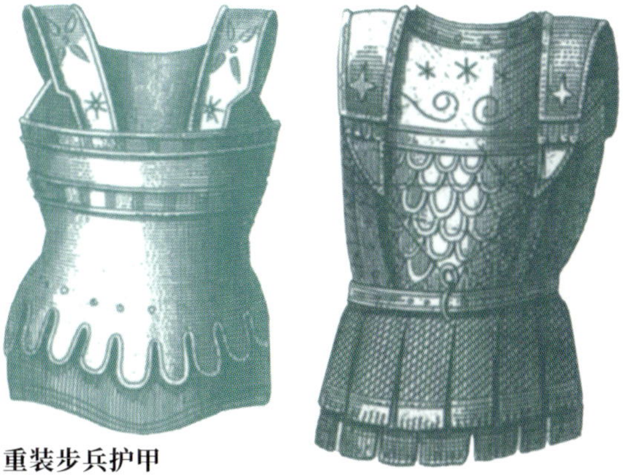

重装步兵护甲

最初，重装步兵的身体由青铜胸甲（左）防护。公元前5世纪，帆布胸甲基本上取代了青铜胸甲。帆布胸甲方便灵活，表面覆盖金属鳞片以提高强度，帆布条自胸甲底边垂下，用来保护腹股沟。

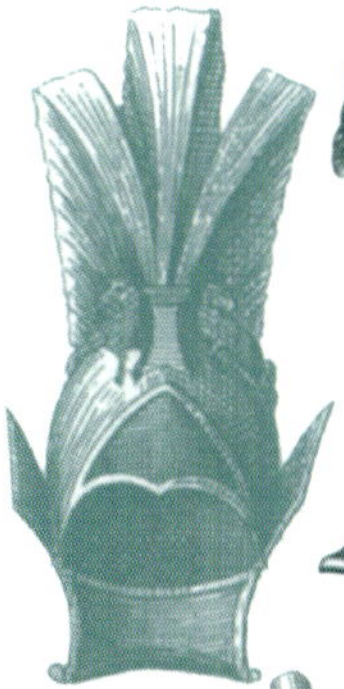

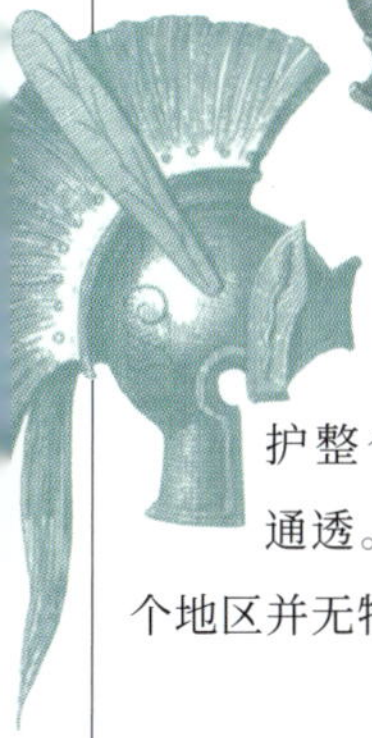

重装步兵头盔

重装步兵头盔主要有两种样式，即科林斯式和阿提卡式。科林斯式头盔（上）能保护整个头部，阿提卡式头盔（下）较为通透。这些头盔与科林斯和阿提卡这两个地区并无特殊联系。

参见：
马其顿方阵详解，第38—39页；
长杆武器，第284—285页；
身体护甲，第302—303页；
头盔，第304—305页；
盾，第306—307页

重装步兵装备

主要的攻击性武器是长矛，长约2.5米，矛杆由梾木制成，矛头是铁制的。只有在矛杆断裂时，步兵才会使用短剑（60厘米长）。

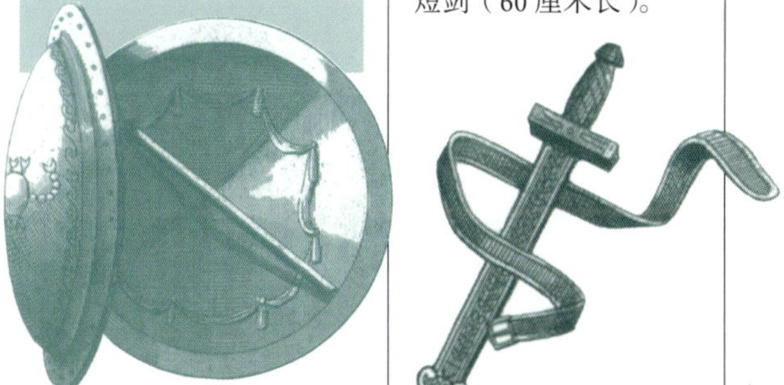

护腿

重装步兵经常穿金属胫甲，以保护小腿。

重装步兵盾牌

重装步兵盾牌体形硕大，内部凸起，有可供手臂穿过的盾柄，还有抓手。盾牌使用木制框架，青铜饰面，持盾步兵从下巴到膝盖都可被盾牌遮盖，而且可以遮挡左侧战友，这样整个队列的士兵前面就竖起了坚固的盾墙。

手执武器
- 矛
- 短剑

投掷/射击武器

防御装备
- 盾

服装
- 阿提卡式头盔
- 科林斯式头盔
- 胸甲
- 胫甲

武士
- 重装步兵

军事理念和战术
- 步兵方阵

战地工事和运输工具

保卫共和国

希腊战争中有一种特殊的意识形态,我们姑且称之为"公民尚武精神"。它其实是共和制这一整体概念包含的军事理念:自治公民主体的主要职责就是保卫共和国。古代的共和国其实是小城邦。人们认为,与雇佣兵相比,自由公民组成的武装部队更有战斗力,因为他们精诚团结,士气高昂,愿意承担重装步兵的职责,结队作战。重装步兵方阵在战争中有决定性的作用,从此战场上出现了一战定胜负的趋势。公民兵制和进攻战术是西方文明独有的战争特征。

轻装步兵(又称轻盾兵)

到了公元前5世纪,希腊战争变得更加复杂,轻装步兵也更受重视。他们往往配有标枪,手持轻盾。最初军队从色雷斯雇佣兵中招募轻装步兵,后来,那些无力购买盔甲的希腊公民也成了兵源。

剑术训练

左边的重装步兵正在训练剑术,但是在步兵方阵战术中,单打独斗的机会可能不多。

重装步兵操练

和罗马军队不同,希腊士兵很少操练,但是必须练习少数基本动作。希腊艺术家经常以之为创作素材,其中最常见的,就是练习击杀的姿势。士兵将长矛举过肩膀,越过另一只手中的盾牌,投掷出去。但是实际操练的时候,士兵会把盾牌举在胸前,护住身体,而不是像画中人那样,把盾牌放在侧面。

重装步兵单挑对手

最初，正面冲锋是步兵方阵唯一的战术，重装步兵是绝对主力，其他士兵作用不大。但是，一旦步兵方阵被突破，重装步兵可能就会与敌人捉对厮杀，如上图所示，左边的重装步兵已经丢开长矛，拔剑战斗了。

攻城装备

公元前4世纪，希腊人学会了东方的攻城战术。希腊人大约在公元前400年发明了投石机（盾刺），这是史上最早的大型投射武器。最早的投石机又称"腹弩"，其运作机制和大型十字弩（1）类似。公元前4世纪下半叶，扭力投石机问世，它由扭结的毛发或筋腱束驱动，发射飞镖或石头。这一时期，巨型攻城塔楼（2）也开始投入使用。

手执武器
- 矛
- 剑

投掷/射击武器
- 投石机

防御装备
- 盾

服装

武士
- 重装步兵
- 轻装步兵

军事理念和战术
- 公民尚武精神
- 步兵方阵
- 攻城战

战地工事和运输工具

参见：
十字弩，
第292—293页；
攻城器械，
第294—295页

斯基泰人和萨尔马泰人，约公元前1000—前300年

驰骋草原的游牧民族

大约公元前10世纪，人们开始使用金属马嚼子，这意味着人们掌握了骑术。在那以前，亚欧草原上的游牧民族到哪里都得步行；而自此之后，他们在马背上讨生活。对于定居于南方的各民族而言，这些游牧民族对他们构成了很大威胁。根据记载，最先掌握骑术的是斯基泰人，他们住在黑海和里海以北的草原上，是伊朗各部落的总称。公元前5世纪，希腊学者首次在书中提到斯基泰人。公元前3世纪，住在中亚的伊朗各部落西迁，取代了欧洲大草原上的斯基泰人，他们就是萨尔马泰人。草原游牧民族全程在马背上作战，他们会避免阵地战，遇上有组织的军队，总是先撤退，继而再用复合弓放箭，攻击敌人。

历史文物

图中所示的文物有青铜箭头、带有鸟状装饰的长针，以及刻着老虎（或猎豹）图案的刀柄。

斯基泰人的武器

图中骑士手执骑枪，斯基泰人主要用骑枪和短标枪这两类武器。骑士下方有两个徒步弓箭手。斯基泰人的短反曲弓尤其适合在马背上使用。

随葬品

在俄罗斯南部和乌克兰境内的草原上，考古学家发掘了多座斯基泰人的墓葬。墓里有丰富的随葬品，装饰图案具有鲜明的动物风格，体现了亚欧草原的生活特色，能让我们更好地了解游牧民族的装备和生活方式。这个金色器皿上，有两位正在聊天的持矛士兵。

参见：
弓，第290—291页；
头盔，第304—305页

斯基泰武士

斯基泰武士的裤子、靴子和帽子别具风格，易于辨识。他们使用复合弓，携带小型盾牌防身。左边武士手里拿的袋子，既是弓袋，又是箭囊。

战争的演变

甲胄骑兵

萨尔马泰战士大多是轻装骑兵,但是他们也有重装骑兵("具甲骑兵",希腊语为 kataphraktoi,意为"完全覆盖")。重装骑兵战马和骑士全身都覆盖鳞甲或锁子甲战衣。这幅画依据图拉真纪功柱上的浮雕绘制,难免有点夸张。具甲骑兵使用一种名为康托斯骑枪的武器,这是一种约4.5米长的矛。他们也携带弓箭,图中这位骑士边撤退边往后射箭——亚欧草原所有骑士都用著名的帕提亚回马射,不过它并非帕提亚人的独门绝活。后来罗马人将具甲骑兵编入军队,中世纪骑士又与罗马骑兵一脉相承。

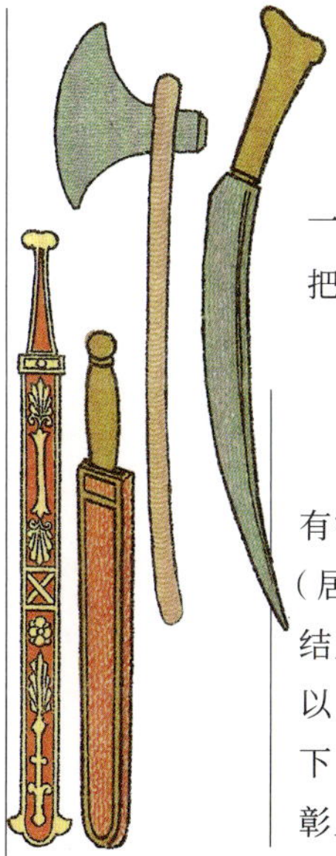

萨尔马泰头盔和盾牌

这幅图上部是带面甲和皮制颈甲的施潘根式头盔,下部是轻装骑兵携带的盾牌。

萨尔马泰武器

左图中有两把直刃刀,一把重装骑兵使用的战斧,一把曲刃刀。

萨尔马泰武士

萨尔马泰人和斯基泰人有密切联系,他们和达契亚人(居住在今天的罗马尼亚境内)结盟,共同抵抗罗马军队。所以,在图拉真纪功柱上,也留下了萨尔马泰武士的身影,以彰显图拉真皇帝征服达契亚的丰功伟绩。左边第二位武士身披鳞甲战袍,头戴用金属条打造的锥状施潘根式头盔。在中世纪早期,这种头盔成为常见的样式。最左侧的武士则穿着已被淘汰的战甲。看起来,这种护甲由带状皮革连缀而成——它仅见于图拉真纪功柱。

手执武器
- 斧
- 刀
- 康托斯骑枪
- 长矛
- 剑

投掷/射击武器
- 复合弓
- 标枪
- 反曲弓

防御装备
- 盾

服装
- 护甲
- 施潘根式头盔

武士
- 弓箭手
- 重装骑兵(具甲骑兵)
- 轻装骑兵

军事理念和战术
- 马背征战(帕提亚回马射)

战地工事和运输工具

波斯，约公元前625—前334年

波斯：战术和技术

伊朗（雅利安人）各民族中，米底和波斯是最重要的两个分支。伊朗游牧民族发源于中亚，在公元前最后一个千年，他们骑着战马占领了伊朗高原。伊朗游牧民族精通骑射，而且他们并不满足于劫掠，很快学会了统治农耕民族。约公元前625年，来自伊朗西部扎格罗斯山脉的米底人建立了统一的王国。米底王国幅员辽阔，占据自安纳托利亚东部至伊朗的广大地区，但其政权可能比较松散。公元前550年，波斯大帝居鲁士终结了米底王国，并在十年之内创建了帝国，统一伊朗、美索不达米亚和安纳托利亚地区。居鲁士开创了阿契美尼德王朝，该王朝后世统治者又将埃及、印度和中亚部分地区纳入帝国版图。

长生军

图中右边的两位士兵都是长生军成员。长生军有一万人，是波斯军队中的精锐步兵队伍。长生军共分十组，第一组为王室保镖。他们既用矛，也持弓，个个都是神箭手。和之前的亚述人相比，波斯人作战时更加倚重弓箭手。

波斯帝国士兵

左边是阿契美尼德王子，戴着波斯精英阶层专属头冠。

战争的演变

手执武器
- 矛

投掷/射击武器
- 弓

防御装备

服装
- 头冠（帽）

武士
- 弓箭手
- 长生军

军事理念和战术
- 帝国建设
- 骑术

战地工事和运输工具

▽ 波斯大帝在宫廷

居鲁士大帝将帝国划分为 20 个大省。军队分布在全国各地，由各省长指挥，省长由波斯人或伊朗人担任。帝国主要都市有波斯省的波斯波利斯（帝国首都），埃兰省的苏萨（冬宫），以及米底省的埃克巴塔纳（夏宫）。

△ 波斯人和米底人

图中，一位波斯贵族站在两个米底人之间。波斯和米底两族关系密切，希腊人总是称波斯人为"米底人"。波斯人和米底人组成了帝国的统治阶级和精英群体，伊朗人享有特权，但是其他民族掌握地方权力，帝国以阿拉米语作为行政语言。总体而言，由于他们几乎全部使用投掷或射击武器，所以战时大多轻装上阵。

波斯帝国的灭亡

马其顿的亚历山大似乎不费吹灰之力就征服了阿契美尼德王国,所以人们往往认为,这说明波斯帝国存在深刻的结构性弊端,所以国力衰微。但是历史学家似乎拿不出切实证据——波斯帝国真的衰微吗?尽管屡屡经历内部起义、王位纷争、边境危机,但是这个大帝国延续了两百多年,领土也相对完整。最终,在公元前334年亚历山大进犯之后,它迅速土崩瓦解。在那之前,最严重的领土危机发生于公元前400年——当时埃及脱离波斯帝国,但是这个损失只是暂时的,60年之后,波斯收复了埃及。历史学家应该记住,亚历山大花了12年时间,经过艰难的连续作战,才征服了波斯全境。不过,在公元前4世纪下半叶,波斯帝国的军事实力就日益衰微了。波斯精英的射术似乎一直在退步——与亚历山大交战时,伊朗贵族大多使用标枪。标枪虽然也是投射武器,但是其威力远逊于复合弓。波斯军队最致命的弱点是未能适应希腊人的新战术。

阿拉伯贝都因人营地

公元前最后一个千年间,在大帝国周边地区,牧民借助畜力四处游走,形成了逐水草而居的畜牧生活方式。无论是骑着骆驼云游四方的贝都因人,还是纵马驰骋中亚草原的各族牧民,都是游牧民族,未曾融入帝国。他们是独立部族,作为使用投射武器的雇佣兵效力于亚述和波斯军队。

战争的演变

镰刀战车

波斯军队充满神秘色彩，其镰刀战车（车轮上装有利刃，状如镰刀）尤其怪异。这是中东地区军队最后一次尝试发挥战车的军事作用——他们可能想采用心理战，恐吓那些没有经验的步兵。实战中，镰刀战车并不常用，而且几乎未曾奏效，因为敌军一旦使用投掷或射击武器，战车就无法继续前进。

伊苏斯之战

公元前334年，亚历山大大帝率军入侵波斯，波斯帝国迅速土崩瓦解。这是镶嵌画《亚历山大马赛克》（庞贝出土）局部放大图，图中，大流士三世（最后一任波斯大帝）驾着战车逃离了战场。

参见：
亚历山大大帝，第36—37页

手执武器

投掷/射击武器
· 复合弓
· 标枪

防御装备

服装

武士

军事理念和战术
· 帝国建设

战地工事和运输工具
· 骆驼
· 马
· 镰刀战车

35

亚历山大大帝，公元前336—前323年

无敌大军

马其顿位于希腊半岛北部，马其顿人和希腊人源出同族，但是南部希腊人认为他们是野蛮人，而且假装听不懂马其顿方言。马其顿王国甚至不能算一个城邦，只能说是一个秩序异常松散的酋邦，几乎每一代都要经历王位继承危机，王国也风雨飘摇。但是，在亚历山大大帝的父亲腓力二世（公元前359—前336年在位）的统治之下，马其顿变成了拥有无敌大军的强大王国。腓力二世大力扩军，从马其顿贵族中招募了600名伙伴骑兵，又从农民中招募重装步兵。所以腓力二世的军队里既有重装步兵又有重装骑兵，打仗时，步兵牵制敌人，骑兵围成一圈，从侧翼或后背向敌人发起冲锋。

作战方阵

当士兵把长枪放低准备冲锋时，整个方阵看上去像一头巨大的豪猪。这幅插图再现了马其顿对战波斯的场景，让读者深刻感受到，马其顿军队的铁蹄无人能当。亚历山大大帝用这样的方阵打赢了三次战役——公元前334年的格拉尼库斯河战役、公元前333年的伊苏斯战役和公元前331年的高加米拉战役，彻底征服了波斯王国。

参见：
长杆武器，第284—285页；
攻城器械，第294—295页

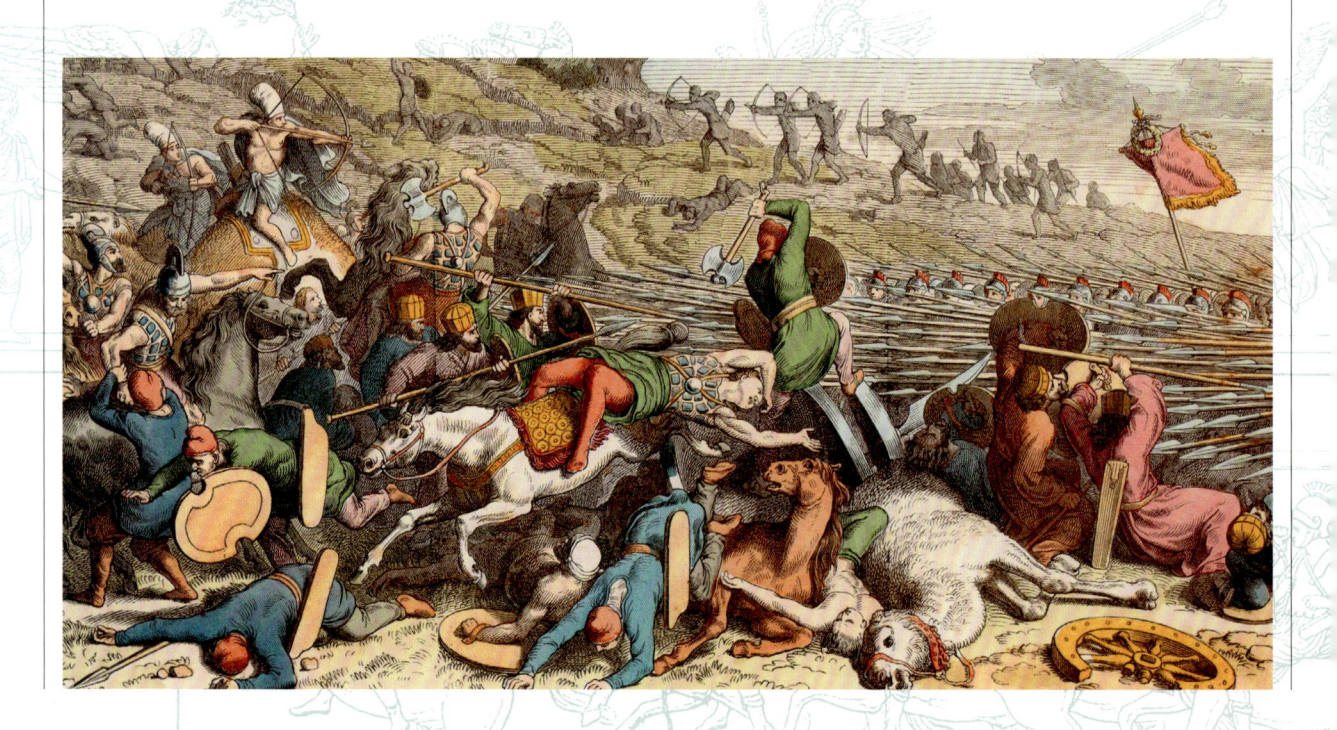

战争的演变

手执武器
· 长枪

马其顿投石机

腓力二世和亚历山大大帝都对攻城战术颇感兴趣。图中有两部扭力投石机，左边的投射弩箭，右边的投掷石头。亚历山大发动的最著名的攻城战当数公元前332年的提尔之战。提尔是个腓尼基城市，它坐落在小岛上，离海岸800米，易守难攻，人们认为它固若金汤。亚历山大建造了一条连接提尔和大陆的长堤，大军携投石机从海岸出发，来到城墙之下，最终攻破提尔城。攻城战耗时7个月。

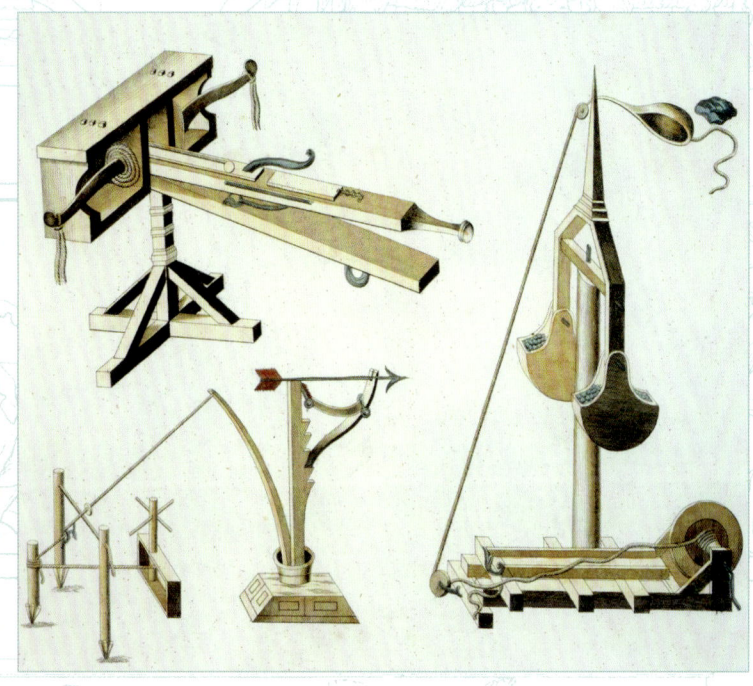

投掷/射击武器
· 投石机

防御装备

服装

战争传说

公元前335年，亚历山大大帝在巴尔干地区对战色雷斯人和伊利里亚人。这幅图作于19世纪中期，以那场战役为主题，图画色彩鲜艳，战争场面引人遐思，但是完全不符合史实。图中马其顿战士正与达契亚武士和萨尔马泰具甲骑兵交战，但是当时这些士兵根本不在巴尔干地区活动；而且画中还出现了战象，事实上，马其顿士兵在数年之后才首次遭遇敌军战象。

武士
· 骑兵
· 步兵
· 伙伴骑兵

军事理念和战术
· 步兵方阵
· 攻城战

战地工事和运输工具

马其顿方阵详解

马其顿方阵是亚历山大大帝战争机器的核心力量。亚历山大可能亲自率领骑兵冲锋,他身后就是由这些手执长矛的士兵组成的大型方阵。他们为大帝和骑兵提供保护,对敌人有致命威胁。

1. 希腊语中,方阵用"speira"表示,是马其顿军队的基本单位,一个方阵由256名步兵组成。方阵纵深16排,作战时保持严格的秩序。前进迎敌时,最前面的5排步兵会放低长矛,谨慎地从队列的间隙伸出,后面各排士兵则把他们的矛向上举起,随时准备补上由伤亡造成的空缺。举起的长矛密密麻麻,还能挡住敌军射来的箭矢。

2. 马其顿方阵士兵手中的长矛其实是一种长枪,与后来中世纪和火药时代早期武士使用的武器类似。这种长枪叫"萨里沙",长约6米,为了让士兵更好地使用这种超长武器,其底部做了加重处理。

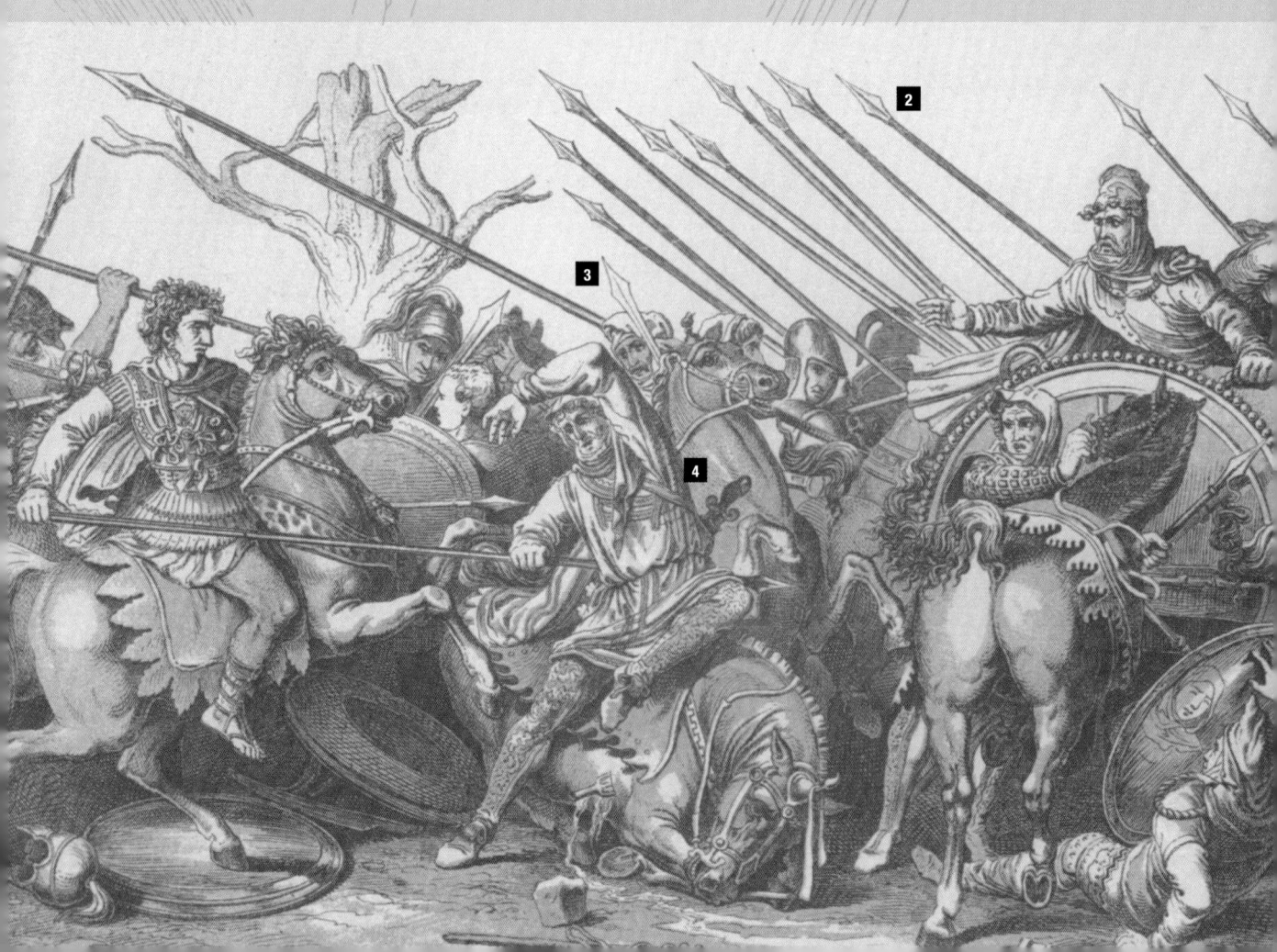

3. 除了长矛之外，士兵还携带一种单刃武器，即科庇斯弯刀。另有小圆盾，由青铜制成。士兵身上穿的护甲由重叠的金属鳞片和互锁的金属环连缀而成，或是由胶和亚麻制成，覆盖住躯干和大腿。士兵往往还会佩戴带顶饰的青铜头盔。

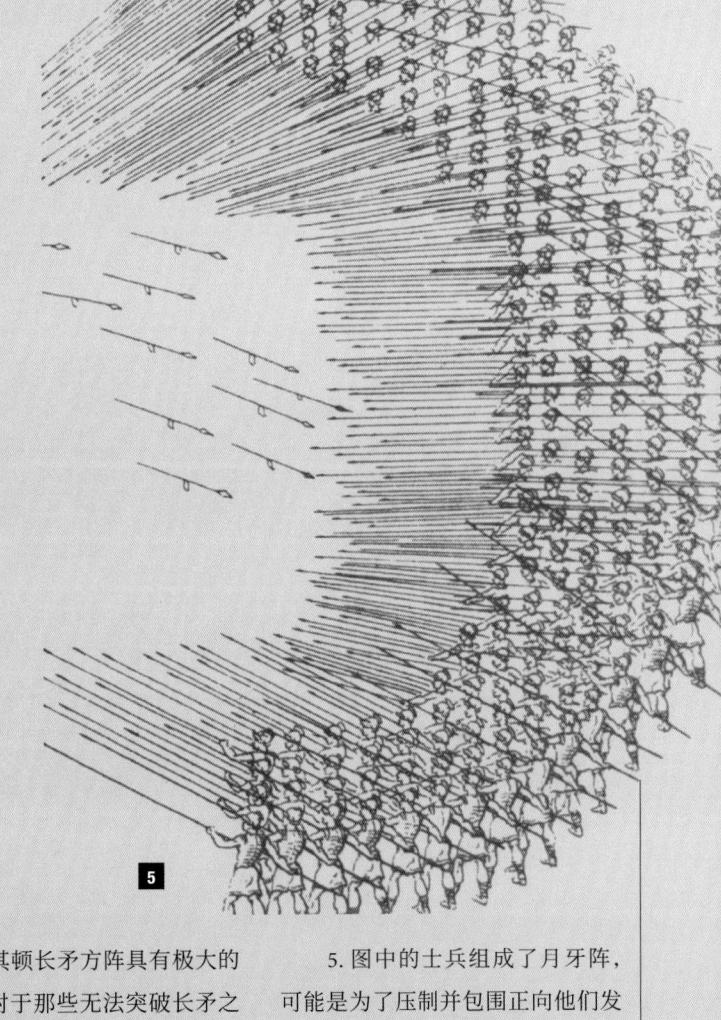

4. 马其顿长矛方阵具有极大的杀伤力，对于那些无法突破长矛之林的持剑武士而言，更具有致命威胁。骑兵无法向长矛方队发起进攻，因为面对这种形似刺猬的方阵，骑兵无法冲锋。而那些同样执矛的敌军矛杆不够长，难以与之匹敌。

5. 图中的士兵组成了月牙阵，可能是为了压制并包围正向他们发动攻击的骑兵。实际上，马其顿方阵一般排成雁形，各小组可以相互掩护，斜向迎敌。这样的阵形可以保护侧翼不受敌人攻击，全军以方阵为轴心，在战场上合理分布各路兵马，杀敌取胜。

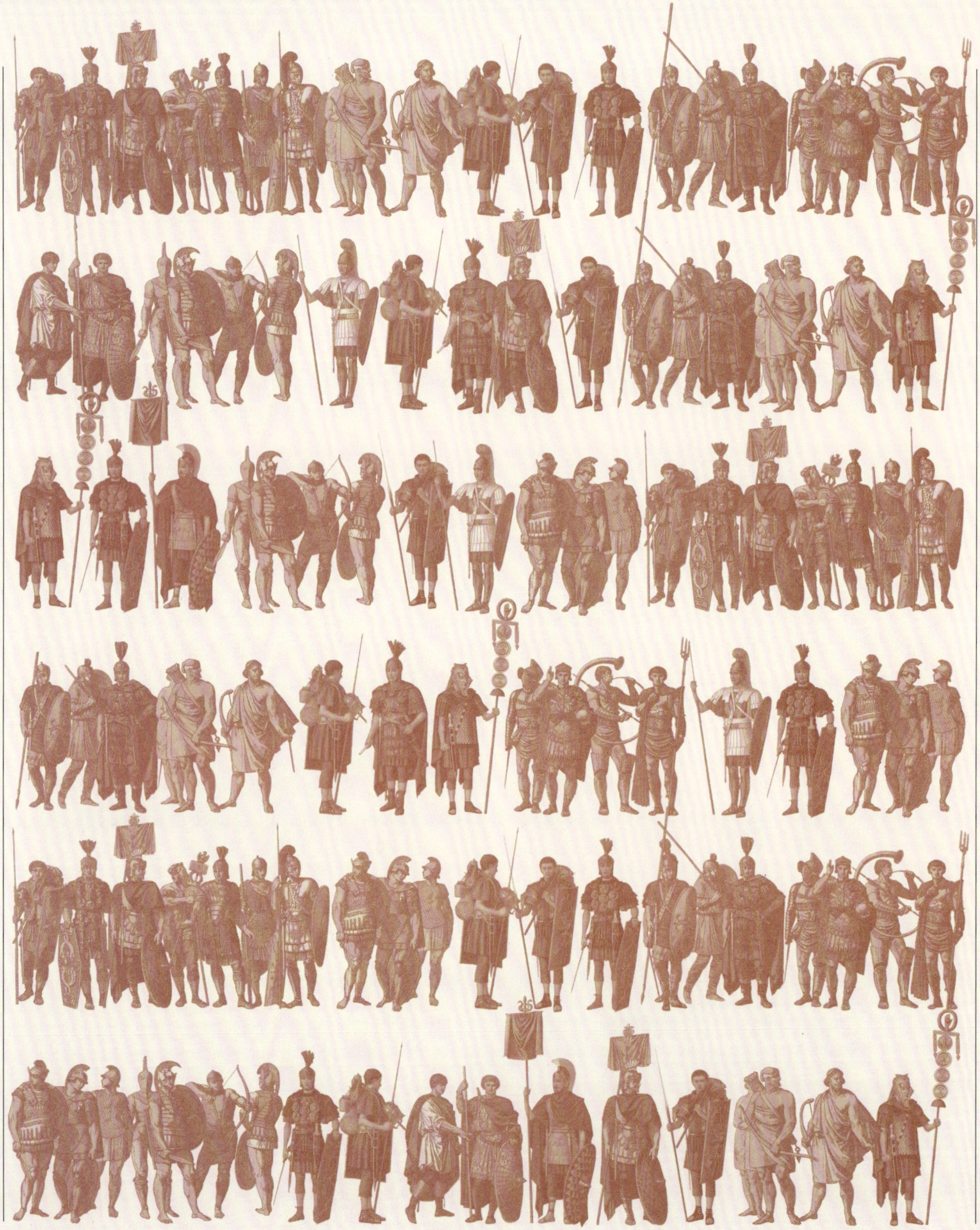

罗马及其敌人
公元前509—公元470年

在战争史上，希腊人有许多发明创造，但是罗马对西方文明的影响更大。希腊人偏爱进攻战术，对进攻战略未必感兴趣，罗马人则战术与战略一起抓。罗马战术以希腊为蓝本，在实际运用中又有所创新，故而罗马帝国的战力强于希腊。

最初的罗马军团与希腊步兵方阵并无二致，后来军团逐渐形成三线阵列，每一线又分为数队，每一队都能独立行动。经过这一系列创新，与希腊步兵方阵相比，罗马军团不具有纵深优势，整体性也不强，但是灵活性大大增强了。

和希腊相比，罗马文化更加崇尚武力。罗马人认为，连年征战是社会常态。"罗马人永远依赖武力建功立业"，希腊历史学家波利比乌斯如是说。在欧洲民族国家出现之前，罗马共和国的战力是无与伦比的。

和前代寡头不同，罗马人无法靠出身或财富获得精英地位，必须通过行政官职选举，履行军事职能，才能晋身仕途。罗马最高的行政官职是执政官，其主要职责是指挥士兵作战，入仕者只有被选为执政官才能进入元老院——罗马的核心权力机构。罗马共有两名执政官，每年选举一次，入选的机会往往一生只有一次，所以贵族当上执政官之后，只有一年时间为自己和家族赢得荣耀。这种体制让精英阶层的男性成员承受了巨大压力，他们必须相互竞争，比拼战功。对于精英而言，战争无疑能够带来巨大利益；对于普通公民而言，战争的奖赏也颇具诱惑力——打了胜仗可以获得战利品，在新领地拥有土地，成为百夫长，提升社会地位。

结盟制度也激励着罗马参战。罗马的盟友必须为罗马出兵作战，但无进贡义务，所以只有在战时，罗马才能享受盟友的好处。约公元前300年，罗马已经与意大利半岛结盟，继而拥有了地中海地区最大的人力资源储备。此时的罗马万事俱备，统一大业指日可待。

伊特鲁里亚人

伊特鲁里亚人和古意大利人

公元前第1千纪，意大利半岛中部被古意大利民族（其中包括拉丁族）占据，北部则居住着神秘的伊特鲁里亚人，他们已有文字，但是目前考古学家无法理解其字母表。似乎这一语言颇有古风，源自前印欧语系时期的欧洲语言。希腊人聚居地散布在意大利南部和西西里岛上，公元前7世纪，伊特鲁里亚人借鉴了希腊制度，其中包括城邦制度和步兵方阵。伊特鲁里亚人还向拉丁人和古意大利人传播希腊文化。从早期罗马拉丁城邦国王的名号中可以看出，他们有伊特鲁里亚血统，罗马本身也可能由伊特鲁里亚人创建，或是经历过伊特鲁里亚人统治时期。

轻装士兵

图中有一位轻装步兵弓箭手，一位轻装骑兵。和希腊相比，伊特鲁里亚步兵方阵可能没有那么整齐划一，单兵活动范围更大。弓箭手身旁有一位长着翅膀的生灵，她可能是领着幽灵去冥间的女神。

伊特鲁里亚重装步兵

公元前6世纪，伊特鲁里亚重装步兵的装备与同时期的希腊重装步兵相同。这些装备是专为步兵方阵设计的，包括科林斯式头盔、圆盾、胸甲和长矛。

战争的演变

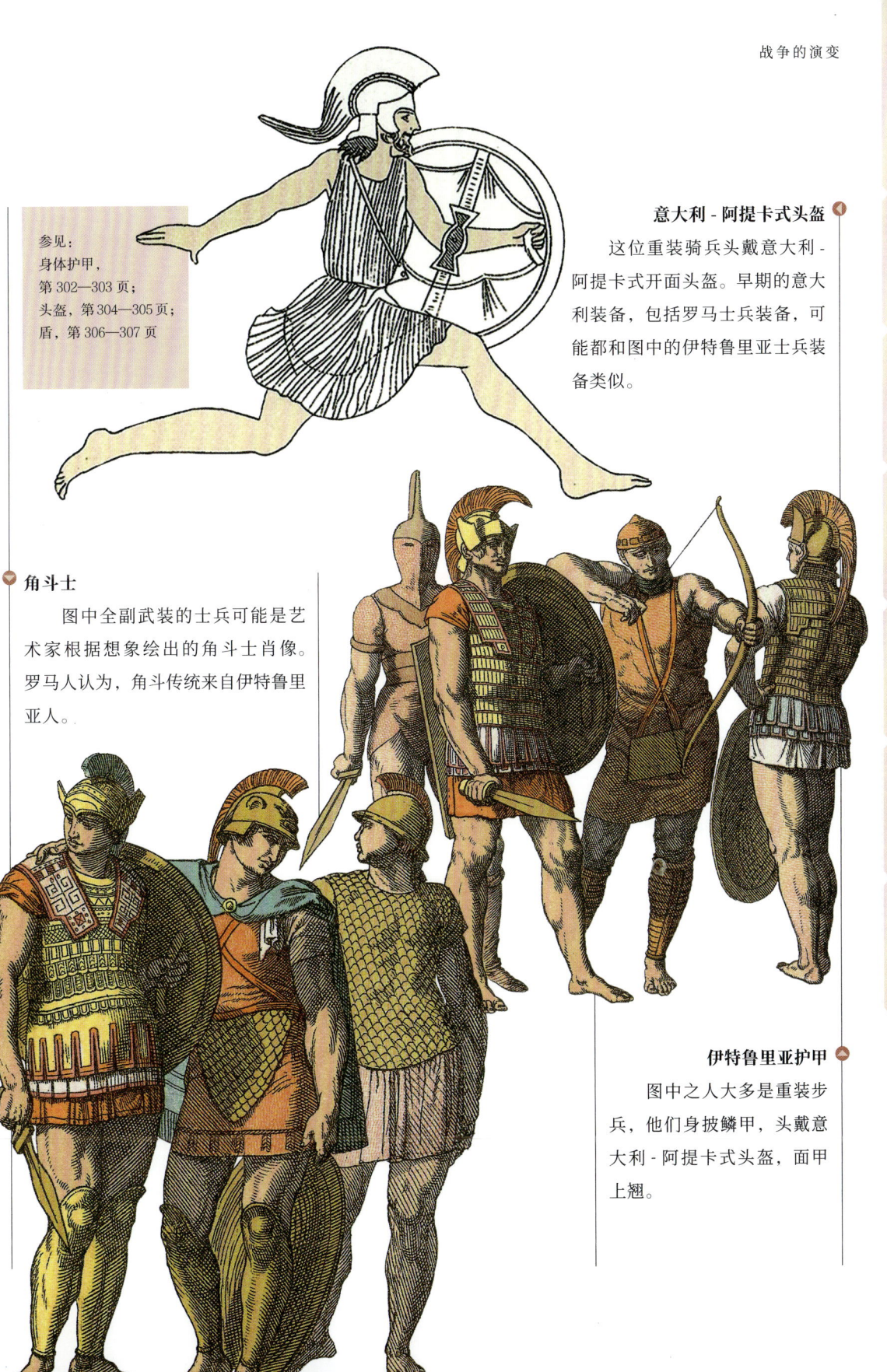

手执武器
· 矛

意大利-阿提卡式头盔
这位重装骑兵头戴意大利-阿提卡式开面头盔。早期的意大利装备，包括罗马士兵装备，可能都和图中的伊特鲁里亚士兵装备类似。

投掷/射击武器

参见：
身体护甲，
第302—303页；
头盔，第304—305页；
盾，第306—307页

防御装备
· 盾

服装
· 科林斯式头盔
· 意大利-阿提卡式头盔
· 鳞甲

角斗士
图中全副武装的士兵可能是艺术家根据想象绘出的角斗士肖像。罗马人认为，角斗传统来自伊特鲁里亚人。

武士
· 重装步兵

军事理念和战术
· 角斗
· 步兵方阵

战地工事和运输工具

伊特鲁里亚护甲
图中之人大多是重装步兵，他们身披鳞甲，头戴意大利-阿提卡式头盔，面甲上翘。

43

罗马军团

步兵支队军团

罗马人四处征战，终于统一了意大利。在此过程中，步兵支队阵形逐步发展成熟。该阵形由三横列步兵组成，每一横列又由数个步兵支队组成，各个支队之间相隔较远，所以单个支队能作为一个整体独立进攻或撤退，不必受整条战线移动方向的牵制。不过，各条线列上士兵的装备可能不尽相同。罗马步兵支队阵形到底源自何处，目前并无定论，但是多数史学家认为，萨姆尼人是三线阵的鼻祖。萨姆尼人是意大利中部的一个民族，虽然同属意大利人，但是在公元前4世纪，他们是罗马人的死敌。史学家推测，由于意大利中部地势崎岖不平，萨姆尼人可能是最早用松散阵形的。

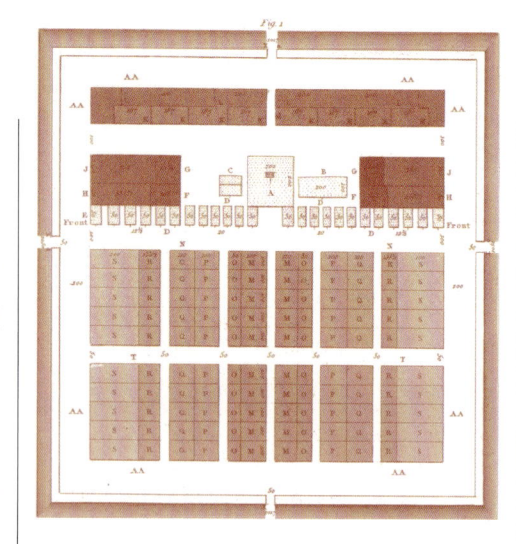

罗马军营

希腊历史学家波利比乌斯曾详细描述罗马军营，画家据此绘出此图。与当时其他军队不同，罗马军队每天晚上都驻扎在壁垒森严的营地里。可容纳两个军团的营地呈长方形，四周挖有壕沟，上筑带有栅栏的胸墙。每个支队都有搭帐篷的固定地点。营地共有四个门，第十步兵支队的帐篷离后门最近。两条主路均宽30米。两个军团的帐篷靠近后门，后门两侧驻扎着辅助军团，保民官的帐篷设在前方。营地中心是指挥官司令部，军团的旗标也放在这里，司令部旁边就是军需官的帐篷。

龟甲阵

罗马军团攻城时，确实使用过龟甲阵（参见第57页）。任何骑士都不可能像画中人那样，在龟背上驰骋。画家用了夸张的艺术手法渲染龟甲阵的优势：它如铁桶一般，能把士兵防护得严严实实。

战争的演变

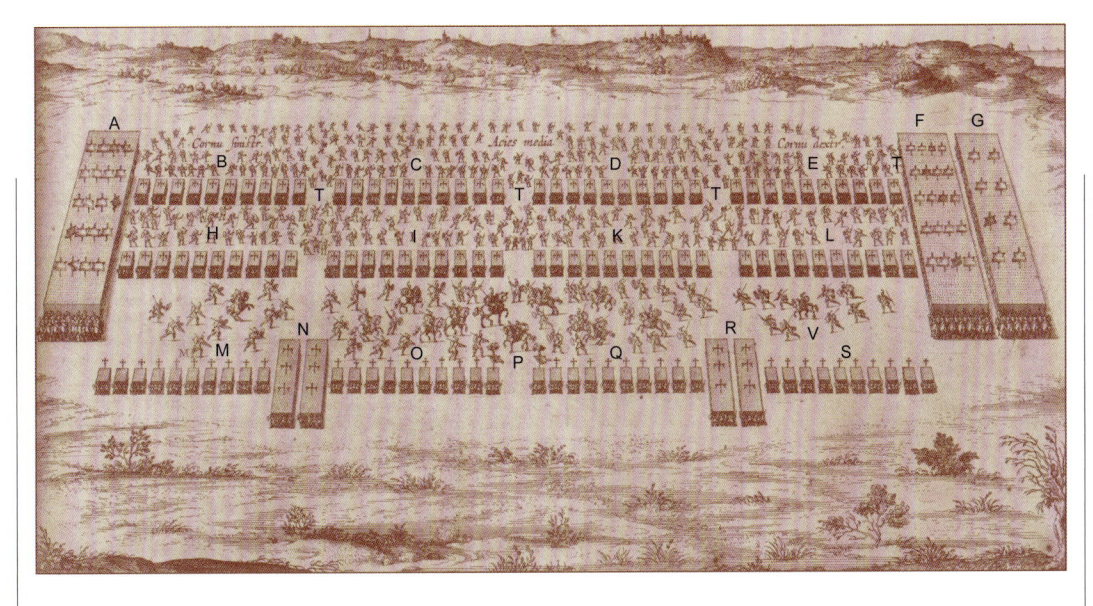

手执武器

投掷／射击武器

防御装备

服装

武士
· 青年兵
· 壮年兵
· 成年兵
· 轻步兵

军事理念和战术
· 龟甲阵
· 步兵支队阵形
· 野猪头阵形
· 设防营地

战地工事和运输工具

野猪头阵形

和龟甲阵不同，野猪头阵形纯属杜撰，是文艺复兴时代艺术家对昔日罗马军团的浪漫想象。

步兵支队阵形

根据希腊历史学家波利比乌斯的详细记述，文艺复兴时期的艺术家再现了"古时阵形"（公元前3—公元2世纪的罗马军团支队阵形）。图中是由执政官率领的一支大军，包括两个军团，外加同等数量的盟军，步兵约16000名，骑兵约2000名。军团位于中心，盟军守护两翼，骑兵又在盟军侧翼（罗马骑兵F，辅助骑兵A和G）。一个军团分为三横列，一横列由10个支队组成：第一横列为青年兵（罗马兵C和D，辅助兵B和E）；第二横列为壮年兵（罗马兵I和K，辅助兵H和L）；第三横列为成年兵（罗马兵O和Q，辅助兵M和S）。轻步兵（T）则是军团之前的突击兵。在成年兵和壮年兵之间，有2位执政官和12个军事保民官，军团鹰旗（P）也在那个核心位置上。

45

战争中的罗马，公元前509—公元476年

参见：
罗马军团，
第44—45页；
刀剑，第280—281页；
长杆武器，
第284—285页；
身体护甲，
第302—303页

罗马军团的演变

公元前509年，伊特鲁里亚最后一任国王被推翻，由贵族委员会（元老院）和两位执政官取而代之。执政官的主要职责就是统率罗马军队（军团）。公元前4世纪，罗马与其他意大利城邦之间爆发了一系列战争，最终意大利实现统一，成了罗马领导下的联邦。战争中，军团开创并发展了独具特色的三横列阵形（详见第44—45页）。约公元前100年，盖乌斯·马略进行军事改革，用10个大队这种更简单的编制取代了三横列制。实战时，这些大队可以组成一至四横列。

▶ 壮年兵

第二横列是壮年兵，他们的武器装备和第一横列一样（图中的共和国盾符合历史真实）。如果青年兵的冲锋没有彻底击溃敌人，壮年兵就会顶上，再次冲锋。第三横列由年纪更大的成年兵组成，他们使用长矛，是稳定的后备军。

▶ 青年兵

罗马军团的第一横列是青年兵，他们的装备是两支标枪、短剑和椭圆形大盾（图中的盾牌直到1世纪初才投入使用）。他们是先锋，战斗开始时，率先向敌人投掷标枪，两军逼近时，则拔出短剑战斗。

▶ 指挥官

罗马共和国阶段，军团通常是由执政官指挥。公元前27年，奥古斯都建立罗马帝国，在此阶段，军团有时由奥古斯都或是他的亲属指挥，有时由奥古斯都任命的执政军团长指挥。图中人物即奥古斯都。

队旗手

三横阵时期，每30个支队有一面队旗。马略改革之后，每个大队都有自己的队旗，队旗手身披熊皮，手执旗杆，非常威风。

大队军团

马略改革之后，所有的军团士兵都统一配备罗马标枪和剑。每个大队有480名士兵，一个军团有10个大队。早期军团士兵身披锁子甲或鳞甲，约公元40年时，这些护甲被罗马环片甲（用铁条制成的盔甲）取代。

军官

图中最右边是一位军事保民官。军事保民官往往由年轻贵族担任，一个军团设6位军事保民官，其中2人在指定时间内分享军团指挥权。军事保民官身后是一位百夫长，一个军团设60位百夫长。左边的则是手执旗杆的军团旗手。

战争的演变

手执武器
- 标枪
- 短剑

投掷/射击武器

防御装备
- 盾

服装
- 熊皮
- 锁子甲
- 罗马环片甲

武士
- 青年兵
- 壮年兵
- 成年兵

军事理念和战术
- 步兵支队阵形

战地工事和运输工具

罗马军团的演变

罗马军队最初由公民组成，公元 1 世纪，变成了志愿职业军队。元老院中的几大家族为了争夺罗马的控制权，引发了内战，罗马共和国四分五裂。恺撒家族在内战中胜出，其族长获得了"奥古斯都"这一荣誉称号，建立了披着"共和"外衣的帝制。共和国制度依然存续，但是恺撒成了控制国家的幕后之人。恺撒并未公然接受帝王封号，而且自称"第一公民"，历史学家将这一制度称为"第一公民制"。最终，统治者获得非正式称号"最高统帅·神之子"：其中，最高统帅最初是赐予成功将领的称号，此后成为统治家族专用封号，而他的家族名称恺撒（Caesar）也变为封号。

参见：
罗马的敌人，
第 64—65 页

▼ **守卫边境**

第一公民制时期，军团数量削减至约 30 个，他们驻扎在边境的固定营地上。当时最紧张的边境地区包括莱茵河岸、多瑙河岸、不列颠群岛，以及亚洲和非洲的沙漠边缘。此时，罗马帝国停止了扩张。下图的墓碑图案上，罗马骑兵正在踩踏日耳曼野蛮人。

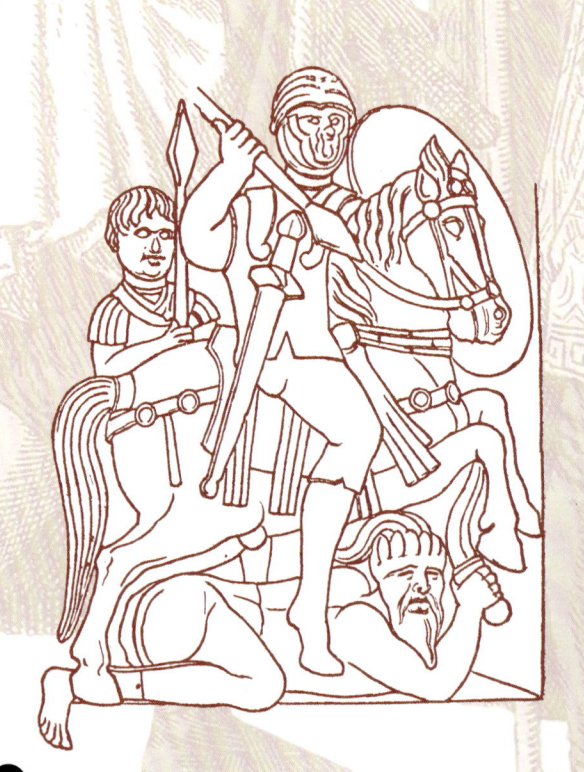

| 战争的演变 | 手执武器 |

投掷/射击武器

防御装备

服装
· 罗马板甲

武士
· 骑兵
· 百夫长
· 军团士兵

军事理念和战术
· 志愿职业军队

战地工事和运输工具

公元前1世纪—公元5世纪的罗马士兵

第一排最左边是一位罗马共和国时期的军团士兵（青年兵或壮年兵），之后依次是军事保民官、军团旗手、军团鹰旗护旗官和第一公民制时期身披板甲的百夫长、一位辅兵、一位大队军团士兵。第二排有两位辅助骑兵、一位执政军团长、三名角斗士、一位帝国时期的罗马皇帝。最后一排是埃提乌斯元帅，人称"最后的罗马人"，他生在公元5世纪，当时旧罗马军事制度和装备几乎全部被淘汰。

罗马军旗

罗马军团最初有五种不同的旗标，分别是鹰、马、公牛、野猪和狼。在马略军事改革时代，鹰的形象（天空之神朱庇特的神鸟）成为统一的旗标，每一个军团都有自己的鹰旗，每个大队也有自己的军旗。最开始，所有守护军旗的士兵都被称为护旗官；马略改革之后，手执军团鹰旗的军官被称为军团鹰旗护旗官，是高级护旗官。军团鹰旗护旗官地位尊贵，军阶仅在百夫长之下，薪金是普通军团士兵的两倍。艺术作品中，军团鹰旗护旗官往往不戴头盔，但他们在战斗中可能会戴着头盔。

▶ **军团护旗手**

每个军团都有自己的旗帜，图中手执军团旗帜的，正是护旗手。

▶ **军团旗帜**

军团旗帜上，有军团的名称和徽章。军团旗帜永远和军团在一起，如果军团中有特殊单位须单独行动，这一特别行动单位就被授予专属军旗，并被称为"特殊部队"。在第一公民制时期，军团驻扎在固定军营内，不再四处征战，特殊部队也成了普遍现象。

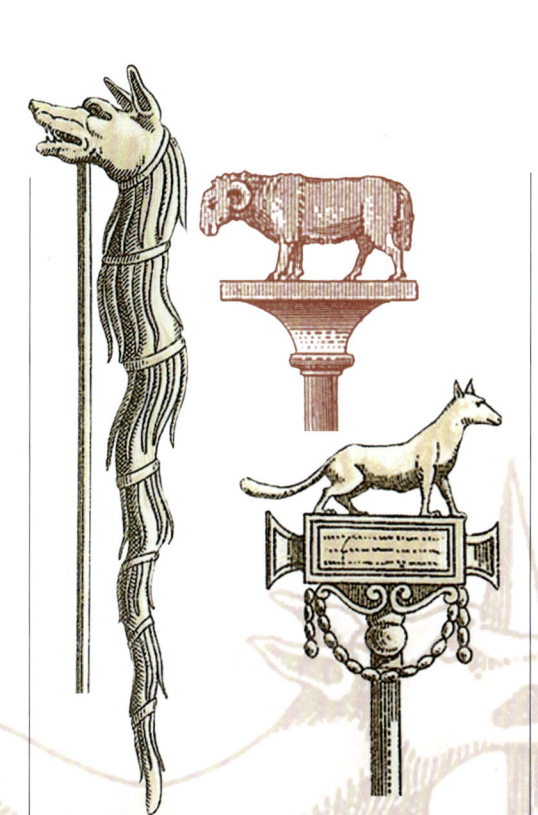

队旗

罗马军团每一个支队都有专属队旗，马略改革之后，每一个大队也有专属队旗，由身披熊皮的队旗手护持。所谓队旗，实际上是在旗杆顶部加一只张开的手，或是一支矛尖，并且配有各种不同的装饰物——球状徽章，或是纪念花环，以免和其他大队队旗混淆。

帝像标杆

罗马军团常常带着皇帝或是皇室成员的肖像出征，这就是帝像标杆，由身穿熊皮的士兵护持。

龙和其他旗标

军旗上的龙形图案源自萨尔马泰文化，4世纪，该图案成为罗马骑兵的常用旗标。龙旗是一个风向袋，起风时，旗子会沿水平方向飘扬，也可能会发出巨大声响。此外，军旗还会用其他图案，比如，有的军旗上带有星座标志，以此纪念军团成立日。

鹰旗

最初，鹰状旗标是银质的，后来用上了镶金工艺。鹰的翅膀往往是张开的，周边还有月桂花环——胜利的象征。军团上下人人敬仰鹰旗，营地中还有专门存放军团鹰旗的神龛。丢失鹰旗是整个军团的奇耻大辱。

战争的演变

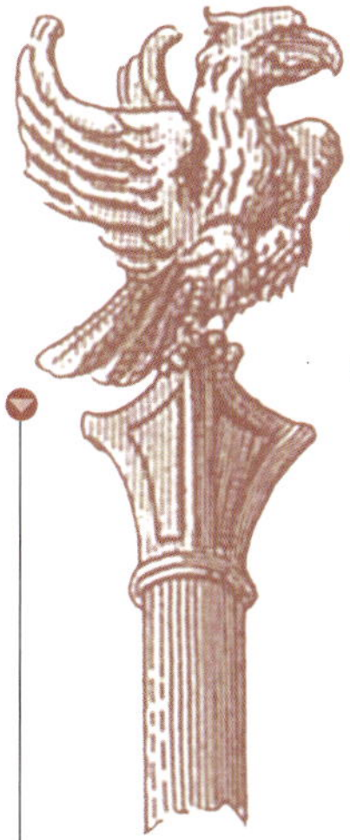

- 手执武器
- 投掷／射击武器
- 防御装备
- 服装
  - 熊皮
- 武士
  - 军团鹰旗护旗官
  - 龙旗手
  - 帝像标杆手
  - 队旗手
- 军事理念和战术
  - 马略军事改革
  - 特殊部队
- 战地工事和运输工具

罗马士兵

大队阵形

大约公元前 100 年，执政官盖乌斯·马略发起一系列改革，在之后几十年间，改变了军团面貌，昔日的公民军队变身为职业军队。三横列阵形被更简单的十大队阵形取代。十大队装备统一，全体持标枪和剑，阵形从一横列至四横列不等。每一个大队有 480 人，整个军团有 4800 人。自此直至 3 世纪，罗马军队阵形都未发生根本改变。

参见：
刀剑，
第 280—281 页；
身体护甲，
第 302—303 页；
盾，
第 306—307 页

盾

罗马共和国军团士兵的盾被称为罗马大盾。罗马大盾呈椭圆状，标准尺寸为 60×112 厘米，由木板黏合而成（类似现代三合板），金属包边，镶嵌铁质浮雕花饰。图中的盾和真实的罗马大盾相比，过于狭长。在罗马第一公民制时期，只有禁卫军使用这类大盾。军团士兵用的盾较短，顶部和底部都已削去。骑兵则用一种源自日耳曼的六角形盾。

护甲

此时，环片甲取代了共和国时期的锁子甲。右边两件是带肌肉轮廓的胸甲，这种护甲造价昂贵，穿戴者往往是高级军官，或是皇族成员。上方左边则是鳞甲，这种护甲造价不高，是在皮质短袍缝上金属鳞片制成的。

战争的演变

手执武器
- 反曲刀
- 西班牙短剑
- 罗马标枪
- 罗马匕首

投掷/射击武器

防御装备
- 罗马大盾

服装
- 胸甲
- 意大利－科林斯式头盔
- 罗马环片甲
- 弗里吉亚式头盔
- 鳞甲
- 熊皮

武士

军事理念和战术
- 马略军事改革

战地工事和运输工具

图拉真纪功柱上战士的头盔

右边的头盔是罗马第一公民制时期标准的军团士兵头盔。当时，只有在阅兵典礼上，士兵才会戴有顶饰的头盔。中间是辅助轻装步兵戴的一种轻质头盔。左边则是意大利-科林斯式头盔，已不再流行，可能只有辅助军团中的士兵才会戴这种头盔。最初的科林斯式头盔可覆盖整个面部，但是意大利-科林斯式头盔只是护住头部，眼洞也纯属装饰。

匕首

军团士兵还携带短匕首，即罗马匕首，但是在2世纪，这种匕首已被淘汰。士兵一般把匕首放在左髋骨之上，把剑放在右髋骨之上。

剑

罗马军团士兵标准的佩剑常常被称为西班牙短剑——毕竟早在公元前3世纪，西班牙人就开始使用这种短剑了。右上方是维多利亚艺术家绘制的反曲刀，这种短刀状如镰刀，只有朝下的一面带刀刃。

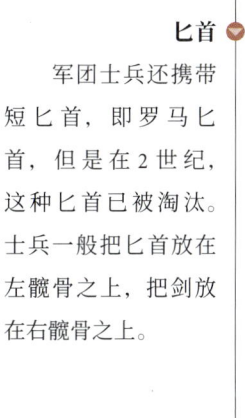

各种头盔

下方两顶头盔都是标准的罗马军团士兵头盔。上方两顶可能是辅兵的头盔，最上面的可能属于轻装步兵，上方第二顶属于已过时的弗里吉亚式头盔。

骑兵、弓箭手和辅兵

罗马共和国时期，通常从军团战区内的野蛮人部落中招募辅兵，一般情况下，他们仅参加小规模战斗。进入第一公民制时期之后，罗马很快开始组建正规辅助军团，由帝国提供装备和薪酬。辅兵被编入各个人数不同的大队，他们身穿锁子甲或鳞甲，使用矛和剑，其军官总是用拉丁文发布号令。和军团士兵相比，辅兵的作战方法并无太大不同，有些辅兵会充当骑兵或轻装步兵，因为马略改革之后，这两个兵种被排除在军团核心主力之外了。辅兵和军团士兵一样，服役期都是25年，退役之后，辅兵会获得罗马公民身份。

参见：
萨尔马泰武士，第31页；
罗马的敌人，
第66—67页

◯ **轻装步兵**
弓箭手和投石兵从野蛮人部落中招募，图中的阿拉伯弓箭手就是其中一例。

战争的演变

骑兵

第一公民制时期，辅兵中的骑兵发挥了越来越重要的作用。早期，他们大部分是凯尔特人。这幅图表现了骑兵冲锋的场景，他们把军团鹰旗护旗官甩在了身后。2 世纪，亚欧大草原上的萨尔马泰骑手和战马都用重甲护身，这就是具甲骑兵（参见第 30—31 页）。

辅兵攻击战象

共和国时期，罗马诸多敌人都使用过战象，比如希腊人、迦太基人和努米底亚人；第一公民制时期，波斯人也曾骑象与罗马士兵交战，但是罗马军团从来没用过战象。图中步兵和骑兵正在与战象交锋。这基本符合历史真实：战象往往身披铁甲，象轿之中载有弓箭手，而且大象本身就是主要战力。但是战象未必能发挥很大的作用，因为它们很容易被投射武器激怒，可能会攻击己方士兵。不过图中的战车纯属想象，战象和战车根本不属于同一年代。

手执武器

投掷 / 射击武器
- 弓
- 投石器

防御装备

服装
- 锁子甲
- 鳞甲

武士
- 骑兵
- 弓箭手
- 轻装部兵
- 具甲骑兵

军事理念和战术
- 组建正规辅兵军团

战地工事和运输工具
- 战象
- 战马

罗马的技术和战术

攻城战

在古希腊时代,已有专业的匠人研究攻城战术,这些匠人往往是雇佣兵。共和国时代罗马人的攻城战术比较落后,于是在第一公民制时期,罗马军团总是招募训练有素的匠人,以充分运用希腊人发明的装备和战术。攻城时,人们用攻城锤破坏城防要塞,弩炮手向守城士兵发射飞镖和石头,攻城塔则有助于士兵攀上城墙。为了打击敌人的士气,他们把俘虏钉在十字架上示众,俘虏的头颅被砍下来并由弩炮手发射到城内。如果一座城市未能在攻城锤砸向城墙第一下之前投降,破城之后则有屠城之祸。

▲ **攻城器械**

这是19世纪艺术家的作品,图中的装备有攻城锤、塔楼和投石机。图中心是一架弩机。罗马匠人做了许多实验,以提高攻城器械的威力,但是如今,我们对这种武器知之甚少。右下方的飞镖投射机则看上去不太真实。

● **攻城锤**

自亚述时代以来,攻城锤几乎没有任何变化。攻城锤是一根木梁,长约30米,顶端包着金属公羊头。这根木梁悬吊在框内,士兵推着它前后摆动,用力撞击。为了保护这些士兵,攻城锤会放在底部安装滚轮的木棚之内,棚顶覆盖着防火黏土或兽皮。

战争的演变　　手执武器

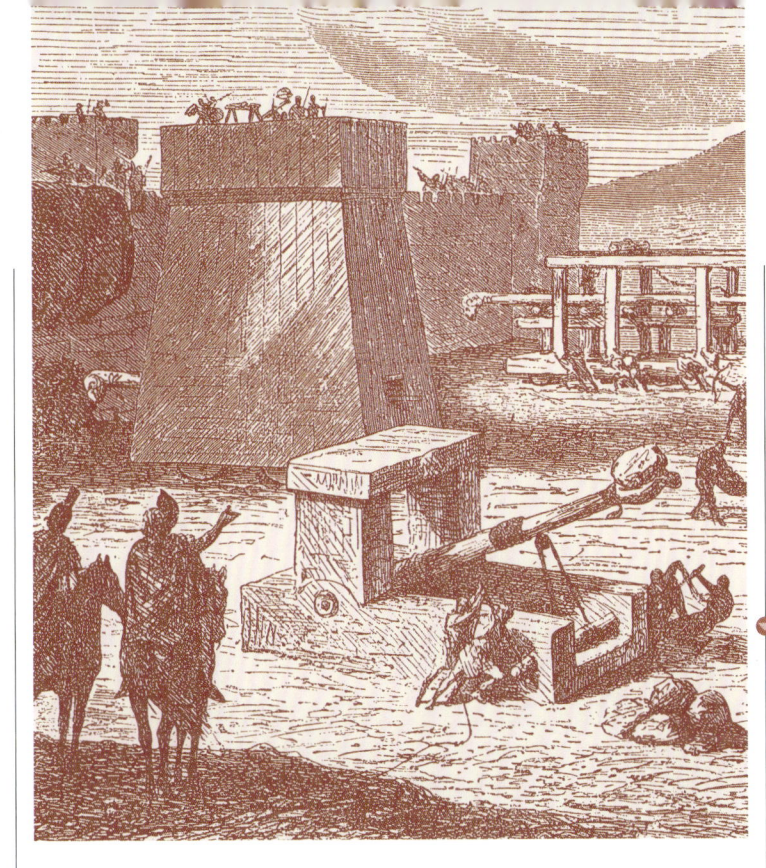

参见：
弩机详解，第58—59页；
弩炮详解，第62—63页；
罗马攻城战术详解，第68—69页；
攻城器械，第294—295页；
盾，第306—307页

投掷 / 射击武器
· 弩机
· 攻城锤
· 投石机
· 弩炮

防御装备

龟甲阵
这种阵形由军团士兵高举盾牌组成，盾牌边缘重叠，形成龟甲一般的防护盖。使用龟甲阵时，士兵能够接近敌军城墙。

服装

武士

弩炮
图中这种更先进的投石机出现于罗马帝国后期，被称为弩炮（参见第62—63页）。弩炮之后的攻城装置集攻城锤和塔于一身，看上去不太真实。

军事理念和战术
· 使用攻城器械
· 龟甲阵

战地工事和运输工具
· 攻城塔楼

弩机详解

希腊人在公元前4世纪早期发明了扭力投石机，它有两支由扭力弹簧（就是多股扭结的毛发或筋腱束）驱动的杠杆；公元前3世纪，罗马人在布匿战争中使用了这种武器。罗马人把投掷石头的装置称为石弩（ballista，源自希腊语baino，"投掷"之意），把投掷飞镖的装置称为飞镖弩机（catapult，源自希腊语katapeltes，意为"盾牌穿透者"）。但是公元100年后，"弩机"（ballistae）成了这些投射装置的统称。弩机大小不一，小的可以由士兵徒手操作，如重型十字弩。图中展示的是两架中型弩机。

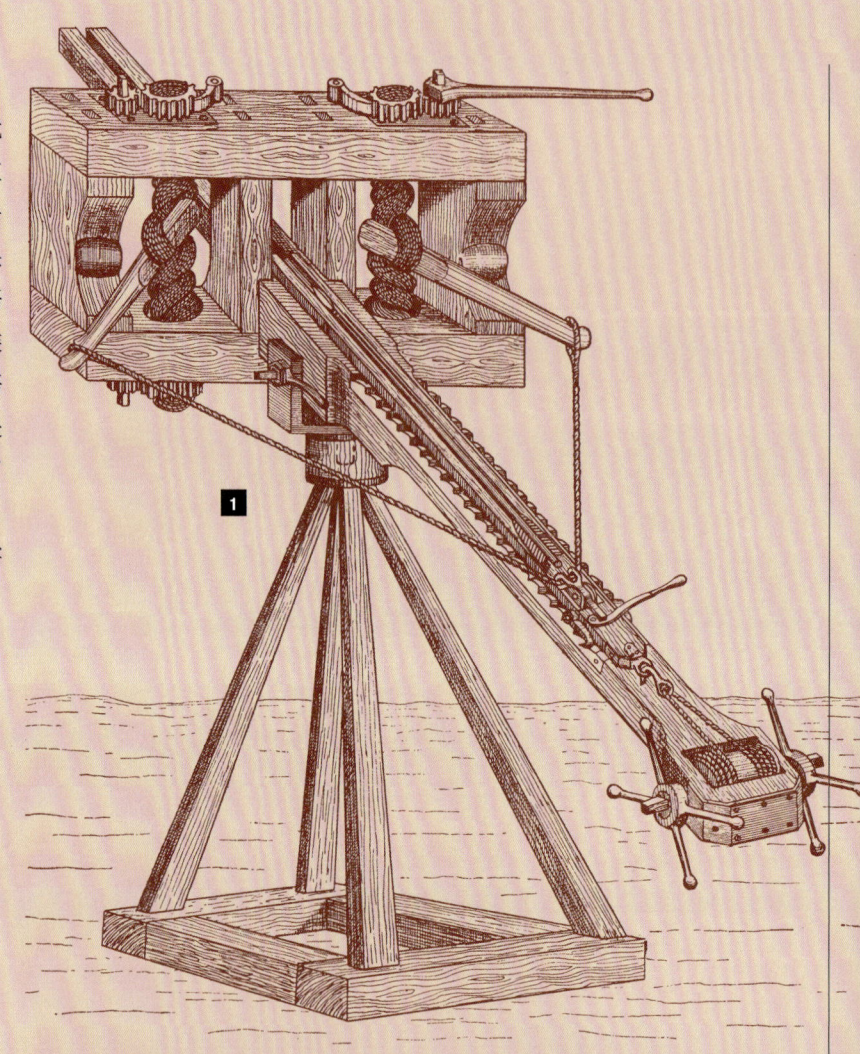

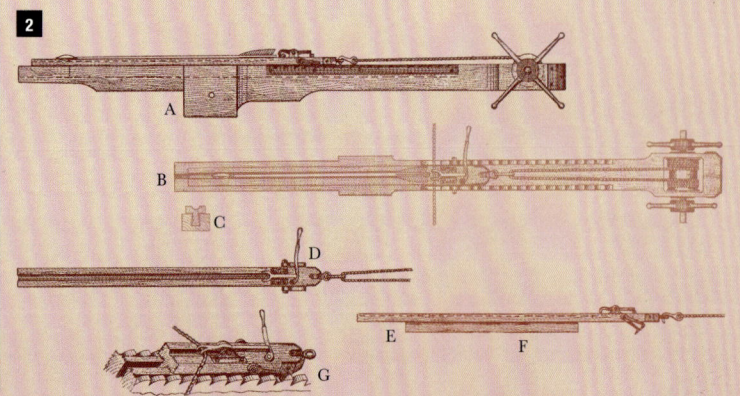

1. 这是一架2米高的飞镖弩机，弓弦已经拉满，可用来发射重质箭或标枪。弩机底座上凿出了浅槽，飞镖就放在浅槽内。

2. 底座分解图。A：浅槽侧视图；B和D：俯视图；C：正视图；E：龙骨；F：侧视图；G：浅槽尾部，可见弓弦勾叉。

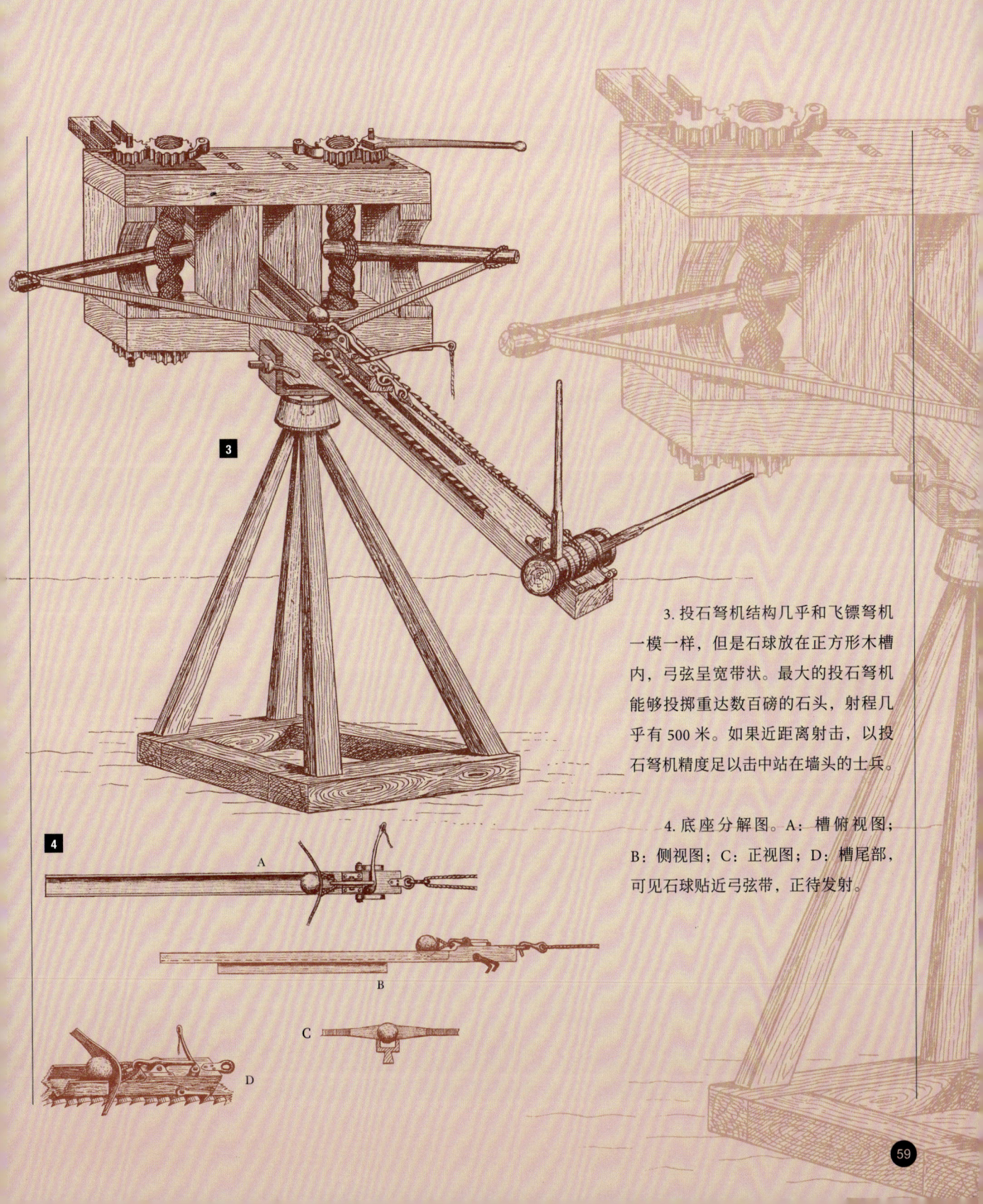

3. 投石弩机结构几乎和飞镖弩机一模一样，但是石球放在正方形木槽内，弓弦呈宽带状。最大的投石弩机能够投掷重达数百磅的石头，射程几乎有 500 米。如果近距离射击，以投石弩机精度足以击中站在墙头的士兵。

4. 底座分解图。A：槽俯视图；B：侧视图；C：正视图；D：槽尾部，可见石球贴近弓弦带，正待发射。

"环中世界"

攻城战期间，罗马军团会在固定地点扎营，营地构造完全取法普通的罗马军团（参见第44页）。到2世纪早期，帝国停止扩张，罗马仅剩大约30个军团，他们长期驻扎在边境上的固定营地中，欧洲的莱茵河和多瑙河岸、亚洲和非洲沙漠边缘地带，都由罗马军团长年守护。143年，在纪念罗马建城活动中，希腊演说家埃利乌斯·阿里斯蒂德斯将罗马帝国比作围墙内的城市："罗马军团用生命之躯筑起胸墙，将文明世界守护在环中。"

参见：
罗马军团，
第44页；
罗马攻城战术详解，
第68—69页；
攻城器械，
第294—295页

马赛之战

公元前49年，恺撒的副将盖乌斯·特瑞伯尼乌斯向马赛发起进攻。马赛城中御敌的弩机却无法发挥作用，因为罗马军队用的塔楼高六层，其砖墙厚达1.5米，并且设有约18米的木制廊道，从塔楼伸向马赛城墙。塔楼中的罗马士兵可以直接沿廊道登上城墙并杀敌。这幅画由谢瓦利埃·杜·富拉尔（Chevalier de Folard）绘制，左边可见塔楼，但是廊道位置有误——实际上，廊道一直伸向马赛城墙。

手执武器

投掷/射击武器
· 弩机

防御装备

服装

武士

军事理念和战术
· 设防营地

战地工事和运输工具
· 攻城装置

罗马堡垒

这幅画展现了典型的罗马永久军营的全貌。它们沿袭了最初的罗马临时军营（castra），1世纪，罗马人重建军营，用石墙取代了土质胸墙，用棚屋取代了帐篷。在英格兰，有的城镇名称以"切斯特"（chester）结尾，这意味着这些城镇曾经是罗马军团的营地（比如科尔切斯特、莱斯特和切斯特）。

围攻努曼西亚

公元前133年，小西庇阿来到久攻不下的努曼西亚（位于西班牙中部）城下，最终率军打败了守城的凯尔特伊比利亚人，这就是著名的努曼西亚攻城战。罗马军队筑起七个防卫森严的营地，将努曼西亚城团团围住。在营地周围，他们下挖壕沟，上垒胸墙，然后又挖了一道壕沟，最后筑起一道3米高、2.4米厚的石墙。这幅由18世纪军事理论家杜·富拉尔（de Folard）创作的版画未必处处符合历史真实，但是它再现了18世纪军事史学家想象中的罗马围城场面。

弩炮详解

4世纪，双臂弩机基本被单臂投石机取代。这种投石机又叫弩炮，也称"野驴投石机"——它的后坐力非常大。与弩机相比，弩炮更简单，也更易于操作。弩炮只有一个扭力绳索，安在木制框架内，木制杆臂也只有一根，臂上开槽，扣住扭力绳索。这样松开绳索后杆臂可以垂直向上，发射过程中杆臂能在竖直方向上沿弧线往复运动。弩炮的投石臂末端装有投石索。使用时，弩炮两侧各站两名士兵，他们会拧紧绳索，把杆臂下压至几乎与地面平行；然后，松开发条，杆臂向上弹起，顺势扔出石头。因为没有回弹装置，杆臂前方必须放一个塞着糠皮的巨型缓冲垫（下图未绘出这一配件），以阻止其持续前冲。

1. 弩炮侧视图。A 表现的是杆臂静置时的状态，石球在投石索内。以虚线绘制的 B 是弩炮待发射的状态，士兵用绞盘和绳索下压杆臂，使之几乎与地面水平。以虚线绘制的 C 表现了弩炮发射的状态，士兵松开杆臂，使之向上弹起，射出石球。最后是 E 状态，士兵拉动绳索，杆臂从滑勾上弹出，回到原位。

2. 弩炮俯视图。杆臂 E 被拉到几乎与地面水平的位置；三根横梁Ⅲ、Ⅳ、Ⅴ插入两根侧梁之中；扭力绳索束 A 位于两端的大发条齿轮之间。拧紧主轴 D 的尾端，可以转动小齿轮 C，小齿轮再带动大齿轮 B，继而上紧扭力绳索束 A。

3. 弩炮发条轮和绞车的平面视图Ⅰ、侧视图Ⅱ和透视图Ⅴ。将扭力绳索束的一端缠绕在轮Ⅲ上，绞车就可以产生弩炮的投射动力。

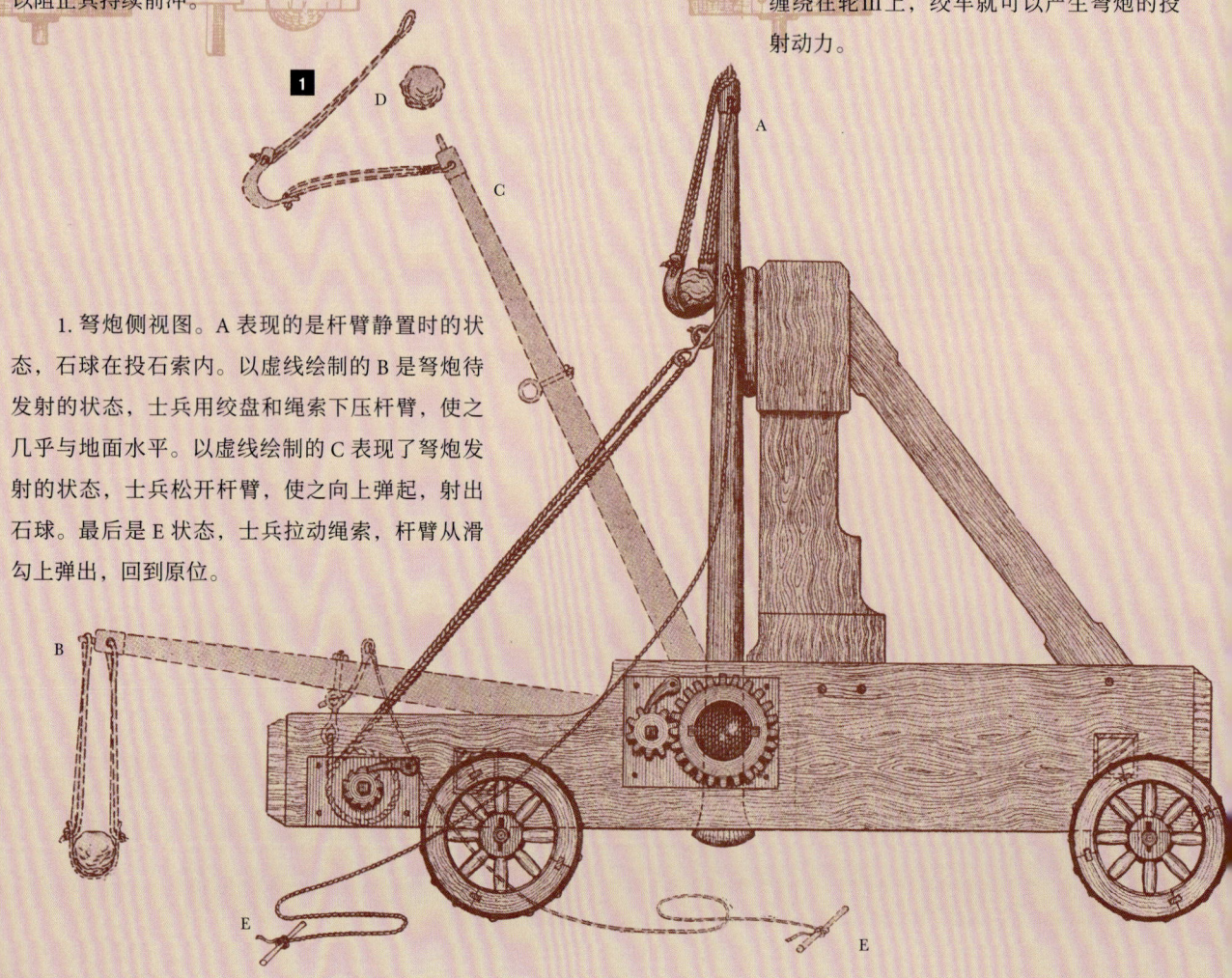

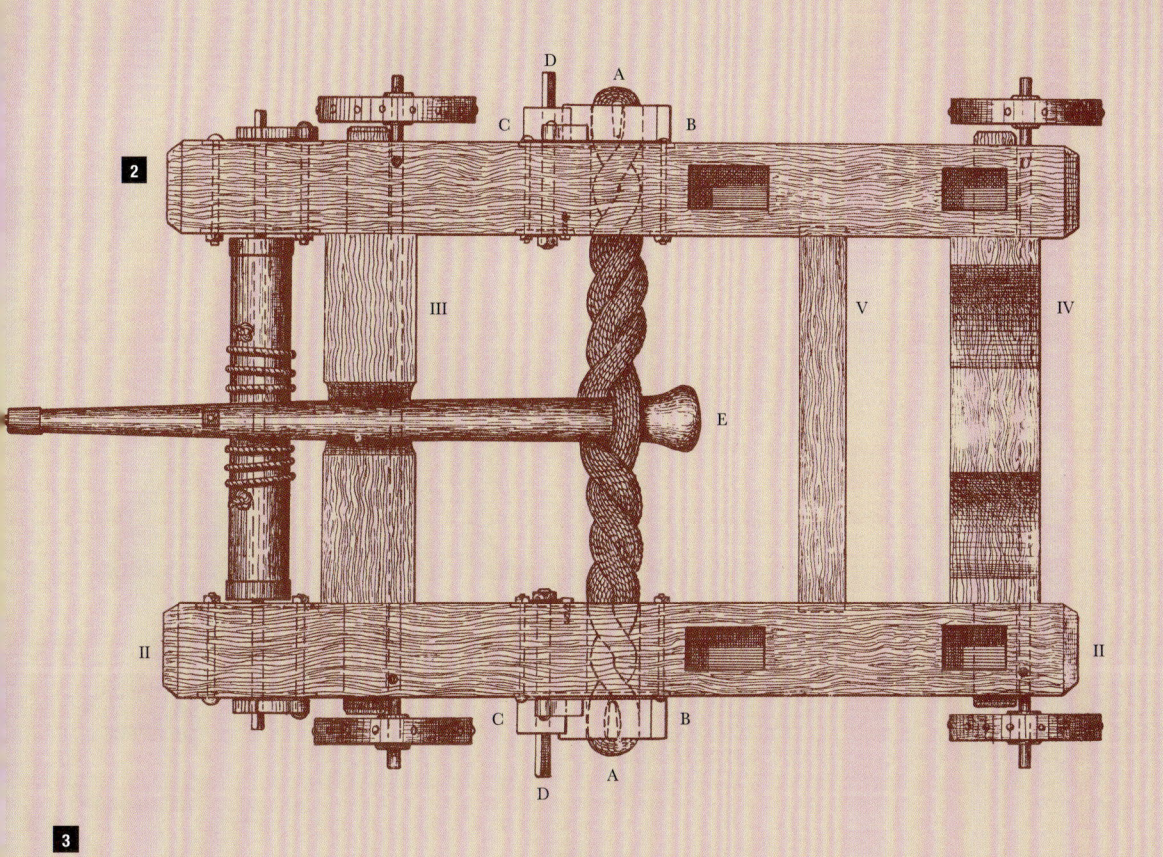

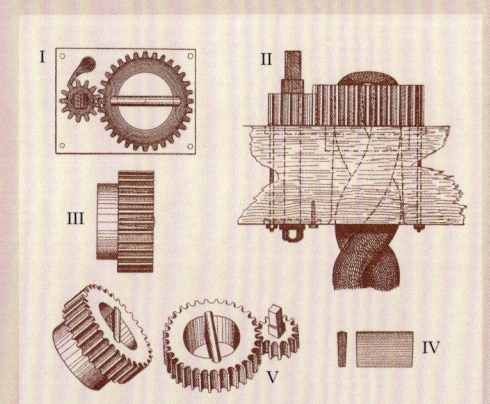

4. G 是托住石球的皮质囊袋。投石索的一端穿过靠近杆臂顶部的洞孔 F，另外一端绕在杆臂顶部的铁钉 H 上。

5. 扭力绳索绕在发条轮 A 上，杆臂尾端在两股绳索之间 B 上，发射时，用绞车扭紧绳索束 C。

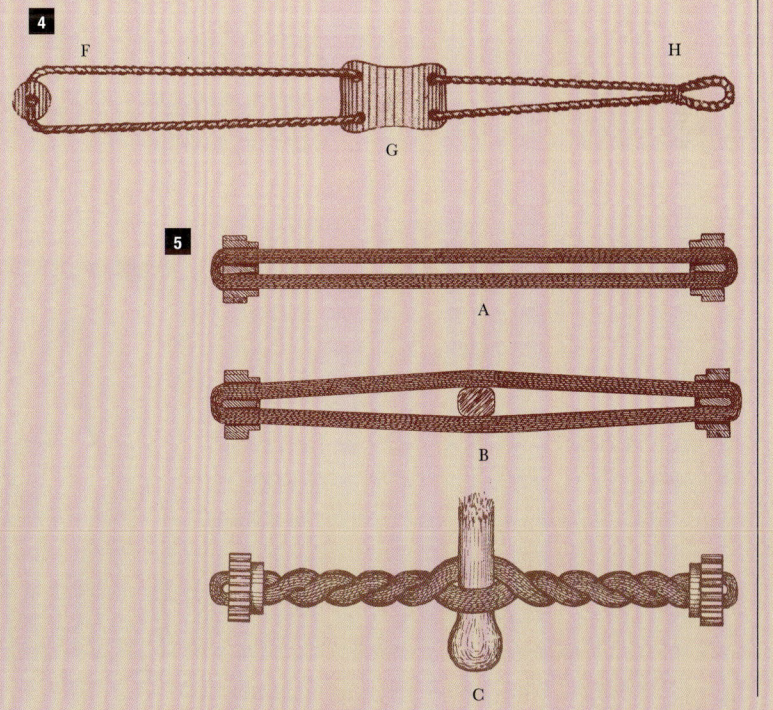

罗马的敌人

凯尔特人

公元前第 1 千纪，欧洲中西部生活着说凯尔特语的各部落。希腊人和罗马人称他们为凯尔特人（拉丁文为 Celtae 或 Galli），不过这个名称是许多部落的统称，我们不知道凯尔特人是否认可，也不清楚这些部落是否有文化认同感。据考证，凯尔特人在铁器时代创建了哈尔施塔特文化，约公元前 600 年，该文化在中欧比较繁荣。大约在公元前 500 年，凯尔特人进入不列颠。约公元前 400 年，凯尔特人的拉登文化出现萌芽。此时，凯尔特部落进入迅猛扩张时期，他们占领了意大利北部，并血洗罗马城。

19 世纪历史学家想象中的凯尔特人

这里大部分人物图像都参考了梅瑞克和史密斯编撰的《不列颠群岛原住民的传统服饰》(Meyrick and Smith, Costumes of the Original Inhabitants of the British Isles, 1815)，毕竟 19 世纪的画家根本无从获得凯尔特原住民的精确信息。最右边（下页）的两人对比鲜明，这反映了梅瑞克的观点，即罗马化的不列颠人与北不列颠未开化的凯尔特人有天壤之别。后者的形象可能更符合史实。罗马文献记载，直至公元前 3 世纪，西欧大陆（不包括不列颠群岛）的凯尔特武士还常常一丝不挂。多项史料表明，不列颠凯尔特人有在裸体上涂彩绘、画文身的习惯。这位罗马化的不列颠人（右二）穿了一件罗马短袍，但是画家为了突出他的凯尔特血统，在短袍外添了一件苏格兰花呢披风，把不同时代的服饰拼凑在一起。赤裸的凯尔特人和那位骑士（右三）的武器都颇为怪异。左边两人应该是早期爱尔兰人，是画家依据 17 世纪画像绘制的，他以为古代爱尔兰人和 19 世纪的爱尔兰人差别不大。图中左二士兵手中的长矛符合史实，另外古代凯尔特人在战场之外确实穿长裤。

爱尔兰持斧战士

这幅也是想象画，但是画家更用心，作品也更可信。历史学家公认，和西欧（不包括不列颠）人相比，爱尔兰武士的装备非常简单。

头盔

角盔仅用于典礼和仪式。最下面的那顶角盔是从伦敦泰晤士河中打捞出的文物。

战争的演变

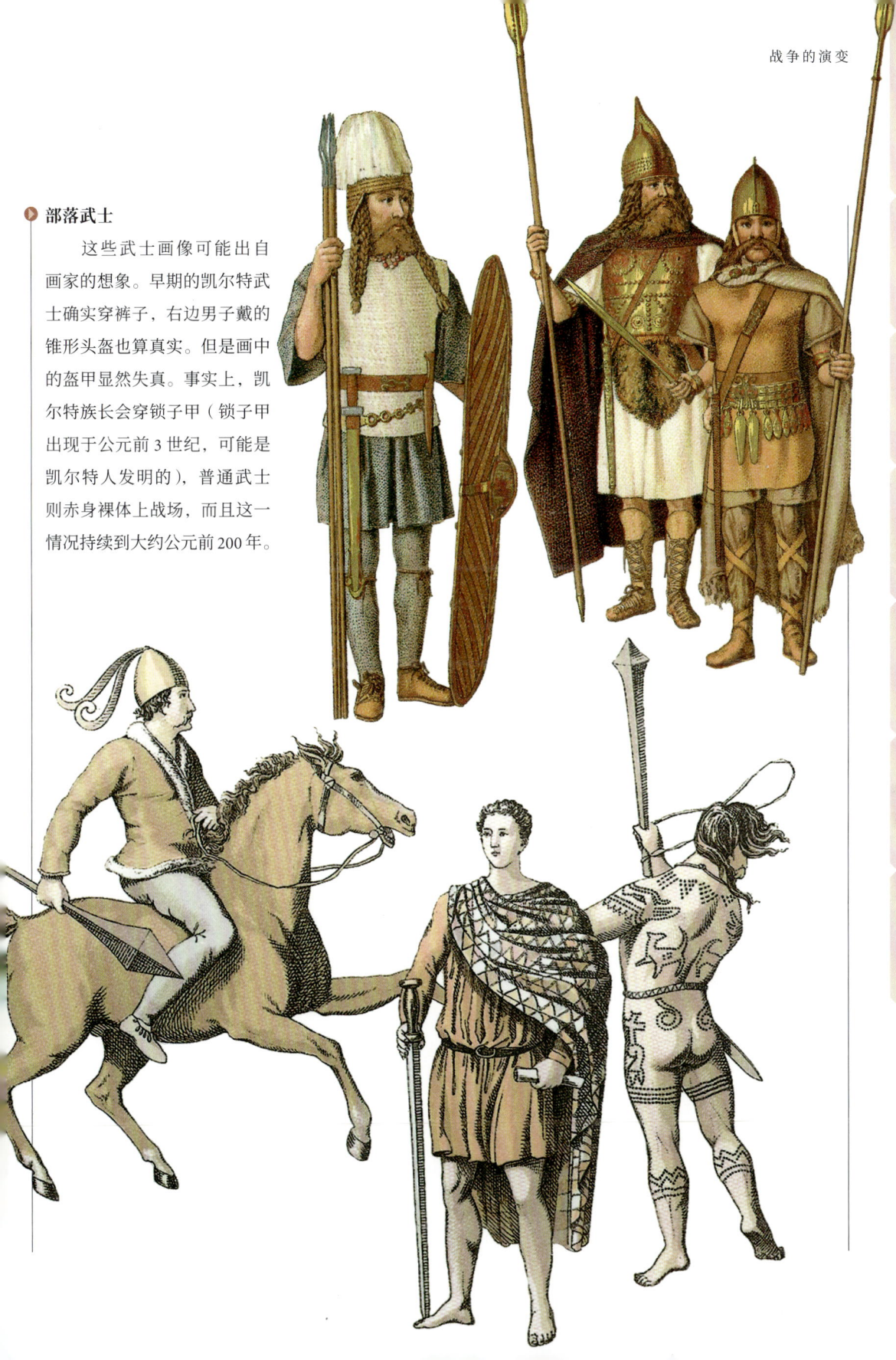

手执武器
· 斧
· 矛

投掷/射击武器

防御装备

服装
· 锥形头盔
· 锁子甲
· 长裤
· 角盔

武士
· 凯尔特武士

军事理念和战术

战地工事和运输工具

▶ **部落武士**

　　这些武士画像可能出自画家的想象。早期的凯尔特武士确实穿裤子，右边男子戴的锥形头盔也算真实。但是画中的盔甲显然失真。事实上，凯尔特族长会穿锁子甲（锁子甲出现于公元前3世纪，可能是凯尔特人发明的），普通武士则赤身裸体上战场，而且这一情况持续到大约公元前200年。

65

凯尔特人的技术和战术

公元前3世纪，罗马人征服了意大利北部的凯尔特人；公元前2世纪，又征服了西班牙的凯尔特人。公元前58年，恺撒掀起高卢战争，而高卢正是凯尔特人的主要聚居地。在第一公民制早期，不列颠大部分地区成了罗马的一个行省。当时，大部分凯尔特人已经被罗马同化，但是直到今天，在不列颠群岛的北部和西部边缘地带，依然有居民使用凯尔特语。希腊地理学家斯特拉波这样描述凯尔特人："整个种族……酷爱战争，精力充沛，极为好战，但是除此之外，他们单纯直率，而且心无邪念。受到鼓动之后，他们会组团进入战场，战术简单，毫无心机，所以那些志在智取凯尔特人的军队，总是能轻易得手。因为无论何时何地，即使形势十分不利，他们也只能靠自身的力量和勇气迎敌……你都能引诱他们以身犯险。"

▶ **凯尔特骑兵**

凯尔特骑兵颇有盛誉。罗马征服高卢之后，高卢人成为罗马辅兵骑兵中的绝对主力。图中两位骑士，一人手执长矛，另一人举着野猪旗标。

▶ **凯尔特步兵**

凯尔特社会由三个固化的阶层构成：祭司、武士和农民。武士又分四种：骑兵、战车兵、佩剑重装步兵（图中武士）和手持标枪的轻装步兵。

▶ **财富的象征**

带有精美装饰和雕刻图案的板式胸甲是富有酋长的专属战衣。锁子甲是最常见的护甲，但许多武士既不穿胸甲，也不戴头盔。

参见：
刀剑，
第280—281页；
盾，
第306—307页

战争的演变

骑兵和战车

骑兵和战车兵从贵族中招募。作战时，骑兵先向敌人投掷标枪，然后举着矛和剑全力冲锋。凯尔特骑兵和步兵全都擅长剑术。两匹马拉的战车只用来对战敌方骑兵；武士先在战车里投掷标枪，然后下车，用剑与敌人搏斗。1世纪后，战车退出了历史舞台。

仪仗用盾牌

凯尔特人有各种形状的盾牌。实战用盾牌有木制框架，蒙以兽皮。下图中有两面圆形盾牌，装饰华美，可能用于仪仗。

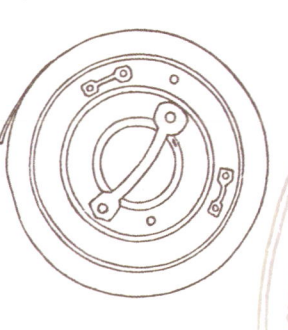

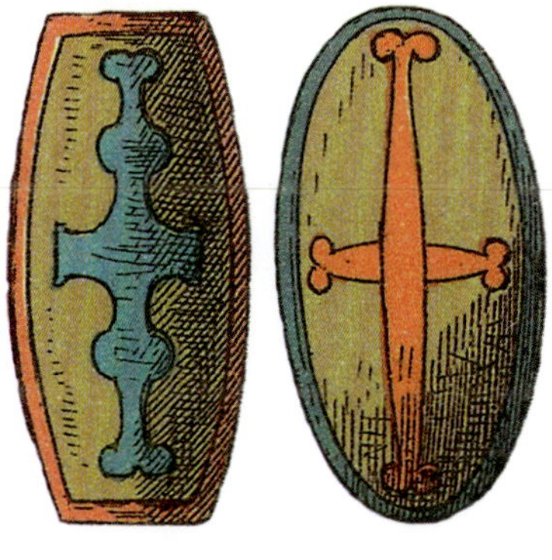

铁工

凯尔特人以铁工技艺闻名，锁子甲可能就是他们发明的，罗马军队很快也用上了这项新发明。

图中是凯尔特古典时期的铁剑，出自哈尔施塔特文化和拉登文化。古典时期始于公元前7世纪，在罗马征服凯尔特人后结束。

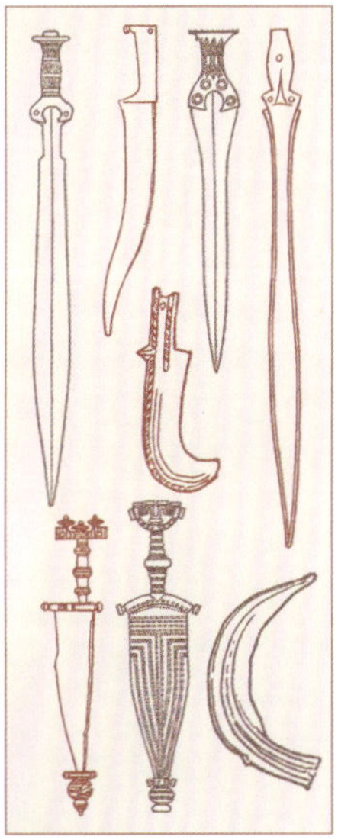

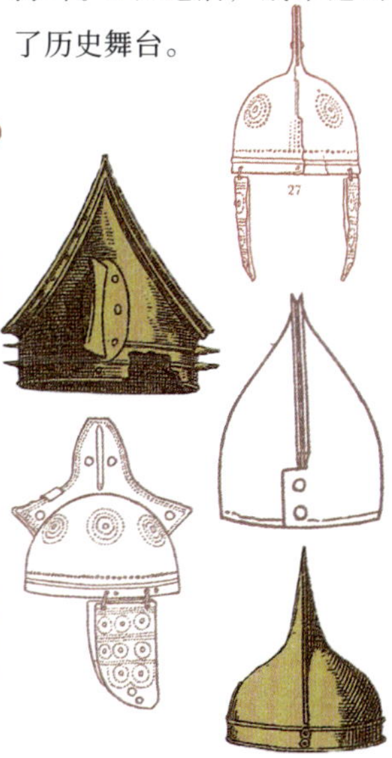

弗里吉亚式头盔

这些都是弗里吉亚式头盔。无论是在希腊化地区还是野蛮人范围，士兵普遍戴这种头盔，它并非凯尔特人的专属。典型的凯尔特头盔是铁制的，形状像倒扣的碗，第一公民制时期罗马军团使用的标准头盔就脱胎于此。

手执武器
- 矛
- 剑

投掷/射击武器
- 标枪

防御装备
- 盾

服装
- 胸甲
- 锁子甲
- 弗里吉亚式头盔
- 碗状头盔

武士
- 骑兵
- 战车兵
- 重装步兵
- 轻装步兵

军事理念和战术
- 极为好战

战地工事和运输工具
- 战车

罗马攻城战术详解

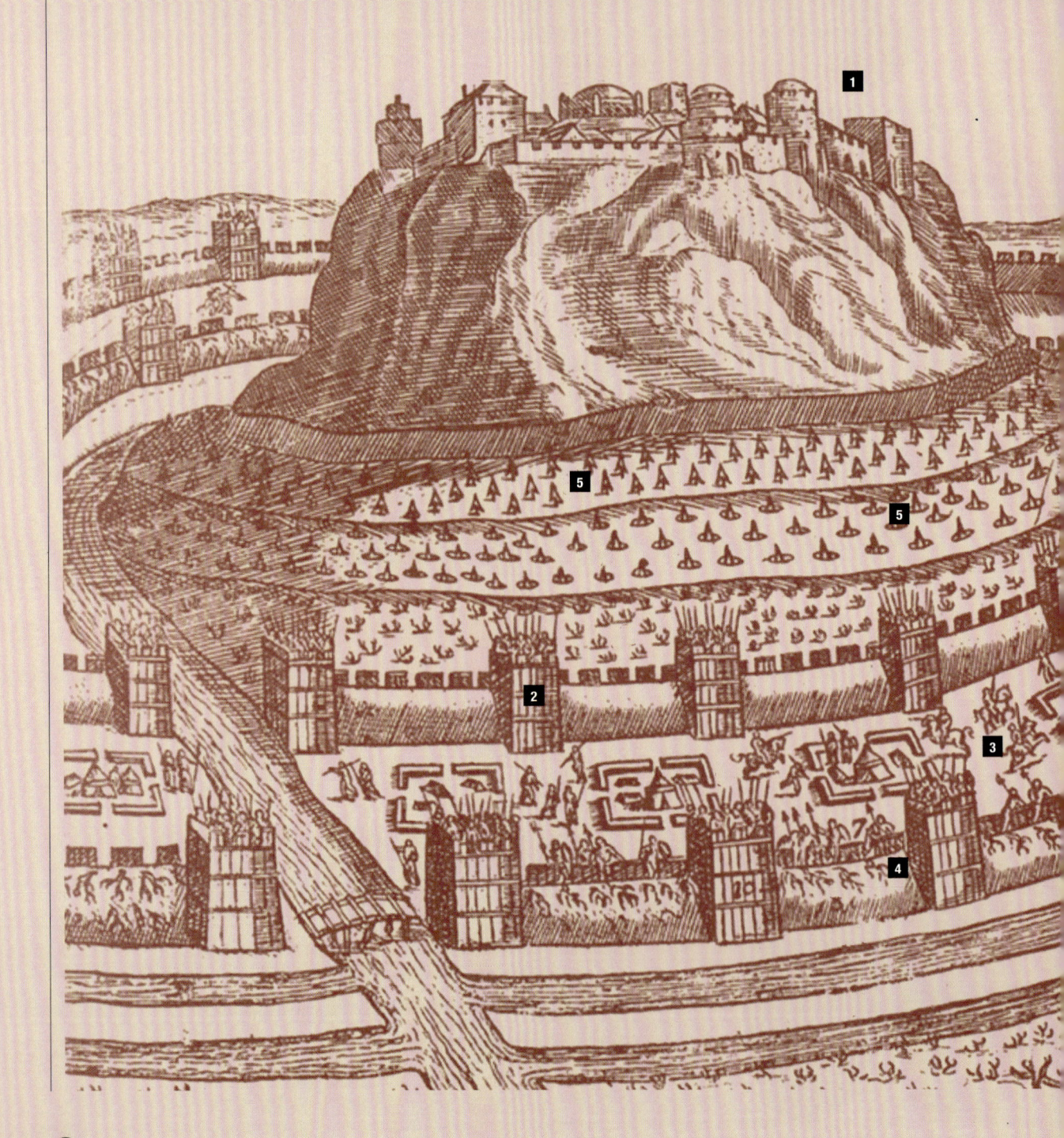

公元前 52 年，恺撒第八次远征高卢，攻陷阿莱西亚城，这场战役是罗马赢得高卢战争的标志。战斗中，恺撒用了精妙的攻城战术。他命人筑起总长 14 千米的土方和围墙，在敌方高地要塞的山脚下形成内外两层包围圈。这项耗费巨大劳力的工事成效显著：维钦托利被迫投降，高卢境内的凯尔特人再也无力抵抗罗马军团。

1. 阿莱西亚城的凯尔特山顶要塞位于岩石高地上，这里是今天的奥索瓦山，在法国东南部第戎城以西 48 千米处。守城的高卢将领是维钦托利，守军占尽地利：那里三面都是幽深的河谷，此外还有木质栅栏和高高的土坡提供防护。

2. 罗马士兵筑起内层木质围墙，以防凯尔特人从山地要塞突围。罗马士兵还在围墙前挖了 2.5 米深、4.5 米宽的壕沟。挖出的土方用来堆土墩，上面竖起木质围栏，而且每隔一定距离会设木塔楼。

3. 罗马士兵在两层围墙之间有序扎营，帐篷、厕所一应俱全。恺撒大军有 5 万人，分十个军团，外加众多蛮族辅兵，把山地要塞团团围住。不过这种部署可能会使军团受到城内或城外敌人的突袭。围墙之间还聚集了商人和追随军队的士兵，他们可为大军提供食物。

4. 外圈防御工事用来阻挡高卢盟友的进攻。罗马士兵在外墙前方挖了壕沟，有的壕沟还注满了从附近河流引来的水；外墙也设塔楼，士兵可以在那里架起战地弩炮，发射石球或飞镖。

5. 罗马士兵还在壕沟内和洼地上打桩，这是为防止凯尔特武士突袭设下的陷阱。凯尔特各部落都有精锐骑兵，恺撒用这些陷阱削弱敌人力量，保护士兵和防御外敌攻击。

日耳曼各民族

日耳曼语是印欧语系的分支，使用日耳曼语的部落最初居住在巴尔干沿海地区，在凯尔特人聚居地的北面。2世纪，罗马人基本征服了凯尔特人，日耳曼人开始南下与驻扎在莱茵河和多瑙河沿岸的罗马军团接触，冲突时有发生。之后3个世纪内，日耳曼部落吸收了罗马文化，越来越多的日耳曼人在罗马军队中服役。后来，这些部落逐渐联合，形成规模更大、威慑力更强、更加罗马化的酋邦。5世纪，罗马帝国崩溃，这些蛮族大举进入罗马境内，建立了半日耳曼半罗马式城邦。这些城邦最终发展为中世纪欧洲的各个王国。

参见：
黑暗时代，第74—75页；
中世纪骑士，第80—81页；
刀剑，第280—281页；
长杆武器，第284—285页；
短棍、战棍和斧，第286—287页；
盾，第306—307页

● **日耳曼武器**

下图展示了几种日耳曼人常用的武器，从左至右分别是撒克逊刀、匕首和一把战斧。

▲ **日耳曼酋长**

这是罗马帝国后期的一位日耳曼酋长，那时日耳曼首领经常穿着从罗马人那里获取的锁子甲。酋长右手拿着一把长直剑，这种直剑的前身也许是罗马长剑，也许是凯尔特直剑；左手拿着一个外包兽皮的木质圆盾，日耳曼人有各种样式的盾牌。4世纪的日耳曼战术和罗马战术差别不大，但是日耳曼士兵有一些独特的武器。

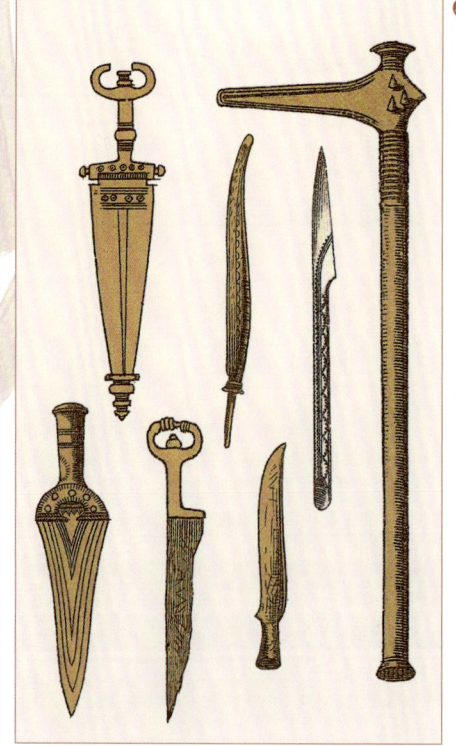

战争的演变

手执武器
·日耳曼短枪
·撒克逊刀
·长剑

条顿式狂怒

罗马人首次遭遇日耳曼武士的时候，发现他们不仅没有护甲，还往往赤裸上身。日耳曼武士的基本武器是一种短刃矛，称日耳曼短枪。距敌军较远时，可以投掷；贴身对战时，也可以作为手执武器使用。日耳曼武士对战时狂猛悍勇，这种风格被罗马人称为"条顿式狂怒"。另外，许多日耳曼部落的武士会在头上留个顶髻。

投掷／射击武器
·日耳曼重标枪
·法兰克掷斧

防御装备
·盾

服装
·锁子甲
·弗里吉亚式头盔
·施潘根式头盔

武士
·日耳曼武士
·法兰克人

军事理念和战术
·条顿式狂怒

战地工事和运输工具

法兰克武器

1：法兰克掷斧，它的形状与美洲原住民使用的印第安战斧相似，但是斧刃呈弧状。法兰克掷斧得名于莱茵河下游的法兰克部落联盟，其实多个日耳曼部落都使用这种武器，包括盎格鲁-撒克逊部落，法兰克人往往在战斗开始时就向敌人投掷这种战斧。2：日耳曼重标枪，它仿效罗马标枪的样式，铁制枪头带倒刺，枪杆安装在木制枪柄之内。3、4、5、6、7：长刀，又称撒克逊刀（seax, scramasax），北欧各地战士都使用这种刀。"撒克逊"（Saxon）一词可能就从刀名衍生而来。其他常见的日耳曼武器有长剑（8）、弗里吉亚式头盔（9），以及施潘根式头盔（10）。

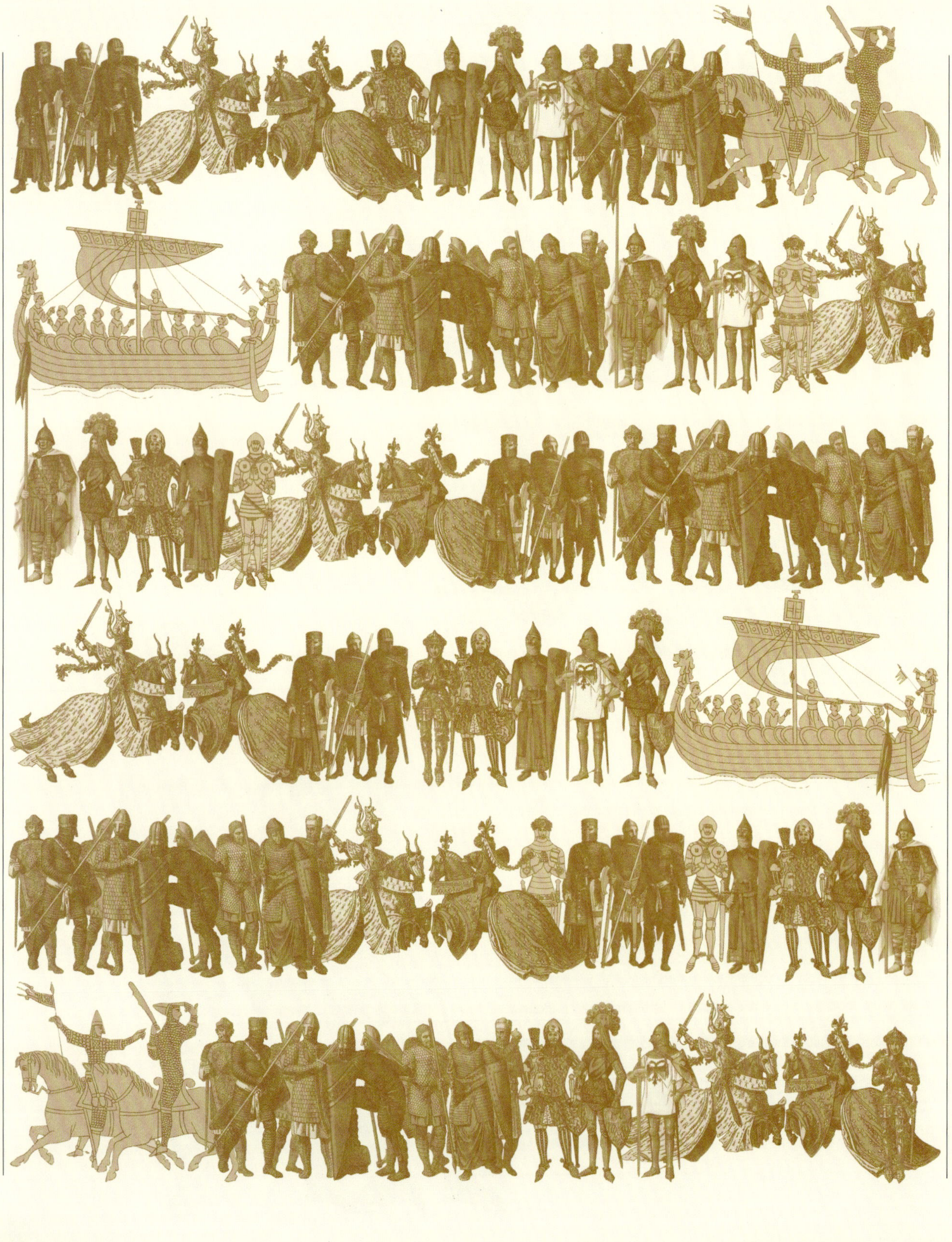

中世纪战争
500—1500年

中世纪战事频发，各王国在战争、军事上投入了大量资源，并着力提升武器装备效能，增强防御工事，优化后勤补给。十字军东征期间尤其如此，他们不仅更加重视常规军事，而且开始努力提高航海技能。但是，军事历史学家往往忽视了海战在中世纪的重要地位。

11—16世纪到底发生了哪些战争，我们无从详查，但是各地留下的大量遗迹和史料，为我们理解那段历史提供了有力的依据。比如，无论在欧洲还是中东圣地，昔日诸多城堡的石墙依然矗立着。这些城堡是欧洲人的发明，十字军为了保护他们的战果，也在中东修建城堡。

骑士是中世纪历史上浓墨重彩的一笔，骑士生活方式在这一时期逐渐形成，他们对马匹、纹章和比武大会的热爱也人尽皆知。最初骑士仅仅穿着简易的锁子甲衣，后来他们的护甲越来越完备，到了15世纪晚期更是身着全副板甲，威风凛凛。现代人可能会觉得，只有骑士享受高级装备和战场殊荣，其实不然。步兵也有各种长柄武器，还有长弓和十字弩，这些武器都对骑士有巨大威胁，同样是战场上不可小觑的力量。此外，攻城战是当时最常见的战争形式，军事家、将士和军械匠人各展所长，竭力求胜，推动了军事史的发展。

中世纪的匠人研发出了效能卓著的攻城武器和其他装备。投石机和攻城塔都是古已有之，但是中世纪的匠人在12世纪中期发明了配重式投石机，这一武器在破坏防御城墙方面有巨大威力。14世纪中期以来，火药武器逐渐增多，能够摧毁城堡围墙的攻城大炮面世，从此，那些高耸却薄弱的围墙再也无力抵御敌军炮弹了。

最后，中世纪也是英雄辈出的时期，其中最卓越的代表当数英格兰国王"狮心王"理查一世，他骁勇善战，在战场上身先士卒，是一位杰出的军事首领。

中世纪早期，500—1066年

黑暗时代

中世纪早期（5—10世纪）常常统称为"黑暗时代"，但其实文明式微的阶段非常短暂——大约在476年西罗马帝国灭亡之后的两个世纪。8世纪，西欧蛮族王国已经稳定，法兰克王国占据了主导地位。与大部分日耳曼人不同，法兰克人是信仰天主教的基督徒，而不是信阿里乌派，所以他们得到了教会的支持。8世纪末期，查理大帝成功统一了不列颠以外的西欧大部分地区，并在800年圣诞日由教皇加冕为"罗马皇帝"。5世纪，不列颠大部分地区被来自北海海岸的日耳曼部落（盎格鲁人、撒克逊人和朱特人）占据。7世纪，这些日耳曼人成为基督徒，并建立数个王国；8世纪，他们成为西欧逐渐形成的统一的基督教文化中不可分割的一部分，为查理大帝倡导的"加洛林文艺复兴"做出了重大贡献。这一时期，在军事上，不列颠和西欧大陆大同小异。

中世纪社会状况

和古代凯尔特人一样，中世纪社会也分三个阶层：主教和神职人员（下图左边二人）是第一阶层，负责宗教事务；装备齐全的国王和领主（下图右边二人）是第二阶层，负责世俗事务，包括军事；农民（左边三人）是第三阶层。领主（下图右二）头戴锥形铁盔，身穿锁子甲战衣，在9世纪，这套盔甲是军中精锐的标准装备。

战争的演变

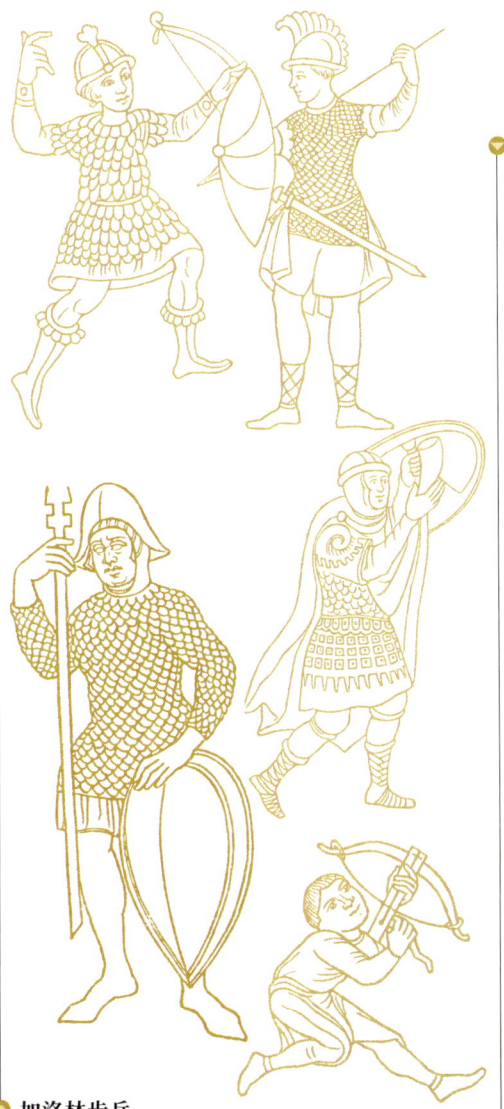

加洛林骑兵

在加洛林时期，重骑兵（后来被称为骑士）逐渐成为精英武士，分封制度萌芽，封臣开始履行军事义务。但是和后来的骑士相比，那时的重骑兵战斗力较弱。当时法兰克人尚未使用马镫，战时他们还像古代骑士那样，手掌向上，举矛过肩，刺向敌人。法兰克骑兵往往骑马冲入战场，但是下马步战。

加洛林步兵

尽管罗马军团的辉煌早已被遗忘，但是查理大帝的军队依然以步兵为绝对主力。大部分步兵只有矛和盾这两样装备，图中士兵所披鳞甲显然来自殷实之家。富有的贵族子弟可能会穿锁子甲，当时拜占庭和阿拉伯士兵也用锁子甲护身。许多士兵使用单体弓（上左）或十字弩（下右），但直到11世纪，十字弩才逐渐普及。

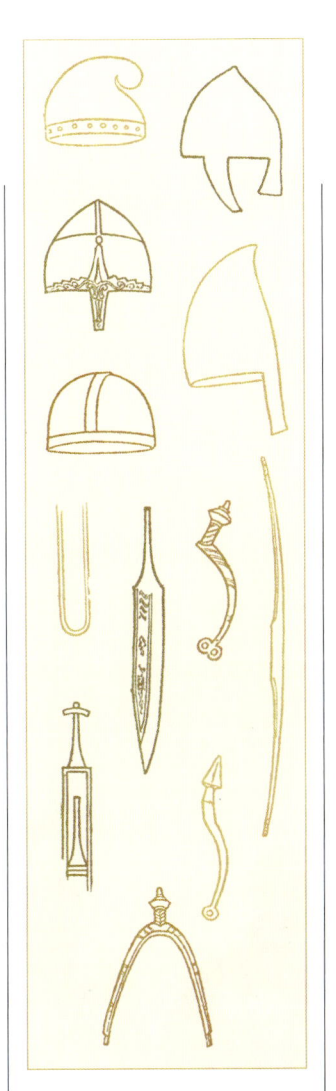

头盔和武器

加洛林时期的头盔大多属于施潘根式（金属条框架式头盔），这是一种锥形铁帽。图中有的头盔带有纹饰，可能是受了罗马帝国后期用金银装饰手写书稿的影响，精美奢华，实用性不强。士兵仍在使用撒克逊刀，但是很快被长剑取而代之。

手执武器
- 撒克逊刀
- 矛
- 剑

投掷 / 射击武器
- 十字弩
- 单体弓

防御装备
- 盾

服装
- 铁帽
- 锁子甲
- 鳞甲
- 施潘根式头盔

武士
- 重骑兵
- 加洛林步兵

军事理念和战术
- 封建领主制

战地工事和运输工具

参见：
刀剑，
第280—281页；
身体护甲，
第302—303页；
盾，
第306—307页

维京入侵者

8世纪末，黑暗时代即将结束，但西欧人却遭遇了新一轮的蛮族入侵。入侵者来自斯堪的纳维亚，与信奉基督教的西欧相去甚远，西欧人根本不知道如何称呼这些入侵者，所以称之为"来自北方的人"，即诺曼人（Norsemen，Normans）。侵略者则自称维京人（Viking），即海盗。维京人入侵欧洲的标志性事件发生于793年，当时他们洗劫了诺森比亚的林迪斯法恩修道院。之后数年，他们多次劫掠不列颠群岛和加洛林王国的海滨地区。9世纪末，维京人开始占据永久领地，在约克、都柏林和诺曼底建立维京王国。

维京艺术

这些装饰牌最初系在国王的腰带上，图案可能是传说中的"狂武士"。这些武士身披熊皮或狼皮，而且在酣战时，可能会化身为熊或者狼。图中一位武士戴着野猪头形头盔，另一位武士戴着角盔。许多人以为维京战士总是戴角盔，但这种说法并无依据。

参见：
维京人，
第256—257页；
刀剑，
第280—281页；
身体护甲，
第302—303页

诺曼服装

左一的男人穿着一件短装锁甲衣，头戴铁帽，一手执圆盾，一手紧握矛和标枪，腰上还系着一把长剑。这些都是维京富人的标准装备。左二这位士兵头戴仪仗用战盔，顶部有野猪装饰。这样的头盔经常出现在维京艺术品中。

战争的演变

后期诺曼人
这是 11 世纪时斯堪的纳维亚骑士和普通士兵的全身像。当时，维京人大多成了基督教徒，维京时代已经结束了。身穿锁子甲的骑士手持风筝状盾牌，和前辈使用的圆盾相去甚远。

维京武器
这种约 3 英尺（1 米）长的剑是维京人最喜爱的近身格斗武器。维京战士还配备矛和标枪，既可远距离投掷，又能在近身厮杀时使用。斯堪的纳维亚的木材和铁矿资源丰富，维京人不仅擅长造船，打铁技术也名震四方。

维京长船
维京长船是欧洲历史上最早的实用航海船，也是推动西欧进入维京时代的伟大发明。维京长船长度可超过 100 英尺（30 米），由船桨和帆提供动力，船尾的桨用来掌握方向。这种船吃水浅，所以能够沿河而上。维京人驾着长船，远征至爱尔兰、格陵兰以及北美大陆等地区。

维京暴行
这幅来自瑞典教堂的刺绣作品讲述了一则家喻户晓的《圣经》故事，即希律王杀婴事件。希律王知道耶稣已经降生后下达命令，将伯利恒地区两岁以下的男婴全部处死。这些工艺品面世时，斯堪的纳维亚人已经皈依基督教，他们艺术地再现了古罗马人的暴行，并加以谴责。但是就在不久之前，维京人劫掠不列颠以及西欧城市，手段同样残忍暴虐。

手执武器
- 长剑
- 矛

投掷/射击武器
- 标枪

防御装备
- 风筝盾
- 圆盾

服装
- 兽皮
- 铁帽
- 锁子甲

武士
- 狂武士

军事理念和战术

战地工事和运输工具
- 维京长船

诺曼人

诺曼人是维京人的后代,是中世纪名震四方的武士。他们的祖先是丹麦人,在赫罗尔夫的率领下入侵法兰西北部,并于911年与法兰西国王缔约,获得大片领土。这些丹麦人逐渐吸收了法兰西的语言、信仰、风俗习惯和战斗方式,但是保留了自己的海战传统。11世纪中叶,诺曼人已经成为骑兵和城堡战争中的佼佼者。1066年,英格兰出现王位继承危机,诺曼底公爵威廉二世亦是王位的有力竞争者。他集结了一支以长船为主的超级舰队,运送大批军士和战马,威廉二世率军在萨塞克斯登陆,他的对手是当时的英格兰国王哈罗德。10月14日,两军在黑斯廷斯展开激战,一天之后,威廉二世获胜。黑斯廷斯之战在英国历史甚至整个中世纪史中,都有极为重要的意义。

诺曼骑兵

这是一位全副武装的诺曼骑兵,长矛上的燕尾旗昭示了其骑士地位,但是和后期的纹章相比,这种标识过于简陋。这位骑士身穿锁子甲战袍,下部有衩,看似由铁环缝在皮里料上做成,但那时的诺曼骑兵应该穿着通身由金属制成的锁子甲。诺曼骑士应该有一位扈从,以打点随身事务,并照料至少两匹战马。

参见:
维京长船,第77页;
1066年诺曼底公爵入侵英格兰,第257页;
刀剑,第280—281页;
短棍、战棍和斧,第286—287页;
身体护甲,第302—303页

贝叶挂毯

贝叶挂毯记录了黑斯廷斯之战的场景。诺曼骑士正在冲锋,他们放低长矛,正欲投射。英格兰步兵则组成盾墙,手持矛和长斧,仅有一位弓箭手助阵。

12世纪中叶的骑士

图中骑士戴着沿曲面前伸的尖顶头盔,这就是当时流行的弗里吉亚式头盔。放在华丽剑鞘之内的宝剑挂在腰带上,而腰带正是他骑士地位的象征。骑士的盾牌上有狮子图案,它是金雀花王朝最早采用的纹章之一。由此看来,这幅图可能来自英格兰国王亨利二世的父亲安茹伯爵杰弗瑞五世(死于1152年)的墓碑。

战争的演变

手执武器
- 骑枪
- 长斧
- 宝剑

投掷/射击武器
- 弓

防御装备
- 诺曼盾

服装
- 锁子甲长战袍和护腿
- 尖顶头盔
- 鳞片甲衣
- 弗里吉亚式头盔

武士
- 诺曼武士
- 骑士

军事理念和战术
- 城堡战
- 海战

战地工事和运输工具
- 维京长船

威廉二世和他的护旗官
这是黑斯廷斯战役中的关键时刻。诺曼底公爵威廉二世在护旗官的陪伴下亲征。威廉二世举起了头盔,粉碎他已经战死沙场的谣言。他的权杖看上去像杀敌用的短棍。

伊尤公爵
这幅伊尤公爵像也来自贝叶挂毯,公爵手执丹麦斧——这把战斧的斧柄较长,是公爵尊贵身份的象征。他身着长斗篷和鳞甲战衣,亦展示出其雄厚的财力。作为威廉公爵的封臣,遵照诺曼人的传统,他须把后脑勺的头发剃光,前半部留短发。

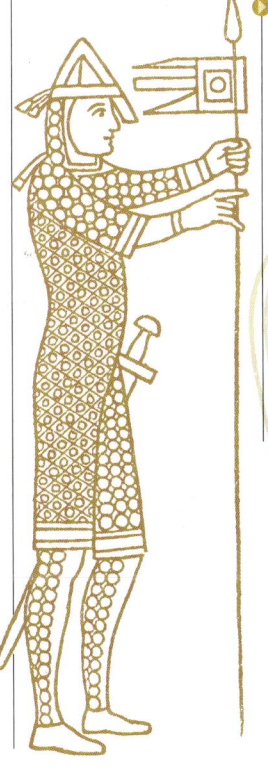

诺曼盾
诺曼盾形状独特,又叫风筝盾或杏仁盾。贝叶挂毯上有很多刻着火龙图案的盾,盾牌中心的浮雕花纹周围,往往还有铆钉钉头组成的图案,这些铆钉还起到固定盾牌背面肩带的作用。

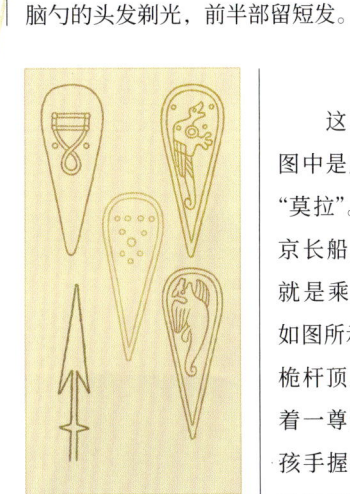

威廉二世公爵的战船
这幅图取自贝叶挂毯,图中是威廉公爵的船,名叫"莫拉"。这是一艘经典的维京长船,1066年,威廉二世就是乘这艘船入主英格兰。如图所示,公爵在夜间航行,桅杆顶上挂着灯笼,船尾立着一尊男孩的金像。这个男孩手握骑枪,吹着号角。当时很多资料对此都有记载。

贝叶挂毯上的诺曼底威廉公爵像
公爵身穿带七分袖的锁子甲长战袍,他的锁子甲护腿在11世纪中叶是巨富专属的奢侈品。佩剑表明了他的骑士身份,骑枪上的旗帜以及从他头盔和脖子后面落下的飘带又展示了他的贵族地位。

中世纪骑士，800—1500年

起源和发展

中世纪骑士的形象深入人心——15世纪晚期的骑士身披全副板甲，可谓威风凛凛。其实，中世纪骑士形象并非一开始就如此威猛，他们的盔甲、武器，乃至骑术都经历了近千年的发展演变。在查理大帝时代，铠甲骑兵没有马镫可用，他们手持圆盾，和几个世纪之前的罗马骑兵几乎没有差别。10世纪时马镫面世，从此改变了骑士的战斗方式，他们开始手执骑枪冲锋，而在比武大会中，马上持矛（骑枪）打斗也成了重点训练项目。

马上对战的骑士

上图两名骑士大约生活在1180年，正捉对厮杀，扈从用双肚带和胸带将高马鞍严严实实地绑在马背上，前鞍桥和后鞍桥紧贴骑士的腰。为了减轻冲击力，骑士两腿叉开，上半身前倾，身体与战马呈V字形，尽量利用马鞍的支撑力。

12世纪晚期的骑士

12世纪晚期，锁子甲护臂和护腿已经普及，而且弯曲幅度大的杏仁盾更符合人体曲线，能够为马上或马下的骑士提供更有效的防护。左边的骑士头戴筒形头盔，防护性能更好，但是和护鼻甲相比，这种头盔会阻挡视线。这位骑士手里拿着一把长柄双头斧，可在下马作战时使用。

9世纪的加洛林骑士

这幅图中的鳞甲显然失真，圆盾也只有实际尺寸一半大。头盔由两部分组成，仿照罗马帝国晚期的骑士头盔绘制，也曾出现在当时其他手稿之中，但是未必符合史实。

战争的演变

手执武器
· 双头斧
· 骑士长矛
· 匕首

骑士册封仪式

13 世纪中期，在骑士册封仪式上，国王为受封者系紧剑带，仆从则把金马刺装在他的脚后跟上。

投掷/射击武器

防御装备
· 杏仁盾

服装
· 全副板甲
· 带纹章的服饰
· 鳞甲
· 犬面盔

武士
· 骑士

14 世纪晚期的骑士

从骑士的盾徽可以看出，图中人就是法兰西骑士统帅贝特朗·杜·盖克兰，抗击英军的英雄。盖克兰身披全副板甲，外加白色罩衣，头戴巴萨内特式犬面盔。

军事理念和战术
· 马上对战

参见：
纹章和骑士比武大会，第 82—83 页；
骑士详解，第 88—89 页；
刀剑，第 280—281 页；
长杆武器，第 284—285 页

战地工事和运输工具

衣服上的纹章

13 世纪中晚期，两个青年人在为骑士比武大会做准备。站着的骑士身穿貂皮衬里的斗篷，另一位骑士则在铠甲外披了一层罩衣，罩衣上有部队献水官的标志。他穿的护肩被称为小翅甲。

15 世纪晚期的骑士

这幅插图中的骑士可能是波兰国王，他的铠甲堪称中世纪板甲的顶级配置，浑身上下，无懈可击。他的装备也是奢侈品，挂剑和匕首的腰带上还镶嵌着珠宝。

纹章和骑士比武大会

骑士比武大会具有竞技体育的性质，骑士可以在比武大会上演练马术和马上持矛打斗技能。早在加洛林时代，甚至罗马时代，骑士比武大会就已出现。约1050年，比武大会变成考较持矛打斗技能的专场竞赛，并且在之后500年间，一直保持这种传统。诺曼征服时期，尽管贝叶挂毯上出现了装饰盾，但是武士并没有个人专属的盾徽。12世纪30年代，由于战场上需要分清敌友，平时也需要了解骑士的身份地位，纹章学应运而生。最初只有国王和大领主有纹章，而且这些纹章和比武大会盛典有密切的联系。后来纹章学逐步形成一套专用术语和严格的使用规则，如果骑士对标志的使用有争议，应由专门的骑士法院裁定。

胜利者

这幅图来自13世纪中叶的马纳塞斯（Manasses）手稿，详细记录了著名比武骑士的竞技场景，展现了比武大会胜利者的勃勃英姿。它也让后人感受到，所谓比武大会其实就是一场大型体育赛事，其色彩和气氛都让人心潮澎湃。比武大会的观众是名媛贵妇，武士奋力打斗，只为激发她们的仰慕之情。图中一位淑女正把花环献给比武冠军。画面中还有音乐家和杂耍艺人。整个团队全力支持比武骑士：第一位扈从替他拿着长矛；第二位扈从拿着他的头盔；第三位扈从戴着帽子，手里拿着锤子，正在修理在模拟打斗过程中受损的铠甲。

约1500年的骑士比武

和战时盔甲不同，比武大会时，骑士使用固定的护腿，戴着更通透的铁条罩面头盔。这样视线更好，但是无法防护投射武器的攻击。比武骑士用钝剑，能安全地切磋剑术。

战争的演变

个人身份识别

这群 12 世纪晚期的骑士，头盔上有独具特色的顶饰，还有一位背着纹章盾牌。这些骑士戴着面罩，只能靠顶饰识别身份。头盔顶饰在实战中并不实用，因为它很容易成为对手的目标，所以骑士一般只在比武大会上才会戴有顶饰的头盔。

参见：
长杆武器，
第 284—285 页

高贵的对手

布列塔尼公爵（图左，战袍有纯白鼬纹装饰）与法兰西国王的弟弟（图右，战袍上有鸢尾花饰）对战，他们都有带徽章的甲衣护体，两匹战马也身披护甲。这幅图参考了《安茹勒内的骑士比武大会》（Tournament Book of René d'Anjou）一书，书中有大量插图。

挑下马去

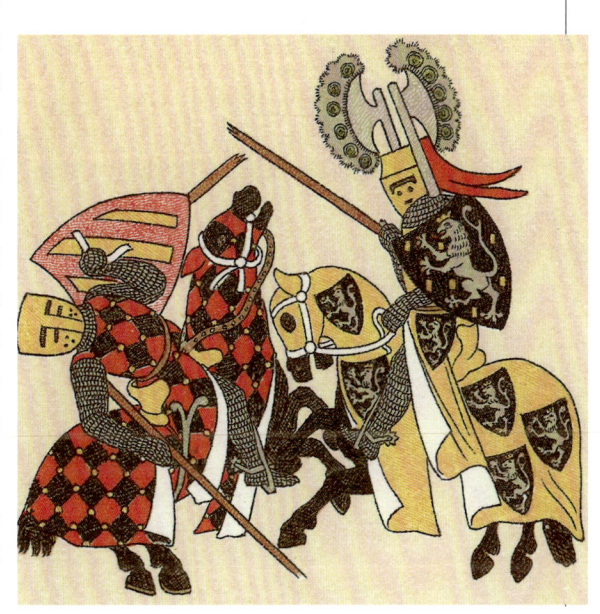

如图所示，13 世纪中期，两位骑士正在比武。即使只是切磋武艺，场面依然暴力血腥。胜利者（图右）的矛已经断了，另一半插在对手的盾牌上，重击之下，对手还有他的坐骑一齐后仰。比武骑士的得分由他们击碎的长矛数目决定，最好的结果就是把对手挑下马，而且让他和其坐骑之间，甩出"一支骑枪的距离"。

手执武器
- 钝剑
- 骑士长矛

投掷 / 射击武器

防御装备
- 纹章盾牌

服装
- 铁条罩面头盔

武士
- 骑士

军事理念和战术
- 骑士精神
- 竞技

战地工事和运输工具

83

骑士的武器

中世纪骑士必须娴熟地使用多种武器。为此，他们 7 岁就要作为扈从跟随骑士训练，积累技艺，到 15—18 岁才能成为册封骑士。剑是骑士最重要的武器，也是骑士身份的象征，会在册封典礼上正式授予新晋骑士。骑士标枪（长矛）长 3—3.5 米，需要力量和技巧才能掌控。尽管说起骑士人们想到的是策马冲锋的场面，但其实骑士经常得在马下和敌人交手，此时他们就会把标枪折为两半，这样用起来才顺手。15 世纪，新型武器长柄战斧问世，只有接受过武术训练的骑士才能有效地使用这种新式武器。

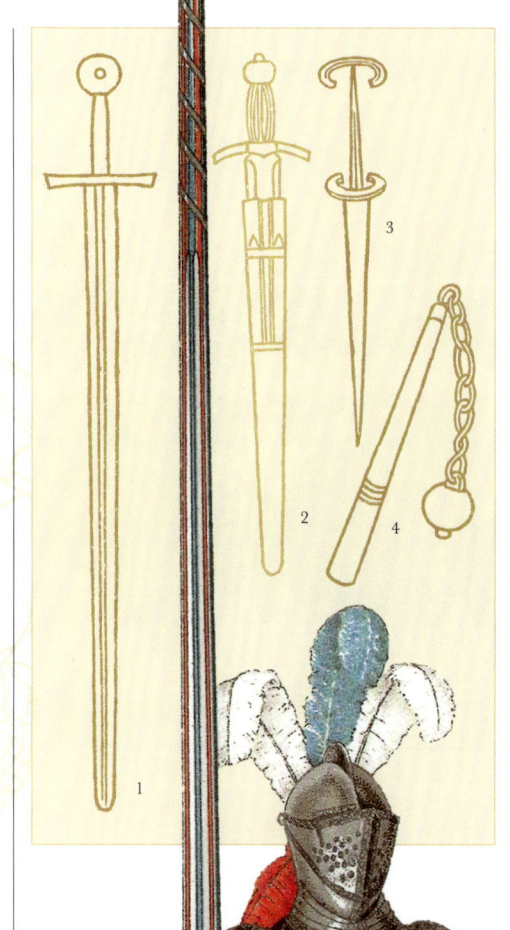

▷ 骑士标枪和剑

图中的标枪骑兵可能是法兰西国王弗朗索瓦一世麾下精英，他们号称铁甲骑兵。尽管这一兵种即将被淘汰——1525 年，手持火绳枪的西班牙步兵在帕维亚战胜了法兰西铁甲骑兵——但是他们依然作为冲锋骑兵在发挥作用。这位骑士还带着小型格斗盾（又称小盾），说明他也随时准备近战。

◁ 手执武器

经典的中世纪剑是双刃直剑，剑尖呈圆形。1：巨剑，主要用于劈杀，它十分沉重，可以砍断敌人肢体；2：短剑，主要用来刺伤敌人；3：因护手呈圆形而得名的圆头匕首，它往往用来完成最后一击，如敌人已经被打倒，骑士就用匕首捅进敌人头盔的眼缝，迅速取其性命；4：带链条和锤头的战棍，可用来破坏护甲，锤击金属头盔，把敌人震得晕头转向，或是让他当场毙命。

参见：
骑士册封仪式，第 81 页；
骑士详解，第 88—89 页；
刀剑，第 280—281 页；
短棍、战棍和斧，第 286—287 页

战争的演变

🟡 佩剑方式

1：14世纪，把剑挂在双环剑带上；2：12世纪，样式简单的骑士剑带；3：13世纪中期，骑士挂剑方式；4：15世纪，把剑挂在单环剑带上；5：横式挂剑法，用来佩短剑。

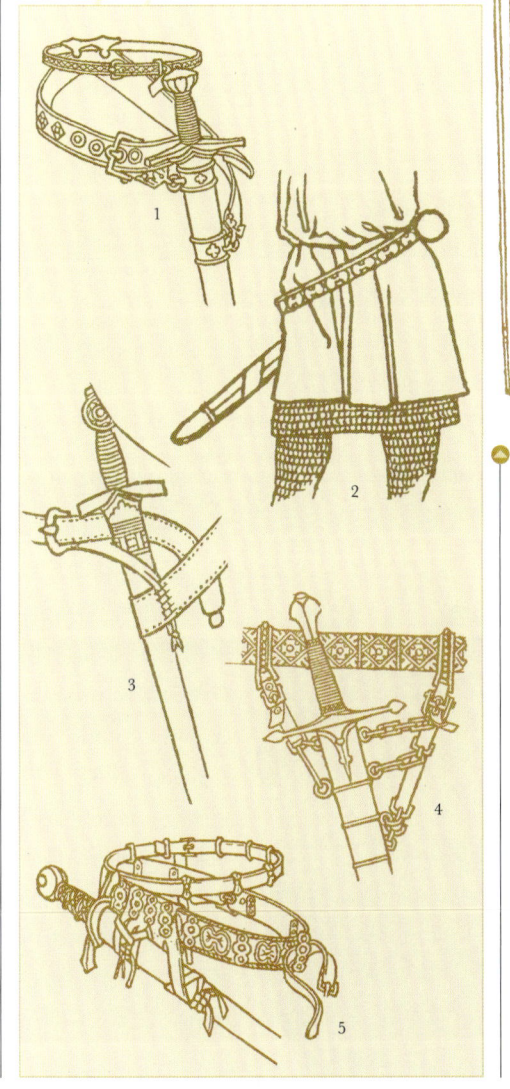

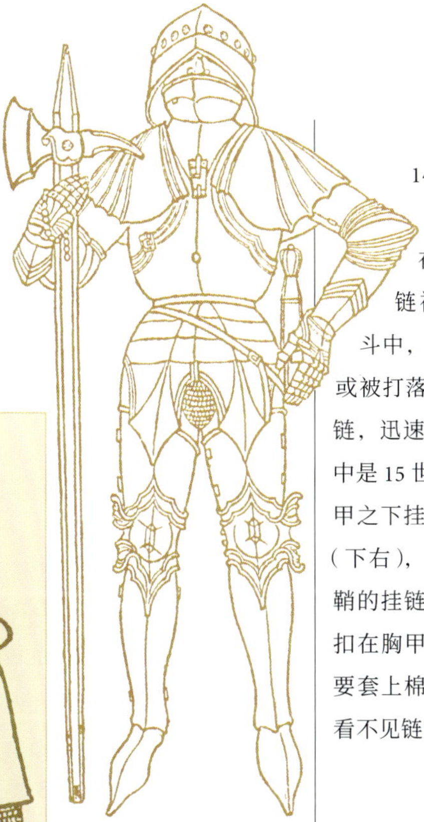

🟡 致命武器

这是一位生活在1480年的骑士，身披日耳曼风格铠甲，手执致命的长柄战斧。这一时期的骑士都是全副甲胄，装备齐全。这种长柄战斧有尖刺、利刃和尖头锤，用法类似今天的开瓶器。骑士必须经过综合训练，才能有效使用长柄战斧。

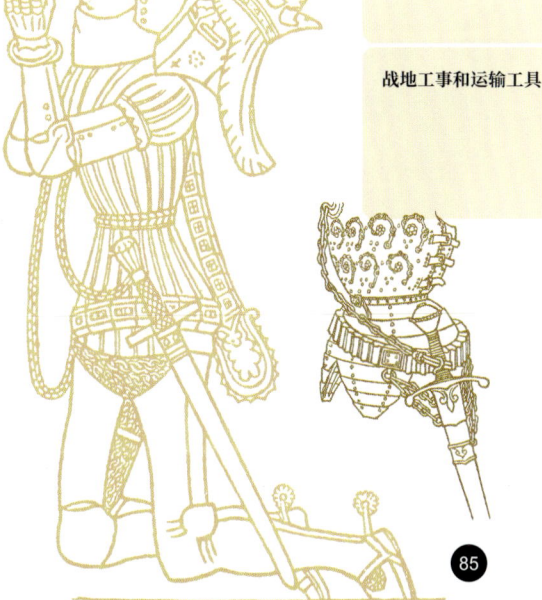

🟡 带挂链的骑士剑

14世纪，骑士会用挂链把剑或匕首扣在铠甲上，这种挂链被称为护链。在战斗中，如果剑从手中掉落或被打落，骑士可以抓住护链，迅速拿回自己的剑。图中是15世纪的骑士，他在腹甲之下挂着两副大腿护片（下右），与之相扣的正是剑鞘的挂链。骑士剑的护链则扣在胸甲上，胸甲之外，还要套上棉罩衣，所以从外面看不见链条和铠甲搭扣。

手执武器
- 带链条和锤头的战棍
- 骑士长矛
- 长剑
- 长柄战斧
- 圆头匕首
- 短剑

投掷/射击武器

防御装备
- 小型格斗盾

服装
- 全副甲胄

武士
- 铁甲骑兵

军事理念和战术
- 武器训练

战地工事和运输工具

骑士甲胄

如果骑士全副武装，足以防御当时大部分武器的攻击。锁子甲可以抵御剑和其他砍劈武器的攻击，但是骑士标枪仍可将其刺穿。自 13 世纪起，甲胄装备升级，开始时添加衬垫，后来采用硬化皮革作垫层；到了 14 世纪中期，又加装了板甲。身体的不同部位都有专用的铠甲保护，每一片护甲也都有正式的名称。威力更大的长弓和十字弩问世之后，板甲表面会做成弧形，致命的投射武器来袭时，遇上弧面板甲就会产生偏斜。

12 世纪骑士群像

尖顶头盔的出现早于方顶和圆顶头盔。插图作者试图画出各种各样的铠甲和头盔，但是他对历史缺乏了解——12 世纪时，大部分骑士都穿传统的锁子甲战衣。

巨盔的开发

12 世纪 80 年代，骑士开始使用带面罩的方顶头盔（上图），这种头盔在第三次十字军东征时首次亮相。十年后，最常见的则是圆顶头盔（中图和下图所示），其眼缝呈十字形状。

15 世纪的头盔

上图是约 1400 年时，配有可移动护目面甲的巴萨内特头盔。中图是 14 世纪中期哥特弗莱德·冯·爱泼斯坦（Gottfried von Eppstein）戴的巴萨内特头盔，带固定护喉甲和可移动的护目面甲。下图则是约 1400 年时，从后背固定巴萨内特头盔的皮带和搭扣。

战争的演变

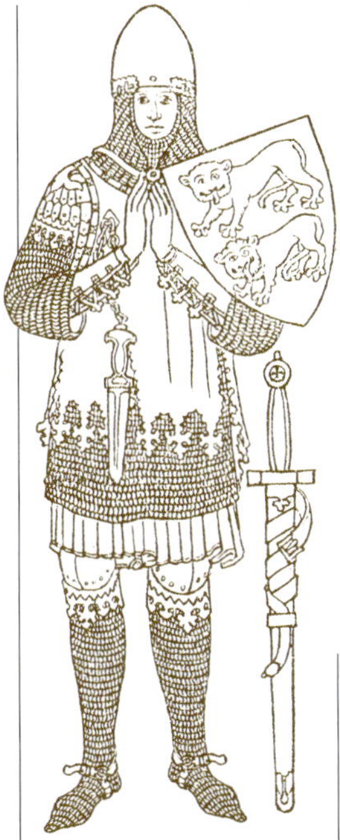

约 1320 年的骑士
图中骑士身穿复合铠甲——既有锁子甲，又有板甲。那时，护膝甲由金属制成，肩甲和前臂防护则是皮革制。他的锁子甲护面具有一片与头盔相连的护鼻甲。

14 世纪中期的骑士
图中骑士身穿板甲战衣，战衣由四大块板甲构成，覆盖前胸后背，外层则是一件棉质罩衣，罩衣上的装饰图案正是他的纹章。这位骑士的护膝、护肘和护肩都由金属制成；他的护臂和护腿则由条板甲制成，铆固在皮革制内衬上；他脚上穿的是鳞甲。骑士名叫哥特弗莱德·冯·爱泼斯坦，1349 年葬于法兰克福教堂。

贴头帽
对于士兵而言，头盔之下的内层防护非常重要。开始时，贴头帽形式简单，就是一顶加了衬垫的帽子（上），很快它就变成了由锁子甲制成的防护帽（中）。到 1300 年，它的形状就和外层头盔一模一样了（下）。1400 年，贴头帽升级为颅盔，与巴萨内特头盔完美贴合。

15 世纪的护甲
15 世纪，全副甲胄已经发展至巅峰。最值得注意的细节是，骑士开始使用板甲保护腹部和大腿根部，这部分铠甲被称为腹甲，腹甲下挂着平置的板甲，用来防护大腿，后来发展为专门的大腿护甲。

手执武器

投掷 / 射击武器

防御装备

服装
- 贴头帽
- 锁子甲
- 板甲
- 巨盔
- 颅盔
- 腹甲

武士
- 骑士

军事理念和战术

战地工事和运输工具

参见：
骑士详解，
第 88—89 页；
盔甲，
第 301 页；
头盔，
第 304—305 页

87

骑士详解

这幅威严的12世纪锁子甲骑士像是那个时代骑士精神的完美体现。当时，骑士精神还是个相对新潮的概念，其中包括礼仪规范、典雅之爱，以及允许战败贵族被赎回，而非将他们斩尽杀绝的战场文化。图中人物原型是罗兰伯爵，查理大帝的著名战将之一，798年在西班牙与萨尔森人交锋时，英勇献身，之后他的传奇功勋被写入《罗兰之歌》，世代流传。当时，罗兰伯爵负责指挥后卫部队，掩护大部队撤退。尽管急需吹响号角召唤国王率军回援，但是他不愿呼救，因为他觉得如果不能继续独自战斗，就有损骑士的荣誉。

1. 罗兰伯爵身披锁子甲长战衣，战衣前后开衩，以方便活动。这种战衣是长袖的，而且往往配备有手套，不用时可向后卷起，让双手自由活动。他还穿着过脚踝的长袍，所以看不见里面的护甲，他应该会穿锁子甲护腿。

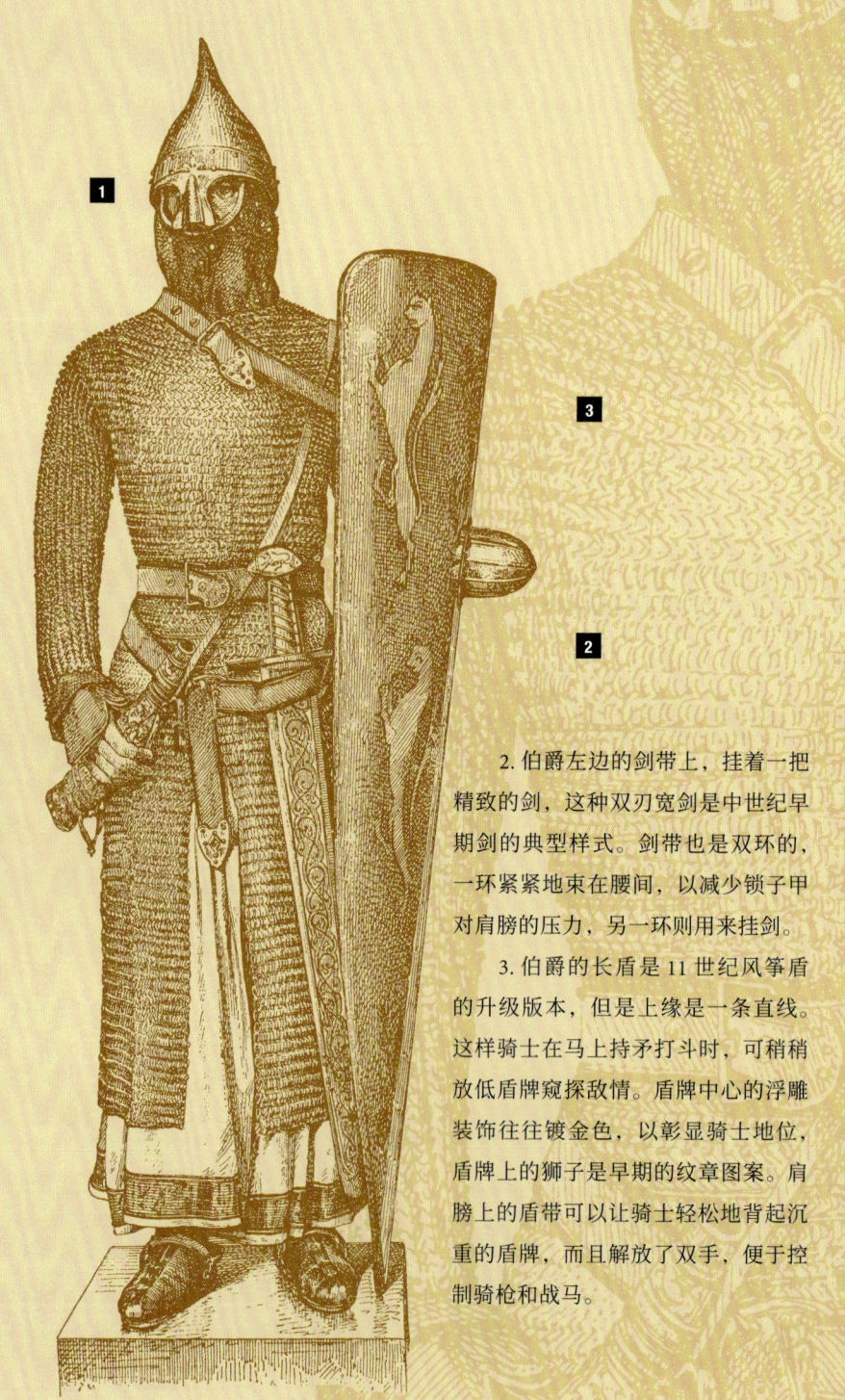

2. 伯爵左边的剑带上，挂着一把精致的剑，这种双刃宽剑是中世纪早期剑的典型样式。剑带也是双环的，一环紧紧地束在腰间，以减少锁子甲对肩膀的压力，另一环则用来挂剑。

3. 伯爵的长盾是11世纪风筝盾的升级版本，但是上缘是一条直线。这样骑士在马上持矛打斗时，可稍稍放低盾牌窥探敌情。盾牌中心的浮雕装饰往往镀金色，以彰显骑士地位，盾牌上的狮子是早期的纹章图案。肩膀上的盾带可以让骑士轻松地背起沉重的盾牌，而且解放了双手，便于控制骑枪和战马。

战争的演变

这套板甲战衣属于勃艮第公爵"大胆"查理（1467—1477年在位）。这幅图，将公爵描绘成了铁甲英雄，他本人想来十分欢喜。其实公爵的个人形象也堪称完美，极富浪漫色彩，称得上是末代骑士。1467年，勃艮第公爵继承了其父"好人"菲利普的爵位和产业，成为欧洲富甲一方的王子。虽然他不是国王，但是其领地从佛兰德斯绵延至法兰西南部，背靠莱茵河和多瑙河，坐拥人口最多、最富裕的一些地区。不幸的是，勃艮第公爵梦想成为神圣罗马帝国皇帝，1476年他对瑞士各州发动袭击，不仅三战皆输，本人也战死沙场。公爵死后，他的女儿嫁给哈布斯堡王朝马克西米利安一世，家族土地后来由哈布斯堡皇帝查理五世继承。

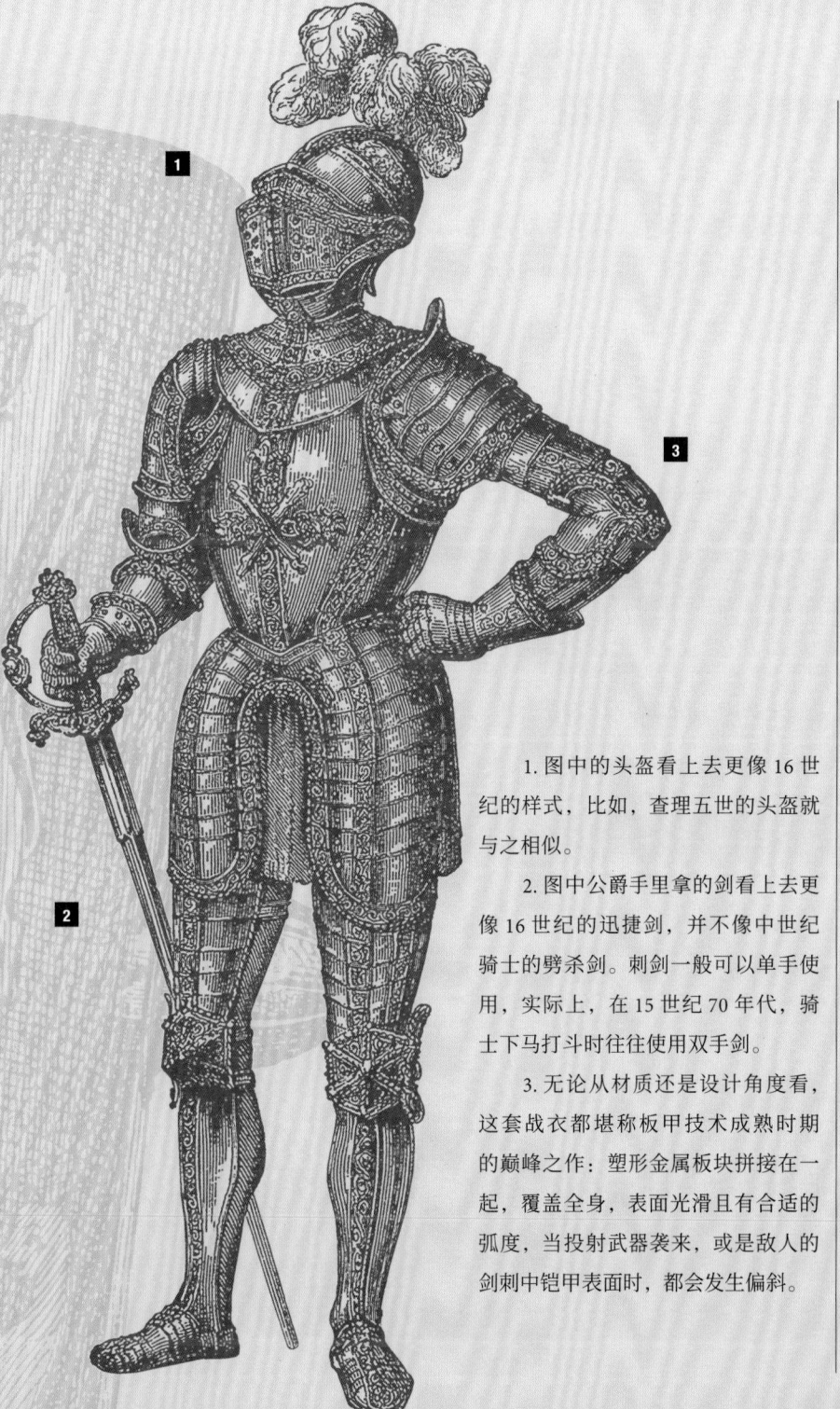

1. 图中的头盔看上去更像16世纪的样式，比如，查理五世的头盔就与之相似。

2. 图中公爵手里拿的剑看上去更像16世纪的迅捷剑，并不像中世纪骑士的劈杀剑。刺剑一般可以单手使用，实际上，在15世纪70年代，骑士下马打斗时往往使用双手剑。

3. 无论从材质还是设计角度看，这套战衣都堪称板甲技术成熟时期的巅峰之作：塑形金属板块拼接在一起，覆盖全身，表面光滑且有合适的弧度，当投射武器袭来，或是敌人的剑刺中铠甲表面时，都会发生偏斜。

战马和马用护甲

骑士作战时,往往得准备至少两匹马。骑士最珍贵的财产就是他的战马。战马又称军马,是训练有素的动物,而且它得学习各种动作,以配合骑士作战,现代的花式骑术就保留了这些动作。早期的十字军很快发现,不设防护的战马无法抵挡来自土耳其弓箭手的利箭——弓箭手总是会瞄准战马,而不是骑士。12世纪中期,骑士开始为战马配备铠甲,即所谓的马用护甲。中世纪晚期,为了应对敌人的长弓和十字弩,覆盖战马全身的板甲也出现了,可见随着骑士护甲的升级,马用护甲也逐渐完备。

全副金属马甲
12世纪70年代,出现了身披全副锁子甲的战马。图中前鞍桥方向有误,两个突角应该向后,以扣住骑士腰部。

骑士冲锋
这幅精美绝伦的图画展示了一位13世纪骑士冲锋的英姿。马用护甲上布满了骑士的纹章。

华丽的骑兵
13世纪晚期的三位西班牙骑士在人用和马用装备上尽情展示他们的纹章。

战靴
14世纪中期的战靴,不仅可以保护骑士的双脚,还装有马刺。

战争的演变 | 手执武器

哥特式铠甲

约 1480 年时全副武装的骑士和战马，铠甲是哥特式或日耳曼式的。金属板甲覆盖战马头部、颈部、胸部和臀部，连马的喉部都用锁子甲护住。

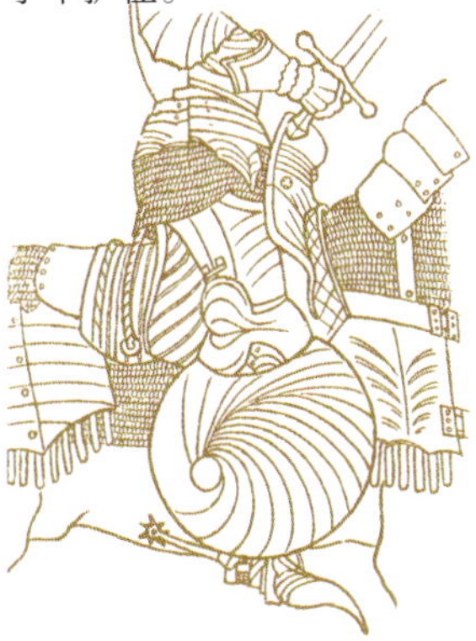

侧翼护板

15 世纪的骑士比武大会护甲，其中包括筒状护腿。

马刺建功

骑士手持骑枪冲锋的时候，双腿前伸，他要用长马刺才能踢到马的扶助点（紧挨马腹带下方）。

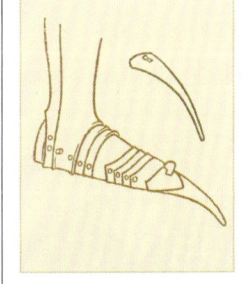

骑士的铠甲战靴

15 世纪，这种又长又尖的鞋头非常流行，于是也出现了同样式的铠甲战靴。这个尖头是可拆卸的，步战时，骑士一般都会脱掉铠甲战靴。

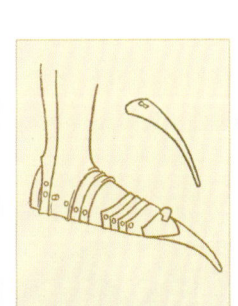

马颈和马胸护甲

约 1500 年时，能够将战马头部、颈部和胸部全部覆盖的护甲。

华丽的战马护甲

1：饰有流苏的尾部防护装置。2、3：骑士比武大会所用马鞍的正视图和侧视图，护腿能让骑士的大腿多一层防护。这种特殊形状的马鞍没有后鞍桥，但是在马鞍尾部有竖栏，让骑士能稳坐其上。4：马蹄铁。5：蹄甲。

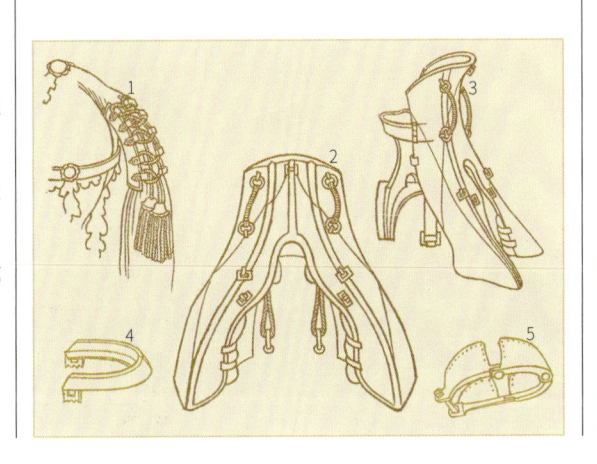

投掷/射击武器

防御装备

服装
- 全副甲胄
- 铠甲战靴

武士
- 早期的十字军
- 土耳其弓箭手

军事理念和战术

战地工事和运输工具
- 铁甲战马

参见：
纹章和骑士比武大会，
第 82—83 页

91

战斗中的骑士

众所周知,艺术作品很难再现战争场景,因为静态画面根本无法捕捉战术动作和战士风采。15世纪末印刷术在欧洲出现后,艺术家开始用一系列的印刷图片来展示战役的不同阶段。但是我们现在去看描摹战斗场面的中世纪艺术品,或是其仿制品,感觉就像是只有几位主要人物在简陋的舞台背景下表演。中世纪的手稿插图往往侧重描绘骑士的活动,因为他们既高贵,又有彰显身份地位的纹章。这些插图往往会误导读者,因为我们从中看不到战术部署,更无从知晓真实的战役进程。

▼ **安普芬战役**

画中的战马都未披铠甲,这不符合史实,毕竟那时大多数骑士至少会为战马披上毡甲。艺术家笔下,不同人物戴着不同的头盔:右边几位戴着巴萨内特开面头盔,中间国王以及随从戴着封闭的筒状头盔,之后的军士和平民辅助骑兵则戴着铁帽子。注意在最左边,还有骑马的十字弩手。这一兵种大约出现在1200年,他们装备简陋,太容易被敌人俘获,基本上只能在小规模战斗中担任不重要的角色。

战争的演变

特鲁昂攻城战

这幅版画描绘马刺之战中，两军厮杀的场景。1513年，英军围困特鲁昂城，法兰西国王弗朗索瓦一世派遣军队解围，在城外与英格兰国王亨利八世率领的远征军交战。画中多名骑士为了争夺荣耀而陷入混战，弓箭手只有一名，正在马上引弓射箭。这不符合史实，实际上，英格兰人之所以能够赢得这场战役，就因为他们安排了一队徒步长弓手埋伏在侧翼，准备击杀赶来增援的法军。毫无防备的法军遭到弓箭手伏击之后，刺马狂奔，迅速逃离战场，这场战役因此得名。战场位于法国北部，该地区一马平川，所以背景中出现的绵延山脉纯属艺术的想象。

舞台上的阿金库尔战役

这幅版画创作于19世纪早期，体现了艺术家对中世纪战役的想象，可能是用来为当时上演的莎士比亚历史剧《亨利五世》做广告宣传的。画中的骑士使用各种长柄武器徒步作战，其中有矛、戟和战棍。左边的骑士正飞身下马，加入战斗。这样的场景破除了成见——忠勇的骑士未必总是在马上打仗。无论是在百年战争还是玫瑰战争中，骑士都经常与敌人步战。

手执武器
- 戟
- 战棍
- 矛

投掷/射击武器
- 长弓

防御装备

服装
- 巴萨内特开面头盔
- 筒状头盔
- 铁帽子

武士
- 英格兰武士
- 法兰西武士

军事理念和战术
- 伏击

战地工事和运输工具

中世纪士兵，1000—1500年

步兵和持械士兵

文艺作品中，中世纪战场总是由骑士和骑兵主宰，但这并非"事实之全部"。自1300年开始，步兵的作用越来越重要。1302年，佛兰德步兵在科特赖克大败法兰西精锐骑兵。1351年瑞士人设伏打败奥地利骑兵，1386年又在森帕赫再次完胜奥军，从此成为抢手的雇佣兵。威尔士的长弓手经历战斗锤炼，成为英国军队的重要组成部分，为英军在克雷西（1346）、普瓦捷（1356）和阿金库尔（1415）战胜法军立下汗马功劳。1419年，约翰·契士卡向捷克人传授一种新的作战方法：己方乘坐四周设围板的马车，使用大炮和短枪向敌方骑士开火，把这些骑士打得晕头转向。

两位瑞士军号手

这些军中乐师很重要。他们可以保持长枪兵阵形，为作战士兵指明方向，提高己方士气，打击敌方士气。

1500年前后的瑞士步兵

这些人大多是长枪步兵，在前排战斗的步兵身穿护甲，其余未穿。十字弩手应为长枪方阵之外战斗的散兵，也未穿护甲。但是与十字弩手共同作战的短枪兵就身穿全副铠甲。那时短枪上子弹需要较长时间，他们确实需要防护。但是实际上，他们往往用一种名叫弓弩兵巨盾的防御装备，而非全身披甲。

战争的演变

剑盾兵

这些士兵手中拿着剑和轻盾，是剑盾兵，他们机动灵活，所以在战场上具备一定优势，但是无法抵御重装长枪兵。15世纪中期出现了长枪步兵，长枪步兵摆出松散阵形，协同作战，剑盾兵就负责各长枪阵之间的联系协调，亦有重要作用。

▽ 手执武器

步兵使用的各种长柄武器。它们大小不一，形状各异。1：带副刃的长枪；2：早期的战戟；3：流星锤；4：长柄刀；5：军用连枷。

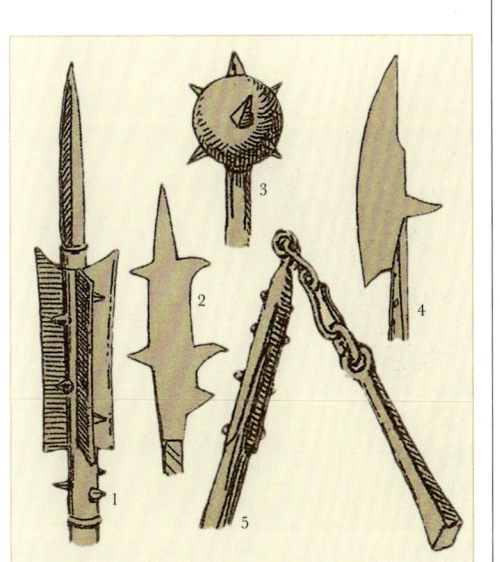

14世纪中期的步兵

图中是一位轻装步兵，是执行游击任务的散兵，这类步兵在中世纪的欧洲战场上越来越常见。他未穿护甲，凭借敏捷灵活的动作避免伤亡，并且伺机袭击敌人。轻装步兵往往来自山区，如比利牛斯山区。战斗时，他们会溜到敌方骑士战马的马腹之下，攻击敌人。

参见：
刀剑，
第280—281页；
短棍、战棍和斧，
第286—287页

手执武器
- 长枪
- 长柄武器
- 早期战戟
- 流星锤

投掷/射击武器

防御装备
- 弓弩兵巨盾

服装

武士
- 轻装步兵
- 佛兰德步兵
- 剑盾兵
- 威尔士长弓手

军事理念和战术
- 吹奏军号，鼓舞士气

战地工事和运输工具

95

步兵：战术和技术

在唯出身论的社会中，平民士兵即使弓马娴熟，由于没有贵族身份，也很难在战场上坚定自信地应战。别人甚至认为这些平民是僭越的流寇，而非守礼的武士。那些具有正式骑士身份的敌手会鄙视乃至憎恨他们。骑士会对同样出身贵族的对手剑下留情，但是面对这些平民骑兵，他们会毫不犹豫地痛下杀手。这就意味着，这些平民士兵踏入战场时，必须显得格外勇敢。在骑士和农民或者市民之间，存在一个平民骑士阶层，他们是英国的准骑兵、法兰西的轻骑游侠、西班牙和意大利的轻骑兵。任何全副武装的武士，无论在马上还是马下战斗，都可以被称为持械士兵。

瑞士游骑
尽管他们看上去和骑士并无二致——游骑也持战戟作战，他们的首领也持斧——但是区别依然存在：他们仍属于步兵，只是足够幸运，获得了行军的战马。

14 世纪的重装步兵
和同期大部分步兵相比，这位巴黎民兵的装备十分齐全，他本人可能是个富裕的市民。实际上，他的矛可能比画中的更长。战斗时，需要有效利用手中的巨盾，注重防守。他头上戴着顶水壶盔，这种头盔既能提供防护，又不影响视线。

战争的演变

约 1350 年的根特民兵

图中是佛兰德人反抗法兰西封建领主、寻求独立的场景。他们高举市镇和行业公会的旗帜（这体现了他们强烈的身份认同感），昂首行军。队伍中还有军号手，号声不仅能够提高军队的士气，而且有助于在战场上保持秩序。他们的武器往往仅限于长柄武器或战棍。旗帜下的主体部队手执各种长矛以及名为"好日子"的短棍。他们会把长矛插在地上，这样可以防止骑兵跃马前来。至于"好日子"，尽管名称讨喜，但其实是一根沉重的约 1.2 米长的木棍，棍头包着铁皮，装有铆钉，既锋利又沉重，足以破坏骑士的铠甲。十字弩手站在城镇围墙上瞭望，他们在战斗中负责用沉重的弩栓射杀骑士的战马。

参见：
长杆武器，
第 284—285 页

西班牙轻骑兵

西班牙轻骑兵也是常见兵种，他们借鉴了摩尔人许多的战术。西班牙轻骑兵在殖民时代发展为西班牙征服者，在美洲，他们利用这些战术屡屡取胜。图中的西班牙轻骑兵挥舞着弯刃大砍刀，令人生畏。实际上他们还使用长矛和标枪等武器。

手执武器
· 斧
· 弯刃大砍刀
· "好日子"短棍
· 战戟
· 长柄武器
· 矛

投掷 / 射击武器
· 标枪

防御装备
· 盾

服装
· 水壶盔

武士
· 西班牙轻骑兵
· 根特民兵
· 不列颠准骑兵
· 持械士兵
· 法兰西轻骑游侠
· 重装步兵

军事理念和战术

战地工事和运输工具

97

长弓和十字弩

中世纪战场上，射手的地位日益重要。长弓最初用于狩猎，后来，英格兰王国士兵广泛使用长弓，14世纪中期，射击训练已经成为弓弩兵的必修项目。长弓威力巨大，射程可达200米，在45米内极具穿透力，英格兰军队凭此名震欧洲。十字弩手也会对骑士造成很大的威胁，但是他需要一定的时间装填弩栓。十字弩内有勾连装置，一分钟可以发射8次，而长弓可发射10—12次。重型十字弩一分钟只能发射2次，所以弩手必须躲在巨盾之后，小心防护。

装填十字弩弩栓

这是一位15世纪中期的十字弩手，他已经将弩拉开，正在装填弩栓。他身后挂着箭袋，里面装满了弩栓。

射手

这两位射手是15世纪中期法兰西国王常备军的成员。法兰西军队中的射手大都是外国人，他们从意大利招募十字弩手（热那亚弩手更是远近闻名），从盟国苏格兰招募弓箭手。

15世纪中期波兰十字弩手

波兰和奥斯曼交战过程中，十字弩发挥了重要作用——因为沉重的弩栓能够阻挡土耳其骑兵杀入己方阵营。

参见：
十字弩详解，第100—101页；
投掷武器，第288—289页；
弓，第290—291页；
十字弩，第292—293页；
身体护甲，第302—303页

战争的演变

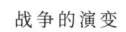

拉开十字弩
这两位 15 世纪晚期的十字弩手在法兰西国王军队中服役，两人都身披铠甲，右边的人还戴了护臂板甲。因为开弩费时费事，所以十字弩手必须穿铠甲护身。这两位弓弩手都使用绞盘开弩。

10 世纪的弓箭手
中世纪早期的弓箭手用反曲弓。实际上，整个中世纪，西欧大部分弓就是简单的木条。

甩石机
甩石索古已有之，结构简单，但是一直在战场上发挥作用。上图中的抛石竿广泛用于海战，人们最喜欢用它向敌方投掷燃烧武器"希腊之火"。

长弓手
这位 15 世纪晚期的重装弓弩手装备齐全，可见其身份尊贵。他是法兰西国王的苏格兰卫队成员，该卫队全部由贵族构成，实际上作为重装骑兵出战。

维也纳军火库中的巨盾
盾牌正面装饰精美。使用木支柱支撑盾牌时，背面绳索结成的抓手可用来调整盾牌位置。

战矢
战矢约 75 厘米长，插三只羽毛，在 90 米内杀伤力最强。

手执武器
- 长柄武器

投掷 / 射击武器
- 十字弩
- 长弓
- 反曲弓
- 甩石机

防御装备
- 巨盾

服装
- 板甲

武士
- 苏格兰卫队
- 意大利十字弩手
- 苏格兰弓箭手
- 马背上的土耳其弓箭手

军事理念和战术

战地工事和运输工具

十字弩详解

十字弩是一种古老的武器。考古证据表明，早在公元前6世纪，中国人已经发明了十字弓。而在西欧，4世纪，罗马军团中的散兵首次携带十字弩参加小规模战斗。但是，这些重装投射军团成员使用的可能是威力很大的重型十字弩，而不是手执武器。5世纪的石刻上，也留下了十字弩图像，但是它可能用于狩猎而非战争。直到10世纪后期，十字弩才再次出现在艺术作品之中——围城士兵使用十字弩向城内的守军发射弩栓。文献资料表明，11世纪中期以后，在意大利沿海城邦的士兵和十字军的大力推动之下，十字弩逐渐普及。

1. 这是一把大约1100年的木质十字弩。这把弩构造简单，弩臂大约1米长，弩弓由木头、骨头和筋腱制成，所以它的弹性和复合弓类似——来自游牧民族的骑射手就使用复合弓。这也意味着它不能受潮，否则就会散架。尽管如此，意大利水手还是常常会把这种十字弩带到船上使用。

2. 弩绳由麻绳制成，比普通弓弦粗。弩手只有把脚放在弩弓前面的脚蹬上，用双手拽，才能拉开它。

3. 这里可以用骨制卡扣锁定，射击时再松开。这就意味着，和普通的弓箭手不同，十字弩手可以将弩栓装填之后放好，等待时机射击。

4. 发射时，握紧长柄扳机，卡扣随之脱开，弩栓便会弹出。十字弩的有效射程约为180米，弩栓能够洞穿任何一种锁子甲，甚至能刺透盾牌。

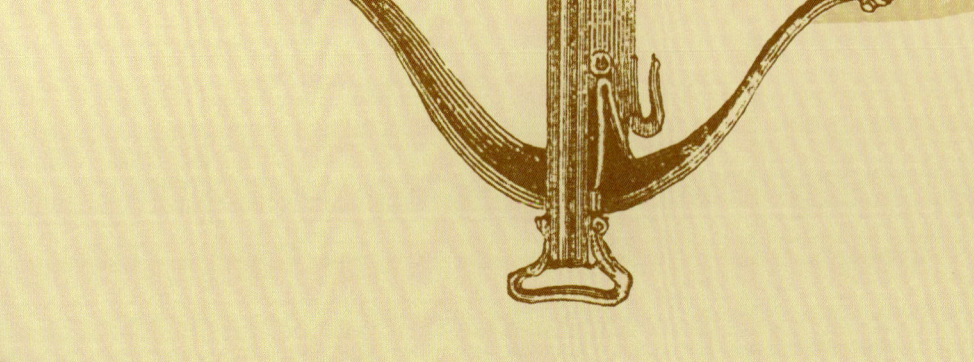

战争的演变

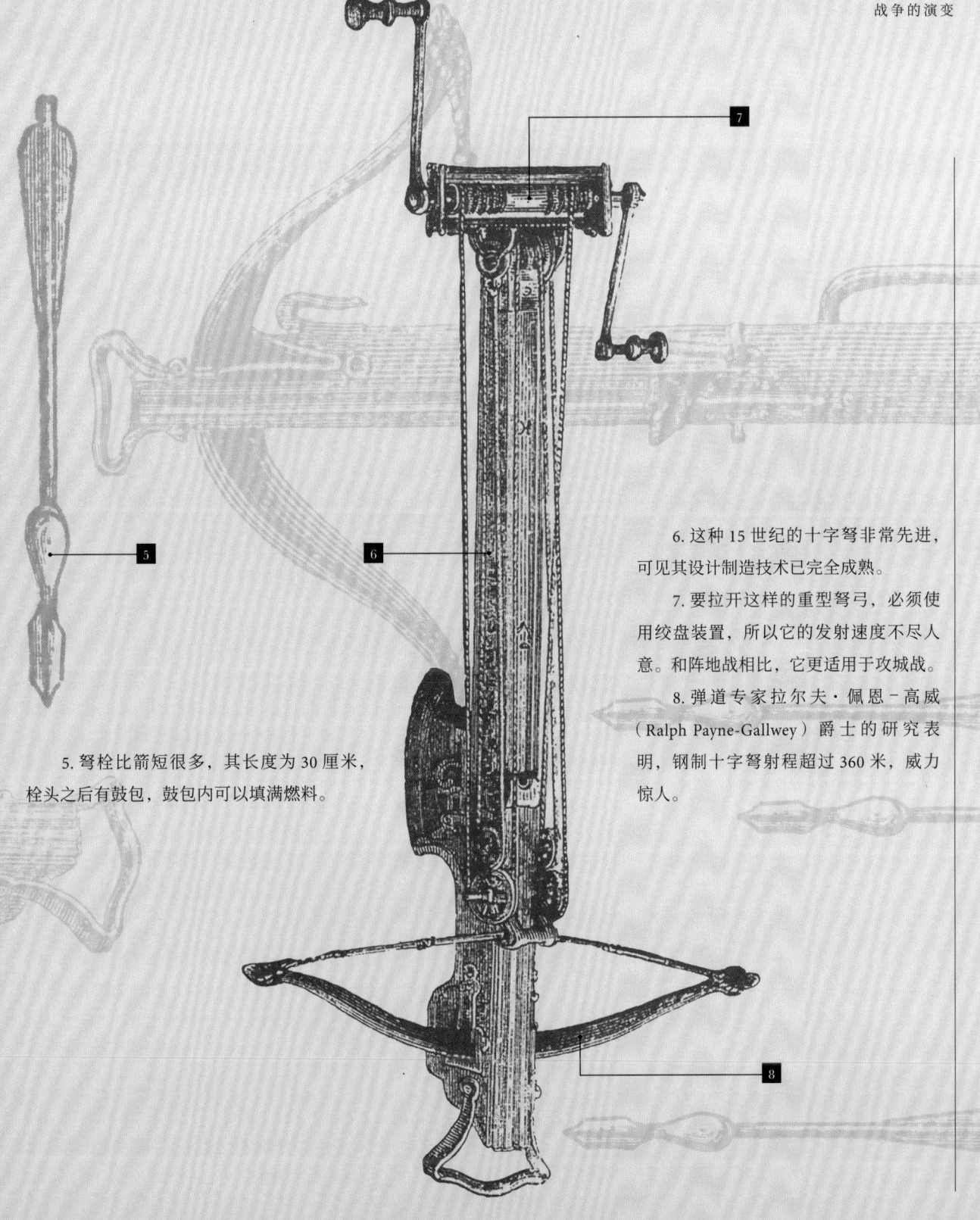

5. 弩栓比箭短很多,其长度为 30 厘米,栓头之后有鼓包,鼓包内可以填满燃料。

6. 这种 15 世纪的十字弩非常先进,可见其设计制造技术已完全成熟。

7. 要拉开这样的重型弩弓,必须使用绞盘装置,所以它的发射速度不尽人意。和阵地战相比,它更适用于攻城战。

8. 弹道专家拉尔夫·佩恩-高威(Ralph Payne-Gallwey)爵士的研究表明,钢制十字弩射程超过 360 米,威力惊人。

十字军东征，1095—1272年

圣地之战

十字军东征是宗教冲突引发的战争。西方基督教组织认为，穆斯林控制圣地四百多年，理应归还给基督徒。1095年，教宗乌尔班二世号召基督徒组队东征，成千上万的骑士以及普通人纷纷响应。尽管十字军不了解当地的地形特征，也不熟悉敌人的战术，但他们仍在1099年攻占了耶路撒冷。胜利之后，许多十字军官兵回到家乡，不过穆斯林一直在努力夺回圣地，那里的基督徒难以抵抗一拨又一拨的敌人，为了解决这一难题，欧洲人开创了集武士与修士为一体的新骑士模式。与传统骑士不同，这些新骑士宣誓效忠上帝。圣殿骑士团就是历史上首个宗教军事团体，他们的支持者明谷的圣伯尔纳在1129年为他们争取到了教宗的认可。此外，慈惠院骑士团和条顿骑士团也是这类团体；在西班牙，基督徒试图从摩尔人的手中夺回土地，也纷纷成立骑士团。

参见：
中东，
第146—147页

十字军骑士

这是一幅经典的十字军骑士画像。骑士正在祈祷，祈求十字军旗开得胜。他身上穿的铠甲却是13世纪中期的样式。

埃及的十字军

这幅16世纪的版画描绘了十字军队伍抵达杜姆亚特港口的场景。1248年，法兰西国王路易九世（后受封为"圣路易"）率军进行第七次十字军东征。杜姆亚特港口位于尼罗河河口，防守森严。十字军必须从阿尤布王朝苏丹的手中夺取港口，才能继续南征，在开罗建立根据地，继而收复耶路撒冷——耶路撒冷已于1244年被花剌子模占领。但是画中人的服饰和装备是画家根据当时（约1520年）风俗所绘，与实际情形相去甚远。远方河岸上的敌军骑士，画家将其称为"土耳其人"，这其实是基督徒对穆斯林的统称，相对于版画创作时期而言，倒是非常准确的。因为那时候，奥斯曼人确实对欧洲造成了威胁。

战争的演变　　手执武器

投掷/射击武器

防御装备

服装
· 修士长袍
· 锁子甲

武士
· 慈惠院兄弟骑士团
· 圣殿骑士团
· 条顿骑士团

军事理念和战术
· 宗教战争
· 宗教骑士

战地工事和运输工具

条顿骑士

宗教骑士团团长们借助大国王子的地位和声望接受捐赠，于是骑士团越来越富裕，但是这些骑士又是修士，他们必须衣着简朴。图中二人都是条顿骑士团成员，其中一人还是大团长。大团长胸前的条顿十字架别具特色，他腰间挂着剑带，头上还戴一顶王冠。骑士为何成了国王？原来，13世纪20年代，更多日耳曼的条顿骑士加入波罗的海海岸的北部十字军，在那里他们建立了条顿骑士团国。条顿骑士团国在该地区有举足轻重的地位，但是在1410年的坦能堡战役中，他们被波兰和立陶宛盟军击败了。

圣殿骑士团

圣殿骑士身穿绣着红色十字架的白色长袍，其样式和熙笃会修士长袍相仿，圣殿骑士团的支持者明谷的圣伯尔纳就属于这个修会。骑在马上的圣殿骑士的铠甲到底出自哪一个时代，实在难以分辨，但是看上去和史实不符，毕竟法兰西国王1307年就下令解散圣殿骑士团，这种铠甲显然是后来才出现的。左边的人物是约1410年的条顿骑士。

"狮心王"理查一世和第三次十字军东征

1187年,穆斯林传奇英雄萨拉丁攻陷耶路撒冷,收复了叙利亚大部分基督徒领地。为此,教宗号召基督徒发起第三次十字军东征。哈丁一役,耶路撒冷国王吕西尼昂的居伊被俘,之后获释。1189年,居伊率军围攻阿卡城,但是军力薄弱,仅仅形成包围封锁之势,并未建功。法兰西国王腓力二世于1191年4月赶到圣地,同年7月初,英格兰国王理查一世("狮心王")与之会师。其实,这两位国王原是死敌,因十字军东征之事才携手合作。十字军连续用攻城车发动进攻,城内守军终于在7月12日投降,萨拉丁手下7000将士成为俘虏。这一败绩严重损害了萨拉丁的声誉。

▶ 阿卡城

这幅阿卡城地图绘于14世纪。阿卡城实际上是十字军国的首府,它是黎凡特地区最富庶的港口,设有两层高耸的围墙,戒备森严。城堡位于城中心,右下方则是圣殿骑士团的塔楼。望海塔楼和城墙之间由锁链相连,可防止敌军战船驶入港口。

▶ "狮心王"理查一世攻打雅法城

1192年6月,"狮心王"理查一世攻打耶路撒冷失败,于是指挥军队在叙利亚海岸加固海防。萨拉丁认为,这是重夺雅法的绝好机会——雅法这一港口城市具有重要的战略意义。7月27日起,萨拉丁强攻雅法。"狮心王"理查一世当时人在阿卡城,收到消息之后,在人手不足的情况下,召集了一小队人马,其中有50位骑士,2000步兵,迅速出发。顺水航行四天之后,理查一世抵达雅法港。他挥舞战斧,直接跳下船,涉水上岸,杀向敌军。8月4日,萨拉丁再次下令攻城。面对数十倍于己的敌军,理查一世将步兵分组,主动出城迎敌,每组中有一竖列手持盾牌的长矛兵突前,再设一位长弓手和一位弓箭手殿后。凭着这种阵形,他一次次地打退了穆斯林骑兵的进攻。于是萨拉丁被迫撤退。这幅画中,作者发挥想象,描绘了理查一世纵马杀敌的英雄形象。但实际上,理查一世几乎一直守在战线上,大大鼓舞了麾下步兵的士气。

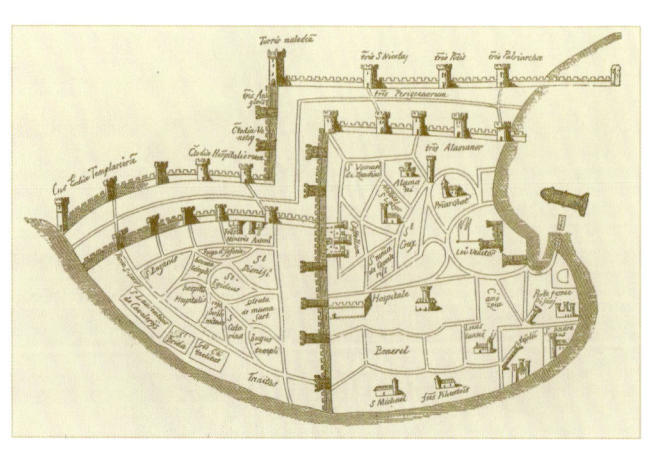

战争的演变 | 手执武器

"狮心王"理查一世

"狮心王"理查一世是1189—1199年的英格兰国王,这是刻在国王印章上的理查一世画像。画中的理查一世全副武装,正纵马杀敌。他拔出的剑象征着武德,他的筒形头盔上装饰着豪华的顶冠,他的盾牌上刻着三狮图案。这是最早的展示英格兰王室盾徽的艺术品。"狮心王"理查一世称其为"红底上三只金狮,头在左,身体横卧,三只腿落地,右前腿伸出,尾巴翘在身体之上,面朝外"。

投掷/射击武器

防御装备

服装
· 筒形头盔

武士
· 吕西尼昂的居伊
· 腓力二世
· "狮心王"理查一世
· 萨拉丁

军事理念和战术

1098年,安提阿攻城战

安提阿攻城战发生在第一次十字军东征时期,但是这幅画创作于15世纪。15世纪,圣地远征已经成为艺术家心中遥远的历史,因为那时奥斯曼土耳其人已经深入欧洲腹地,光是防守就已经让基督教各国疲惫不堪了。

参见:
十字军东征,
第102—103页;
中东,
第146—147页

战地工事和运输工具
· 城市防御工事

105

城堡，1000—1500年

城堡设计和防御工事

最初的城堡由木头和土块建成。人们先挖土，再垒成高约30米的土堆，然后用木梁增加土堆的强度，土堆周围用木栅栏围护起来，也就成了寨子。后来人们用石头替代木材，但是"城寨"这一称呼延续了下来。首批用石料垒成的塔楼大约出现在公元1000年，之后人们迅速用石材建造出了雄伟的建筑，建于1066年的伦敦塔就是其中典范。13世纪，围墙成为重要的防御工事，同心圆式城堡出现了。但是火药武器终结了城堡时代，毕竟围墙无法抵挡火炮的攻击。大约1500年，高墙被土方堆成的低矮多面堡代替，这种新型防御工事被称为"星堡"。

戒备森严的入口通道

双塔式入口通道戒备森严，设有可升降的闸门，以策安全。入口通道上方可见带纹章的护盾，护盾右边设有瞭望窗。

双塔式入口通道

这是双塔式入口通道的平面示意图。在入口通道内室的天花板上设有堞口（A），防御者能够从堞口朝下发射武器，击退进攻者。入口通道被沉重的木制闸门分成两室（B、C）。塔楼内墙（D）上留有箭孔，如果有人擅闯，防御者能从箭孔放箭，射杀入侵者。

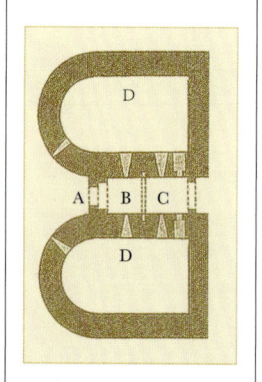

吊桥

这个设有吊桥的入口通道同样戒备森严。两边各有一个角楼，角楼墙壁上开箭孔，角楼屋顶是拱起的。吊桥可以用铁链升起，让敌人无法进入城堡。在主入口通道的右边还有一个很小的隐门，隐门上仿佛也设了一座小型吊桥。

吊桥内部

如图所示，吊桥放下时，人可以由此通过。

参见：
中东，第146—147页

战争的演变 | 手执武器

▶ **瞭望塔**
　　这个方形塔楼的四角上，有圆柱状角楼。这些角楼虽然美观，但是军事意义不大。

▶ **顶上开垛口的塔楼**
　　这个方形塔楼顶上开方形垛口，墙壁上开垛口，防御者能够从这些开口放箭，射杀下方的进攻者。

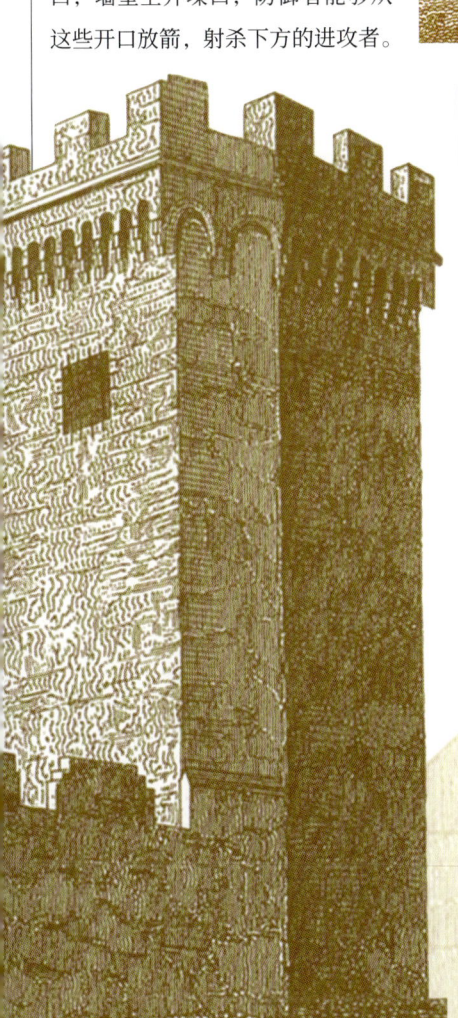

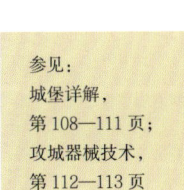

参见：
城堡详解，
第108—111页；
攻城器械技术，
第112—113页

▶ **从墙内看窗洞**
　　在城堡围墙上，窗户可能会成为防御漏洞，所以城堡建筑师将窗洞设计成了加固的防御工事。这样不仅补救了漏洞，还让城堡更加易守难攻。

◀ **不同类型的垛口**
　　备战的时候，守军可以借助垛口凸出部分掩护；射击的时候，可以透过凹洞发射武器。1：钻石顶垛口；2：V形垛口；3：圆形垛口；4：方形垛口——注意每个方形垛口内都开了箭孔，为弓箭手或十字弩手提供更可靠的防护。

投掷 / 射击武器

防御装备
· 垛口
· 吊桥
· 堞口
· 可升降闸门

服装

武士

军事理念和战术

战地工事和运输工具
· 城堡
· 星堡
· 城寨式塔楼
· 石制塔楼

107

城堡详解

1. 基德韦利（Kidwelly）城堡位于威尔士西部一条河流的西岸，贴近涨潮时的最高水位。这里是河畔，占尽地利，原本已是易守难攻之地，12世纪，人们在朝陆地一侧的深沟后面建起了一座城寨式土木城堡。如今大部分城堡依然存在，但大多是13世纪或更晚以后重修的部分。

2. 城堡门楼雄伟壮观，戒备森严。正（南）立面上，在入口两侧有两个圆形的塔楼，而且左侧还有一座内厅塔楼，足足比圆形塔楼高一层。出入口深嵌在门楼内部，上有三拱堞口，以防敌人攻入。尽管在墙壁高处有窗户，但是底下两层不设窗户，仅有观察孔或箭孔，其原因是不留防御漏洞，不给敌人任何机会。

3. 此系入口通道内景，可见现在城堡内部已经破败，但是一楼大厅有三个窗户，可以遥想当年的盛况。

战争的演变

4.这是沿西墙内侧剖切得到的整个城堡剖面图。可以清楚看到门楼有两层,也能看到一间入口室,那里应有可升降闸门。这里的两个塔楼是主塔的圆形塔楼,和右边北幕墙相比,防御工事较简单。

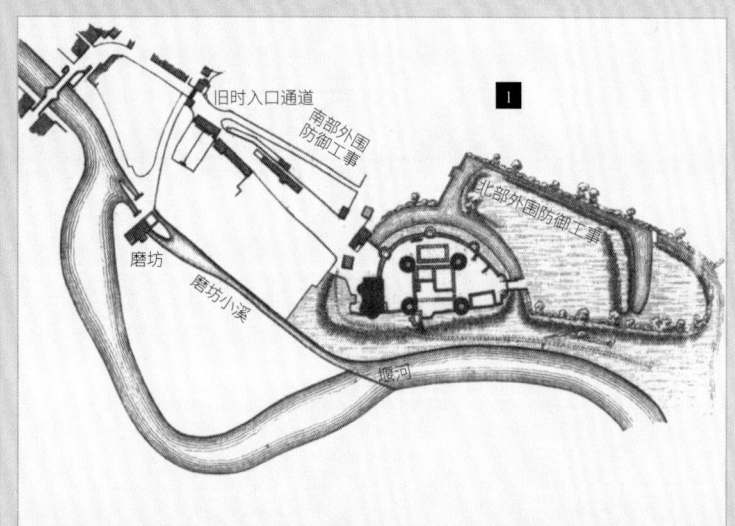

2. 从西南面（从河上）看，可见城堡最壮观的一面。这幅图的左侧是门楼高塔，通过一面墙与最南面（东南面）的主塔楼相连。

3. 门楼正前方是教堂塔楼，因为地处陡坡，所以用两个巨大的T形支墩支护。

4. 右边是主塔的大厅，堡主会在此处举办各种活动。比如，宣布审判结果，发布正式公告，大宴宾客，或是举办娱乐活动。

5. 此处是东北面的圆形塔楼。

6. 最右边是北门楼。它不像主门楼那样高大宏伟，但是两侧也有圆形塔楼，从这里可以上桥，穿过护城河。

7. 北门楼之外，就是北城寨，这里加设了土方防御工事。

1. 上面是基德韦利镇的地图。这段半圆状合围的城墙长度大约在100米，高度超过河流水位线。城墙两侧又有两个外层围场，或曰城寨。南面的城寨后来发展成一个小镇，由此可见，城堡往往是一个范围更大的防御工事的一部分。由于城堡的地平面高于河流水位线，所以城堡周围的护城河常年干涸。

8. 门楼和教堂塔楼底楼的孔洞并非窗户，而是厕所坑道。不能在低处开窗，否则敌人会从那里攻进城堡。人们提起中世纪，会觉得那时的人不讲卫生，其实城堡中的居民会非常谨慎地处理生活垃圾和粪便，否则在城堡被围的时候，军营中容易暴发疫病。

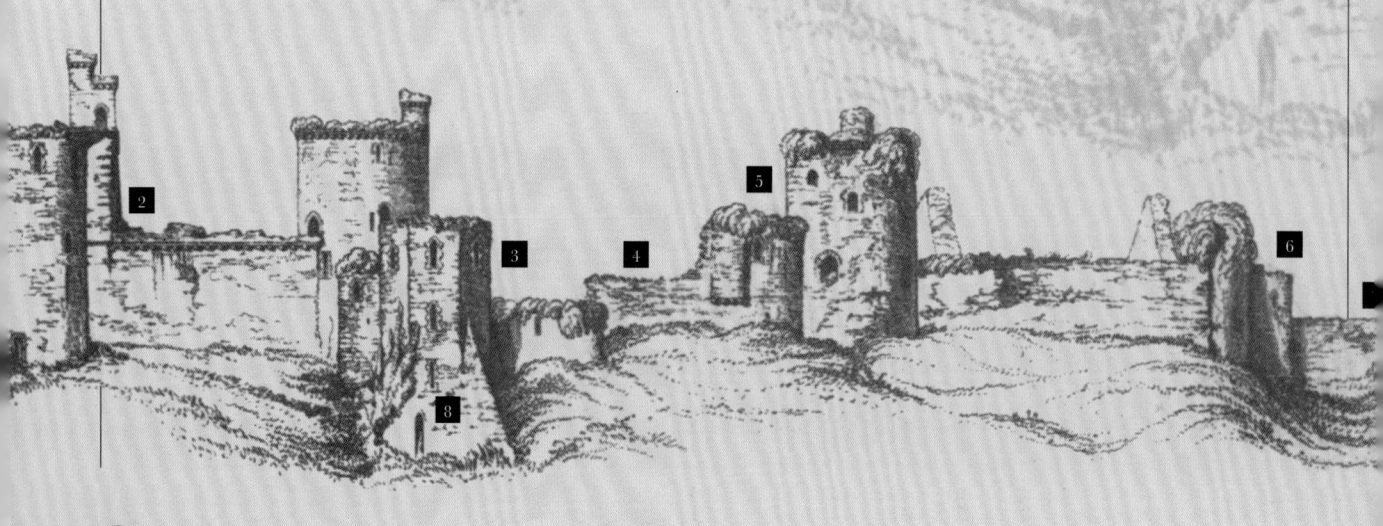

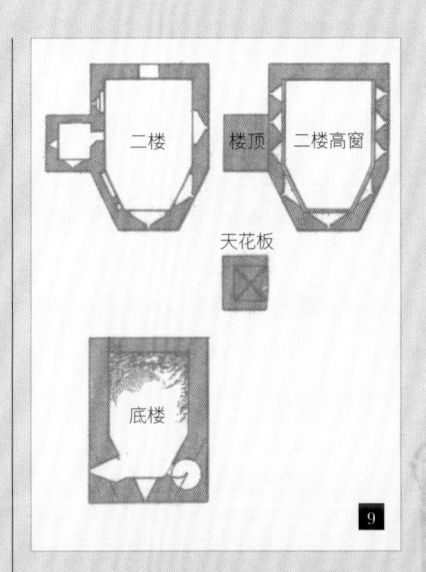

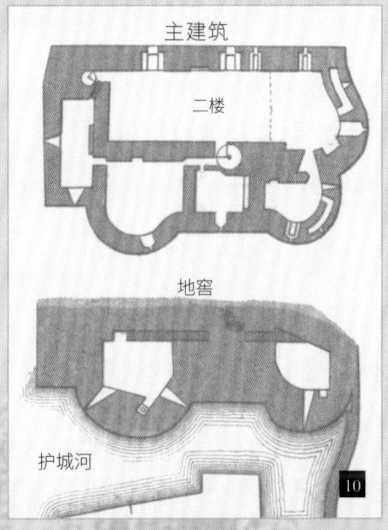

10. 如门楼平面图所示，这里有两个地窖，墙壁厚实，仅开三个孔采光。二楼位于入口通道上方，包括一个大一点的单间和塔楼后的内室。图中看不到一楼，那里有一间内室，一间正厅，右（西）边还有一间厨房。在入口通道的正上方地板上，开了两个"屠坑"，如果有敌人从守卫入口的可升降闸门处攻入，屠坑的守军就能朝下发射武器，射中敌人头部。

9. 上面是教堂区平面图。城堡不仅是军事防御重地，还是基督徒社区，堡主的修士负责日常宗教教务。教堂塔楼建在断崖坡上的围墙处，坡底就是奔腾的河流。塔楼有上下两层，上层就是教堂所在地，在靠近屋顶的地方，有一排高侧窗采光。南边有个小房间，是圣器储藏室，放着为举行仪式而准备的圣器和圣袍。这间房的下面就是修士的卧室。

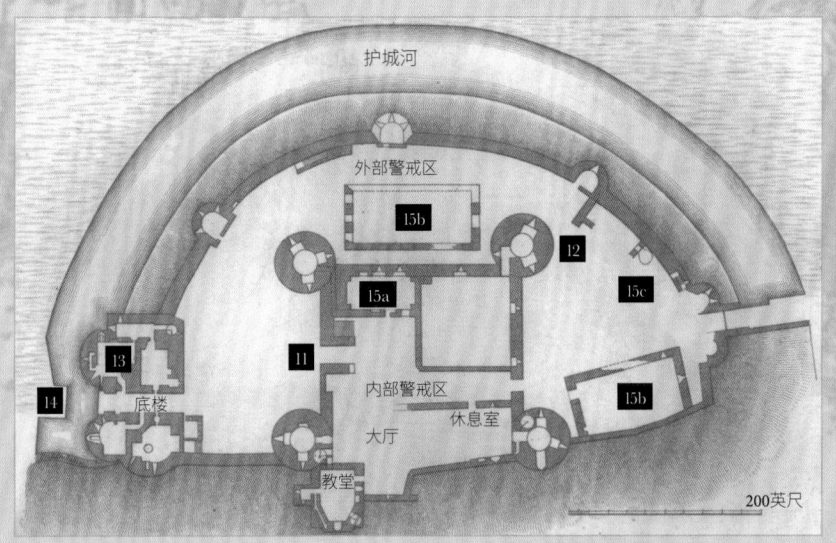

11. 主塔大约建于1275年，有25平方米。

12. 主塔设四个圆形塔楼，以保护建筑物的四角。守军能从四方的箭孔中一起射箭，相互支援。

13. 南部大门楼和幕墙在14世纪时扩建，不仅加强了城堡的防御，也标志着城堡主人地位更加显赫了。

14. 在护城河对岸修筑了外围防御工事，以加强门塔楼的防护，这些建筑如今已经消失。

15. 16世纪早期的都铎王朝战事不多，和防御需求相比，人们更重视舒适度，所以建造了更多居家建筑。15a：主塔内的厨房；15b：外部警戒区内的两间长方形大厅；15c：东墙上的火炉。

攻城器械技术

提起中世纪，人们往往觉得那并不是技术迅猛发展的时期，其实许多新发明都发轫于中世纪，比如风车磨坊、印刷术，以及改变战争的火药武器。在威力足以摧毁石头城墙的大炮问世之前，中世纪的士兵有多种攻城器械可用。那些抛射巨型石球的炮机就曾是攻城利器；很早就出现的弩机，它其实就是大型十字弩，12世纪中期逐步被配重式投石机取代；攻城时，士兵还能用攻城锤撞击城墙，这种巨锤往往装在带滚轮的棚屋内。此外还有木制的攻城塔楼，可帮助进攻者攀越守军的防御工事。

带滚轮的桥梁

这幅画大约作于1400年，出自中世纪后期的手稿。图中的士兵正用攻城塔楼攻打一个四面环水的堡垒。匠人建造了一座巨大的桥梁，自塔楼伸出，可把士兵送入堡垒。桥体通常设木制围板，围板上开垛口，可以为进攻士兵提供防护。毋庸置疑，这一军事行动异常危险，堡垒内部的守军虎视眈眈，而且这些士兵身披重甲，如果不慎落水，绝无生机。

参见：
配重式投石机详解，第114—115页；
攻城战术，第116—117页；
攻城器械，第294—295页

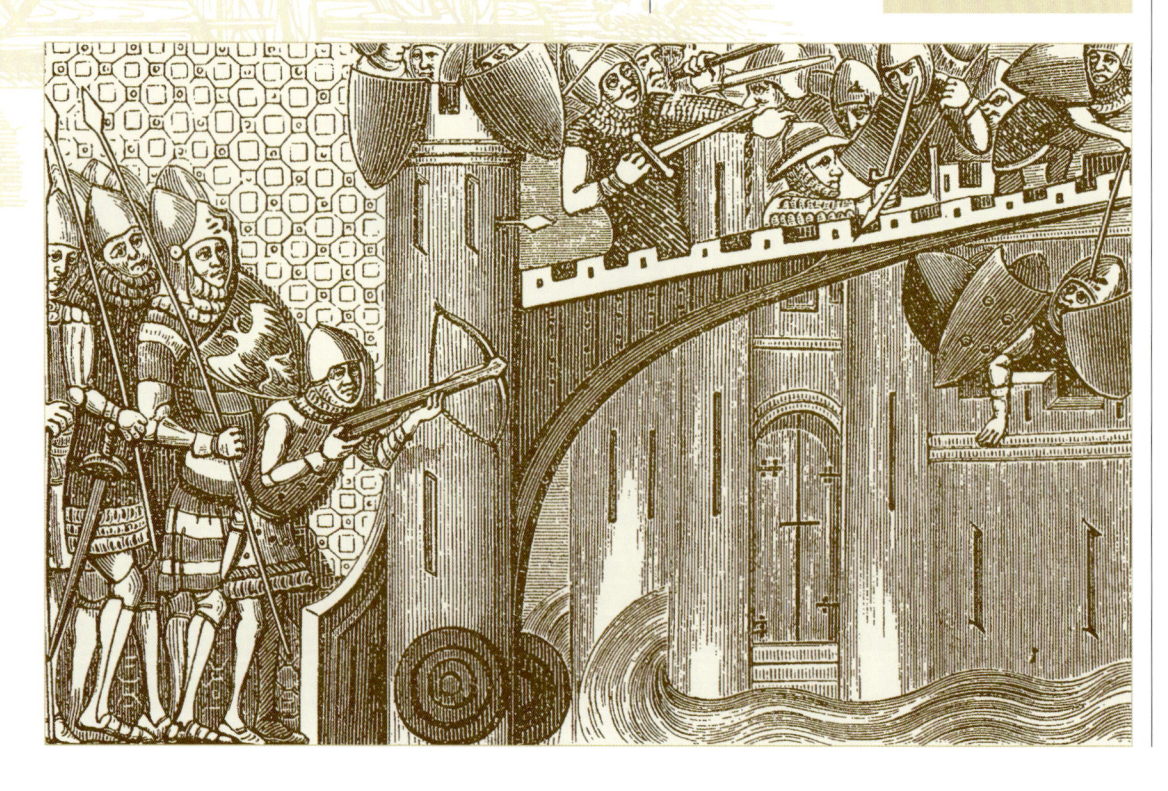

战争的演变 | 手执武器

弹簧投石机

如图所示，这是一种能够一次投掷两块石头的投石机。因为它借助单臂的抗拉强度投射石头，所以被称为弹簧投石机。其机臂尾端安装了投石索，一次能射出两个石球。这种装置是达·芬奇设计的，尽管达·芬奇是个不折不扣的天才，但是众所周知，他的奇思妙想未必都能转化为有实效的发明。

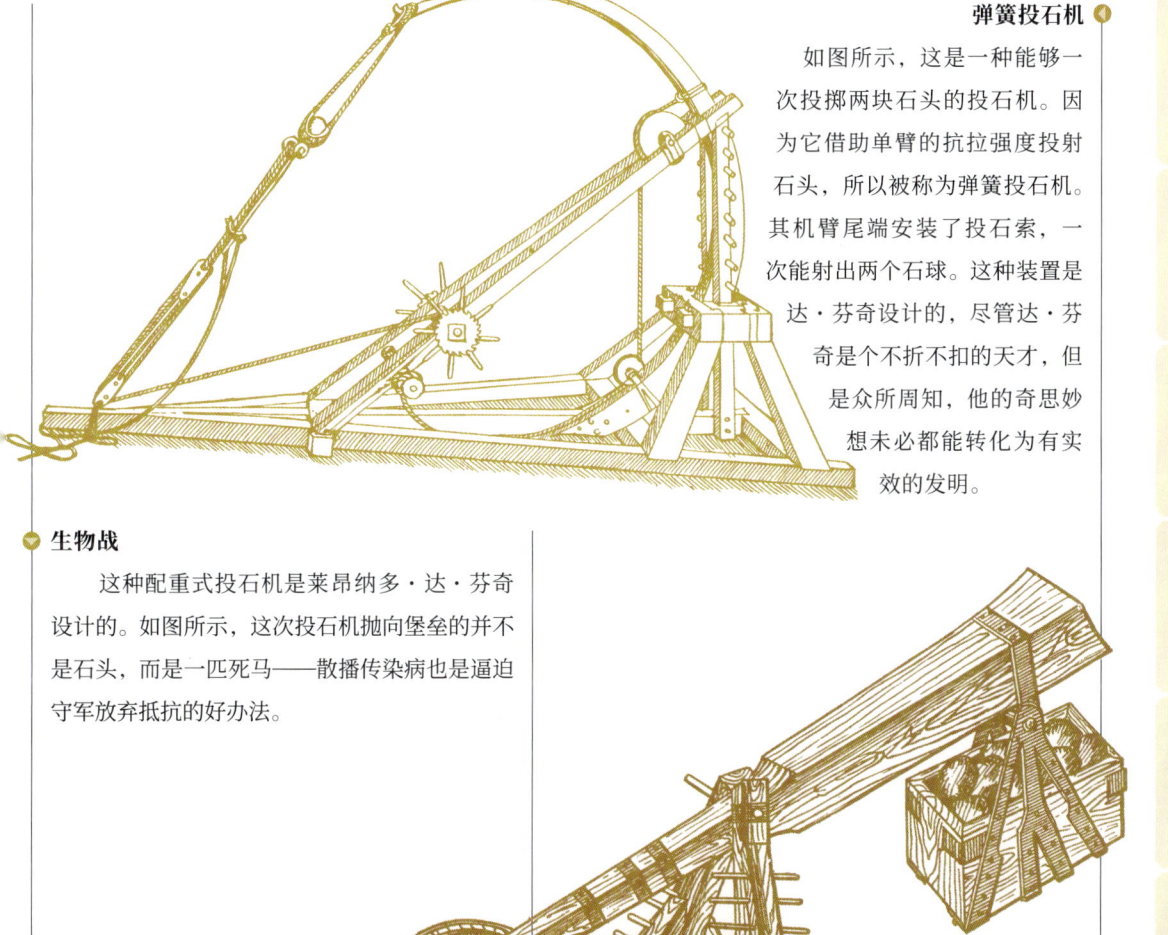

生物战

这种配重式投石机是莱昂纳多·达·芬奇设计的。如图所示，这次投石机抛向堡垒的并不是石头，而是一匹死马——散播传染病也是逼迫守军放弃抵抗的好办法。

投掷/射击武器
· 弩机
· 配重式投石机
· 弹簧投石机

防御装备

服装

武士

军事理念和战术
· 生物战

战地工事和运输工具
· 城堡
· 攻城塔楼

配重式投石机详解

1. 配重式投石机是前火药时代最具代表性、威力最大的攻城器械。这种器械得名于法语动词 trebucher，原意为投掷，这个词非常精确地描述了它独特的投石动作。中世纪最受欢迎的攻城器械是弩机，它实际是在水平方向发射石头的一张巨弩。配重式投石机则是单臂沿纵轴甩动，在最高点投掷石球，以达到最大射程。

2. 配重式投石机何时在西欧战场上出现？史料记载，6 世纪游牧民族阿瓦尔攻打君士坦丁堡时，首次使用了这种器械。最初的配重式投石机是靠拉力驱动的，要有一队士兵拉动绳索，压低木梁前端。小型投石机的操作无须投入太多人力，但是大型投石机需要 100 人拉绳才能投射石球。

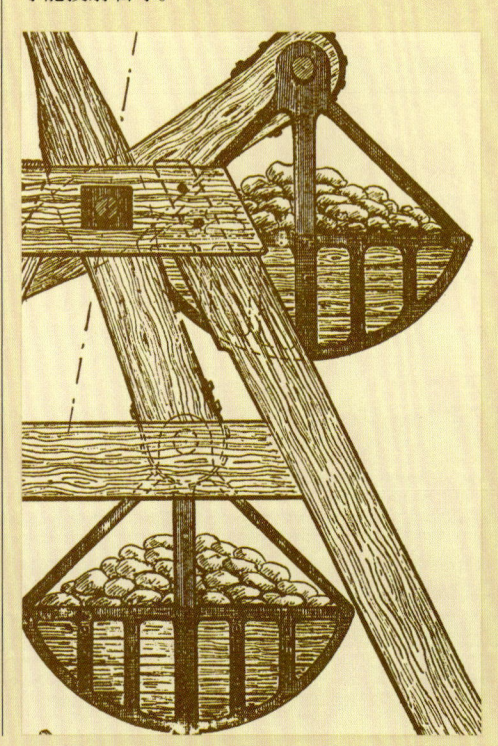

3. 这台配重式投石机设计精良，技术成熟。这种投石机大约在 12 世纪中期投入使用。现代历史学家推测，配重式投石机是通过阿拉伯人的科技手稿传至欧洲的，但是欧洲人的叙事历史却声称，基督徒匠人才是这一器械的发明者。无论如何，欧洲人又把它带回了伊斯兰世界。文献记载，1191 年攻打阿卡城时，理查一世在城外部署了两架投石机，它们的绰号是"上帝本人的投石机"和"坏邻居"。

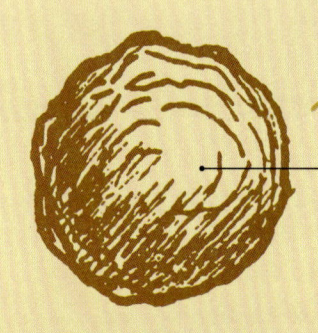

4. 大型配重式投石机高度可达 20 米，投石射程超过 250 米。最近，军事历史学家复制出了中世纪的配重式投石机，它们的威力令人生畏。在法国卡斯泰诺尔城堡，一架配重为 6.6 吨的实验用投石机能够把 136 千克的石球掷出约 200 米，而且投射精度非常高。苏格兰研究人员复制出一架样式类似的投石机，实验证明，这架投石机能够反复将石球射入仅有普通窗户大小的孔洞之中。

5. 配重式投石机可以反复击中同一靶点，这一功能意义重大——作为防御工事的围墙或塔楼如果承受不住这种精准的反复打击，墙体就会开裂，继而崩塌。1304 年，爱德华一世围攻斯特灵城堡，他召集了 5 名木匠师傅，并为他们配备了 50 名助手，历时三个月，制造出"战狼"（Warwolf）配重式投石机。"战狼"威慑力太大，尚未实际使用，城堡内的守军就已投降。

战争的演变

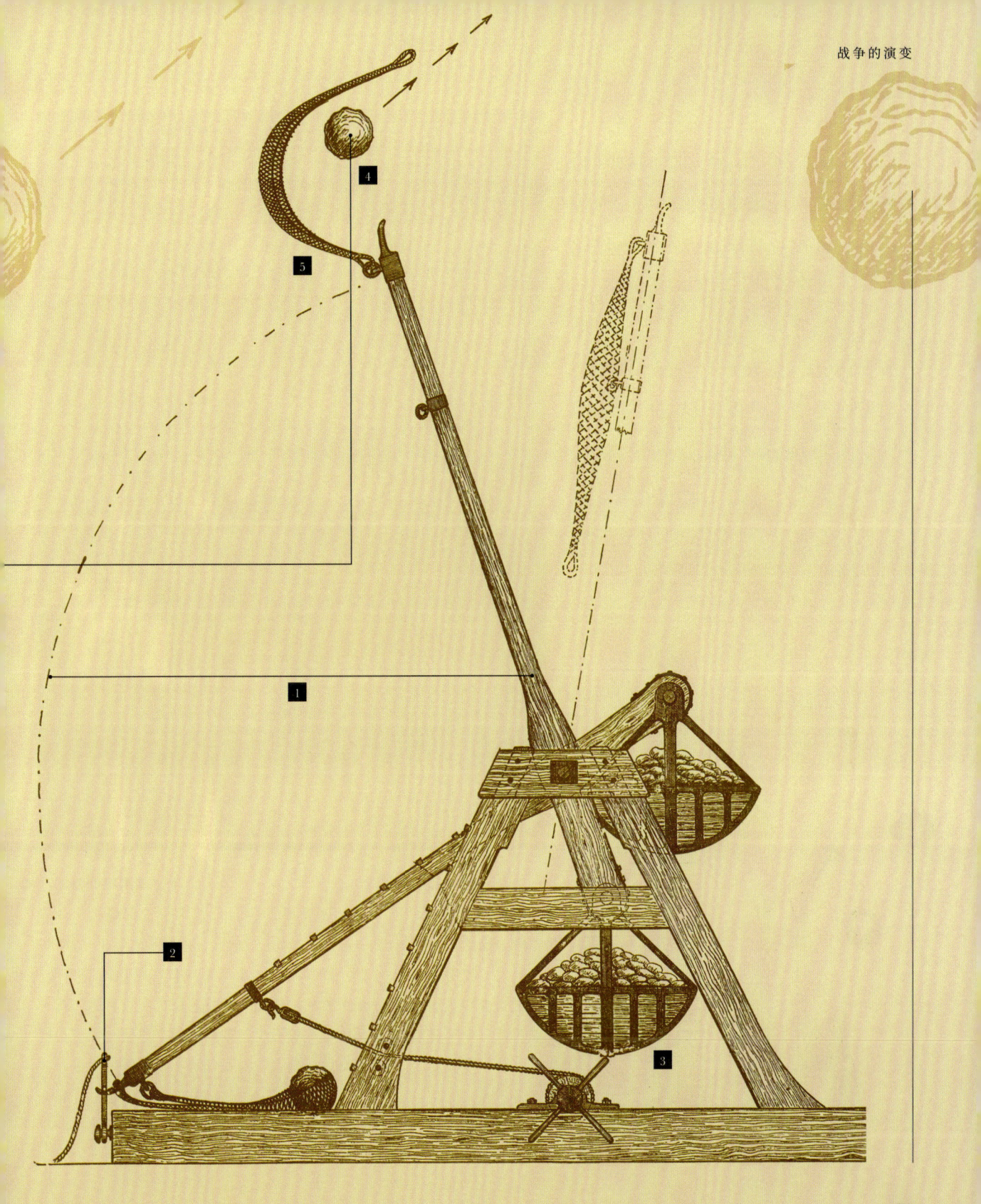

攻城战术

在中世纪，防备森严的高耸石墙往往会挡住进攻者的脚步。为解决这一难题，封锁是最常用的攻城手段，进攻者试图切断城堡的补给，饿坏并拖垮守在堡中的士兵。如果条件合适，进攻方会尝试挖地道，地道挖至墙下，用木料支护。他们再把可燃物放进地道，然后点燃。支护木料着火之后会纷纷倒地，隧道失去支撑，位于隧道上方的墙体也会倒塌，成为进攻方的突破口。

进攻和防御

这幅图作于13世纪中期，描绘了攻城场景。进攻方使用两架配重式投石机向石制塔楼抛掷石球，守军显然没什么办法，只能徒手向敌方扔石块。

十字军围攻耶路撒冷

这幅图由19世纪艺术家古斯塔夫·多雷（Gustave Doré）创作，生动地描绘了1099年第一次东征时，十字军攻打耶路撒冷的情景。前景处是一架扭力式投石机，在它后面还有一架配重式投石机，正待发射。但是两种投石机都与这场战役的时代背景不符。这里的扭力式投石机是罗马帝国时期的一种弩炮，而第一次十字军东征过去50年后，配重式投石机才问世。

战争的演变

攻城方法

这幅 19 世纪中期的版画展示了多种攻城方法。移动攻城塔楼可以通过滚轮推至合适的位置，再放下塔上的木桥，让士兵直接杀到城墙顶上。弓箭手和十字弩手对准城墙放箭，以射杀城内守军。图中所绘的大炮确实是 15 世纪的武器，但是进攻方不可能把大炮放在离堡垒如此之近的地方。

联合行动

这幅插图来自 14 世纪中期的一部手稿，图中城堡承受着水陆两路军队的猛攻。陆地上的进攻者架起木制塔楼，塔楼上和城墙前的弓箭手纷纷向城堡内射箭。在城堡靠海一面，两艘船上也布满弓箭手，其中一位弓箭手站在桅杆瞭望台上观察战况。防御者则用密集的石头和箭矢回击。

破坏城墙

这幅图（局部放大）来自 13 世纪中期的手稿，图中的进攻者正试图从墙下挖地道。他们建造了一个带滚轮的木框，在顶上安了护甲，士兵躲在木框架中，能逼近墙根，用镐子挖土。守军朝下扔石块和尖木桩，倒开水，试图阻挡敌军破坏城墙，但是收效甚微。

手执武器

投掷 / 射击武器
- 大炮
- 扭力式投石机
- 配重式投石机

防御装备

服装

武士
- 弓箭手
- 十字弩手

军事理念和战术
- 包围封锁
- 挖地道

战地工事和运输工具
- 移动攻城塔
- 城堡
- 攻城塔楼

参见：
十字军东征，第 102—103 页；
攻城器械技术，第 112—113 页；
配重式投石机详解，第 114—115 页；
早期枪炮，第 118 页；
攻城器械，第 294—295 页

火药，1240—1500年

早期枪炮

1240—1241年，蒙古人入侵欧洲，首次将中国的火药技术带到西方世界。之后不久，英国修士兼科学家罗杰·培根发现，火药的成分是硫黄、硝石和木炭。一个世纪之后，枪炮在战场上亮相。这些枪炮结构简单，形似花瓶，有一个点火孔与装填爆炸物的腔体相连。1326年，瓦尔特·德·米利梅特（Walter de Milemete）在手稿中写道："士兵使用这种枪向堡垒发射重质箭。"后来枪炮技术不断发展，其气密性逐渐增强，枪（炮）管更长，更结实，同时火药三成分的配比也越来越合适，枪炮的威力越来越大。1400年，大炮已经成为攻城战中的常规武器，1500年，野战中已有多种短枪和战地炮。

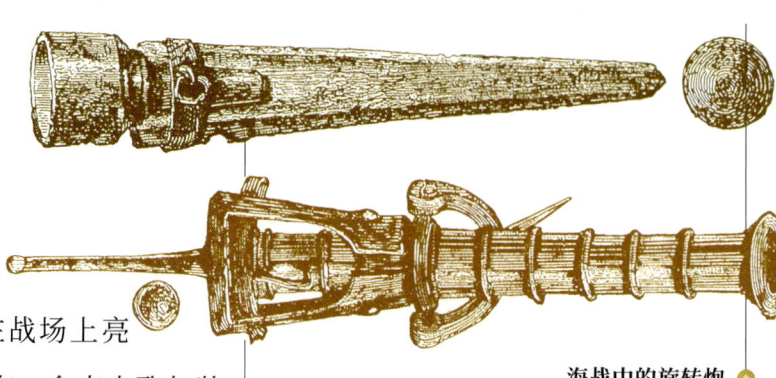

海战中的旋转炮

图中是两种用于海战的早期枪炮。第一种炮托简单，炮膛短，可能是15世纪开始使用的单发式武器。第二种构造更复杂，是16世纪开发的新式海炮。这种炮底端的长刺可推入船舷上缘，士兵可以手握炮柄，向上或向下移动炮体以瞄准目标。后来技工又开发出旋转炮，炮体不仅可以上下移动，还能左右摆动。

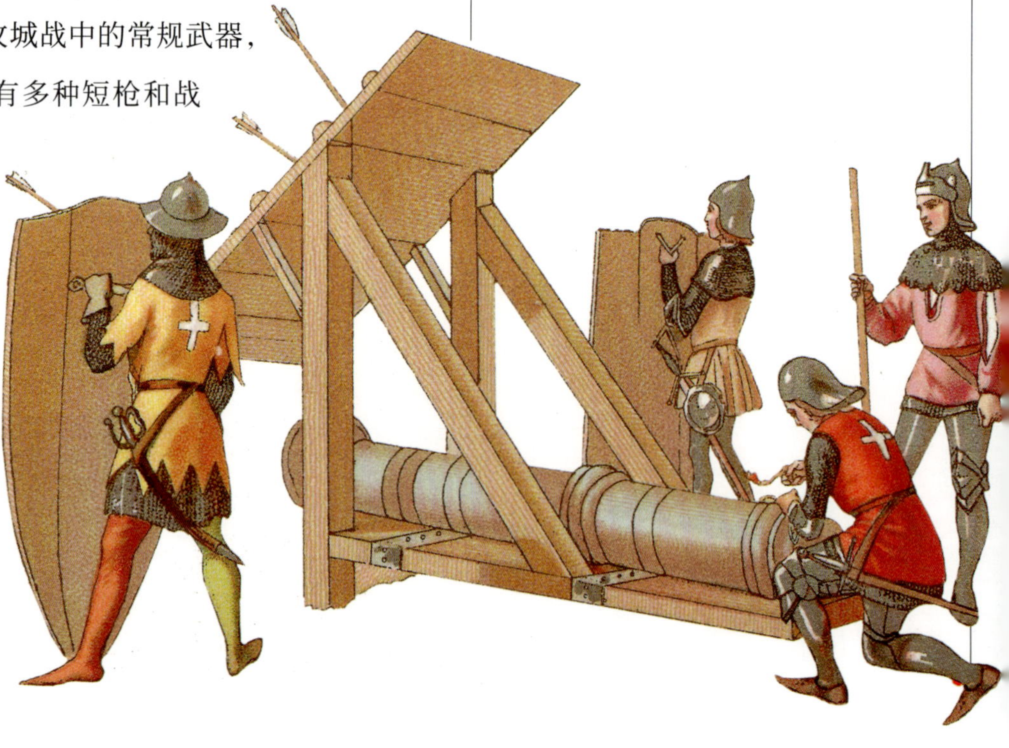

▶ 攻城炮和活动掩体

因为攻城炮装填火药需要很长时间，所以必须采取防御措施，抵挡来自堡垒内部守军的火力。攻城炮一般安装在木制掩体之内，如图所示，其中两名士兵还手持可移动巨盾，这样可多一重防护。

战争的演变　　**手执武器**

参见：
攻城方法，第 117 页；
早期大炮详解，第 120—121 页；
放眼世界，第 125 页；
大炮和防御工事，第 160 页；
炮兵的演变，第 210—211 页；
火炮，第 296—297 页

投掷 / 射击武器
· 火炮
· 枪

防御装备
· 巨盾
· 盾

服装

武士
· 蒙古士兵

军事理念和战术
· 火药开发
· 使用攻城器械

战地工事和运输工具
· 炮车
· 战船
· 移动掩体

▼ **移动战地炮**

　　16 世纪中期，大炮已经发展为可移动武器。炮架在炮车上，而且装有牵引杆，炮车通过牵引杆与前车相连，前车可以拆卸，也能套在马匹上。此时的大炮可以随意移动，能够在战场上灵活部署。炮膛还可升降，以调节射程。

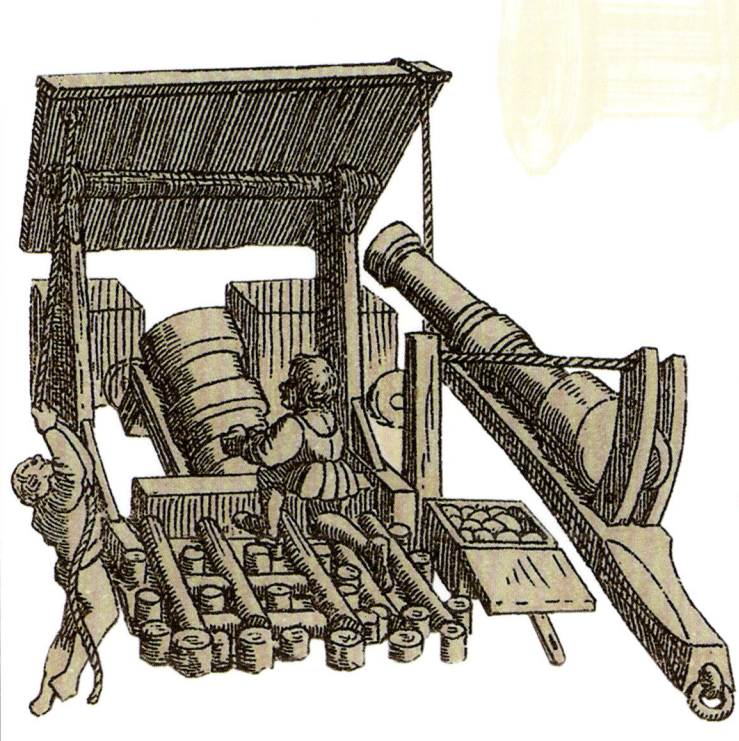

▼ **攻城排炮**

　　图中有两门大炮，平时都以绞合式活动掩体防护，发射炮弹时，士兵会升起掩体。左边的大炮样式老旧，炮身低，炮口大。使用时，士兵用推车把它运至战场，并用炮尾后面的木制框架将它埋在地上，以减少后坐力。右边这门炮的炮膛较长，可能由青铜铸造，它预示了火炮的未来。

119

早期大炮详解

1.15 世纪的攻城炮结构相对简单。青铜铸炮技术发轫于 16 世纪，在此之前，人们使用长铁条制造炮筒，然后沿炮身依次加装环状筒箍。再往前，人们就用同样的技术制造木质炮筒，此时仅仅将材料从木头升级为青铜，在气密性方面并无突破。这类武器都属于后膛炮，士兵把预先制备的弹药拧入后膛，但是装弹过程不仅耗时，而且费力。

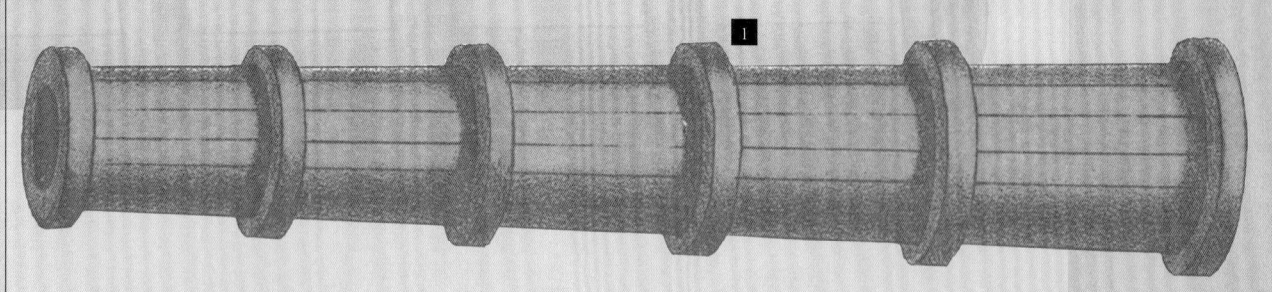

2. 早期大炮用于攻城战，士兵通常把大炮放在木质底座上。但是，这些底座往往被埋在地下，这样才能能够承受沉重的炮体，与图中所绘的炮架并不相符。

3. 大约在 1500 年，一体式青铜炮实现了技术突破。之前的炮筒由木条或铁条拼接而成，弹药燃烧时，燃气沿缝隙四散逃逸，青铜铸造的一体式炮筒解决了气密性这一难题。

4. 这是一门后膛式青铜炮，可能用于海战。它有青铜铸炮的诸多优点，兼具后膛炮的灵活性。弹膛可从炮体上拆卸下来，炮手能够提前准备弹药，发射速度显著提高。

5. 这是 15 世纪后期出现的一种排炮，人称"风琴炮"。尽管看上去和现代机枪相似，但它是一种单发式武器。风琴炮能同时发射大量铅球弹，对敌方人员具有很大的杀伤力。如果堡垒围墙被敌军局部突破，这种武器能帮助守军击退涌入的敌军。

6. 1414 年，天主教会在神圣罗马帝国皇帝西吉斯孟的主使下，在德意志康斯坦茨城召开会议，诱骗捷克宗教领袖扬·胡斯到会受审，判定他为异端，并于 1415 年对其施以火刑。之后，拥戴胡斯的波希米亚人，即胡斯派掀起了独立战争，反抗西吉斯孟。胡斯派的领导人名叫扬·杰士卡（Jan Zizka），是一名杰出的军事将领，他设计出了战车城堡，即在战车上安装大炮，并将这些移动城堡组编为战车阵形协同作战，屡屡击溃来犯的敌军。下图是一幅 15 世纪的版画，画中的战车分为两排，前排是野战车，部署了大量枪手，后排则是载有普通士兵的常规战车。

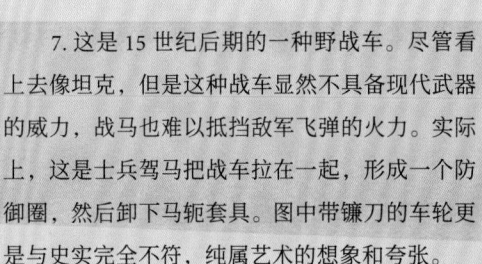

7. 这是 15 世纪后期的一种野战车。尽管看上去像坦克，但是这种战车显然不具备现代武器的威力，战马也难以抵挡敌军飞弹的火力。实际上，这是士兵驾马把战车拉在一起，形成一个防御圈，然后卸下马轭套具。图中带镰刀的车轮更是与史实完全不符，纯属艺术的想象和夸张。

早期枪支

早期的火药武器大小各异，短枪和大炮几乎同时问世。火枪使用时有诸多不便，如弹药填充耗时费力，时常哑火，遇上阴雨天更是无法使用。尽管火枪有这么多缺点，但士兵并未放弃这种新型武器，工匠也在不断开发新技术，提高它们的效能。1500年时，火绳枪的外形就已经稳定下来，之后数百年都不曾改变。火绳枪从枪口处装填弹药（又称"前装"），用缓慢燃烧的火绳（在硝酸钾溶液中浸泡过的引绳）点火，发射时搭在枪手肩膀上。

▲ 燃烧武器

这幅图来自15世纪中叶的一部专著，书名为《火攻》（The Firework Book）。如图所示，为攻陷城堡，士兵使用枪和十字弩发射燃烧弹。城堡胸墙周边有临时搭建的围板，城堡之内也有用茅草做屋顶的简易房，这些建筑一旦着火，会令守军更加慌乱。

参见：
火器，154—155；
火绳点火装置详解，158—159；
手执火器，298—299

▲ 约1380年的抬枪

这支抬枪长约1.5米，重约19千克，可以放在城堡围墙上使用。这支枪枪管短，木制枪托却很长，属于前装武器，最早的短枪往往都是这种样式。

▲ 约1400年的火枪

这支火枪的枪管短，木质枪托长，设计精巧。枪口盖上有尖刺，合上盖子，火枪就可以当长矛使用，刺刀正是由此演变而来。

战争的演变

手执武器

投掷/射击武器
- 火绳钩枪
- 短枪
- 长管火枪
- 抬枪

防御装备

服装
- 护甲
- 锁子甲长战衣

武士

军事理念和战术

战地工事和运输工具

佩枪骑士

马上用枪难度很大,但是佩枪骑士并不少见。图中全副甲胄的骑士正在点火射击,枪的末端呈环状,勾在骑士的胸甲上,用来稳定枪管的支架则与马的前鞍桥相连。胸甲上还有一个挂钩,用来勒住战马的缰绳——不过这可能又是艺术想象。

神枪手

这位15世纪晚期的战士身披盔甲,右手托着一支火绳钩枪(早期样式),左手拿着燃烧的火绳,正要送入火门,发射弹药。他的射击姿势看上去有点奇怪,但在当时却再正常不过。

短枪和长管火枪

图中15世纪后期的枪手头戴头盔,身披锁子甲,腿上还绑着护腿甲。但实际上,枪手一般都是轻装上阵。上边的士兵把枪夹在腋下,正准备点火射击。下边士兵用的则是早期的长管火枪,配有专门用来放置火枪的支架。

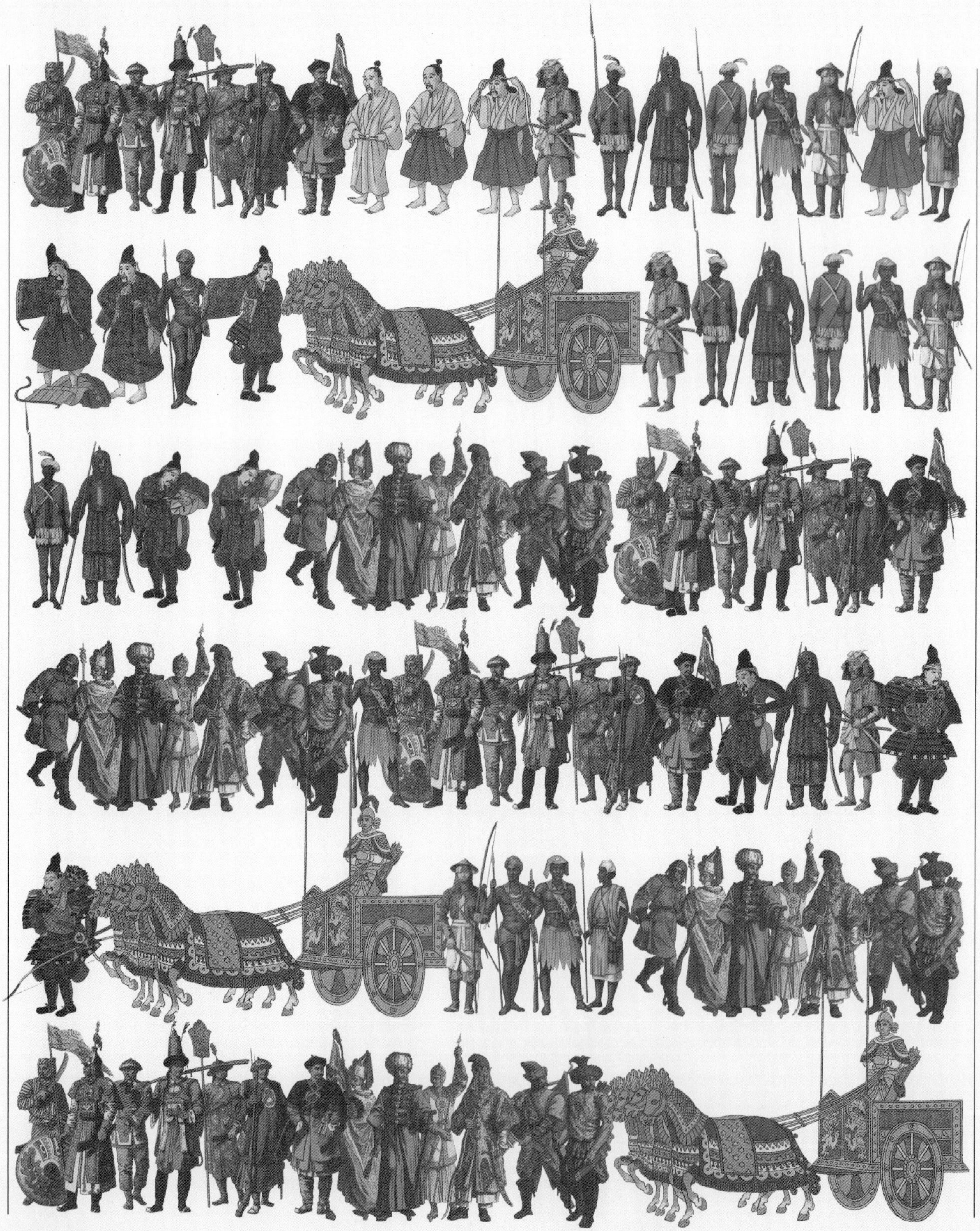

放眼世界
约公元前2000—公元1865年

西方国家之外，世界其他地方的军事力量也在发展，但是速度各不相同。比如，在美洲中部，阿兹特克人直到16世纪还在使用石器时代的武器；而中国人早在11世纪就开始研发火药武器；伊斯兰地区则成了促成东西方军事技术交流的重要通道。12世纪，中国人造出管状火器；14世纪，土耳其和欧洲人在这一技术的基础上，研制出火药武器。攻城武器制造技术也在各地交流过程中不断进步，阿拉伯人、十字军和远东人都有贡献。奇怪的是，早在16世纪，印度的莫卧儿大军就拥有了各种各样的枪支大炮，但是无论是他们，还是起步更早的中国人，后来都被欧洲人甩在身后——欧洲人后来居上，他们锐意开发新技术，掀起了武器革命。

帝国的兴衰与军事力量密切相关。13世纪，蒙古纵横亚欧大陆，不仅统一了中国，还占领了中东。19世纪早期，非洲祖鲁族人实行军事改革，大获成功，继而征服了非洲南部大部分地区。但是征服者不能单纯依赖军事力量，比如蒙古帝国的出现。蒙古人不仅骑术精良，骁勇善战，他们的领袖成吉思汗更是一位卓越的政治家，能够团结各个部落，组建强大的蒙古军队，继而横扫亚欧大陆。在印度，信奉伊斯兰教的莫卧儿统治者任命亲信担任各省总督，同时招募信奉印度教的官员辅助总督理政，这样的政治制度换来了莫卧儿帝国长久的安定。最终莫卧儿王朝亡于英国之手，同样败于政治而非军事。

各地军事力量发展不平衡，一旦发生冲突，有些文明就会遭遇灭顶之灾。西班牙征服者持枪侵入美洲后，阿兹特克王国迅速沦陷；大清帝国不敌洋枪洋炮，只得任人宰割。在以武士为军队中坚力量的日本，统治者也曾试图抵制外来思想；16世纪他们遭遇西班牙商人，感受到了枪炮的威力，19世纪时再遇列强。大变局之际，日本人迅速改弦更张，学习西方军事技术，后来还效法英德，实施了军队改革。

中国

中国军阀：战术和技术

在中国，北方的游牧民族和中原的农耕文明之间冲突不断。中原统治者修建了防御城墙，意图抵挡游牧民族入侵，但是这些马背上的部落依旧伺机挥师南下，有时还会称雄中原，成就霸业。13世纪，蒙古人建立元朝；17世纪，女真人建立清朝。中国的战争主要有两方面：草原武士精通骑术，擅长骑射；中原工匠技艺精湛，研制出了火药和攻城武器。中国人还用各种材质制作盔甲，其中既有轻便而坚韧的兽皮（犀牛或鲨鱼皮）护甲，又有铁打的鳞片胸甲。

▶ **长城**

秦朝时，中原王朝就开始在北部边境修筑长城，但是如今保留下来的，大部分是15—17世纪修建的明长城。设在战略据点上的塔楼及其驻兵是长城防御体系的核心，长城还为军队的迅速调配提供了通道。

▶ **中国武器**

在中国，高级武士佩装饰金银的铁剑，普通士兵则手持长矛或带刀刃的长柄武器，这些武器其实脱胎于农耕工具。（图中并不全是武器，似乎有两柄如意。——编者注）

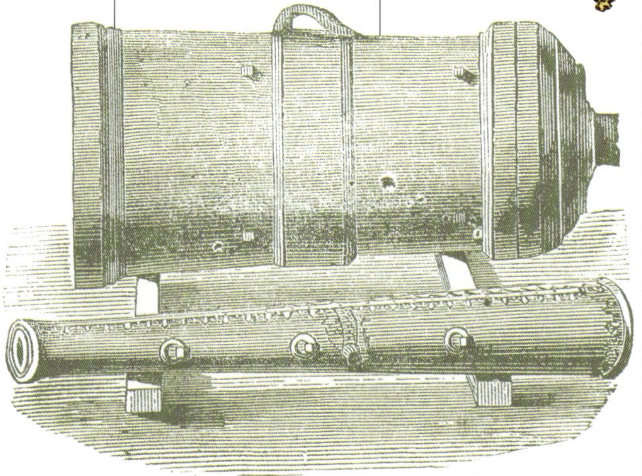

▶ **中国大炮和巨型臼炮**

中国人最早在战争中使用火药。他们早在11世纪就研制出了火药的配方，然后把火药塞进竹筒，做炸药用。13世纪，中国人在战争中使用了火药引燃的喷火器，14世纪又率先使用火箭——它与大炮同时出现。

战争的演变

中国攻城武器

左图是一架移动云梯，可用来攀登城墙，右图是一架移动栈桥。投石机可用来投掷石块，锤击城墙，或是发射装有燃料的陶土盆。配重式投石机射程更远，自伊斯兰世界传入中国。守城一方则会竖起稻秸编成的网状防护栏障，保护城墙。

乾隆定边

1791年，乾隆皇帝命人抗击来犯的尼泊尔廓尔喀部落，有力地维护了清帝国的安定。康乾盛世期间，经济繁荣，人口迅速从1741年的1.43亿增长至1812年的3.6亿。帝国扩张过程中，边陲地区的冲突在所难免。

参见：
帝国雄心，
第128—129页；
攻城器械，
第294—295页

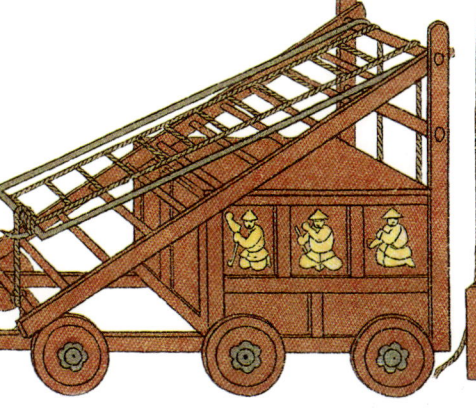

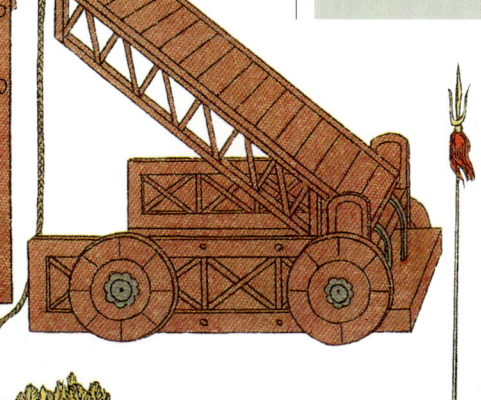

中国战车

这幅画反映了画家对中国战车的瑰丽想象——战马都披着富丽堂皇的甲胄。据考证，早在青铜时代，中国人就开始使用战车了。周朝时，中国人首创"四马并驾"法。但是到了公元前4世纪，匈奴南下，屡犯边境，中原人方才发觉，单骑作战效率更高，于是用骑兵取代了战车。

手执武器
- 长柄武器
- 矛
- 剑

投掷／射击武器
- 大炮
- 投石机
- 古代白炮

防御装备
- 防御塔楼

服装
- 铁制胸甲
- 皮质护甲

武士
- 清兵
- 蒙古骑兵

军事理念和战术
- 边防

战地工事和运输工具
- 中国长城
- 战车

帝国雄心

和欧洲相比，清朝的军事技术比较落后，西方殖民者用坚船利炮打开了中国的大门。1851年，太平天国运动兴起，这场惨烈的内战夺走了大量人口的生命，也从根本上动摇了清政府的统治。在战场上，清政府相继输给英法两国。大清帝国积贫羸弱、无力自保的现状暴露在众人之前，两方列强相继入侵中国——重重国耻严重破坏了人民群众对清帝国旧体制的信心。清朝由女真部落领袖努尔哈赤开创，入关之后，尽管满洲人口不多，但按照规定，一半的政府官位必须由满洲人担任。在这样的制度之下，大批能力更强的汉族官员遭到排挤——所谓以满为尊的祖训其实早已为大清的衰落埋下伏笔。

1853年清军攻打太平天国

太平天国运动是旧式农民起义的巅峰，历时14年，波及18个省，严重动摇了清政府的统治。这期间，一些外国人为清政府出谋划策、培训军队，以镇压太平天国。查理·戈登（后来被称为"喀土穆的戈登"）就是其中的代表人物。

19世纪中期的中国武士

明朝末年，东北地区的建州女真兴起。他们是马背上的战士，从蒙古族和满族各部落中招募青壮年入伍。由此可见，即使在火器时代，射箭技术依然十分重要。图中右二是一位长管火枪手，他身边站着一位鞑靼骑兵。（图中人物的装束与史实当有差异。——编者注）

战争的演变

手执武器
· 长管火枪
· 矛
· 剑

投掷/射击武器
· 弓

防御装备
· 盾

服装
· 虎头面罩
· 虎头盾

武士
· 满族骑兵
· 蒙古人
· 长管火枪手
· 虎衣藤牌兵

军事理念和战术
· 西方帝国主义

战地工事和运输工具

满族骑兵

这幅版画作于19世纪，是画家根据一张满族骑手的照片创作的。骑手用一把复合弓。复合弓威力强大，由木头、动物筋腱和角等材料制成。复合弓射程在27米之外，射出的箭能够穿透敌人的盔甲。

鸦片战争中英军入侵珠江

这幅图表现了鸦片战争期间中英两军交战的情景，英国军队使用长管火枪，清军手里只有大刀长矛、盾牌等冷兵器。鸦片战争失利之后，清政府逐步丧失主权，正是在这样的历史背景下，太平天国运动兴起。

虎衣藤牌兵

虎衣藤牌兵人数很少，他们穿着奇异的服装，戴着虎头面罩，手持虎头盾。虎胆武士作战狂猛，而且会高声怪叫，意在恐吓敌人。为了增加效果，他们还会抛洒鞭炮，在脚底炸得噼啪作响。

日本

日本武士：技术

日本屡遭内乱，于是推动军事不断发展，职业武士逐渐成为一个阶级。而后，新兴武士阶级开始挑战天皇的权威，幕府的崛起是武士跻身统治阶级的标志。起初，武士以其精湛的骑术和射术而闻名，但是到了13世纪，武士技艺以剑术为尊。16世纪，日本内乱依然不止，各个武士集团争权夺利，相互厮杀，最终，德川家康登上历史舞台。他既是老谋深算的政治家，又是善于用兵打仗的将领。德川家康建立了幕府制度，迎来了和平年代。德川幕府自1603年创建，至德川庆喜奉还大政时终结，延续了两个半世纪。

▶ 日本刀

匕首和短剑相似，但是没有护手。半退休状态下的年长日本武士往往随身携带匕首。有些匕首的刀鞘装饰华美，刻有昆虫或蛇形图案。右二是一把带刀鞘的日本短刀。

日本武器和盔甲

数百年来，日本武士的传统盔甲基本保持原样，它由层层叠叠的皮质和金属板块连缀而成，而且配有硕大的护肩甲和像盒子一样的裙甲。图中是一套贵族武士的豪华铠甲，配有腿、臂护甲和面罩。

战争的演变

武士佩刀
这位武士佩了一把长刀，一把短刀。短刀样式见小图，主要配合长刀使用。武士在室内会卸下长刀，但会带短刀。铸刀时，工匠会把钢投入炉火中进行千百次锤炼，这样打造出来的刀既锋利，又不易折断。

日本铸刀师
无数精通木工、皮革和金属制作手艺的工匠倾尽心血，以期造出神兵利器，其中最负盛名的当数铸刀师。铸刀名师可开设学校传授技艺，而且他们打造的宝刀具有独特的个人风格。菊正宗是首屈一指的大师，如今日本有种高级清酒，其品牌名称就是"菊正宗"。

带面罩的日本盔甲
面罩往往有胡须，有的还带牙齿，意在恐吓敌人。有的面罩内层会涂上红漆，映得武士满面红光，营造出怒发冲冠的效果。闷在盔甲中的武士容易流汗，所以面罩在下巴上开孔排汗。

战盔
日本头盔由钢板或大块皮革制成，配有护颈甲。日式护颈造型独特，状如喇叭口。统领军队的武士有时会戴异常华丽的头盔，配有涂漆镶金的皮革顶饰，这些顶饰可喻示武士的姓氏或家族。比如，德川家康听到对手称他为"奶牛"，就在头盔上安了两个巨大的牛角，并用牛皮蒙住头盔板。

手执武器
- 匕首
- 日本长刀
- 日本短刀

投掷/射击武器

防御装备

服装
- 日本铠甲
- 面罩
- 战盔

武士
- 日本武士

军事理念和战术
- 剑术

战地工事和运输工具

参见：
日本武士详解，第134—135页；
刀剑，第282—283页；
弓，第291页；
身体护甲，第302—303页；
头盔，第305页

131

日本武士：战术

日本战国时代局势动荡，群雄割据，各地征战不休，偶尔还会遇上来自异域的强敌。13世纪，蒙古人两度试图攻打日本，但是都遇上了台风，舰队损失惨重。当时日本人相信，这是天皇神灵相助，于是将台风称为"神风"。16世纪，丰臣秀吉脱颖而出，他结束了割据局面，完成统一。他两次入侵朝鲜，均败。丰臣秀吉死后，德川家康掌权，开启了日本的幕府时代。

日本剑（刀）术训练

因为在日本，刀是最重要的武器，所以修习剑术（日语中刀剑不分，所以刀术一般被称为剑术）是日本武士的第一要务。各种招数中，对力道要求最高的当数袈裟斩，刀从左肩斩入，自右侧出，生生把对手劈成两半。直到今天，剑道依然是日本的传统体育项目，但是选手使用竹刀，以确保安全。

日本弓箭手

射艺是早期武士的看家本领，后来日本武士以剑术为尊，但是神射手依旧为人称道，贵族也练习射箭，以为风流雅趣。复合长弓由竹片包裹木芯制成，箭则由竹子削成。箭头用途不同，形状各异。比如，形似双叉戟的箭头可用来切断连接铠甲板的系绳，或是用来射马。

战争的演变

手捧炮筒的日本艺人

葡萄牙商人把火绳枪带入日本后，日本武士迅速效法，开始使用这种新式火器。16 世纪晚期，日本步兵已手持火绳枪在战场上耀武扬威了。同时，为了抵挡火绳枪的火力，武士的盔甲也越来越坚实。

长柄武器

日本长柄武器同样脱胎于农具，而且物美价廉，人们打猎时也用这种武器。与骑兵对战时，步兵会用剃刀和矛之类的长柄武器。传说僧兵亦擅使长柄武器。

参见：
刀剑，第 282—283 页；
弓，第 291 页

日本步兵

日本步兵又称"足轻"，为武士组成的精锐部队的辅兵，使用弓、矛或是火器。这些步卒作战之余，有时还从事劳役。德川幕府时期，对武士的地位有严格的规定，只有武士才有资格佩一长一短两把宝刀，而剃刀则成为低等士兵的标配。

浪人

家主去世或蒙羞之后，他豢养的武士就成了四处漂泊的浪人。18 世纪时，日本有个家喻户晓的传说：47 名浪人为家主复仇，杀死仇家后，奉命自杀，毫无怨言。

手执武器
- 长柄武器
- 矛
- 日本刀

投掷 / 射击武器
- 复合弓
- 火绳枪

防御装备

服装

武士
- 日本武士
- 足轻
- 日本武将
- 浪人

军事理念和战术
- 武士道
- 剑术

战地工事和运输工具

133

日本武士详解

1

2

战争的演变

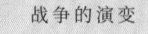

这一系列插图描绘了早期武士穿衣和穿戴盔甲的过程。穿衣披甲是件烦琐的事，还得把各部分铠甲用绳子系在一起，所以往往需要侍从协助。

1.武士先穿上内衣，然后再披上一件厚厚的刺绣长袍。这些衣物非穿不可，因为受到攻击的时候，盔甲虽能承受猛烈的撞击，但是巨大的冲击力会震伤武士的五脏六腑，这时层层内衣就起到了缓冲垫的作用。然后，武士绑上护腿，再穿上用熊皮制成的鞋子。

2.武士穿上小块皮革制成的护臂之前，要先穿衬垫。他还得把大片皮革系在盒状裙甲上，以保护腰腹。

3.接下来穿上腰甲，腰甲一般挂在胸甲之下，巨大的肩甲与胸甲系在一起，把下层护臂盖得严严实实。各部分穿戴完毕之后，武士往往还会戴上头盔。

4.武士穿上了全副铠甲，还会配上一长一短两把宝刀——这两把刀不仅是防身御敌的利器，更是他武士身份的象征。除此之外，图中武士还带了一把由木芯和竹片制成的复合长弓，一个盒状箭囊，里面塞满了箭。

美洲

阿兹特克人的战争

中美洲的阿兹特克人继承了活人献祭这一血腥传统，祭品往往由俘虏充当，所以他们经常发动战争，因为需要大量战俘。阿兹特克人使用石头武器，他们的战争也很特别——不以歼敌为目的，而是制伏并掳走对手，以供祭祀之用。所以无论装备还是技战术水平，他们都很难与欧洲冒险家匹敌。1519年，西班牙人埃尔南·科尔特斯带着一小支探险队来到墨西哥，寻找金银宝藏，他们不仅有钢制长剑，还配备了火枪。科尔特斯还与阿兹特克人的敌人结盟。1521年，西班牙人打败阿兹特克人，占领了特诺奇蒂特兰城。

参见：
刀剑，第280页

阿兹特克人的武器

阿兹特克人用的都是石器时代的武器，箭头由黑曜石制成，刀和矛尖用燧石或玉髓制成。他们会把黑曜石晶片镶嵌在木棍里，增加短棍的杀伤力。阿兹特克人特别喜欢用这种短棍击打敌人的双腿，然后把无法动弹的俘虏带走，供献祭之用。

阿兹特克豹武士

和当时其他地方的军队一样，阿兹特克人能够招募无数农民扩充军力，但是职业军人才是精锐，他们就是著名的豹武士和鹰武士，光是名号就令人生畏。豹武士浑身披着豹子皮，手持镶有黑曜石的短棍，战斗时冲在最前面，以尽力捕获更多俘虏。

手持短棍的阿兹特克武士

阿兹特克的鹰武士主要是侦察兵。这幅画由西班牙传教士绘制，从中可以看出，鹰武士身上粘着羽毛。鹰武士的地位由阿兹特克的太阳神授予，而豹武士则代表夜神。

战争的演变

手执武器
· 短棍
· 燧石刀

投掷/射击武器
· 弓和黑曜石箭

防御装备

服装
· 兽皮衣
· 羽毛衣

武士
· 鹰武士
· 豹武士
· 特拉斯卡拉武士

军事理念和战术

战地工事和运输工具

蒙特祖玛二世

蒙特祖玛二世是阿兹特克末代皇帝，他身居特诺奇蒂特兰城，统治着阿兹特克帝国，他的子民将他尊为活着的神明。蒙特祖玛二世曾邀请科尔特斯到皇城做客，然后伏击西班牙征服者。后来，科尔特斯在蒙特祖玛二世的宫殿中擒获这位末代君主，并将其处死。科尔特斯打败了阿兹特克人，并在旧城的废墟旁兴建新的都城墨西哥城。

1520年，科尔特斯在特诺奇蒂特兰城外受降

左边是科尔特斯麾下的西班牙亲兵，他们身披铠甲，肩扛长管火枪。尽管武器十分先进，但是他们人数很少，只能从当地各部落招募人马。西班牙征服者还一直使用从欧洲带来的战船，船上装有大炮。后来他们把这些战船运至前线，来攻打特诺奇蒂特兰城。

特拉斯卡拉武士

科尔特斯初入美洲，就击溃了特拉斯卡拉的印第安人，并建造了维拉克鲁斯城。特拉斯卡拉人随即归附西班牙征服者，共同对抗阿兹特克人。特拉斯卡拉人也使用石器时代的武器，其中最有名的仍然是黑曜石短棍和燧石箭头。

北美土著的战争

在欧洲殖民者到来之前,北美土著已经在他们的家园生活了数千年,酋长们统治着各自的部落,但是这些土著时有冲突,部落之间积怨甚深。所以,欧洲殖民者在东海岸落脚时,土著部落纷纷与殖民者结盟,对抗宿敌。后来殖民者持续西进,掠夺资源,与许多部落产生了冲突。于是大平原印第安人,即苏人、夏延人、科曼奇人和基奥瓦人开始奋起抵抗殖民者。殖民者不仅用火枪洋炮屠杀当地土著,还携带了致命的病毒——土著对这些病毒毫无免疫力,只能任由疾病在各个部落肆虐,夺走无数生命。此外,还有许许多多的部落武士沉溺于殖民者带来的烈酒,最终嗜酒如命,如同废人。

● 北美土著的刀、斧和短棍

殖民者用产自欧洲的铁制小刀和北美土著居民换取动物皮毛。印第安人得到小刀之后,用兽皮制成刀鞘,并用珠子和流苏加以装饰。精雕细刻的短棍和斧头保留了传统样式,但是可以兼做烟管的印第安战斧显然是欧洲人糅合两种文化发明出的奇异武器。土著长老们不仅迷上了这种烟管战斧,还将其奉为地位的象征。

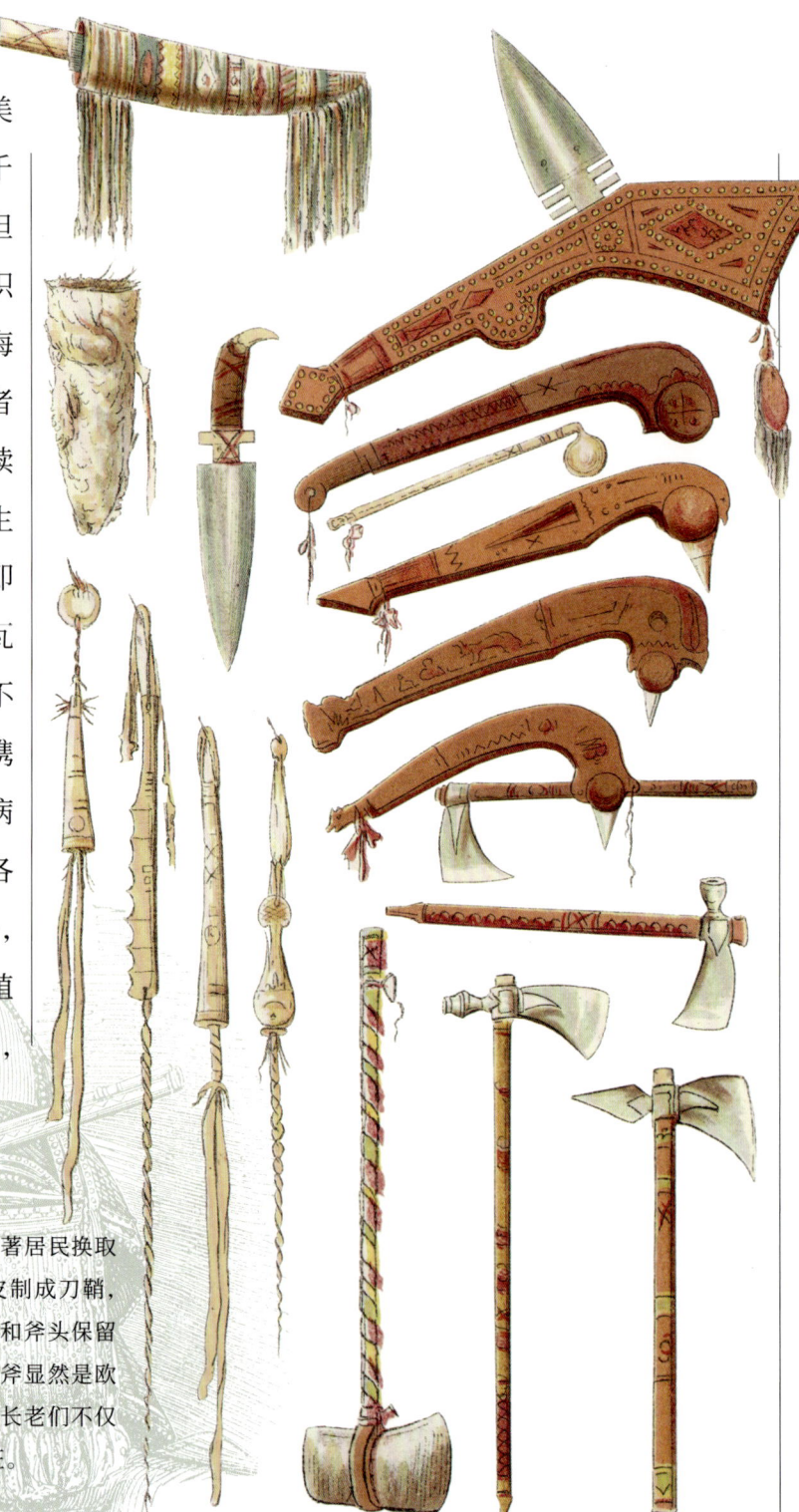

战争的演变

奥马哈武士

这是奥马哈武士黑麋鹿的画像。奥马哈部落最初居住在今俄亥俄州，后来迁移至今南达科他州，他们一直保留着传统的生活方式，但是殖民者带来的天花血洗了整个部落，最后只剩下数百人。画中的武士把脸涂成了黑色，这意味着他最近才消灭了一个敌人。这幅画绘于19世纪30年代，作者为乔治·卡特林（George Catlin）。

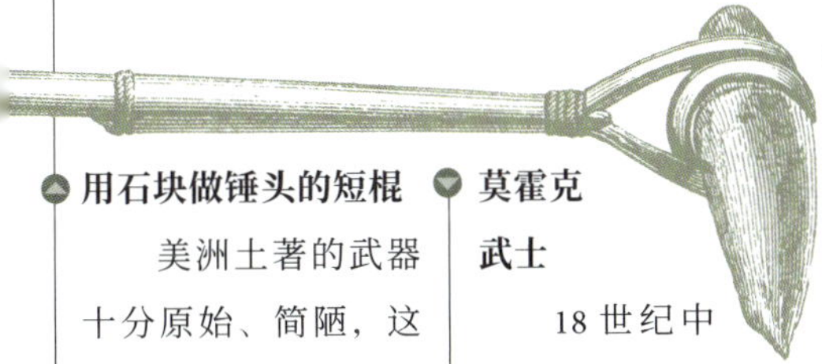

参见：
短棍、
战棍和斧，
第286—287页

用石块做锤头的短棍

美洲土著的武器十分原始、简陋，这种短棍就是其中之一。打猎时，土著也会用它击杀已经受伤的动物。

莫霍克武士

18世纪中期，英法两国为争夺加拿大殖民地控制权发生冲突，居住在北美西北海岸的印第安土著也加入了战斗。这位莫霍克武士使用英军配发的燧发枪，在红衫军中充当游击兵。

希多特萨武士

这幅画作于19世纪30年代，作者是卡尔·博德默（Karl Bodmer）。画中人穿着绚丽耀眼的"猛獒军团"制服。猛獒军团是一支由年轻武士组成的队伍，他们宣誓要在战场上英勇杀敌。希多特萨人和相邻的曼丹人一样，都住在土坯顶的棚屋里面，靠种植玉米为生。18世纪时，他们与苏族发生冲突，离开了平原地区，在密苏里河畔落脚。

手执武器
- 斧
- 短棍
- 印第安战斧

投掷/射击武器
- 燧发枪

防御装备

服装

武士
- 希多特萨武士
- 曼丹武士
- 莫霍克武士
- 奥马哈武士
- 大平原印第安武士

军事理念和战术
- 欧洲殖民统治

战地工事和运输工具

非洲

非洲武士

被欧洲人殖民之前，非洲大陆上曾出现过许多王国，其兴也勃，其亡也忽。那时，非洲王国与阿拉伯人和欧洲人通商，在获得财富的同时，也巩固了政权。交战各国还把战俘当奴隶出售，换取铁制武器和枪炮。当欧洲人试图在非洲实施殖民统治时，他们以为这片大陆唾手可得。但是非洲许多武士都自小习武，力战护国。在埃塞俄比亚，绍阿国王引进欧洲火器武装麾下军队，在与意大利交战时取得了决定性的胜利；西非达荷美王国的精锐女武士让法国人吃尽苦头；非洲土著马赛武士更是威名远扬，各殖民国家都尽量避免与其正面交锋。

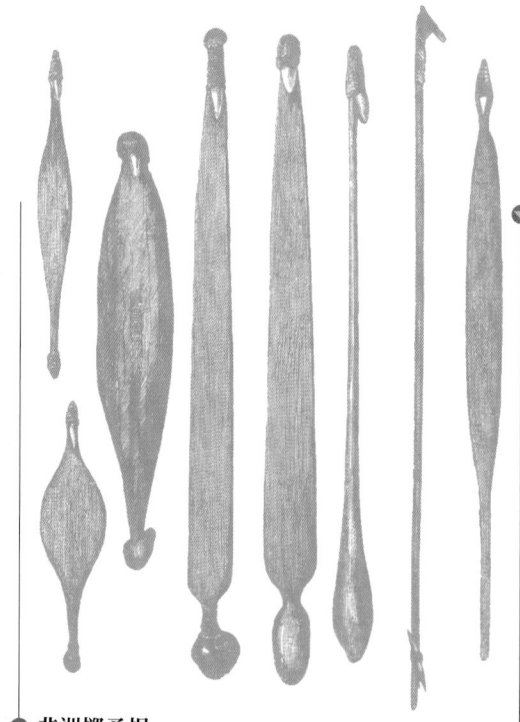

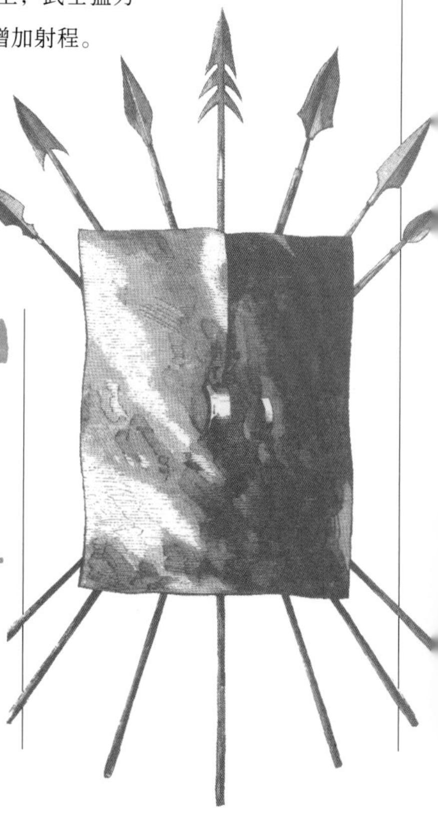

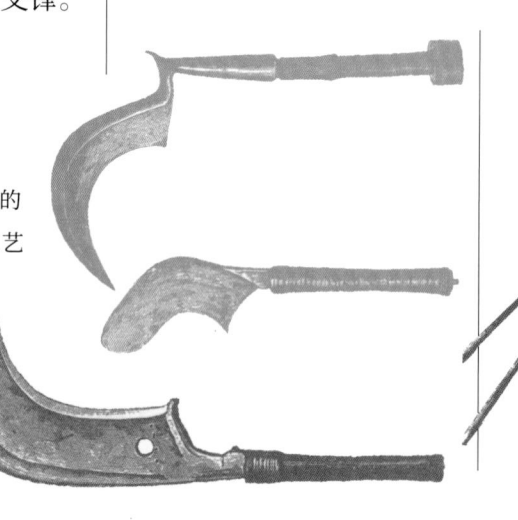

巴拉加和瓦胡马部落的飞刀

这些是北非和中非武士经常使用的武器，带有鲜明的地方特色。飞刀工艺精巧，形状奇异，有的还神似某些动物的尖牙利爪。这类武器的装饰性大于实用性，是武士地位的象征。在战场上，武士不可能把这么昂贵的利器随手抛掷。

非洲掷矛棍

非洲武士会用这种掷矛棍增强武器的威力。矛顶端有孔，可以套在棍尖上，武士猛力抛出掷矛棍时，矛尖会飞出，以增加射程。

带矛尖的象皮盾牌

非洲武士也是勇猛的猎手，他们会用捕获的猎物制作武器。马赛武士用水牛皮做盾牌，他们相信这种盾牌能够抵挡欧洲长管火枪的攻击。但是他们也得到了血的教训：兽皮盾牌无法抵挡敌军火力，枪炮袭来，还是应该卧倒躲避。

战争的演变

19世纪的塞内加尔武士

这些武士有的用长矛，有的用长管火枪。十三四世纪，塞内加尔与伊斯兰各国通商，建立了强大的曼丁哥王国和沃洛夫王国。但是在19世纪中期，他们已经完全沦为法兰西的殖民地，塞内加尔武士也成为雇佣军，为法军效力。

参见：
投掷武器，
第288—289页

树堡

非洲武士与敌人交战时极会利用地形。图中，当敌人前来抓捕活口做奴隶的时候，乍得王国的加百利武士正利用树丛做掩护。他们埋伏在树上，向敌人投掷长矛和棍子。达荷美武士与法国人交战时，会埋伏在巨大的蚁穴后面，伺机而动。

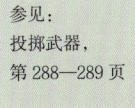

卡努里骑兵

卡努里人居住在尼日利亚北部，那里的骑士身穿棉布缝制的防护服。殖民军队看到这样的武士，就像遇上了从中世纪穿越而来的战士。喀麦隆北部的骑士还穿着锁子甲，更是给人时空错乱之感。

手执武器
· 矛

投掷／射击武器
· 长管火枪
· 飞刀
· 掷矛棍

防御装备
· 象皮盾

服装
· 锁子甲
· 棉布防护服

武士
· 达荷美人
· 埃塞俄比亚人
· 加百利人
· 卡努里人
· 马赛人
· 塞内加尔人

军事理念和战术
· 欧洲殖民统治
· 奴隶贸易

战地工事和运输工具
· 树堡

141

祖鲁战争

19世纪，祖鲁部落在首领恰卡的统治之下，他们拥有南非实力最强大的军队。恰卡实行军事改革，开发出了新战术——密集列阵，迫近敌人，这大大提高了军队的战斗力。恰卡还弃用轻型盾牌和掷矛，代之以更宽的突刺短矛和大型重盾。作战时，祖鲁武士先用这种盾牌撕裂对方的防护，然后用突刺短矛刺死对手。除此之外，恰卡还采用了传统的牛角阵形，先包围敌人，然后再歼灭。凭借这样的战术，祖鲁军队迅速扩张，夺取了相邻部落的土地。1828年，恰卡遇刺，不过之后的首领都沿袭了他的军事策略。后来，新首领塞奇瓦约更是为数不多的让殖民者尝到败绩的土著指挥官。

祖鲁武士和他们的盾牌

恰卡发明了这种椭圆形大盾牌。它由牛皮制成，盾牌中间挖出两排整整齐齐的细缝，然后用兽皮条穿过这些细缝，使盾牌更强韧。在盾的背面，有一根用环状兽皮条箍住的木棍，正面也有一块兽皮装饰。

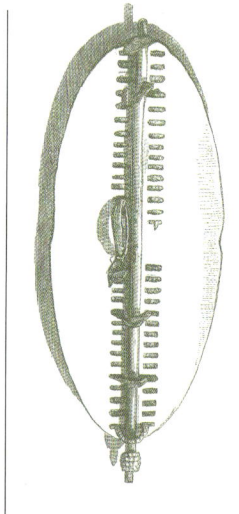

▶ **19世纪40年代的祖鲁武士**

这幅武士图由欧洲探险家、艺术家乔治·弗兰克·安格斯（George French Angas）绘制。这位武士用彩带和珠子做装饰，而且手中的盾牌也比较小，可能他全副武装只是为了博得美女的青睐——上场杀敌未必会打扮得如此花哨。

穿着裙子跳舞的祖鲁男孩

祖鲁武士都是自小就开始进行军事训练,学习战术和棍棒格斗技术。舞蹈也是训练项目之一,他们跳舞时会携带小型盾牌,通过这种方式增强动作协调性以及相互配合的默契感,确保其战斗阵形既整齐又灵活。

祖鲁铁匠

祖鲁人正在制作短矛(这种尖刺短矛是恰卡的天才发明)。恰卡称这种武器为"iklwa",其发音模拟从敌人身体拔出矛刺时喷血的声音。一位工匠正在使用羊皮风箱加热火炉,另一位工匠在打铁,将刺矛加工成型。

近战

祖鲁武士向波尔人发动进攻,波尔人以牛车阵防御。祖鲁人必须迅速撕开对方防线,与之近战,才能赢得胜利。但是波尔人的牛车阵和英军的方阵都不易突破。拉开距离,他们就能用火枪射杀祖鲁武士。如图所示,祖鲁武士也在用火器还击。

手执武器
· 突刺矛

投掷/射击武器
· 投掷矛

防御装备
· 大盾
· 轻型盾牌

服装

武士
· 祖鲁人
· 波尔人

军事理念和战术
· 牛角阵
· 近战

战地工事和运输工具

中亚

蒙古战争

13世纪时，成吉思汗统治下的蒙古成为世界上首屈一指的强国——之前默默无闻的蒙古各部落纵横沙场，让整个亚欧大陆闻风丧胆。成吉思汗建立大蒙古国，征服了中东乃至东欧各地。成吉思汗去世之后，他的子孙统治下的四大汗国依然实力强盛，其中包括征服今俄罗斯的金帐汗国。蒙古人骑术精湛，善于佯装撤退后侵扰袭击，这是他们制敌的绝招。同时他们也善用被征服民族的军事技术，比如从宋、金和阿拉伯军队那里学到了围城战术，从战俘中强征火药武器技师等。但是他们不擅海战，两次东征日本都以失败告终。

成吉思汗麾下悍将速不台

速不台最初只是看守成吉思汗帐篷的低等守卫，后来他成为将军，内征中原，外讨波斯、朝鲜和俄罗斯。速不台一路西征，直至匈牙利，后因成吉思汗暴病身亡，他才撤军返回，欧洲也因此躲过被蒙古征服的命运。

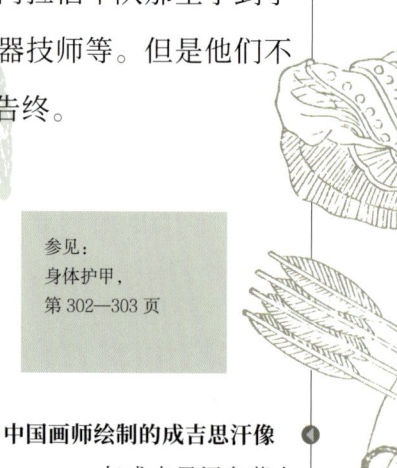

参见：
身体护甲，
第302—303页

中国画师绘制的成吉思汗像

1162年成吉思汗在蒙古大草原上出生，他不仅战无不胜，而且极具号召力，能把有冲突的部落整合在一起，协同作战。成吉思汗志在统一中原，但他生前并未实现这一宏愿。他的孙子忽必烈建立元朝，在亚欧大陆上东征西讨，缔造出了历史上成片领土最广阔的帝国。

战争的演变

蒙古军队的武器和盔甲

蒙古军人通常身穿草原上传统的皮革锁子甲，他们还善于向战败者学习，借鉴其先进的武器装备，比如中原人的肩甲和阿拉伯人的头盔。

鞑靼武士

由突厥各部落控制的俄罗斯南部和中亚各地被称为鞑靼地区。他们一度被蒙古金帐汗国纳入版图，但是更多时候，鞑靼各部落是独立的，他们动辄劫掠草原周围的城市。俄罗斯人招募了许多勇猛的鞑靼武士入伍，他们是皈依东正教的哥萨克人的强敌。

蒙古头盔

俄罗斯人未能阻止蒙古铁骑，于是他们被纳入金帐汗国100多年。图中这顶蒙古头盔是俄罗斯博物馆藏品，深受波斯或突厥头盔的影响。从它也能看出，中世纪的俄罗斯是多种军事文化汇集融合的地方。

手执武器

投掷/射击武器
· 火药武器

防御装备
· 象皮盾

服装
· 皮革锁子甲
· 蒙古头盔
· 肩甲

武士
· 蒙古骑兵
· 鞑靼武士
· 哥萨克人

军事理念和战术
· 佯装撤退后侵扰袭击
· 攻城战

战地工事和运输工具

145

中东

阿拉伯世界

这一时期，拜占庭帝国日渐衰微，阿拉伯人和突厥人却乘势崛起。阿拉伯人创造了绚丽璀璨的文明，他们还征服北非海岸后进入西班牙，在那里，他们被称为摩尔人。突厥人则在小亚细亚站稳脚跟，并在 1453 年攻占了君士坦丁堡。自 11 世纪开始，欧洲多次组织十字军东征，中东各国亦积极应战，萨拉丁更是其中的传奇英雄。两军在战场上厮杀，双方文化尤其是战术、军备技术等在这里碰撞、交融，这些因素客观上都推动了东西方文明的交流与进步。

奏乐前行的阿拉伯军队

东征十字军称交战对手为撒拉逊。撒拉逊军队往往由阿拉伯和突厥武士组成，以骑兵为主，骑手身披全副铠甲，手执冲锋骑枪；骑射手则轻装上阵，身手矫健。

萨拉丁肖像

第三次十字军东征期间，萨拉丁指挥撒拉逊军队迎敌，是"狮心王"理查一世的劲敌。尽管萨拉丁在阿苏夫会战中败给了理查一世，但他仍然控制了耶路撒冷。之后萨拉丁与十字军签订休战条约，允许基督徒去耶路撒冷朝圣。

波斯武器和护甲

这里有两顶头盔（其中一顶带锁子甲，用来护住颈部），一片胸甲，均由大马士革钢制成。帖木儿帝国和萨菲王朝时期，波斯成为中东又一个军事强国，与正在扩张的奥斯曼土耳其帝国成对峙之势。

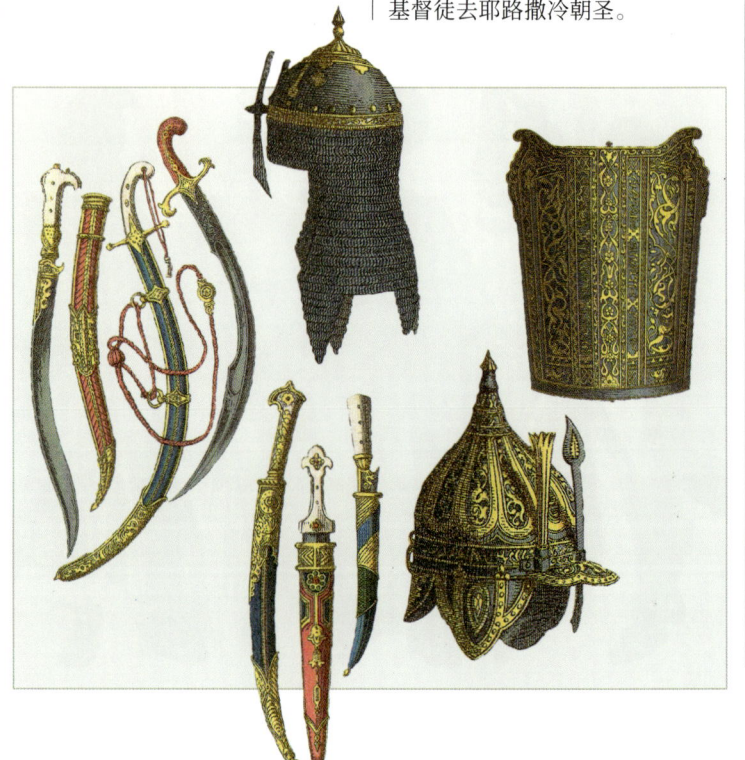

战争的演变

叙利亚骑士城堡

叙利亚骑士城堡是十字军东征期间慈惠院骑士团在中东的大本营，雄伟壮观。慈惠院骑士团由精锐骑士组成，经常对撒拉逊军队发起突袭，是敌人挥之不去的噩梦。慈惠院骑士团会为前往耶路撒冷朝圣的基督徒提供保护，但他们也抢掠周围居民区。

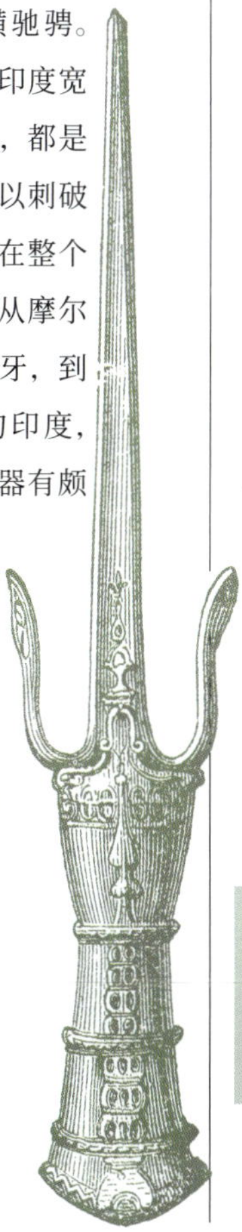

摩尔人的三叉戟

摩尔骑手戴着铁手套，手执三叉戟，在战场上纵横驰骋。这种三叉戟与印度宽刃卡塔刀类似，都是手执武器，可以刺破敌人的铠甲。在整个伊斯兰世界，从摩尔人控制的西班牙，到莫卧儿治下的印度，士兵使用的武器有颇多相似之处。

摩尔人武士像

摩尔人在北非招募武士，基本控制住了他们占领的西班牙领土，直到15世纪晚期，西班牙才夺回伊比利亚半岛的统治权。半岛上穆斯林和基督徒之间冲突不断，双方都有强大的军队，而且精通各种战法。摩尔人还借鉴了拜占庭帝国的军事技术。

手执武器
- 冲锋骑枪
- 三叉戟

投掷/射击武器
- 弓
- 骑枪

防御装备

服装
- 波斯战甲
- 头盔
- 胸甲

武士
- 慈惠院骑士团
- 圣殿骑士团
- 摩尔人
- 撒拉逊

军事理念和战术

战地工事和运输工具
- 骑士城堡

参见：
十字军东征，
第102—105页

印度

莫卧儿帝国

11世纪，信奉伊斯兰教的中亚突厥人进入印度北部，建立各苏丹国。此后几百年，北印度都在历代苏丹统治之下，深受穆斯林影响。1526年，蒙古大帝帖木儿六世孙巴布尔从阿富汗进入印度，建立莫卧儿王朝（名称源自"蒙古"）。巴布尔的孙子阿克巴统一了印度次大陆，是莫卧儿王朝历史上最伟大的君主。阿克巴不仅骁勇善战，而且治国有方，比如任命信奉印度教的前朝王子为高官，巩固了莫卧儿伊斯兰政权。莫卧儿王朝统治印度二百多年，最终在18世纪时亡于英国。

塔瓦弯刀

莫卧儿塔瓦弯刀是一种曲刃钢刀，有的镶金嵌银，装饰精美。莫卧儿军事文化既有突厥草原部落的基因，又有源自伊斯兰波斯民族的传承。

莫卧儿鞍斧

这把斧头用镀银技术刻上了花纹。莫卧儿骑士不仅有铠甲护身，而且武器齐备，有弓、箭囊、剑和冲锋骑枪、斧等。贴身战斗时，他们会用斧头劈杀敌人，敌人身上的锁子甲无法抵挡这样的利斧。

身体护甲

17世纪的莫卧儿钢制铠甲上有镶金花纹，奢华精美。这种用金银装饰战甲的方法源自叙利亚的大马士革，所以又称大马士革钢制铠甲。为了抵挡敌军的弓箭，莫卧儿武士会先穿一件锁子甲内衬，外面再罩上板甲。

阿曼弯刀

这把18世纪的阿曼弯刀有23厘米长，刀片起棱，以增加其强度。高级阿曼弯刀会配有精美的象牙制或大马士革钢制刀柄。

卡塔刀

卡塔刀是独具特色的印度武器，它的宽刃能够刺破敌人的战甲，把手呈方形，有两根握杆。有些卡塔刀会有两把刀尖，但是并不常见，带枪管的卡塔刀更加稀有。

参见：
莫卧儿战争，
第150—151页；
刀剑，第282—283页；
身体护甲，
第302—303页

战争的演变

手执武器
- 斧
- 卡塔刀
- 阿曼弯刀
- 冲锋骑枪
- 剑
- 塔瓦弯刀

投掷/射击武器
- 弓

防御装备

服装
- 镶金嵌银的（大马士革）钢制身体护甲
- 锁子甲

武士
- 阿克巴
- 巴布尔

军事理念和战术
- 崇尚奢华的军事文化

战地工事和运输工具
- 骆驼

印度征服者巴布尔

图中居中者就是莫卧儿开国君主巴布尔。他先是征服了中亚诸城，实力强大后，又南下印度。图中有士兵骑着双峰驼，这说明他们大多是在阿富汗招募的士兵。实际上，莫卧儿帝国的军队一般以骑兵为主，步兵为辅。

莫卧儿战争

阿克巴在位期间，帝国领土大大扩张。但是到 17 世纪末，在印度南方信奉印度教的马拉塔联盟日益壮大。两军交战之后，印度两分，南部由马拉塔统治，北部依然是莫卧儿王朝的领地，欧洲商人和士兵则成为第三股势力。18 世纪中期，为了争夺这片富庶土地上的贸易控制权，英法开战。为适应现代战争，莫卧儿帝国积极改革，也为军队配备了洋枪火炮，但是依然落败了。英国人不仅屡战屡胜，还擅长谈判。英军与印度次大陆上其他各股统治力量签订条约，各个击破，最后在 1805 年终结莫卧儿王朝，末代皇帝黯然离境。

莫卧儿重装骑兵

莫卧儿人来自中亚，重视骑兵是他们的传统，重装骑兵长于贴身战斗，轻装骑兵则精通射术。战场上，轻装骑兵负责骚扰敌军，削弱其军力，引诱敌军冲锋，并破坏其阵形；重装骑兵则乘势发动进攻，斩杀剩下的敌人。

参见：
卡塔刀，
第 148 页；
摩尔人的三叉戟，
第 147 页

骑大象的印度王子

战象是莫卧儿军队的一大特色。人们会让战象身披板甲和鳞甲，载着坐在象轿中的士兵走在指挥官之前，以期吓退敌军战马。毕竟，战象身躯巨大，声音凄厉，体味浓重，看到战象靠近，战马大多仓皇奔逃。为防备敌军步兵的袭击，莫卧儿将领总是安排一队士兵保卫战象。

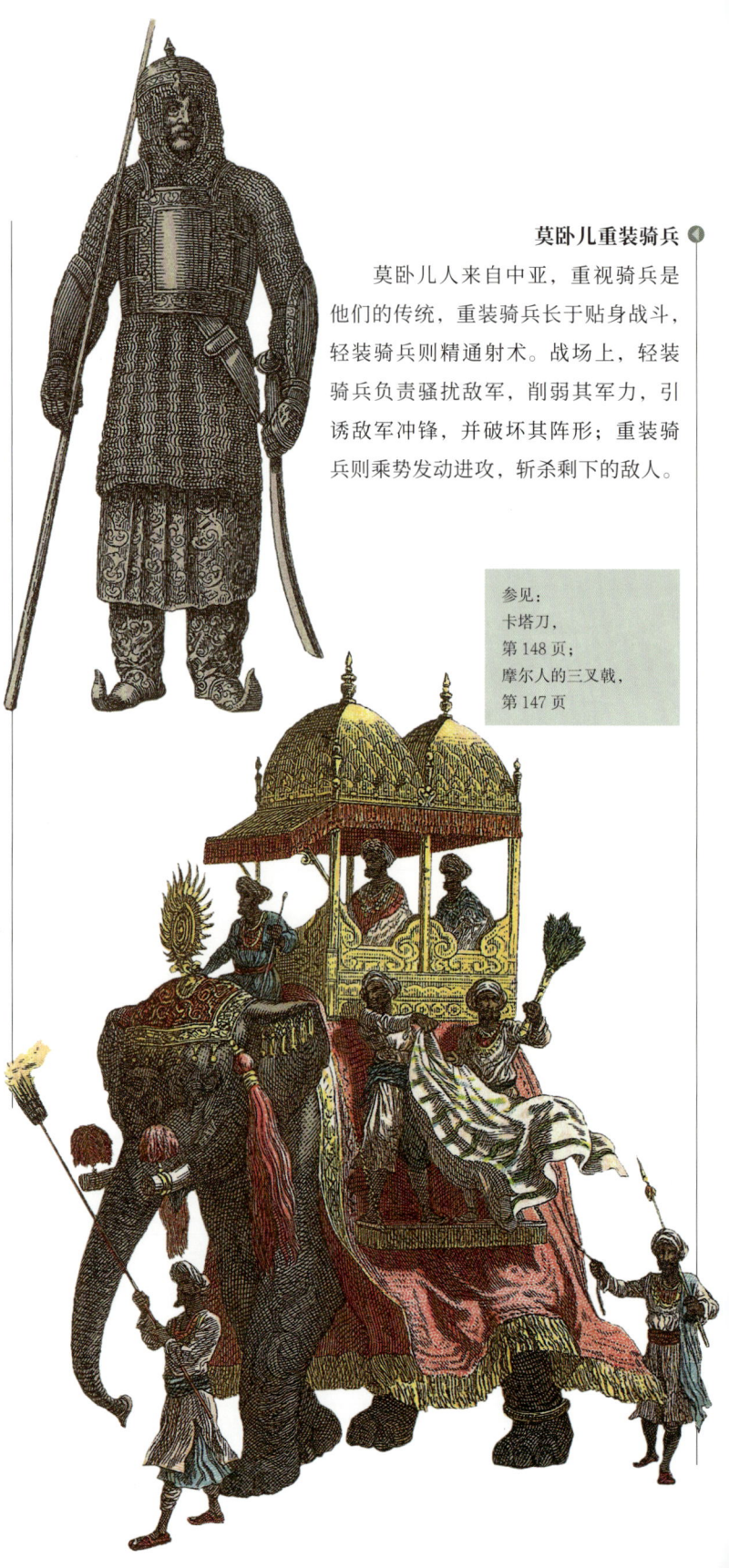

战争的演变

18世纪的印度佣兵

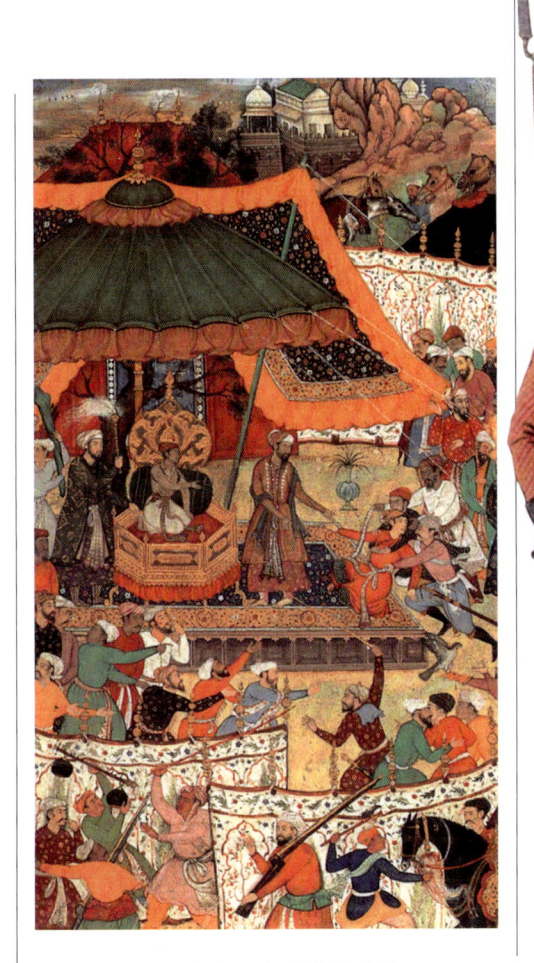

这是18世纪中期印度孟买的一位雇佣兵，隶属于东印度公司。英国人招募了许多印度士兵，为他们配备长管火枪和红色夹克制服，但是他们的装备依然具有浓郁的印度本土风情。英军分化并瓦解了马拉塔联盟，此举对莫卧儿穆斯林政权造成了巨大压力，最终莫卧儿王朝被迫放弃了印度次大陆的统治权。

16世纪晚期的莫卧儿军营

帐前已经有士兵佩火枪。莫卧儿军队已经见识到火炮和其他火药武器的威力，所以他们积极引进洋枪洋炮，自己也能生产长管火枪，有些精致的火枪上还镶着大马士革钢。

莫卧儿武器

图中右二是一把稀有的卡塔刀，可割破盔甲。左二是印度特有的武器"虎爪"，右一斧状武器是用来控制战象的。左一则是最常见的一种莫卧儿头盔，配有笔直的可调节护鼻甲，以及保护颈部的锁子甲。

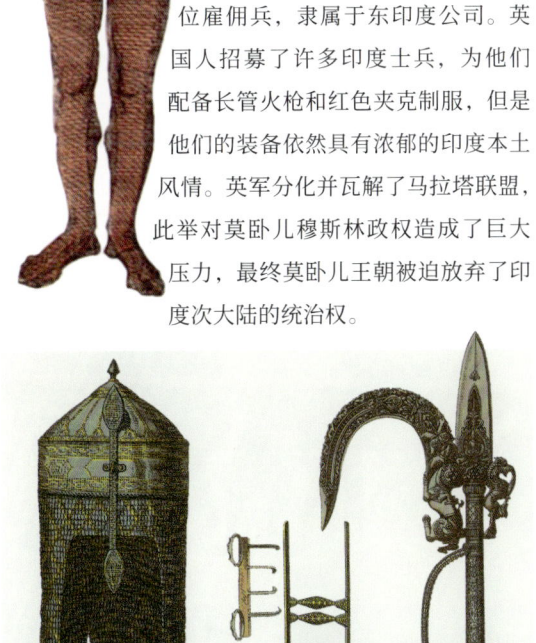

手执武器
· 卡塔刀

投掷/射击武器
· 长管火枪

防御装备

服装
· 莫卧儿头盔
· 印度佣兵制服
· 锁子甲

武士
· 重装骑兵
· 轻装骑兵

军事理念和战术
· 重视骑兵

战地工事和运输工具
· 战象

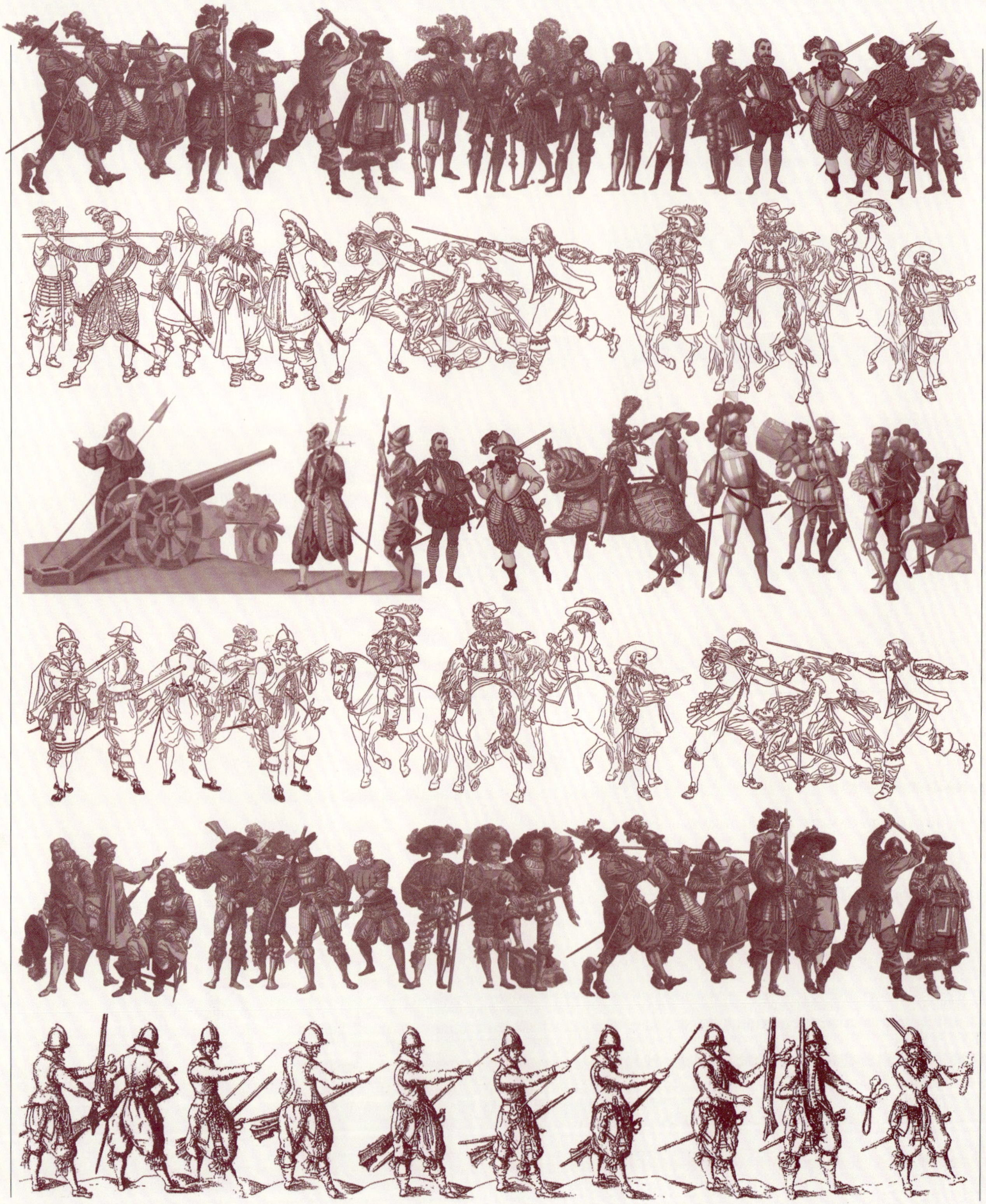

枪支革命
1500—1650年

火药武器的普及逐渐改变了战争方式和军队编制。火炮在攻城战中显示出巨大威力，曾经固若金汤的中世纪城堡已不足为虑。但是，手执火器因为技术更新缓慢，效率低下，迟迟未能取代十字弩和长弓。

火药武器从出现到普及，正是欧洲战祸连年的时代，也是军事技术飞速发展的时代。许多指挥官不仅是战将，还为武器创新做出了贡献。贡萨洛·德·科尔多瓦、拿骚的莫里斯和瑞典国王古斯塔夫·阿道夫就是其中翘楚。

除了枪支普及，此时战场上还发生了其他变化。骑士不再是战地之光——除投射武器，配备长标枪的步兵方阵就能克制骑士，如果步兵的装备升级，那这种阵形威力更大。不同于中世纪领主的队伍，这种方阵对士兵提出了更高的要求，他们不仅要训练单兵作战技术，还得和战友共同操练，以确保阵形的协调性和纪律性。最初是标枪方阵，后来发展为编制更严格、组织更紧密、战术更灵活的单位，除长标枪外，投射性武器也是标配。西班牙大方阵中，就是长杆标枪兵和长管火枪兵协同作战。火枪兵装火药的时候，长枪兵不仅要保持进攻阵形，还得为火枪兵提供掩护。精妙配合之下，长杆标枪兵成了陆地战争中最得力的兵种。

骑兵也在进行战术改革，轻装骑兵比重增加——与重装武士相比，他们更灵活，可以完成多种任务。使用便携式火器的骑兵向敌人学习了投射飞弹的技能，但是在马背上射击难免会影响骑兵的速度，所以骑兵需要在歼敌和冲锋之间谋求平衡。

火器

起源和发展

最初的手执枪械十分简陋，它的操作原理和火炮一样，主体都是金属管。士兵把弹药从管口放入（前装式），然后通过火门引火，将其点燃。从早期文献中的插图可以看出，士兵最初使用通条点火——据说这个通条是烧得赤红的铁棒。不过这个说法经不起推敲：在战场上，铁棒温度会逐渐下降，又不可能回炉加热。这样看来，所谓通条应该是最早的点火器，是保持引火不熄灭的装置。为方便操作，有的手执枪械配备了加长金属管，加长部分就成了把手，这就是后来枪托的雏形。最初的手执枪械体形不大，就是安装在木柄上的金属管，管体长约20厘米。

▶ 手执枪械的支架

早期枪托有的底部被挖成明显的曲面，有的则是笔直的，可以夹在腋下，或是放在肩膀上。火枪手一只手点火，另一只手得抓住枪管，所以这时的手执枪械都配有支架，它可能是专门的托架，也可能是长柄武器，总之可以用来安放枪托。图中这位士兵腋下夹着枪托，一只手操作蛇杆，另一只手则握住支架。

◀ 早期手执枪械

早期手执枪械的支架解决了枪管承重问题。使用时，士兵会用通条或是点火器引燃枪管内的火药。

参见：
火绳点火装置和转轮点火装置，第156—157页；
火绳点火装置详解，第158—159页；
手执火器，第298—299页

战争的演变

手执武器

投掷/射击武器
· 火绳钩枪
· 手执枪械
· "圣水喷淋"战棍

防御装备

服装

武士

军事理念和战术

战地工事和运输工具

▼ "圣水喷淋"战棍

这种15世纪出现的火器其实是两种武器的合体——它既是一把配有多个枪管的手执枪械，又是一种名为"圣水喷淋"的战棍（带有尖刺的短棍，这个名称颇具讽刺意义）。多枪管的设计源于14世纪，16世纪早期出现了安在马车上的排炮，这种武器既属于手执枪械，又是轻型火炮，还有人称它为"风琴炮"，因为它看上去和风琴管有几分相似。

▲ 早期点火装置

早期枪手一只手握住枪械，另一只手点燃装药，难免手忙脚乱。为了解决这个难题，工匠设计出点火装置。其中关键部分是一种S形或Z形杠杆，又称"蛇杆"。射击时，枪手扣动蛇杆的扳机部分，杠杆另一端下移，将火绳送进底火盘，点燃那里的引火药。后来，工匠不断改进点火装置，将蛇杆分为两个相互分离但是又能联动的部分，即扳机和点火器。

▼ 火绳钩枪

最初的火绳钩枪结构简单，由青铜或铁铸枪管、枪柄或枪托这两部分组成。和手执型十字弩类似，它也采用了便于徒手操作的设计。有的火绳枪在枪管密封的一端留中空底座，可插入木柄；有的则用铁环把木质枪托和枪管固定在一起。图中的火绳枪显然是14世纪晚期出现的，它的枪管套嵌在木托上。

▲ 约1420年的火绳枪

许多早期枪炮底侧都有钩状突起物，用来把枪炮固定在墙头或支架上，减少后坐力。这也是"火绳钩枪"这一名称的来历。后来，所有便携式火器都统称为火绳枪。

155

火绳点火装置和转轮点火装置

火绳枪得名于它的点火装置,蛇杆前端夹着缓慢燃烧的火绳。簧轮枪则用燧石或是其他类似的材料点火。簧轮火枪至少要到16世纪早期才出现,它的点火装置是个锯齿轮,使用时,齿轮迅速转动,击打小块黄铁矿石产生火花。转轮安装在火枪侧面,由强力弹簧片驱动,转轮轴与强力簧片以链条相连。转柄是用来转动齿轮的。使用时,转柄上紧轮轴周围的链条,压缩弹簧片,与之相连的扳机受压之后,被卡住的齿轮释放,齿轮高速旋转并击打放在燧石夹中的黄铁矿石。燧石夹在紧靠转轮的位置,方便点火。

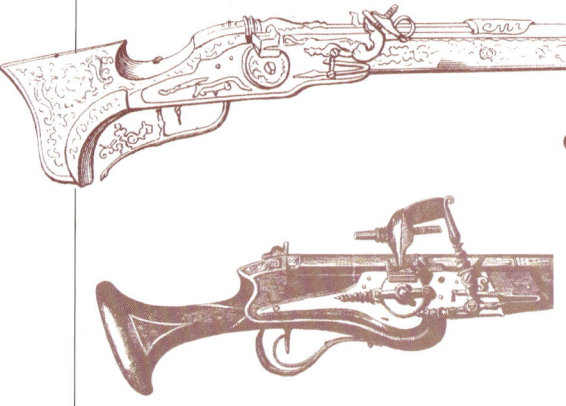

火药瓶和转柄

最早的油纸定装弹到17世纪才出现,那是一种用油纸包做成的弹药管,内含定量的装药和弹丸。火药瓶用来存放发射火药,准备射击时,再将发射药从枪口处填入枪管内。如图所示,火药瓶装饰精美,像是艺术品,弹丸则另外放在袋子里面。下图中的转柄是用来上紧转轮以备点火的装置。

簧轮式卡宾枪

这是一把雕刻着精美图案的簧轮式卡宾枪,其转轮点火装置和装有引火药的底火盘清晰可见。底火盘配有盘盖,齿轮转动时盘盖开启,可手动关闭。燧石夹放在枪管旁合适位置上,即使转轮已经上紧,处于待发状态,士兵也能安全携带这种卡宾枪。

后膛装填簧轮枪

大多数手执火器都是从枪口装填弹药。虽然后膛式火绳枪和簧轮枪都曾在战场上出现,但是没有普及开来。这是一支16世纪中期的簧轮枪,燧石夹已经就位,上下两个夹钳夹住黄铁矿石,紧挨着转轮,以备点火。

战争的演变　　　手执武器

投掷/射击武器
· 后膛式火枪
· 火绳式长管火枪
· 簧轮式长管火枪

防御装备

服装

武士

军事理念和战术

战地工事和运输工具

火绳式和簧轮式长管火枪

火绳式和簧轮式长管火枪外观稍有差别，它们枪托形状不同，其中枪托底部区别最大。火绳枪手必须把枪托抵在胸前或肩膀上，具体位置由火枪的设计样式决定。

转轮点火装置

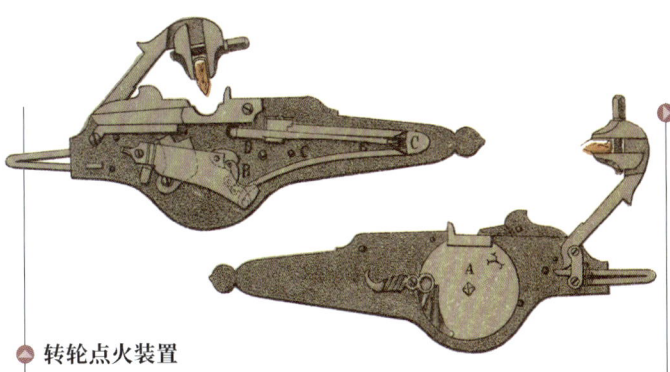

图中，左上方是转轮点火装置的内部机械结构，夹着一块黄铁矿石的燧石夹恰好在底火盘上，右下方则是其（底部）外观图。相对简单的转轮点火装置也有非常复杂的机械结构，所以与其他点火装置相比，转轮点火装置造价更高。比如，1631 年，火绳点火装置的报价仅为转轮点火装置的三分之二。

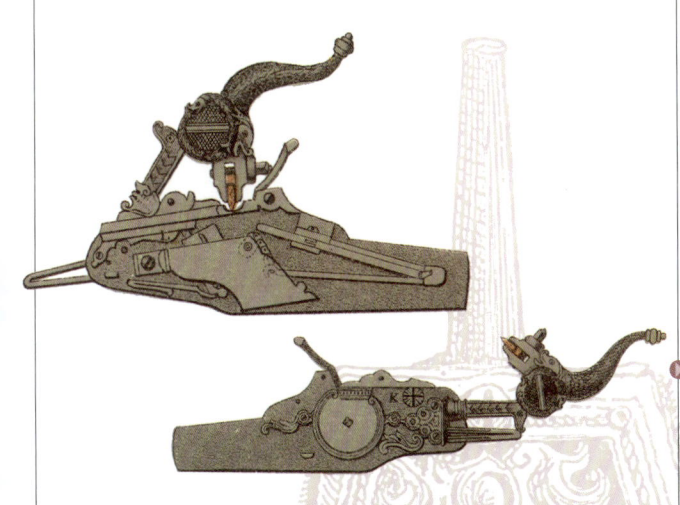

参见：
火绳点火装置详解，
第 158—159 页；
手执火器，
第 298—299 页

簧轮式长管火枪

普通军事行动中，士兵一般不会用簧轮式长管火枪，毕竟和其他点火装置相比，转轮装置更易破损。但是，富人会用簧轮式长管火枪打猎。有的簧轮式长管火枪装饰精美，金属部分刻有花纹，枪托也刻有精美图案，或是镶嵌金银珠宝，与它复杂的机械装置十分相称。

精密的转轮点火装置

转轮点火装置结构复杂，其底火盘配有盘盖，在齿轮旋转的时候会自动打开。如内视图（图上）所示，此时燧石夹就在点火位置上。而在外观图（图下）中，燧石夹已回到安全位置。与其他点火装置相比，转轮式更容易损坏，所以工匠会用外盖保护外部机械装置，尽量避免其受损。这些能工巧匠还制造出带两套点火装置的簧轮/火绳枪，以及配备两个燧石夹的簧轮枪——这样一来，即使其中一个燧石夹里的黄铁矿石破损，还有备用火石。

火绳点火装置详解

1. 早期的火绳点火装置中，点火器在枪管的火门旁边，把引药点燃之后，火焰会沿枪管蔓延，引爆发射装药。

2. 长枪管火绳枪被称为"长管火枪"（英文中，最初又可拼写为 musquet），源自意大利语的 mosquetto 一词，本意是矫燕或鹰隼——那时人们习惯将武器冠以鸟兽之名。这个名称的寓意是，和那种特别沉重的火绳钩枪相比，这种新式火枪更轻盈，但是依然属于重型武器。长期以来，长管火枪一直没有严格的尺寸标准，直至 17 世纪早期，英国长管火枪尺寸才逐渐统一。枪管约 1.22 米长，总长约 1.57 米，枪膛可容纳 10—12 颗一磅的弹丸。轻火枪的英文为"caliver"，可能是由口径（calibre）一词衍生而来。1630 年，英国颁布了火器尺寸标准：长管火枪枪管长 1.22 米，轻火枪枪管长 0.99 米，火绳枪枪管长 0.76 米，卡宾枪枪管长度和火绳枪一样，但是枪膛口径较小。

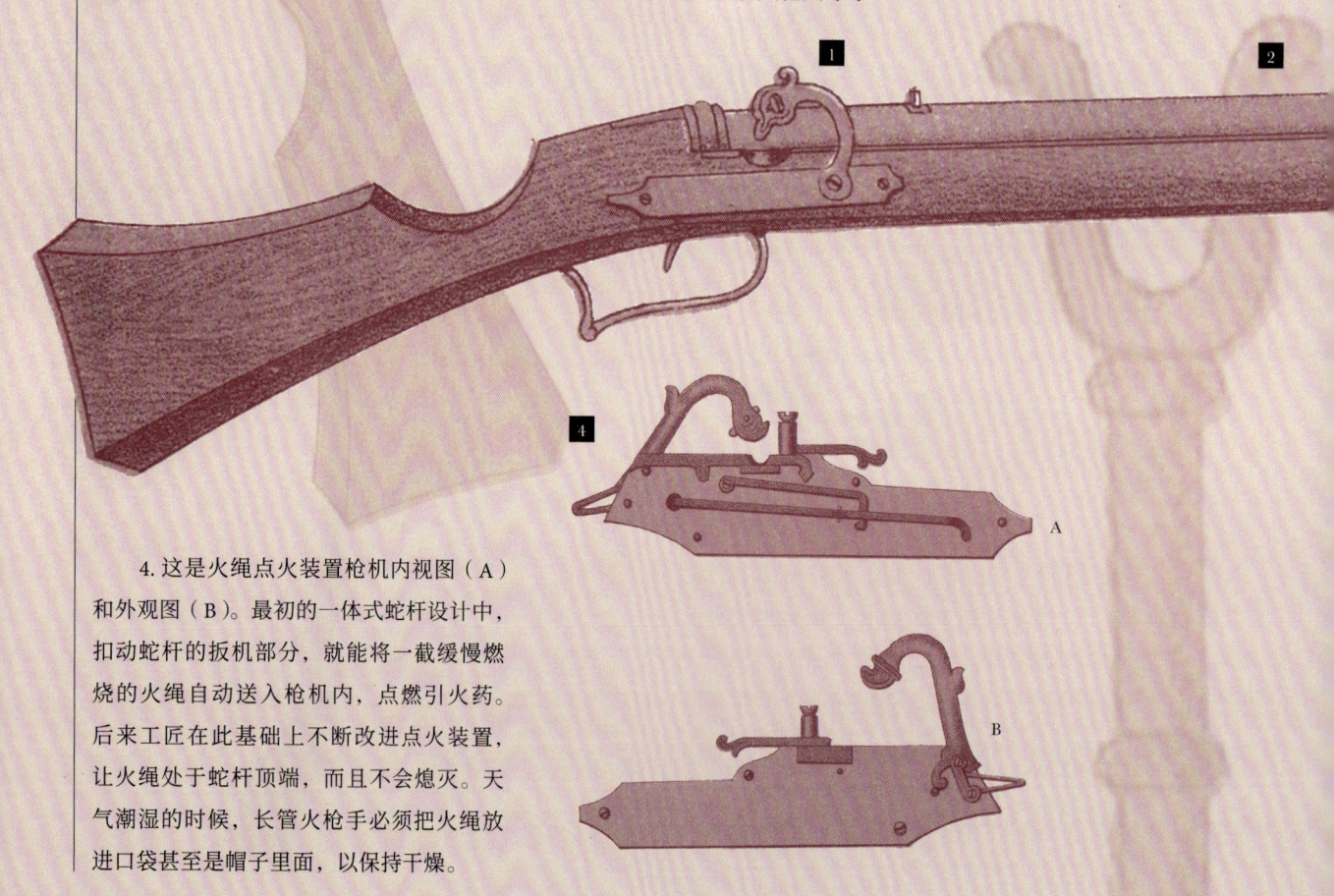

4. 这是火绳点火装置枪机内视图（A）和外观图（B）。最初的一体式蛇杆设计中，扣动蛇杆的扳机部分，就能将一截缓慢燃烧的火绳自动送入枪机内，点燃引火药。后来工匠在此基础上不断改进点火装置，让火绳处于蛇杆顶端，而且不会熄灭。天气潮湿的时候，长管火枪手必须把火绳放进口袋甚至是帽子里面，以保持干燥。

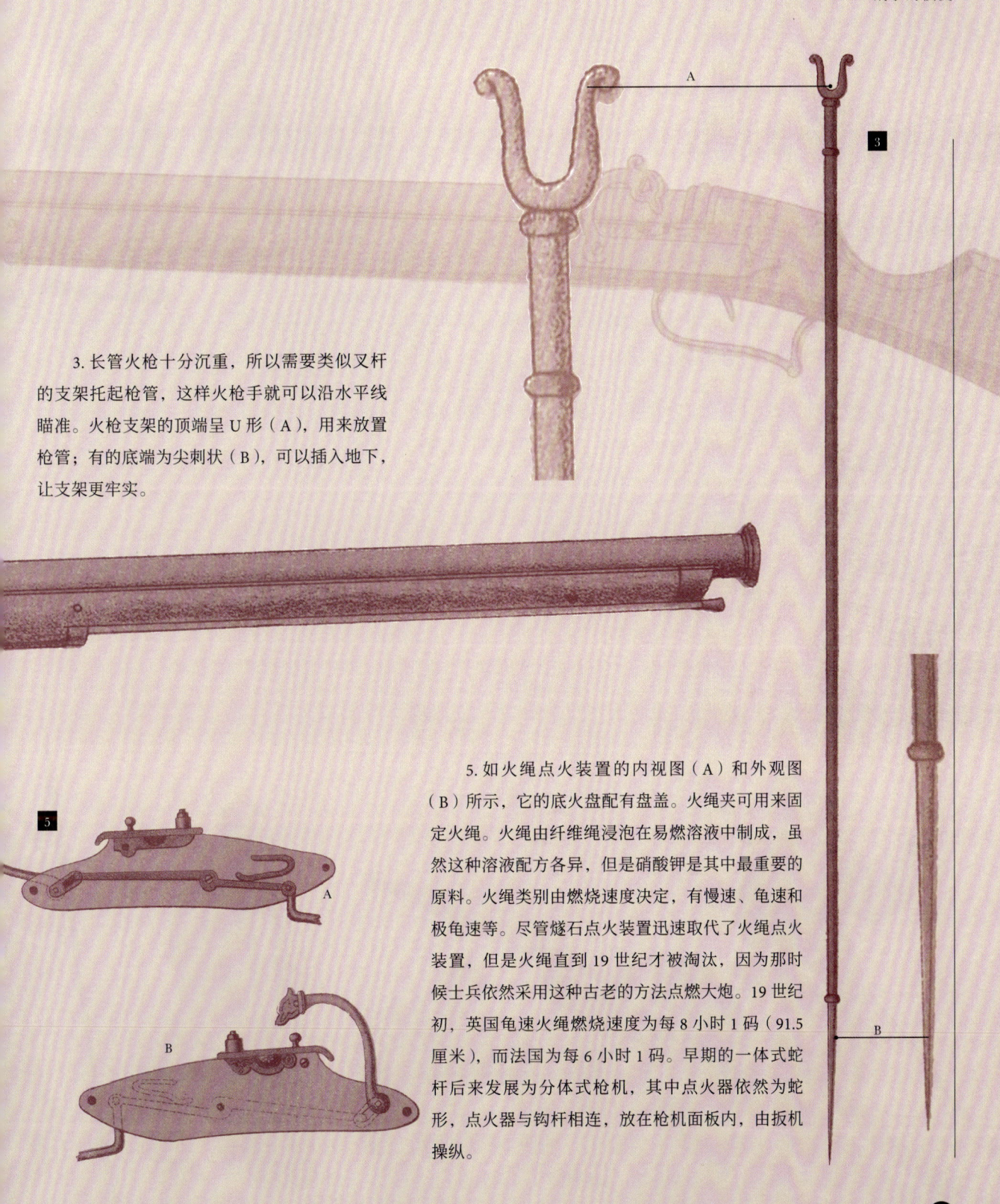

3. 长管火枪十分沉重，所以需要类似叉杆的支架托起枪管，这样火枪手就可以沿水平线瞄准。火枪支架的顶端呈U形（A），用来放置枪管；有的底端为尖刺状（B），可以插入地下，让支架更牢实。

5. 如火绳点火装置的内视图（A）和外观图（B）所示，它的底火盘配有盘盖。火绳夹可用来固定火绳。火绳由纤维绳浸泡在易燃溶液中制成，虽然这种溶液配方各异，但是硝酸钾是其中最重要的原料。火绳类别由燃烧速度决定，有慢速、龟速和极龟速等。尽管燧石点火装置迅速取代了火绳点火装置，但是火绳直到19世纪才被淘汰，因为那时候士兵依然采用这种古老的方法点燃大炮。19世纪初，英国龟速火绳燃烧速度为每8小时1码（91.5厘米），而法国为每6小时1码。早期的一体式蛇杆后来发展为分体式枪机，其中点火器依然为蛇形，点火器与钩杆相连，放在枪机面板内，由扳机操纵。

大炮和防御工事

技术进步

这一时期的火炮威力差强人意，炮兵是军队重要的组成部分。一门标准的炮机由双轮炮车和炮筒组成，往往硕大而笨重，不易搬运。后来炮筒铸造技术日益精进，火药装填容量更大，炮弹威力也大大增强。18世纪后，人们按照炮弹的磅数划分火炮，但是此前，火炮分类大多以炮筒尺寸为标准。各地分类标准又有差别，以英国为例，从小到大分别为：鸟铳、小型隼铳、隼铳、弄臣铳、鹰铳（又称"龙炮"）、小型长管炮、长管炮、小型加农炮、加农炮和王家加农炮。尺寸超过长管炮的大炮一般仅用于攻城战。

参见：
炮兵的演变，
第210—211页；
防御工事和攻城战，
第212—213页；
加农炮详解，
第224—225页；
火炮，
第296—297页

● 早期炮机

这是一门架在双轮炮车上的早期小型战地炮，士兵可以在炮管密封端插入楔形垫座，以抬高炮筒。图中的炮手正把点火器放入火门，准备发射炮弹。早期炮发射速度缓慢，轻型炮铳每小时大约发12弹，重型大炮大约发8弹。

● 法兰西炮机

这是1575年一门架在双轮炮车之上的法兰西炮机。其标准炮弹是铁制简易弹丸，有时也用石弹，炮弹从炮口填装。在攻击近距离目标时，这种炮机能够发射霰弹——这一类含有多个弹丸的武器具有恐怖的杀伤力。

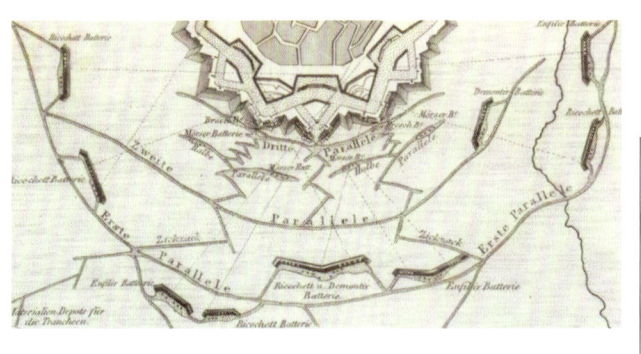

战争的演变

手执武器

投掷/射击武器
· 大炮
· 霰弹
· 炮机

防御装备

服装

武士

军事理念和战术
· 攻城战
· 堡垒设计
· 纵深防御

战地工事和运输工具
· 棱堡
· 三角堡
· 壕沟
· 星堡

星堡

大炮威力越来越大，机动性越来越强，传统的护城围墙无力抵抗，防御工事革新势在必行。16世纪初期，意大利人开始设计新式城堡，不仅增设了抵御炮攻的防御工事，还在城内部署大炮，严阵以待。这种新式城堡严格按照几何线条布局，是一个完美的星形。

防御工事

自16世纪后半叶起，人们持续进行防御工事设计革新，重点放在纵深防御上。堡垒由一系列低矮的堤道和围墙构成，堤道和围墙周围全部是空地，让进攻者无处藏身。如图所示，除了主体防御工事之外，还有附属的三角堡。它包括两个棱塔之间的三角状独立工事，以及外围的角形工事。

攻城战

防御工事在发展，17世纪后半叶，攻城器械和战术也有了新的突破。图中，进攻一方正沿之字线挖壕沟，或是筑胸墙，形成一道又一道掩体，以迫近对方的防御工事，并且会在合适的地方部署大炮。一旦壕沟逼近堡垒，攻城方就可以发动袭击。

棱堡

这种新型堡垒并不高，足够做炮台用，而且不易成为敌人的目标。这一时期，传统角塔被棱角代替，这是一种从堡垒边角延伸出去的四边形工事，它让通往围墙的道路全程暴露在交叉火力之下，不给进攻者留下任何可做掩体的角落。

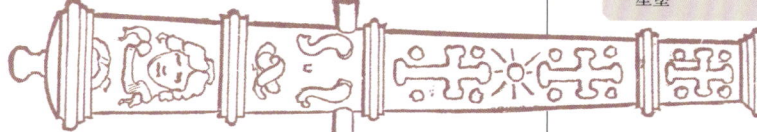

长管炮炮筒

长管炮源于法语单词couleuvre，原义为"长蛇炮"。其炮弹重约6.8千克，炮筒约长3.35米，有些可能更长。那时候人们认为，炮筒越长，射程就越远。有的炮筒上还铸着装饰图案。

161

最后的骑士，1500—1530年

步兵崛起

在中世纪全盛时期，铠甲骑兵（经常被称为骑士）具备最强大的战斗力，享有尊贵的社会地位，与精英统治阶级有千丝万缕的联系。后来，其他武器逐渐在战场上展露神威，骑士荣光不再。以那些拿着长弓的英国士兵为例，尽管社会地位相对低微，但是他们战胜了法兰西骑士。再者，火器技术日渐成熟，装备标枪的步兵方阵也展示出了惊人的战斗力，此消彼长，骑士已经不再是"战地之花"。1525年2月24日的帕维亚之战中，拥有更多火器的西班牙帝国军队战胜了由法兰西国王弗朗索瓦一世挂帅的骑兵精锐。可见，骑兵必须做出改变了。

▶ 头盔样式

这些是自16世纪早期流行的头盔样式，从上至下分别为勃艮第轻盔、圆锥状浅帽檐的小型高顶盔、高顶头盔和颈甲似虾尾的虾尾盔。勃艮第轻盔面甲是另行配备的板甲，也称面颈甲，可为面部乃至颈部提供密实的保护，这一点与老式头盔不同。

▶ 16世纪的骑士

这位全身甲胄、装备精良的骑士就是16世纪早期骑士的典型代表。他不仅身佩宝剑，还手执战锤，这种武器可用来锤击对方的铠甲。这匹马也有战甲护身，包括马盔、颈甲、侧甲和臀甲。

◀ 戎装的马克西米利安一世

15世纪晚期，哥特式战甲风靡一时；而在16世纪，脱胎于哥特式的瓦楞战甲逐渐流行起来，1530年发展至鼎盛。它又被称为马克西米利安式盔甲，图中，全副武装的马克西米利安一世看起来威风凛凛。

战争的演变

手执武器
· 标枪
· 战锤
· 迅捷剑

投掷/射击武器
· 火绳枪

防御装备

🔺 勃艮第轻盔
勃艮第轻盔和虾尾盔可以与面颊甲配套使用。有的轻盔和虾尾盔还配有与帽檐相连的钢条式面甲，或是穿过帽檐的可移动式护鼻钢条。

🔺 剑
16世纪的迅捷剑装饰得无比精美，这是一种用来迅速刺击的直刃武器。迅捷剑的护手上往往有精致繁复的装饰，包括由十字叉（和剑刃呈直角相交的钢条）与弯曲钢条组成的拉花碗状护手。

🔺 16世纪的盔甲
16世纪，盔甲制造技艺日臻成熟，工匠会在盔甲上雕刻精美的图案并镶嵌金箔。到16世纪末期，越来越多的骑士开始使用半身铠甲——摈弃了护腿甲。

🔻 武士群像
这是16世纪下半叶武士的各种铠甲，最右边的武士手持火绳枪，穿着半身甲。中间的武士身披精美的铠甲——后来这种平滑的板甲取代了有起伏的瓦楞铠甲。最左边的武士穿着造型复杂的铠甲，戴着形状怪异的头盔，还披着仿布裙甲。

服装
· 勃艮第轻盔
· 小型高顶盔
· 虾尾盔
· 哥特式战甲
· 瓦楞战甲

武士
· 骑士

军事理念和战术

战地工事和运输工具
· 铠甲战马

参见：
战马和马用护甲，
第90—91页；
身体护甲，
第302—303页；
头盔，
第304—305页

163

骑兵的演变

轻骑兵和火器

16世纪以后，骑兵战术更强调协同作战和纪律性，轻骑兵的地位也在逐步提高。不仅轻骑兵，重装铠甲骑兵也开始使用火器。这一时期在德意志出现了一种骑兵，他们大多是雇佣军，人们称其为骑手。实际上，骑手只是黑骑士的省略语——因为这一时期，经处理后颜色发黑的盔甲开始流行。骑手们有佩剑，也用簧轮短枪，实践证明，转轮点火装置特别适合在马背上使用。另一种古老的骑兵武器冲锋骑枪，反而用得越来越少。到17世纪初，冲锋骑枪在很多地方几乎绝迹，但是在特定地区，尤其是波兰，骑兵依然在用这种传统武器。

重装骑兵

16世纪晚期至17世纪早期，骑兵发生了很大改变。右边的重装骑士又称"铠甲骑兵"（身体四分之三覆甲的重装骑兵），除了厚重的胸甲、剑和火器这些基本装备，他可能也会携带冲锋骑枪。左边的骑兵装备轻便，头盔样式简单，身着皮革铠甲上衣，由于携带轻型火枪即卡宾枪，又被称为"卡宾骑兵"。

轻骑士兵

16世纪末出现的轻骑士兵头戴勃艮第轻盔，还保留了半身铠甲，以护住上半身和双臂。这位士兵不仅携带宝剑、短枪，还抓着一把卡宾枪——这是制敌利器。

参见：
长杆武器，
第284—285页

战争的演变

手执武器
- 冲锋骑枪
- 剑

投掷／射击武器
- 火绳枪
- 短枪

防御装备

服装
- 勃艮第轻盔
- 胸甲
- 半身铠甲

武士
- 火绳枪兵
- 西班牙游骑兵
- 威尼斯雇佣骑兵
- 黑骑士

军事理念和战术
- 更多骑兵使用火器

战地工事和运输工具
- 铠甲战马

轻骑兵

自15世纪后期开始，轻骑兵的优势越来越明显。他们灵活机动，可轻装上阵，有的还使用火器装备，既能侦察敌情，又能扰乱敌军部署。早期的突厥、匈牙利和阿尔巴尼亚轻骑兵战功卓著，是后辈的楷模。威尼斯的雇佣骑兵和西班牙的游骑兵也非常出色。

德勒之战

1562年12月19日，德勒之战爆发。这场战役拉开了法兰西宗教战争的序幕——16世纪后期，新教徒和罗马天主教徒之间的冲突愈演愈烈，最终引发这场旷日持久的战争。如图所示，骑兵从四面八方冲过来，攻打长枪方阵中的步兵，在最前方冲锋的是重装骑士，其中包括传统的（冲锋旗）枪骑兵。

步兵

德意志雇佣步兵

　　瑞士缺少骑兵,但是其步兵稳步发展,逐渐成为杀伤性极大、战斗力极强的轻装部队——他们顺利完成了步兵的升级。瑞士步兵方阵中,士兵手持长枪(最长约6.4米),队形整齐,共同进退,不仅可以筑成骑兵无法攻破的移动堡垒,还能迅速组织强攻。瑞士步兵方阵的辅助队伍中,有灵活的散兵——他们使用投掷性武器干扰敌人,也有戟兵,但是长枪才是瑞士步兵的灵魂武器。由于战斗力强,许多瑞士步兵被法国人雇用。为了与之相抗,马克西米利安一世创建了类似的德意志步兵,这些士兵以团为单位,纪律森严,等级分明,是现代部队的雏形。这些步兵不仅为神圣罗马帝国服役,也是十分抢手的雇佣军。

△ **德意志步兵服装**

　　德意志步兵的服装往往鲜艳夺目,比如泡式切缝装,即外层有切口,露出内层衣服,内外两层的颜色对比鲜明。他们的发型往往也很奇异。

参见:
戎装的马克西米利安一世,第162页;
长杆武器,第284—285页

德意志步兵的武器

　　这四位德意志步兵的装备颇具代表性。左边第一位步兵是火枪手,他身上的弹药带中,装着弹药管。第二位步兵是吹笛人,他主要用笛声向方队发布指令。第三位步兵则手执长杆武器,腰间挎着短剑,这种短剑配有弯曲的十字叉,又称德式斗剑。最右边的步兵拿着一把双手巨剑。

战争的演变

手执武器
- 战戟
- 德式斗剑
- 长枪
- 双手巨剑

投掷/射击武器
- 火绳枪

防御装备

服装
- 鲜艳夺目的军服
- 长枪步兵的铠甲

武士
- 德意志雇佣步兵
- 瑞士长枪步兵

军事理念和战术
- 纪律和等级
- 步兵战术

战地工事和运输工具

法兰西士兵

16世纪上半叶，法兰西士兵也穿着时髦的服装，不仅华美鲜艳，而且讲究对比色搭配。图中还有瑞士的长枪步兵和拿双手巨剑的德意志雇佣兵。

双手巨剑

双手巨剑是风靡一时的步兵武器，可用来斩击敌人。还有一种"一手半"剑，既可单手使用，也可双手使用。

16世纪的武士

左边是神圣罗马帝国皇帝鲁道夫二世，他的半身铠甲精雕细刻，还镶有金箔。中间是一名下级军官，穿着长枪兵战甲（上身胸甲）和两片大腿护甲，还扛着一把深受德意志雇佣步兵喜爱的双手巨剑。右边则是一位戟兵——步兵经常使用战戟与骑士交战。

167

步兵操练

步兵战术改革后,对纪律的要求更高。长枪属于长杆武器,方阵中的士兵在使用长枪时,动作必须协调一致,否则会引起混乱。瑞士最先注意到这一问题,为加强步兵军纪,实现整齐划一,他们通过日常操练,形成了多种合适的阵形。同样,长管火枪兵如果训练有素,协调一致,战斗力也会大大增强。因此,在分批连续射击的时候,各组之间的配合尤其重要。所以火枪兵的射击操练更系统化,更讲究章法。除了连续射击之外,火枪兵还有一些更复杂的战术,如后排士兵分批前进,穿过前排士兵队列,到阵前射击。

轻火枪装药 ◀

这幅插图来自雅各布·德·盖恩(Jacob de Gheyn)1607年发表的《轻火枪、火枪和长枪部队的操练手册》,图中士兵正在为轻火枪装填弹药。这种枪用火绳点火,士兵准备了两种火药,引火药装在腰间的小瓶中,普通火药放在大瓶里,弹丸则放在别处。装药时,士兵要把火绳从蛇杆上移开,避免过早点燃弹药。

长枪操练 ▶

17世纪出现了很多配插图的长枪和火器操练指南,上面这一系列插图就展示了长枪操练动作。士兵先是把长枪放在肩膀上,大步前进(XXIX, XXX, XXXIV),然后"上长枪"(XXXV),即长枪平握,对准目标。接着就是刺杀动作(XLI),士兵身体前倾,长枪对准敌军战马胸部,斜向上刺入。可见这是一套用来对付骑兵的战术动作。

战争的演变

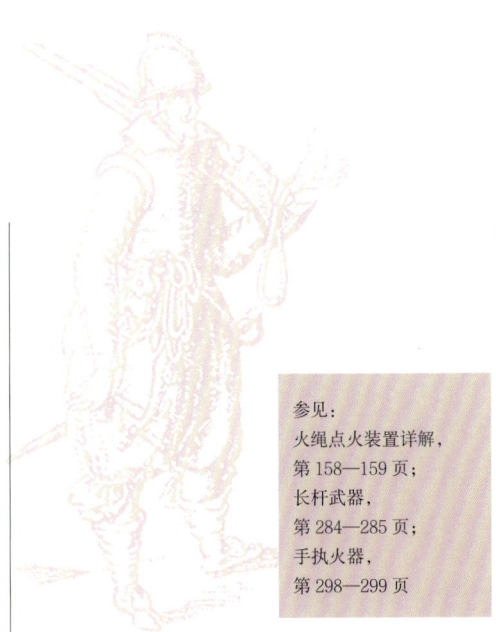

火器操练

约翰·雅可比·冯·万豪森（Johann Jacobi von Wallhausen）编写过许多军事图书，这组复杂的火器装药和射击操练插图就出自他编写的一部手册。如图所示，轻火枪不需要使用支架，使用时，士兵先装药，然后准备好火绳，点火射击（1—12），接着再次装药。装药时，先把引火药放入点火盘，然后用通条将火药和弹丸从枪口塞入枪管内部（23—30）。

参见：
火绳点火装置详解，
第158—159页；
长杆武器，
第284—285页；
手执火器，
第298—299页

手执武器
· 长枪

投掷/射击武器
· 轻火枪
· 长管火枪

防御装备

服装

武士
· 瑞士步兵

军事理念和战术
· 操练和阵形
· 步兵战术

战地工事和运输工具

欧洲的战争，1618—1651年

三十年战争

1618—1648年的"三十年战争"，可能是进入现代社会之前欧洲规模最大、伤亡最重的战争。引爆这次战争的，是支持新教和罗马天主教的德意志诸侯之间的冲突，一方以1608年5月成立的新教福音派联盟为代表，另一方则以天主教联盟为核心。整场战争中，宗教冲突一直是主导因素，但是政治局势对战争的影响也越来越大。神圣罗马帝国哈布斯堡家族（以奥地利为中心）联合德意志境内支持罗马天主教的诸侯和西班牙组成一方势力，德意志境内支持新教的诸侯、瑞典和丹麦王国以及信奉罗马天主教的法兰西组成另一方势力——这场混战依然是权力之争，后者意在遏制神圣罗马帝国的权力。

参见：
火绳点火装置和转轮点火装置，第156—157页；
火绳点火装置详解，第158—159页；
长杆武器，第284—285页；
手执火器，第298—299页

17世纪早期的长枪方阵军官

长枪步兵的铠甲往往由高顶头盔（普通高顶盔或小型锥形盔）、护胸背的板甲、片甲（由类似鳞甲的小型片甲连缀而成）、大腿护甲片，以及护颈甲构成。身体护甲有时又称胸甲。

长枪和长管火枪

这一时期，占主导地位的战术是长枪和长管火枪联合作战。随着火器的普及，长枪越来越少。最常见的阵形是，在长枪方阵两旁部署两个一模一样的长管火枪分队，其他火枪手在大部队前方，以为散兵。

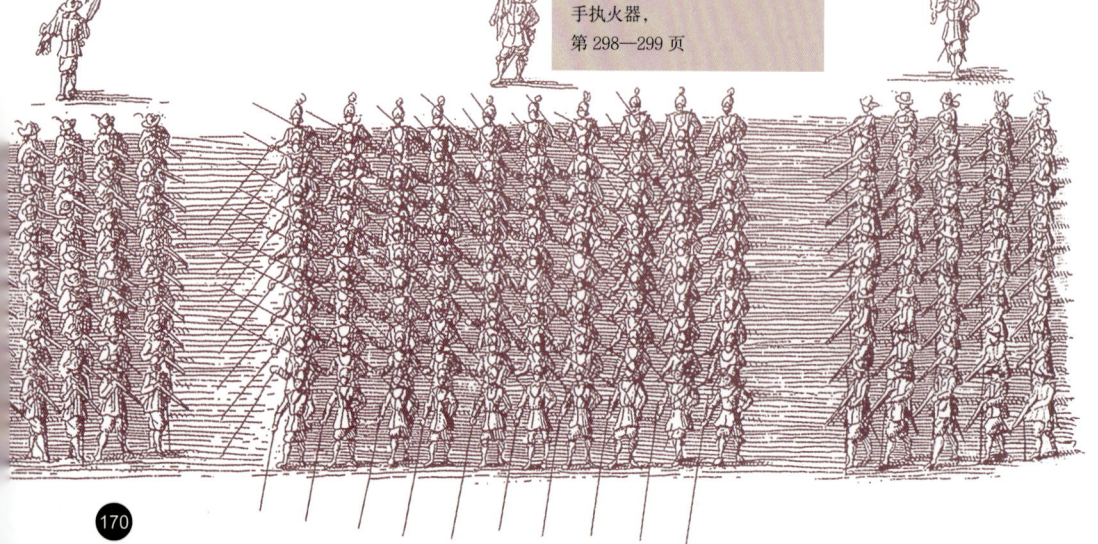

战争的演变

军服

17 世纪中期的军服中,有一种长大衣与所谓僧侣式战袍类似。如图所示,左边的长枪步兵正在演练"伸出长枪"这一动作。旁边有位长枪部队的低级军官,他肩上斜挎的绶带可能是军阶的标志。

长管火枪手

如图所示,左二和右二两位火枪手的身上系着弹药带,弹药带上挂着一排弹药管,每个弹药管里都存放着发射一枪所需的弹药——这种弹药管问世,体现了装药技术的进步。但是火枪手依然携带弹药瓶,因为一旦弹药管用完,还是必须手动装药,最右边的士兵正在把引火药放入底火盘,他小心翼翼地把火绳挪开,避免过早引燃弹药。

剑

这一时期,剑依然是最常见的武器,在贴身对战时尤其重要。刺剑是一种经典直刃武器,便于刺击,其护手样式复杂,做工精细。实际上,日常使用的剑往往结构简单,护手或护指也更朴实。图中最左边的格斗者是一名长管火枪手,他肩上斜挎弹药带,带上挂着弹药管。

手执武器
· 长枪
· 刺剑

投掷/射击武器
· 长管火枪

防御装备

服装
· 小型高顶盔
· 胸甲
· 护颈甲
· 片甲
· 绶带
· 大腿护甲

武士
· 长管火枪手
· 长枪步兵

军事理念和战术
· 政治意识形态和宗教战争
· 长枪和长管火枪联合作战

战地工事和运输工具

三十年战争中的军官

三十年战争期间，欧洲大部分地区都损失惨重。城市或毁于战火，或屡遭洗劫，生灵涂炭，人口锐减。不过战争客观上促进了军事的发展，职业军队应运而生，雇佣军人数众多，军事技术和战术革新成果显著。战争还造就了一批杰出的将领，比如忠诚的神圣罗马帝国将军华伦斯坦（他的雄心毋庸置疑，但是信念并不坚定，甚至到了拥兵自立的程度，最后被自己的手下谋害）、战功卓著的雇佣军骑兵统帅哥特弗里德·格拉夫·祖·帕本海姆等，还有瑞典国王古斯塔夫·阿道夫，他为战术改革做出了不可磨灭的贡献。

▲ **军官**

图中，两名高级军官穿着不同样式的骑兵制服。其中一位仅着无袖皮革军大衣和胸甲，这种铠甲无法提供密实的防护，可以与带护目面甲的封闭式头盔配套使用。另一位的骑装铠甲几乎覆盖全身，仅剩小腿部分由硬皮革靴子提供防护。

▶ **17世纪早期的常见军服**

长管火枪手肩膀上的武器太重，所以必须使用支架。图中，两位长枪步兵身披铠甲，手执长枪，两名军官则神闲气定。左三是一名手持轻火枪的士兵，右二则是一员骑兵，头戴虾尾盔，身披弹药带，内装用来为火枪装药的弹药管。虽然长管火枪手通常携带战剑，有些人却认为，长管火枪的枪托可以充当战棍，比剑更实用。

参见：
火绳点火装置和转轮点火装置，第156—157页；
三十年战争，第170—171页；
皮革军大衣，第181页；
手执火器，第298—299页

战争的演变

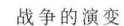

身穿皮革军大衣的军官

17世纪中期的军官常穿皮革军大衣。这种兽皮大衣用料结实，能够抵挡敌人的剑，而且裁剪得当，不仅能护住大腿，还能与骑士靴的上缘相接。这种皮革军大衣可以单独穿，也可以用作钢铁铠甲的内衬。

骑兵火器

火器是骑兵装备的一个重要组成部分，重装骑兵往往配备短枪，而火枪骑兵则携带轻火枪。如图所示，马上的骑兵把火枪系在肩带上，以策安全。左边站立的骑士则穿着半身铠甲，戴着虾尾头盔，头盔上配备可滑动的护鼻甲。他正在上紧簧轮短枪的发条。

火枪骑兵

这幅插图出自约翰·克鲁索（John Cruso）编纂的《骑兵军事指南》（*Militarie Instructions for the Cavallerie*）。此书发表于1632年，是英国早期军事作品之一。火枪骑兵的基本装备如图所示，身穿覆盖前胸和后背的板甲，内衬皮革短大衣（可能不穿），头戴勃艮第头盔，肩带上系着轻型火枪或卡宾枪。这种轻型火枪配有燧发枪机，适合骑兵使用。

手执武器
· 剑

投掷/射击武器
· 火绳枪
· 轻火枪
· 长管火枪
· 转轮式短枪

防御装备

服装
· 皮革军大衣
· 骑装铠甲

武士
· 火枪骑兵
· 长管火枪手
· 长枪步兵

军事理念和战术
· 雇佣军
· 战术革新

战地工事和运输工具

军队详解

中世纪的军队往往是松散的战斗团体，由封臣统领。到了 16 世纪早期，军队组织变得严明，各分队的职能也更清晰。军队逐步实现了职业化和正规化，大批军事指南和手册也相继出版，其中有些还配有详细的插图。这些图书涵盖了军事服务的方方面面，比如武器处理、长标枪和长管火枪操练、大炮、防御工事、骑术、战术阵形和兵力部署方法等。

这幅图出自路德维科·梅尔佐（Ludovico Melzo）编写的军事指南，他的作品被翻译成欧洲多国语言。其中，久负盛名的意大利语版本出版于 1611 年，英语版本则在 1632 年发行，书名为《军事规则》（Military Rules）。

1. 从兵力部署看，步兵是核心力量。三个长枪步兵大队位于中心，由长管火枪手从旁辅助。一个军团可分为三个支队，每个支队的主力都是长枪步兵，长管火枪手位于侧翼，后来此阵形演变为纵深 6 排或 8 排的方队。实战过程中，指挥官可以自主调整阵形，他们有的遵循荷兰布阵理论，有的则践行瑞典理论。

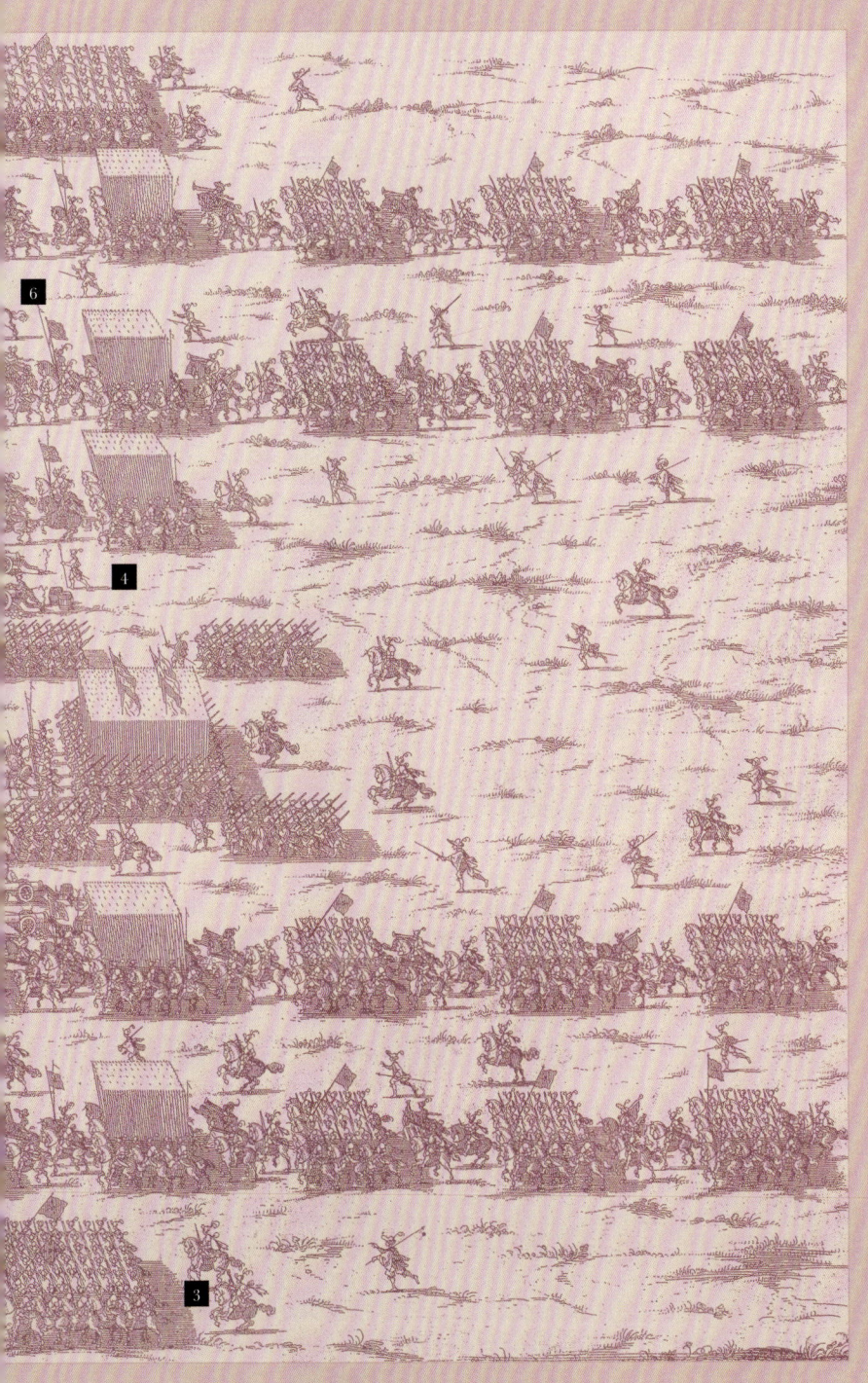

2. 队列间距约为 1 米，每个士兵都有足够空间，可以轻松操作各种武器。但是实战中，指挥官会调节距离，有时阵形会紧缩，有时会扩散。如图所示，长枪步兵位于每个单元的中心，火枪手守护四周和边角。

3. 骑兵位于步兵侧翼，大部分骑兵都携带火器，但是也有几队骑兵手执冲锋骑枪。

4. 大炮位于步兵前方，开火的时候无须顾忌误伤。此外，还有几门备用大炮。

5. 最前方也会部署一些骑兵，作为散兵，他们手持短枪朝着敌军方向开火。

6. 战场上旌旗招展，每个步兵连队的旗帜可能都不一样。每队骑兵也有自己的军旗，骑兵护旗官专门负责执旗，但这个职位有时会由低级军官充当。执旗的骑兵在枪骑兵前方，步兵军旗则在每个长枪阵形前排中心位置。

骑兵的演变

17世纪初期，虽然火器逐渐普及，但是骑兵并未完全放弃传统武器和战术。1632年，约翰·克鲁索在《骑兵军事指南》一书中，详细介绍了重装枪骑兵的职能："为了冲进并打散敌人的稳固阵形，然后逐个击破，需要发起猛烈的、迅速的冲锋。"但是他随即指出，枪骑兵最终将被淘汰，原因有二。其一，枪骑兵对战马的要求很高，军队很难兼顾战马的数量和质量。其二，培训枪骑兵是个耗时费力的过程，而培训使用短枪和剑的轻骑兵就简单多了，这是主要原因。17世纪的其他军事指南也指出，枪骑兵不仅要掌握高难度武器技能，在协同作战的时候，还必须做到整体划一，阵形严整。

参见：
火枪骑兵，
第173页；
骑兵战术，
第178—179页；
长杆武器，
第284—285页

▼ 枪骑兵阵形

与前后对齐的阵形不同，重骑兵采用这种前后错开的阵形，更加灵活机动，每一排骑兵都可以迅速转到侧翼。

▼ 火枪骑兵

克鲁索认为，火枪骑兵应该效法当时最先进的荷兰骑兵，配备头盔、前胸—后背甲、皮革军大衣，以及30英寸（约76厘米）的火枪。此外，17世纪早期出现了一个新型兵种"龙骑兵"，他们实际上是骑马进入战场，然后下马投入战斗的步兵。早期的龙骑兵使用长标枪，有的还携带长管火枪。

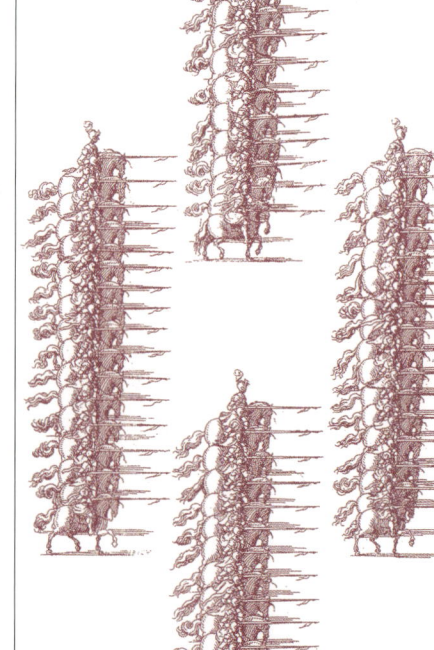

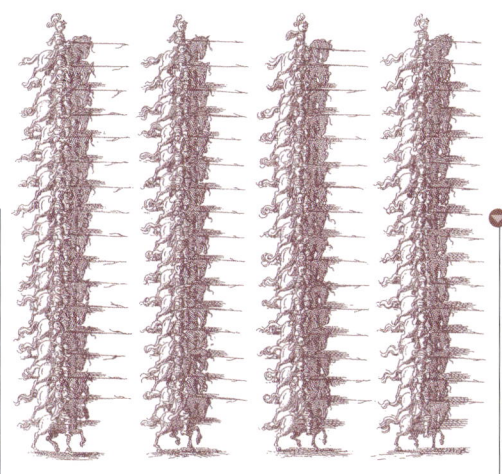

战争的演变

手执武器
- 冲锋骑枪

投掷／射击武器
- 火枪
- 长管火枪

防御装备
- 护手

服装
- 后背—前胸甲
- 皮革军大衣

武士
- 火枪骑兵
- 轻骑兵
- 长枪步兵
- 龙骑兵

军事理念和战术
- 骑兵阵形

战地工事和运输工具

枪骑兵方阵
这幅插图来自赫曼努斯·雨果1630年发表的作品。如图所示,手执冲锋骑枪的重装骑兵组成了纵深为四排的方阵,威风凛凛。实战中,每排之间的距离应该更宽,让枪骑兵有更大的行动空间。

枪骑兵发动进攻
枪骑兵可以用图中所示方式,四面合围向敌军发起进攻。若敌军战力强悍,且有长管火枪兵相互配合,那骑兵就很难攻破敌人的防线。所以枪骑兵必须配备火器,这样才能打乱敌方阵形;逼近敌人的时候,再手持冲锋骑枪发起强攻。

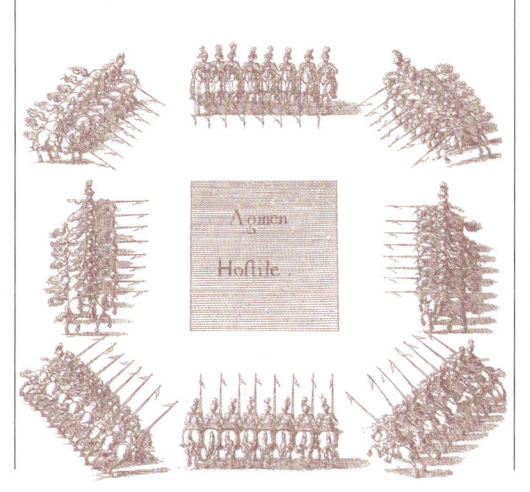

骑兵防御阵形
图中,枪骑兵逆向两两排开,面朝外形成四面防御阵形。这种阵形能够抵挡对方骑兵的进攻,但是禁不起敌军火器的攻击。

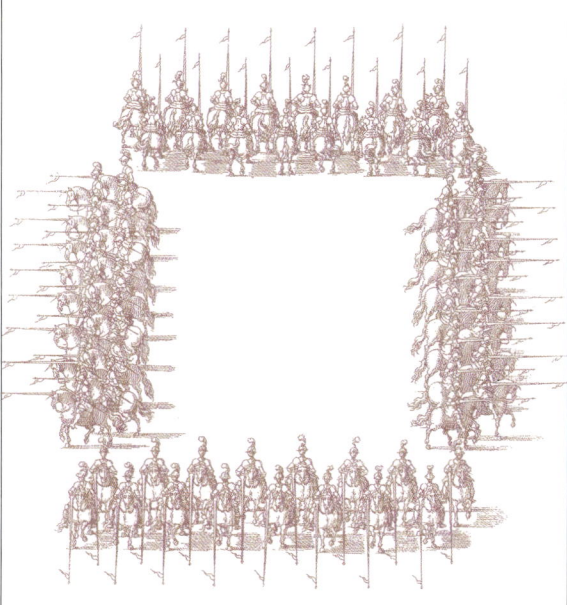

长枪步兵
对于抵挡敌方骑兵的进攻,密集的长枪阵是最坚固的防线。这种阵形中,长枪步兵用脚抵住长枪的一端,长枪矛尖向上,对准敌军战马。这幅插图来自亨利·赫克瑟姆(Henry Hexham)1637年发表的《战争艺术原则——荷兰实战经验》(*The Principles of the Art Militarie: Practised in the Warres of the United Netherlands*)。十六七世纪,西班牙和荷兰之间长期交战,取得了很多军事改革成果,这些成果随即被他国军队引进并吸收。

骑兵战术

德意志轻骑兵（黑骑士）的半回旋战术曾经风行一时。具体做法是，大量骑兵排成密集方阵，快步前进，接近敌军的时候，前排骑士开火，然后迅速散开，沿两翼回到阵形后排再次集合并填装弹药。每排依次完成这一套动作，利用持续火力造成敌军伤亡，然后伺机冲锋，因此这种战术要求骑兵火力充足。半回旋战术对骑兵的战术素养要求很高，所以实战中很难充分发挥作用，而且对骑兵的快攻能力也会产生不利影响。但是它一度雄霸战场，而且经过专门培训的德意志雇佣轻骑兵也因此十分抢手。后来，骑兵重拾传统，再次认可了持剑冲锋的实效性，于是弃用半回旋战术。

重装骑兵开火

这名重装骑兵正在举枪射击，他可能正在执行半回旋战术指令。这位骑兵的肩带不仅仅起到了装饰作用，在尚未出现统一军服的年代，这些不同颜色的肩带权充战地标识，可以帮助士兵在纷乱的战场上分清敌友。

重装骑兵装填弹药

为了有效贯彻半回旋战术，骑兵必须具备在马背上迅速重装弹药的能力。这幅插图来自克鲁索的《骑兵军事指南》，图中的重装骑兵已经用通条把射击物和助推火药从枪口塞入，准备好了再次射击。

长枪步兵

这幅插图来自赫克瑟姆的《战争艺术原则》，图中的长枪步兵摆出了瞄准姿势。尽管密集结阵之后，步兵能够抵挡骑兵进攻，但是在半回旋战术的连续射击之下，步兵显然处于劣势。所以如果有长管火枪手从旁辅助，步兵战斗力会大大提高，这些火枪手就能和敌方火枪骑兵对射。

参见：
火枪骑兵，
第 173 页；
军队详解，
第 174—175 页；
骑兵的演变，
第 176—177 页

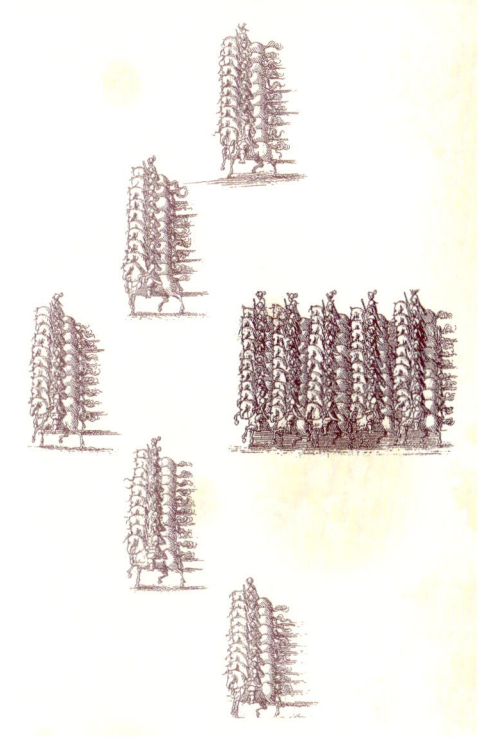

战争的演变

骑兵对峙
图中是两军对峙的场景，双方骑兵装备相当，都使用轻火枪或卡宾枪。各自阵中前后排拉开距离，方便骑兵完成战斗动作。

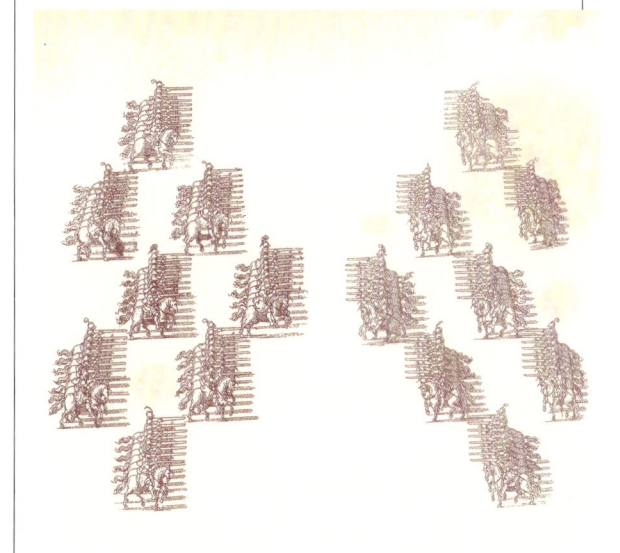

骑兵阵形
骑兵阵形分为进攻和防御两大类。进攻阵形中，各排骑兵以领头的一排为主轴，左右两边呈阶梯状分布，可以连续发动一波又一波攻势。防御阵形中，各排骑兵收缩在一起，形成方队。德意志轻骑兵的半回旋战术主要依赖持续的火枪射击，但是后来，骑兵重拾传统战术，注重快速冲锋，又出现了其他战术。其中最有名的当数古斯塔夫·阿道夫的瑞典体制，即安排长管火枪手辅助骑兵。

半回旋战术
如图所示，骑兵显然是从阵形侧翼开始冲锋的。第一排骑士前进迎敌射击，然后回撤并重装弹药，第二排骑士迅速跟上并重复前一排的动作，如此连续不断，形成一次又一次攻势。

手执武器
· 剑

投掷／射击武器
· 卡宾枪
· 长管火枪

防御装备

服装
· 肩带

武士
· 重装骑兵
· 火枪骑兵
· 德意志轻骑兵
· 长枪步兵

军事理念和战术
· 半回旋战术
· 持剑冲锋

战地工事和运输工具

英国内战

这场内战是英国历史上的重大事件，英格兰、苏格兰、威尔士和爱尔兰全部卷入其中，它的影响也是广泛而深远的。这场战事开始于1642年，导火索是查理一世和议会之间的权力斗争，后来各方牵扯越来越多，战事也愈演愈烈。当时交战的两个阵营中，职业军人都很少，大部分参战人员都是临时从军，只有少数人受过正规训练。这些人有的曾在海外从军，有的接受过实战训练，还有一些当地民兵，参加过操练，也有武器操作经验，但是没有上过战场。经过几次大的战役之后，英国军人的职业素质迅速提升，他们也开始运用欧洲大陆已经完善的战术和作战方法。

● **长管火枪手的弹药带**

这个弹药带上，挂着很多弹药管、一个装弹丸的袋子，还有一个引火药瓶。这种弹药带又叫"十二使徒"，因为弹药管往往凑成一打。整个17世纪，大多数火枪手都使用这种弹药带，但是后来用油纸包裹的定装弹药出现了，一枚定装弹中含一次射击所需的弹药和弹丸，弹药带退出历史舞台。

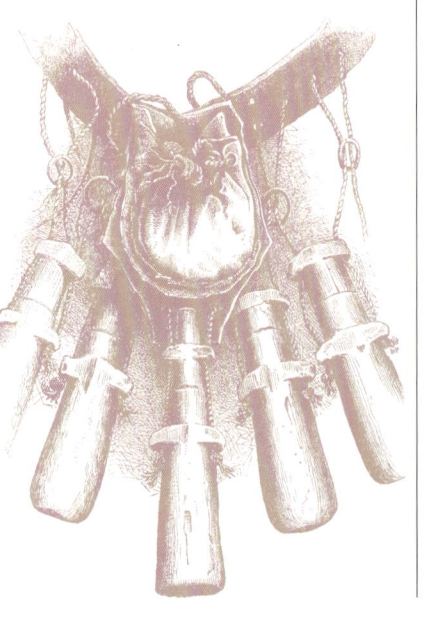

● **长枪步兵**

全副武装的长枪步兵一般身穿前胸—后背板甲、护颈甲、头盔和大腿护甲片。但是在英国内战时期，士兵往往不用护颈甲和大腿护甲，嫌其笨重又缺乏实效。他们会在左手戴上一只皮革制长手套，右手则戴盖住手腕的普通手套，这样左手多一层防护，而右手保持灵活，用剑的时候，也更加得心应手。

战争的演变

皮革军大衣

据说，1645年纳西比战役中，托马斯·费尔法克斯就穿着这件皮革军大衣奋勇杀敌。这种大衣由坚实的兽皮制成，在整个17世纪都深受军人喜爱。而且这种样式还被时装界借鉴，换了布料做成便服。有时候，这种大衣的袖子会特地选用薄或软皮革，方便士兵施展拳脚。

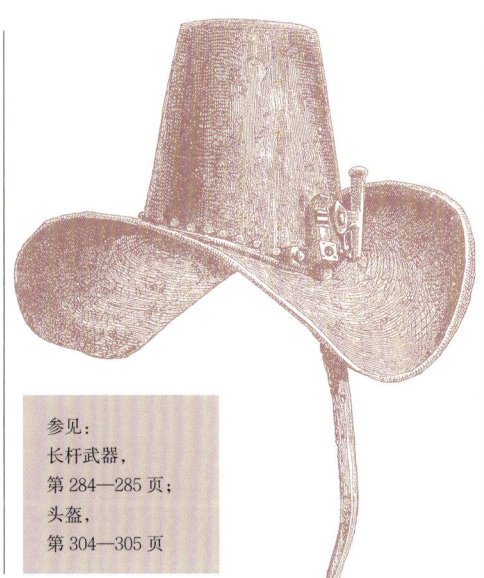

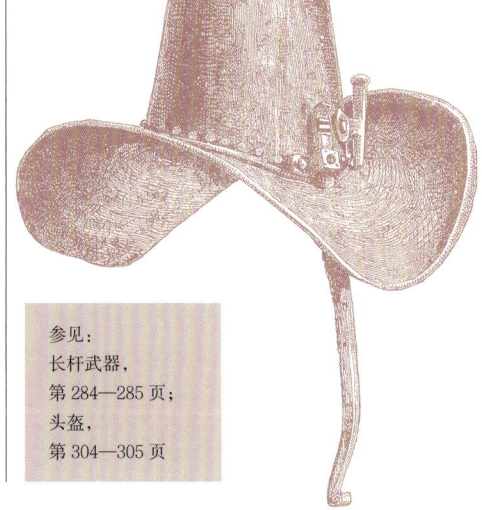

参见：
长杆武器，
第284—285页；
头盔，
第304—305页

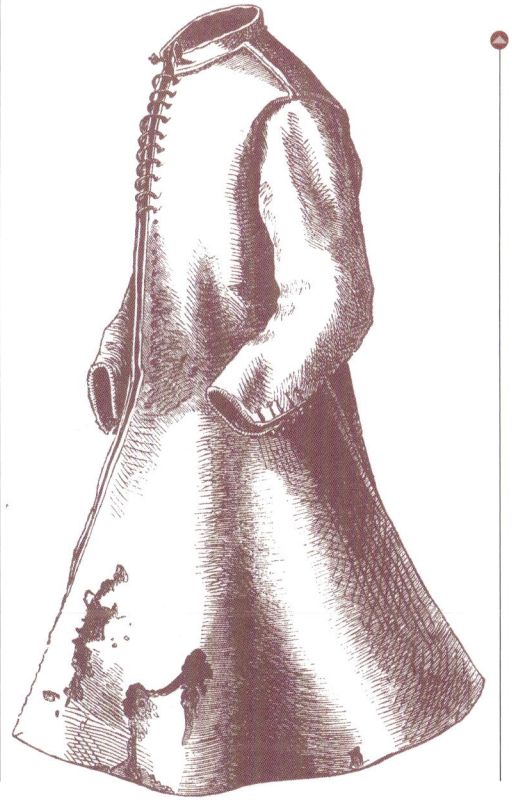

铁礼帽

这种铁礼帽的样式和当时的流行款式没有两样，属于少见的时尚型战盔。这种铁战盔带有可滑动护鼻甲或是护面杠——当时许多骑士头盔也带护面配件。英国内战期间，使用头盔的士兵越来越少，而早在17世纪初，火枪兵就不再佩戴头盔了。

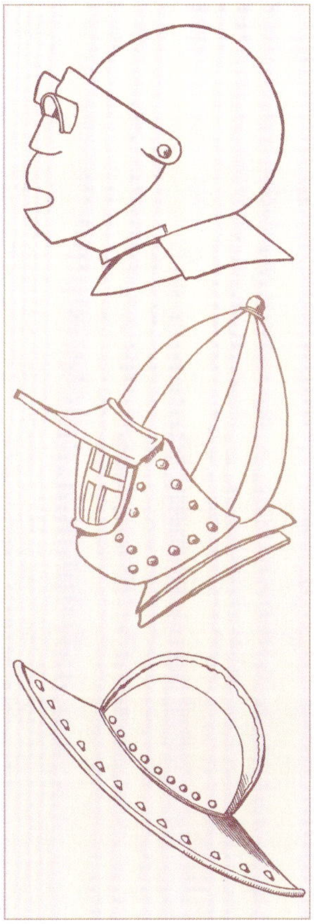

17世纪早期至中期的头盔

最上方是一个有面甲的封闭式头盔。中间的头盔配有带横杆竖杠的面罩，帽舌伸出，与勃艮第头盔类似。英国内战时期，最常见的是一种虾尾圆顶盔，它有可移动的帽舌，帽舌与带防护杠的面甲相连，此外还有护耳甲片。下图则是长枪步兵使用的一种头盔，它脱胎于高顶头盔，高顶宽边，内战时期颇为常见。

手执武器
- 长枪
- 剑

投掷/射击武器
- 配弹药带的长管火枪

防御装备

服装
- 前胸—后背板甲
- 皮革军大衣
- 手套
- 护颈甲
- 头盔
- 铁礼帽

武士
- 长管火枪手
- 长枪步兵

军事理念和战术
- 职业化军人

战地工事和运输工具

内战期间的将领

内战持续近十年，双方将士都积累了丰富的经验，作战能力也越来越强。十年间也涌现出一批杰出将领。议会一方有托马斯·拜伦·费尔法克斯，他既有丰富的实战经验，又有卓越的组织能力。他在1645年组建的"新模范军"后来发展为职业军队，在战争后期发挥了重要作用。另外还有战功赫赫的奥利弗·克伦威尔。最初他并无带兵经验，但是他组建了威名远扬的"铁骑军"，是议会军队的中坚力量。在查理一世被处决后，克伦威尔成了政府首脑。保皇派一方有查理一世的侄子普鲁特亲王，亲王善于统率骑兵作战，在内战开始之前，就是一位经验丰富的军人。

英国内战时期的军服

英国内战至共和国时期，战场上出现了各种各样的军服。图中左边是海军，后面是骑兵（包括一位火枪骑兵，背上挎着火枪），右边是步兵。长管火枪步兵左手拿着支架，右手扛着武器。长管火枪依然用火绳点火，不过当时英国士兵已经开始使用燧发枪，而且燧发枪很快取代了火绳枪，成为战场上最常用的火器。19世纪中期，燧发枪又被更先进的武器取代。

参见：
骑兵战术，
第178—179页

纽伯里首战

英国内战中，确实还能见到全副武装的铠甲骑士，但是只有少数军官和两支议会精兵才有这些装备。其他骑兵往往仅着护住前胸后背的片甲，有的还会戴上铁甲手套和头盔。这幅插图描绘了国务大臣福克兰勋爵战死沙场的情景。如图所示，许多骑士根本没有头盔，而是戴着普通礼帽。

战争的演变 | 手执武器

投掷/射击武器
· 燧发枪
· 火绳枪

防御装备

服装
· 铁手套
· 前胸—后背板甲
· 头盔
· 军大衣

武士
· 火枪手
· 骑兵
· 长管火枪手
· 海军
· 新模范军

军事理念和战术

战地工事和运输工具

纳西比战役

这幅插图年代较晚，据说它描绘的是1645年6月14日纳西比战役中的一幕。这次战役中，托马斯·费尔法克斯统率的议会军击溃查理一世的军队，取得了决定性的胜利。此战克伦威尔的骑兵功不可没。

17 世纪 50 年代的军服

图中展示了内战结束时英军的军服。左边是"保皇军"，他身穿绅士便服，外加皮革短大衣，披前胸—后背板甲；中间是火枪手，身穿宽下摆的大衣（这种大衣有时候剪成僧侣式战袍式样），腰间系着十二使徒弹药带；右边是军官，穿着皮革军大衣，外罩前胸—后背板甲，这种大衣在肩膀处多出一块垫布，在袖口处又加了一圈装饰边，颇为时尚。

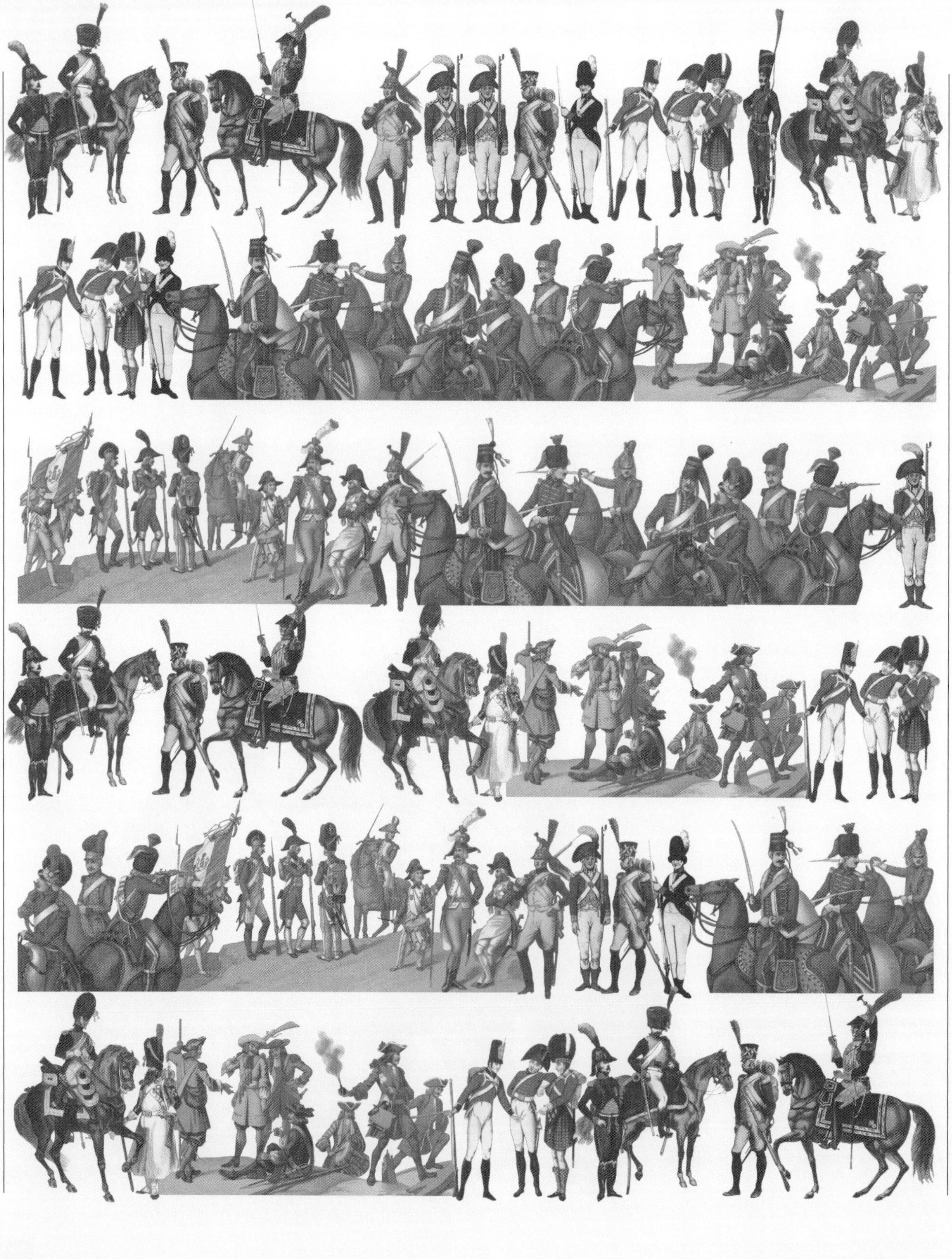

燧发枪时代
1650—1815年

17世纪末至19世纪初这段时间，堪称"燧发枪时代"。这一时期，欧洲大战频发，局势动荡，客观上促进了军事理论迅速发展。局势动荡主要有三个原因，即争夺王位、领土争端和海外势力范围冲突。17—18世纪下半叶发生了四场大战，分别是1688—1697年的大同盟战争、1701—1714年的西班牙王位继承战争、1740—1748年的奥地利王位继承战争，以及1756—1763年的七年战争。七年战争波及范围最广，欧洲强国的海外殖民地都卷入其中。接下来，1789年，法国大革命爆发，此后法国又迎来拿破仑时代，轰轰烈烈的战争一直持续到1816年。17世纪中期至19世纪初，也出现了几位战功卓著的将领，他们分别是法国的杜伦尼子爵、英国的马尔博罗公爵、哈布斯堡王朝的欧根亲王、普鲁士大帝腓特烈二世，以及法兰西皇帝拿破仑·波拿巴（尽管出现最晚，但据说是最杰出的军事统帅），还有拿破仑的对手第一代惠灵顿公爵亚瑟·韦尔斯利。

技术进步也推动了战术改革。燧发枪射击速度更快，故而步兵方阵不再需要大纵深，线形阵流行起来。士兵可以在火枪上装刺刀，笨重的长枪被淘汰了。大炮威力越来越大，机动性越来越强，骑兵逐渐变成最适合执行特别任务的尖刀部队，比如突围或追击残兵。17世纪，防御工事的设计和修建也日臻完善，法国的塞巴斯蒂安·德·沃邦是当时最伟大的要塞工事理论家和建造师。

大革命之前，法国实现了军队的职业化和常备化，定期从更广泛的社会阶层中招募新兵；大革命时期，法军由雇佣军转变为公民军队。

燧发枪

改变历史的武器：燧发枪

燧发枪出现在 17 世纪早期，那时仅用来打猎，到 17 世纪下半叶，逐渐应用于战场。与火绳枪相比，燧发枪显然更轻便，但是它造价更高，而且军事主管部门思想保守，更愿意用性能稳定的火绳枪。燧发枪的燧石夹（或称击锤，上下钳口咬住一块燧石，这是打火装置）与扳机相连。射击时，士兵按下扳机，燧石与火镰（一块L形钢板）相撞，迸出火花，点燃底火盘里的少量引火药，燃烧的火焰通过风门蹿进火枪枪管，点燃助推火药，沿弹道射出弹丸。

安装刺刀

这幅插图创作于 1798 年，图中士兵隶属于牛津皇家志愿军。如图所示，他只需拧上半圈，就能把刺刀安在火枪枪管顶端的刺刀座内。

枪上肩

英国人把操练称为手操训练，其目的是让士兵熟练地使用火枪。与早期笨重的火绳枪相比，燧发枪更易于操作。图中步兵身穿 18 世纪 90 年代的制服，正在进行"枪上肩"军姿训练。

带肩托的手枪

燧发手枪射程不远，但是几乎所有骑兵都携带这种武器。可拆卸肩托是一项技术革新，它提高了燧发手枪的稳定性。图中展示的正是 19 世纪早期的一种带肩托的燧发手枪。

塞入式刺刀

刺刀是 16 世纪末期的一项发明，其英文名为 bayonet，源自法兰西小镇 Bayonne，那里的刀具远近闻名。安上刺刀之后，火枪就兼具了传统武器长枪的功能。最初的刺刀样式简单，就是一把可以塞入枪管的匕首——但塞入刺刀后火枪就无法射击了，所以它被称为"塞入式刺刀"。图中是一把 1686 年的英国刺刀，状如匕首，这在当时颇为常见。

棕贝丝燧发枪

据说英国的"棕贝丝"是最有名的一种燧发火枪。这个亲昵的名称可能源自德语"Büchse"（枪）一词，棕指的是枪管的棕色涂层——涂成棕色可达到哑光效果。18 世纪早期，人们习惯用"棕贝丝"指代多种燧发火枪，燧发火枪也逐渐成为战场上最常见的手执火器。19 世纪 30 年代，击发枪机取代了燧发枪。一般情况下，枪机位于枪托右侧面。

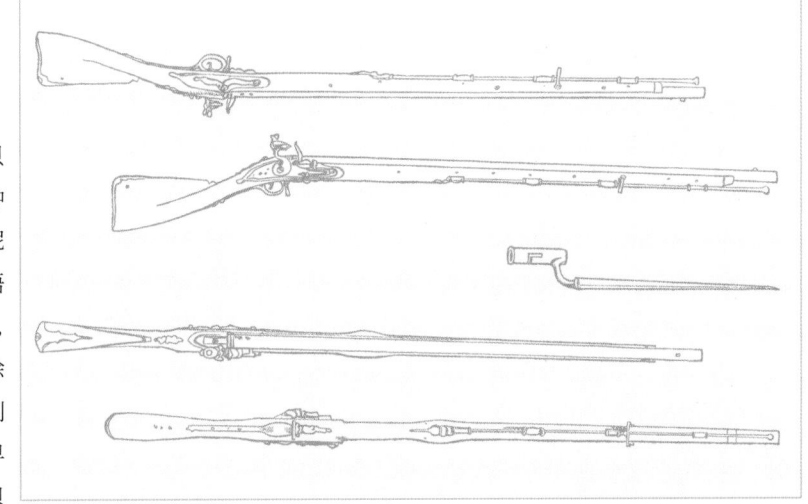

带有两套点火装置的火枪

图中这种 17 世纪中期的枪机十分罕见，它有火绳点火和燧发点火两套装置。左边是燧发装置，燧石夹的钳口夹着燧石，火镰和底火盘盖位于中心；右边则是蛇杆（火绳点火器）。底火盘盖有孔，这样火绳就能引燃底火盘内的引火药。

法兰西套筒式刺刀

为了在刺刀就位的状态下发射火枪，士兵只好用铁环将塞入式刺刀安在火枪枪管顶端，但是这样并不牢固。后来套筒式刺刀解决了这个难题，这种刺刀带有套筒，可以套入火枪枪管顶端。图中是一件法兰西早期的套筒式刺刀，刀刃不在中间，而是在套筒的一侧。

参见：
燧发枪详解，第 188—189 页；
长管火枪，第 193 页；
手执火器，第 298—299 页

制造弹丸的模子

19 世纪 20 年代之前，所有军用火器的射击弹都是简易球形铅丸。在战场上，士兵只要把铅融化后放入铰接的钢模之中，就能制造出这种铅弹。尽管样式简单，但火枪弹丸的杀伤力依然很强。

战争的演变

手执武器
· 刺刀

投掷/射击武器
· 燧发枪
· 火绳枪

防御装备

服装
· 英国步兵制服

武士
· 牛津皇家志愿军

军事理念和战术

战地工事和运输工具

燧发枪详解

长管火枪是重要武器，将领甚至会据其火力特征布置战术。不过，火枪的效率并不高。其最大射程远远超过有效射程，专家普遍认为，火枪的最大实际射程约为275米，有效射程不超过90米。即使在有效射程之内，火枪也难以精准击中目标。在燧发火枪时代，有人撰文指出，火枪手根本不可能射杀180米外的目标。但是，当时通行的战术仅要求士兵面向整个敌军阵营射击，进而打乱敌方部署，并非点射单个敌人。

1. 这是约1800年的燧发火枪枪机和扳机装置。燧石夹向后，处于待发位置，但是底火盘是打开的。燧石枪机经常点不了火，射击几次后，燧石就会失灵，无法产生火花。火门也可能被燃尽的火药堵住，即使有火花，也无法通过火门，点燃枪管里面的装药。因此当时的枪机经常引而不发。

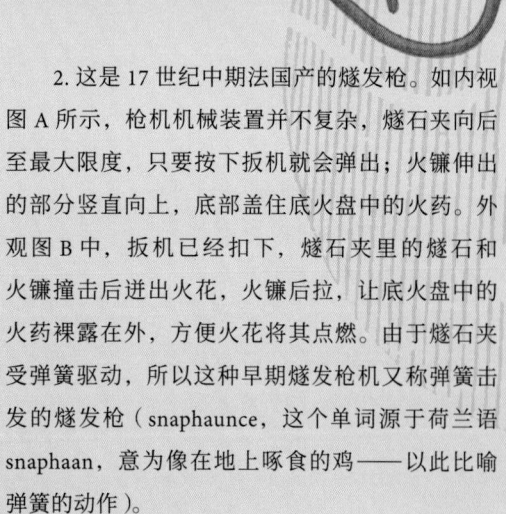

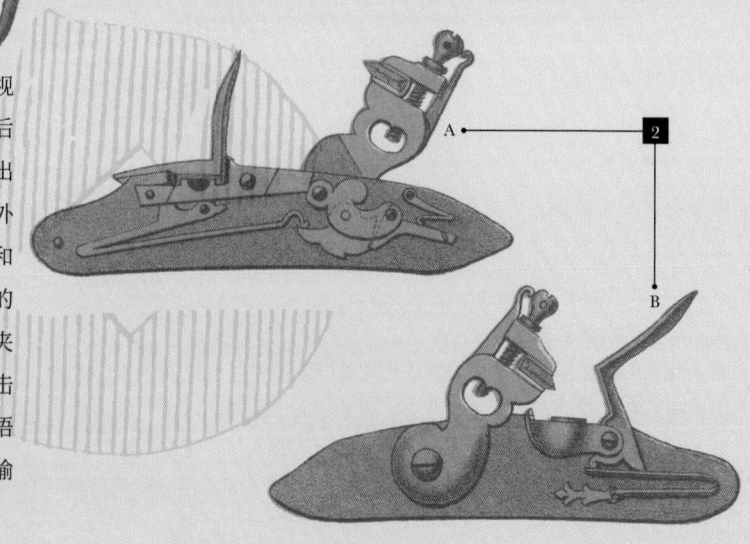

2. 这是17世纪中期法国产的燧发枪。如内视图A所示，枪机机械装置并不复杂，燧石夹向后至最大限度，只要按下扳机就会弹出；火镰伸出的部分竖直向上，底部盖住底火盘中的火药。外观图B中，扳机已经扣下，燧石夹里的燧石和火镰撞击后迸出火花，火镰后拉，让底火盘中的火药裸露在外，方便火花将其点燃。由于燧石夹受弹簧驱动，所以这种早期燧发枪机又称弹簧击发的燧发枪（snaphaunce，这个单词源于荷兰语snaphaan，意为像在地上啄食的鸡——以此比喻弹簧的动作）。

战争的演变

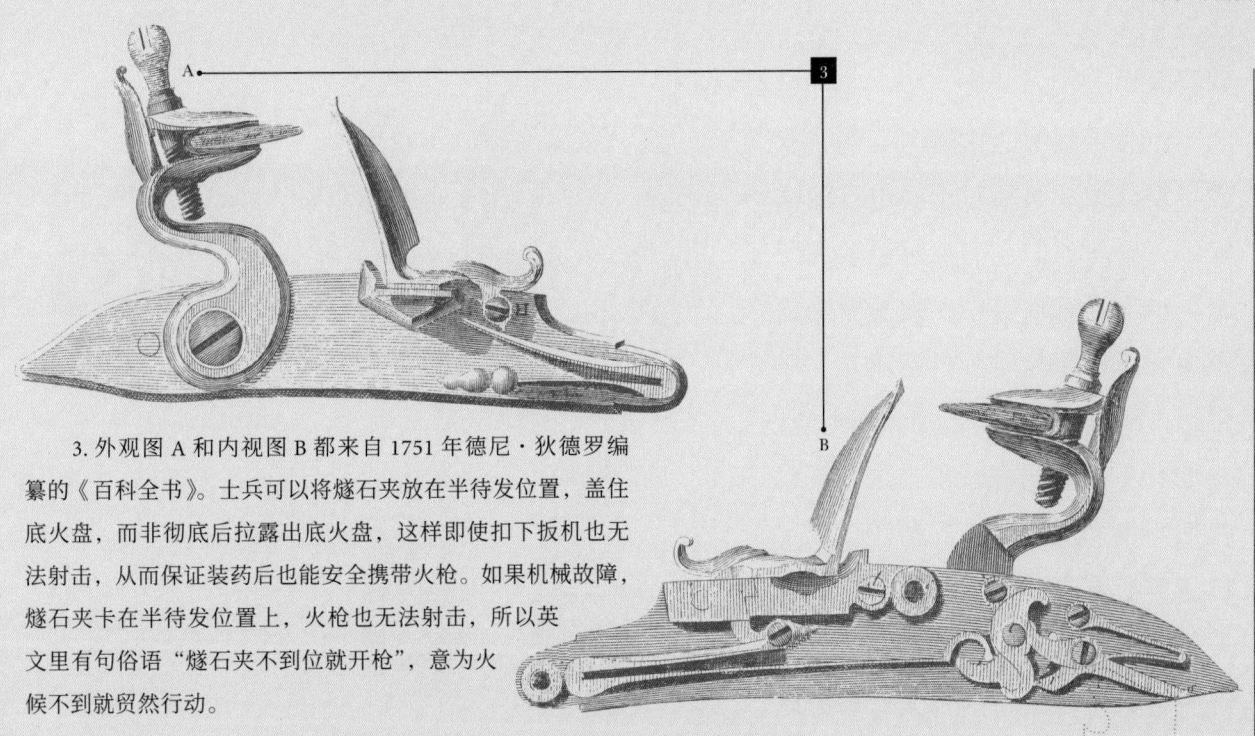

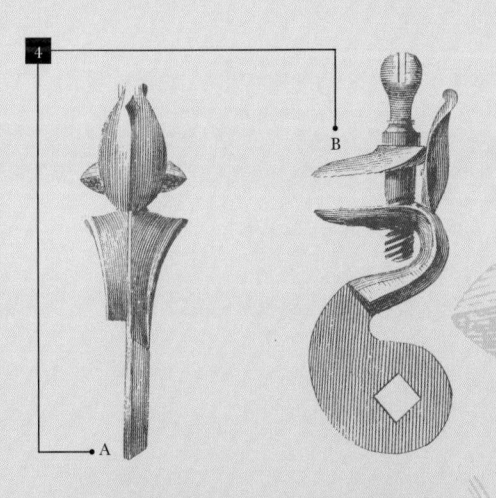

3. 外观图A和内视图B都来自1751年德尼·狄德罗编纂的《百科全书》。士兵可以将燧石夹放在半待发位置，盖住底火盘，而非彻底后拉露出底火盘，这样即使扣下扳机也无法射击，从而保证装药后也能安全携带火枪。如果机械故障，燧石夹卡在半待发位置上，火枪也无法射击，所以英文里有句俗语"燧石夹不到位就开枪"，意为火候不到就贸然行动。

5. 狄德罗的《百科全书》还展示了火镰侧视图（A）和正视图（B），火镰后半部分表面十分光滑，方便与燧石相撞时产生火花。与底面（与燧石撞击产生火花的那一部分）垂直的部分火镰是底火盘的盘盖。

4. A是燧发枪机燧石夹的后视图，B是内侧视图，都来自狄德罗的《百科全书》。这种燧石夹呈S状，上页图2展示的燧石夹属于补强型，更结实耐用。燧石夹上下两个夹钳以螺丝相连，为了能紧紧咬住燧石，有时候还用皮革或铅制衬垫。

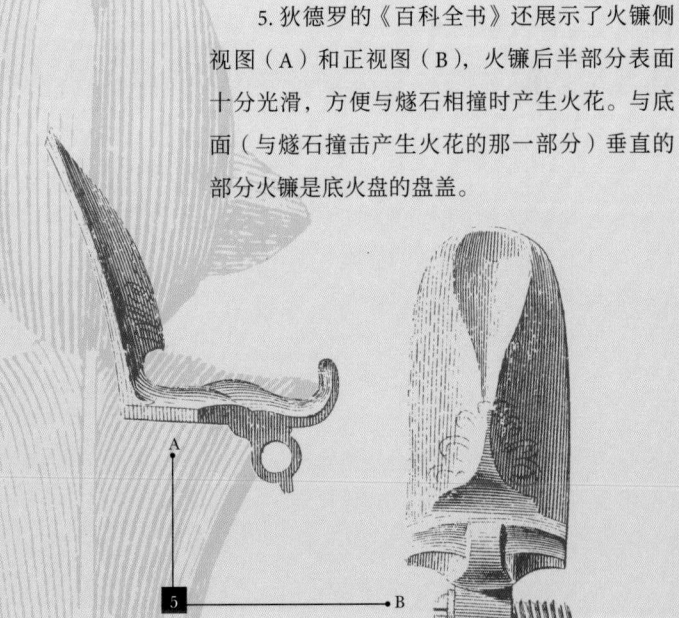

武器操练

18世纪到19世纪早期，为了有效贯彻战术，必须对士兵进行精准操练，确保他们在实战时能默契配合。步兵训练项目中，武器操练是重中之重，也是士兵的基本功。18世纪，武器操练制度已经成熟定型，19世纪的军官仍在使用。这套体系包括一系列规整有序的动作，士兵熟练掌握这套动作后，战斗时就能有效地操作武器，在仪式活动中也赏心悦目。有些动作看上去实用性不强，但是日常演练这些动作，能够加强军队的纪律性，这样即使战场上情况危急，他们也能服从命令，统一行动，避免毫无章法的单打独斗。每个国家都有自己的操练体系——不仅全军有统一的规范的操练制度，每个营也会有专属操练规则。所有的操练体系都包括基本动作规范，只有掌握基本功，军队在战场上才能统一行动，令行禁止。

参见：
阵地战术，
第192—193页；
战术和技术，
第198—199页

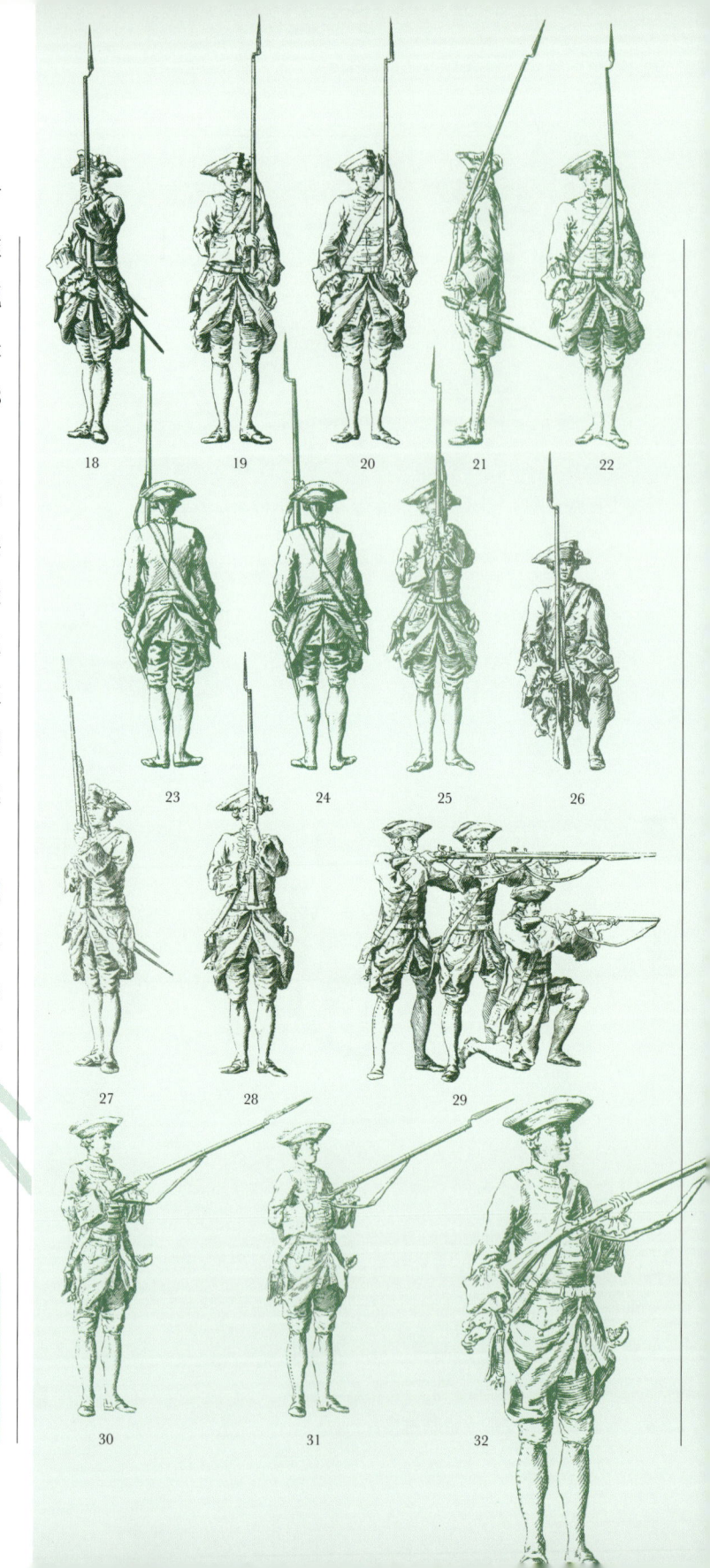

战争的演变

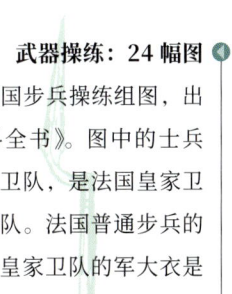

武器操练：24 幅图

这些图摘自法国步兵操练组图，出自狄德罗的《百科全书》。图中的士兵隶属于法兰西皇家卫队，是法国皇家卫兵中的精锐步兵分队。法国普通步兵的军服是白色的，而皇家卫队的军大衣是蓝色打底，前胸部分白色，带红色镶边。开始是安装刺刀、拔剑、收剑（这可能是整套动作中最不重要的，因为实战中很少用剑）这些准备动作。图 18—20 是枪上肩动作；图 21—24 是向右转（前视图和后视图）；图 25 是侧举枪；图 26—28 是枪就位（准备射击，火枪枪机的燧石夹向后拉到底）；图 29 是射击姿势，前排士兵单膝跪地，第三排士兵在第一、二排发射间隙射击，三排士兵相互配合，向敌人射击。射击之后要重新装药，图 30—31 是把燧石夹放到半待发位置；图 32 是从肩带上的子弹袋中取出定装弹；图 33—34，用牙齿咬开定装弹顶端（所以士兵战斗时可能会感到口渴，因为会误食少量火药）；图 35 是把定装弹中的部分火药倒入底火盘；图 36 则是盖上底火盘；图 37—40，把火枪枪托放在地上，将剩下的火药、弹丸和定装弹油纸放入枪管，然后抽出通条，用通条将定装弹塞进枪管底部；图 41 是直举枪动作。

手执武器
· 剑

投掷 / 射击武器
· 燧发枪
· 火枪

防御装备

服装

武士
· 法兰西皇家卫队

军事理念和战术
· 战地纪律
· 武器操练

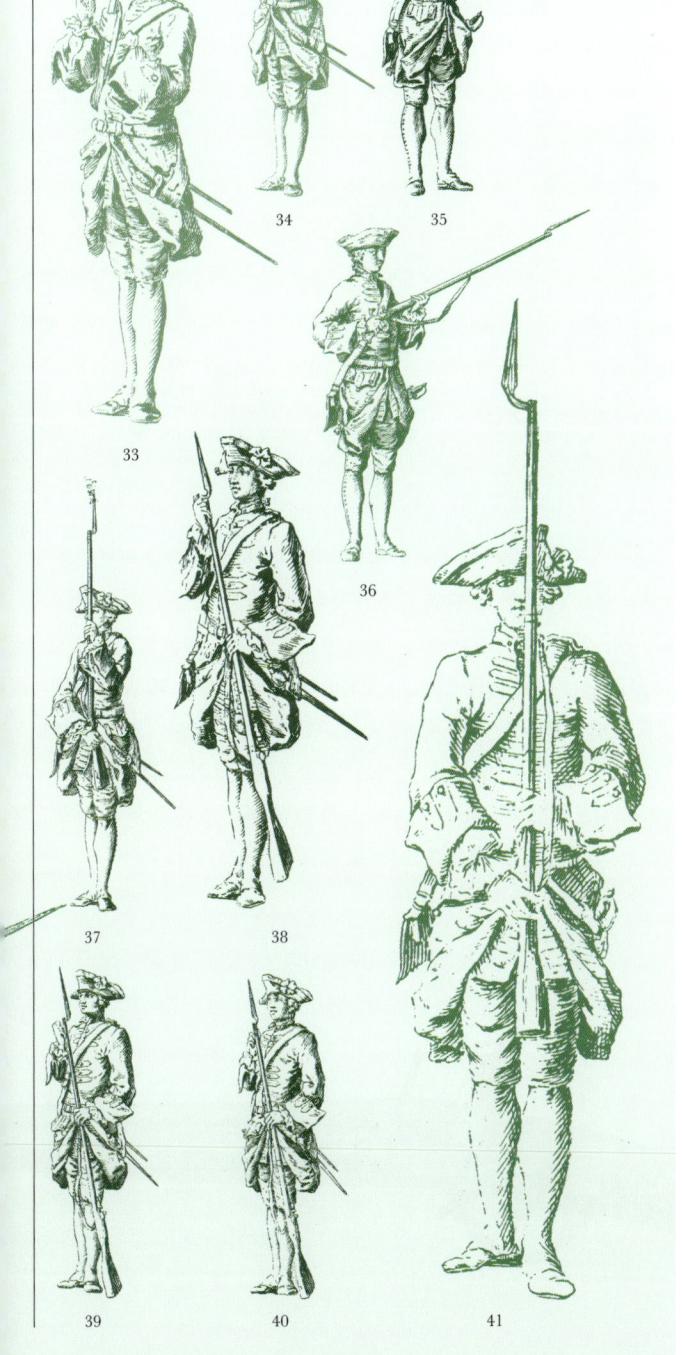

战地工事和运输工具

阵地战术

战场上，士兵主要是结阵作战，因此保持阵形是全军制胜的关键。军纪无比重要，各分队要进退有度，整齐划一，才能发挥作用。若是乱了阵脚，军队不仅不能抵挡敌人的进攻，还可能被击溃。士兵日复一日地操练，就是为了形成机械反应，能够保持队形，同时下意识地重复各种动作，比如齐步走、填装弹药、发射等。即使战场上烟尘弥漫，纷乱嘈杂，即使形势危急，千钧一发，士兵也不会畏惧躲避，一样能够不打折扣地执行命令。

线形阵

实战中，步兵营是最基本的作战单位，一个营由多个连队组成。这张示意图来自狄德罗的《百科全书》，它展示了法军两个步兵营的线形阵，每个营有6横排士兵，营下设连，连下设排。此外，掷弹兵自成一队，他们是精锐。在A-B阵形中，掷弹兵排成一排，将阵形转换为进攻列阵。每个营的第一排是最先冲锋的，他们在Y-X线中心靠前处就位。其他各队居其后。整个阵形分为三部分，每部分包含4组，此外还有两组掷弹兵，是后备军。这种阵形在当时很常见。

参见：
燧发枪，
第186—187页；
燧发枪详解，
第188—189页；
武器操练，
第190—191页；
欧洲的战争，
第194—195页

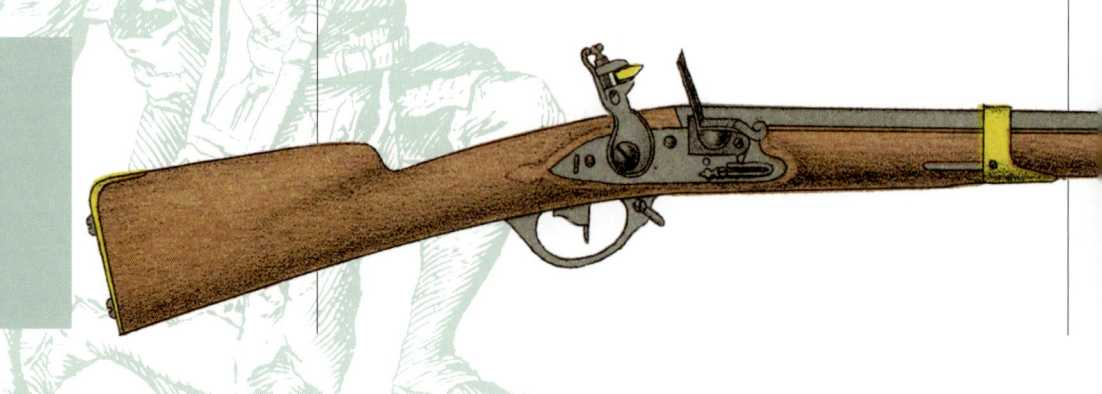

战争的演变

手执武器

投掷/射击武器
· 燧发长管火枪

防御装备

服装

武士
· 步兵
· 散兵（精准射手）

军事理念和战术
· 步兵操练
· 线形阵

战地工事和运输工具

◆ 线形阵战术实例

《百科全书》里的示意图大致展示了进攻列阵的部署，这幅图更直观地体现了步兵阵形紧凑密实的特征。这再一次证明，纪律是保证战术贯彻的决定性因素，因为与行阵相比，这种列阵在行动过程中更须协调一致。1755年，法国就阵形做出规定，线形阵纵深可达3排或4排，双线阵纵深可达6排或8排，也可组成密集阵列。与过去相比，轻步兵和精准射手的作用减弱，但是有些将领依然看重这些兵种的战斗力，比如在奥地利王位继承战中，他们就表现出色。此时，七年战争之前的作战经验也用到了实战中。轻步兵战术和精准射击（又称散兵射击）成为制敌取胜的新方法，与密集阵形中多名士兵轮流射击的战术形成鲜明对比。

长管火枪

从1777年法军的阵形能够看出，燧发火枪是有效贯彻战术的武器保障，后来拿破仑战争中用的阵形就是从1777年阵形演化而来的。长管火枪大多是无膛线的前装式燧发枪，当时已经出现了后装式火枪，但是战场上鲜见。图中这把长管火枪与英国长管火枪相比略小，长度为1.52米，枪膛口径1.75厘米。英国火枪弹丸是14颗一磅（454克）重，法国则是20颗一磅重。当时有种说法，弹丸越重杀伤力越大，但是其实差别并不大。

193

欧洲的战争，1688—1763年

18 世纪的士兵

军事装备和战术历来相互影响，17 世纪末至 18 世纪是军事装备与技战术持续革新的时期。之前长标枪是步兵的标配，那时的战场上已基本看不见了，只留下短枪；1830 年之后，英国步兵军士长也不再携带短标枪。当时注重军纪和团体结阵作战，但是在紧密阵形中，士兵的行动速度也会受到限制，所以将领一直在改进战术。普鲁士国王腓特烈二世是这一时期最具影响力的将领，他一方面坚持传统，认为精准操练是制胜关键，另一方面又改进战术，提高了军队行动的速度和灵活性。腓特烈大帝打造出一支所向披靡、令人望而生畏的军队，这支军队是当时整个欧洲争相模仿的楷模。在这一时期，步兵往往是战场主力，骑兵和炮兵也承担重要的辅助任务。

参见：
阵地战术，
第 192—193 页；
欧洲的战争，
第 194—197 页；
战术和技术，
第 198—199 页

1724 年的法兰西军人

图中从左至右分别为：巴黎大区宪兵队总务长的随从、宪兵队长、总务长、身穿 18 世纪法兰西步兵标志性白色军大衣的高级军官、手持传统长杆武器的军士长、骑兵军需官，以及法兰西元帅、军团的乐队长。

18 世纪早期的军队

18 世纪上半叶的军服变化很大，而且从中可以窥见当时流行的便服样式。左一是 17 世纪晚期的高级军官，他的制服包括身体护甲和华丽的军大衣，手中的指挥棒是军衔的象征；左二是军鼓手；中间一人身穿护颈甲、手执短枪，是一位低级军官；右边两人是 18 世纪中期的士兵，他们头戴三角帽，身穿燕尾大衣，当时全欧洲的军帽和军大衣几乎都是这种样式。

战争的演变

路易十五时代法兰西骑兵制服和装备

图中，左一是 1724 年法兰西皇家卡宾骑士团的士兵，他戴着肩带，肩带下挂着卡宾枪；左二是 1724 年的贵族卡宾骑士，享有"兵种上将"这一荣誉称号；左三是 1745 年法兰西御林军的轻骑兵；右三是 1724 年的龙骑兵，即骑马进入战场，然后下马杀敌的步兵；右二是 1745 年法兰西御林军第二火枪连的火枪手，他身穿绣着十字架的披肩衫，这是火枪兵专属制服；最右边是 1724 年的一名宪兵骑士军官，宪兵骑士是可与御林军比肩的精锐骑兵。

卡洛登战役

卡洛登战役发生在 1746 年 4 月 16 日，这幅版画正是那个时候的作品，定格了这一历史瞬间。1745—1746 年，詹姆斯党人发动起义，挑起英国王位继承之战。卡洛登一役，威廉·奥古斯都王子率领支持乔治二世的皇家军队，击败了查尔斯·爱德华·斯图亚特王子的军队，这场决定性的胜利结束了王位之争。图中是一种常见的兵力部署方式，步兵排成线列，炮兵突前，骑兵位于侧翼，或充当后备军。

手执武器
· 法兰西传统长杆武器
· 短枪

投掷/射击武器
· 卡宾枪

防御装备

服装
· 身体护甲
· 三角帽
· 披肩衫
· 燕尾军大衣

武士
· 炮兵
· 骑兵
· 步兵

军事理念和战术

战地工事和运输工具

18 世纪早期的军队

18 世纪早期，战术和武器体系逐渐发展成熟，它们是军事力量的基础，这种情况一直持续到 19 世纪中期——那时军事技术再次革新。在此之前约 150 年，军队总是用密集阵形作战，按长官指令行动。18 世纪中期，军事统帅才意识到，执行特殊任务时需要特别分队，比如轻装步兵擅长游击战，骑兵组成的重装小分队适合战场袭击，轻装小分队则能够高效完成侦察、追击和偷袭任务。其实，早在 17 世纪就出现了龙骑兵（马上步兵），他们称得上是最早的专业兵种。在专业军团中，奥匈帝国的轻步兵声名远扬，匈牙利骠骑兵则是当时首屈一指的轻骑兵。

参见：
阵地战术，
第 192—193 页；
欧洲的战争，
第 194—195 页；
战术和技术，
第 198—199 页

▲ 布伦汉姆战役

18 世纪第一场大规模战争是西班牙王位继承之战，即法国波旁王朝与奥地利哈布斯堡王朝对西班牙王位的争夺。布伦汉姆战役是王位之战的转折点，英国的马尔博罗公爵与奥地利的欧根亲王联合起来，在布伦汉姆战胜了法国—巴伐利亚联军。这幅插图再现了那个时代军队作战的场景，两军尚未接触，双方已摆开阵形，士兵朝着敌军冲锋。

▲ 布伦汉姆战役的战术

马尔博罗公爵率领英国、荷兰和其他小国盟军，在侧翼完全暴露的情况下，巧妙布置，从荷兰一路行军至多瑙河，与欧根亲王率领的帝国军队会师。1704 年 8 月 13 日，他们在布伦汉姆击溃法国元帅塔拉德、马尔森和巴伐利亚选帝侯统领的法国—巴伐利亚联军。当时的军队普遍用图中的线形阵。

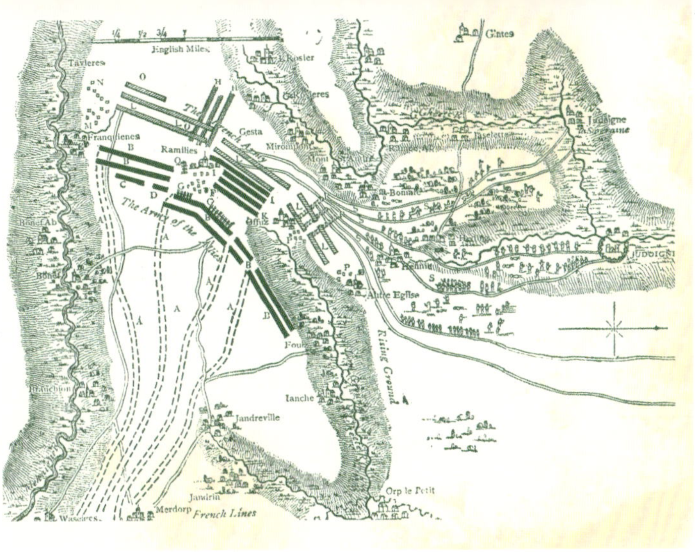

战争的演变

拉米利斯战役

1706年5月23日，在布鲁塞尔和那慕尔之间的拉米利斯，马尔博罗率军与法国元帅维勒鲁瓦交战，再次大胜。如图所示，法军在高地上集结，形成防御之势，而马尔博罗正冲在第一线。马尔博罗准备攻打法军脆弱的右翼，他先是佯攻左翼以吸引后备军火力，然后猛攻右翼，一举突破了敌军防线。这是一场经典战役，展示出了攻敌侧翼这一战术的威力。

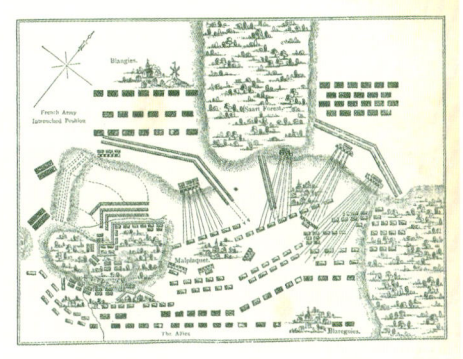

马尔普拉凯战役

1709年9月11日，马尔博罗和欧根亲王在马尔普拉凯又一次迎战法军。法军以野战工事为屏障，以逸待劳，马尔博罗决定先打侧翼，再攻中军。他的战术奏效了，但是英荷盟军伤亡巨大，法军虽然战败，也有序地撤出了战场。

18世纪中期典型的骑兵

这位英国骑兵头戴三角帽，身穿长款军大衣，脚上套着欧洲军中常见的长军靴。他装备齐全，持一把赛博曲刃剑，还配备了卡宾枪和手枪。这几把枪都藏在装饰马鞍的鞍布下面。

第一代马尔博罗公爵

第一代马尔博罗公爵叫约翰·丘吉尔，是一代名将。他不仅有出色的交际天赋，还有高超的军事技能和卓越的动员能力这两项成功将领必备品质。下属喜欢称他为"约翰下士"，这个绰号生动体现了他与士兵亲密无间的关系。

手执武器
· 赛博曲刃剑

投掷/射击武器
· 火枪
· 手枪

防御装备

服装
· 三角帽
· 长军靴
· 长款军大衣

武士
· 奥匈帝国轻步兵
· 龙骑兵
· 匈牙利骠骑兵

军事理念和战术
· 攻敌侧翼
· 线式阵形
· 密集阵形

战地工事和运输工具
· 野战工事

战术和技术

18 世纪早期，很多国家的军队已经成为常规武装力量，受过训练的职业军人是军队的核心，一旦有战事，军队就可以大量招募新兵，扩充军力。从某种程度上说，军队与军人是雇佣关系，尽管军人会为国家利益冲锋陷阵，但是驱动他们的往往并非政治信念，而是职业素养。到了 18 世纪晚期，一些国家又出现了新的情况，高级军官往往来自贵族家庭或上流社会，出现了职业化军官阶层，不过各国具体情况并不一样。

参见：
欧洲的战争，
第 194—195 页

17 世纪晚期的法国步兵

这一时期，法国步兵的装备有所变化。17 世纪最后 30 年，长标枪越来越少见，1703 年，军方规定不得再使用长枪；1699 年，火绳枪正式被燧发枪取代。另一个重大变化就是定装弹的使用，定装弹就是用油纸包的定量火药和弹丸。从此，士兵无须再像图中左二和左三人物那样背负笨重的火药管，右二是一名掷弹兵。

英国第一步兵卫队的掷弹兵

这幅图来自 1735 年出版的一本操练指南。那时的手雷是一个装满火药的铁球，1677 年英国军队正式引进这种武器，17 世纪晚期普及，18 世纪中期被新式手雷取代。图中士兵正摆出"准备点火"的姿势，左手拿着燃烧的火绳，准备点燃手雷的引线，右手胳膊平伸，确保手雷远离火源，避免过早点爆手雷。

战争的演变

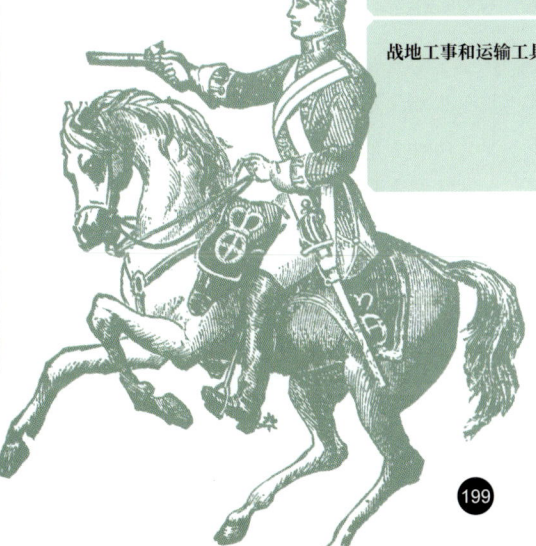

18 世纪早期的英国步兵

这位步兵的装备都是 18 世纪早期的常规武器。他的腰带上有蛙状搭扣，可用来悬挂剑和刺刀；皮质肩带上挂扣着一个大袋子，里面装着定装弹。这个姿势是长管火枪操练中的一个环节，叫"火枪倒举"，士兵倒举火枪，用肩膀承受火枪重量。

18 世纪早期的欧洲军服

图中是 18 世纪早期常见的军服样式。后排左边有位骑兵军鼓手，手中拿着半球形军鼓；右侧有一位骑在马上的将军，手中拿着指挥杖；最右边是一位精英掷弹手，头戴高顶无檐帽——因为帽檐会影响胳膊投弹，所以这种帽子成了掷弹手的标志性装备。

英国步兵军官

这幅图来自 1759 年一本英军操练指南，书名为《诺福克民兵操练指南》(*A Plan of Discipline Composed for the Use of the Militia of the County of Norfolk*)。图中军官的军服和装备都很有代表性。那时有些军官就是如此，带着轻火枪，把子弹袋放在前腰。他肩上的绶带和颈部的铁甲还有上世纪的遗风，它们已成为军阶的象征。

英国皇家骑兵卫队

英国皇家骑兵卫队成立于 1661 年，1820 年经整编后并入英国皇家近卫骑兵。1742 年的皇家卫队骑兵大多使用卡宾枪（短管火枪），而且几乎人人佩手枪。他们是唯一一个身穿蓝色军大衣的重骑兵团，所以又叫"蓝衫军"。

手执武器
- 刺刀
- 长枪
- 剑

投掷 / 射击武器
- 卡宾枪
- 定装弹
- 燧发枪
- 手雷
- 火绳枪
- 手枪

防御装备

服装
- 蓝色军大衣
- 长军靴
- 无檐帽
- 护颈甲
- 绶带

武士
- 骑兵
- 掷弹兵
- 步兵

军事理念和战术
- 常备职业军队

战地工事和运输工具

美国独立战争，1775—1783年

殖民地人民的反抗

为了反抗英国在北美的殖民统治，1775年美国爆发独立战争，1783年结束。这场战争很是不同寻常，一方面，虽然殖民地的保皇派协助英军作战，但是英国正规军依然势单力孤，与本土相隔万里；另一方面，所谓"叛军"最初由当地民兵组成，后来发展壮大，并获得法国的大力支持。独立军的组织和装备与欧洲传统军队相似，但是也有不同之处。比如，独立军使用了带膛线的火枪，大大提高了射击精度。英国军队则用有效的轻骑兵战术，应对这些武器精良的敌人。

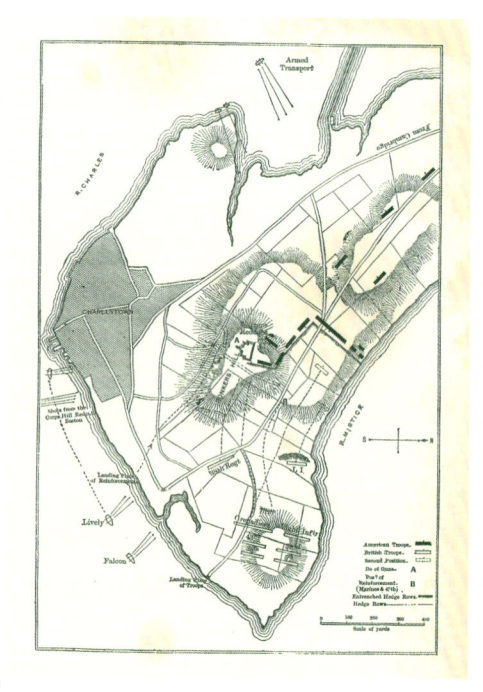

邦克山战役

邦克山战役发生在1775年6月17日，是独立战争中最早的一场大规模战役。独立军民兵抢先占领了靠近波士顿的邦克山，英军随即发动进攻，试图夺回阵地。战斗打响后，英军排成三条线列，打头阵的是由各营抽调的掷弹兵和轻步兵组成的联合小队。英军前两次进攻均被击退，第三次终于打败了独立军，但是伤亡惨重。

本宁顿战役

为了扩充兵力，英国大量招募德国雇佣兵。1777年8月16日的本宁顿战役中，有支特别行动队基本上由德意志布隆斯维克军团成员、殖民地保皇派、印第安人和加拿大人（总称为"地方军"）组成，独立军民兵击溃了这支队伍。布隆斯维克雇佣军把子弹打完之后，与民兵展开了白刃战，后来这支特别行动队指挥官身负重伤，战斗结束了。

战争的演变

英国轻步兵

七年战争期间，英军在北美组建了轻步兵。1770年，每个英军营队都有一个轻步兵连。经过改进，轻步兵的装备特别适合小规模游击战。图中的轻步兵穿着短夹克，帽子也轻便实用。独立军用了带膛线的火枪，但是英国常备军在拿破仑战争期间才装备了线膛枪。

康沃利斯侯爵

第一代康沃利斯侯爵叫查尔斯·康沃利斯，是美国独立战争期间杰出的英军指挥官。1781年10月19日，康沃利斯在约克镇向独立军投降，战争基本结束。这幅康沃利斯肖像画中，他穿着长款军大衣，这种军服特征鲜明。在北美，为了增加实用性，英军还稍稍调整了某些军服的款式。

英国轻装龙骑兵

18世纪中期，欧洲开始打造训练有素的轻装部队，专门承担小规模战斗和侦察任务。北美地形复杂，正适合这种战术。所以英国最先在北美组建轻装部队，1756年，轻装部队正式被纳入英国骑兵团，独立的轻装龙骑兵团则在1759年成立。轻装龙骑兵的头盔带有顶饰，与其他士兵戴的三角帽截然不同。第16和第17轻装龙骑兵团参与了美国独立战争。

参见：
阵地战术，
第192—193页

伯纳斯特·塔尔顿中校

18世纪，很多国家都组建了特种兵小队。英军成立了英国精英队，隶属地方军，这是由轻骑兵和步兵组成的作战单位。精英队成员身穿绿军装，而不是传统的红色军服。精英队的指挥官是塔尔顿中校，他是一位英勇善战的骑兵将领，而且冷酷无情。在这幅图中，塔尔顿中校戴着用毛皮饰顶的头盔，这种头盔后来被称为"塔尔顿式"头盔。

手执武器

投掷/射击武器
· 带膛线的火枪

防御装备

服装
· 带顶饰的头盔
· 长款军大衣
· 短夹克

武士
· 美国民兵
· 英国精英队
· 德意志布隆斯维克
· 军团掷弹兵
· 轻装步兵

军事理念和战术
· 侦察
· 小规模战斗

战地工事和运输工具

法国大革命期间的战争，1792—1802年

公民军队

1789年法国大革命爆发，法国局势动荡，后来又爆发拿破仑战争，直到1816年，战争才结束。这场持续27年的大战，席卷了全欧洲。这一时期，军队的组织结构和战术都发生了巨大变化。在法国，老式的皇家军队在革命浪潮中分崩离析，被国家通过强制征兵招募的公民军队取而代之，这些应征入伍的军人往往具有爱国情怀。军队战术也发生了很大变化。起初，由于时间仓促，新兵在了解武器基本操作和动作要领之后就迅速投入战斗，所以指挥官采用精简的战术。比如，先派一支小分队扰乱敌人阵形，在其掩护下大军以纵队阵形向敌人发动进攻。这一时期轻步兵战术发挥了重要作用。实际上，在与按传统方式作战的反法同盟军队交战时，这种简化战术反而具备很大的优势。

蒂永维尔战役

大革命早期，法军巧妙部署兵力，让有经验的队伍执行纪律性强的任务，同时有效利用新兵的战斗激情，新老兵配合，在战场上屡建奇功。这幅图描绘了1792年10月16日蒂永维尔战役的场景，左边是法军，由训练有素的火枪兵和英勇冲锋的新军组成，击溃了右边的奥地利步兵。

法国观测气球

1783年11月，载人气球首次飞行成功。大革命早期，法国军队就利用这一技术执行军事任务了。法军组建了气球军，并配备四个气球。在1794年6月26日的弗勒吕斯战役中，法军用载人气球侦察敌情，获得宝贵情报，对战局产生了决定性影响。但是拿破仑解散了这一队伍，此后约70年间，军队不再使用载人气球侦察战场。

战争的演变

手执武器

投掷／射击武器
- 卡宾火枪

防御装备

服装
- 用排扣装饰的夹克
- 高筒帽
- 毛皮镶边的马甲

武士
- 猎骑兵
- 龙骑兵
- 掷弹兵
- 骠骑兵
- 轻装步兵

军事理念和战术
- 纵队攻击
- 公民军队
- 气球侦察

战地工事和运输工具

法国骑兵

法国骑兵团有轻装和重装之分，其中轻装骑兵团以猎骑兵和骠骑兵为代表。当时政治风云诡谲，政权更迭迅速，不过有些团保留了旧时代的特征。图中，中间的军官穿着传统骠骑兵军服，内着带金色排扣的夹克，外罩毛皮镶边的马甲，头戴高筒帽。有位骑兵正举起卡宾短枪射，轻骑兵可以在马背上开火，所以轻装兵团在小规模战斗中具有绝对优势。最右边是一名龙骑兵军官，他的军服也富有时代特色，绿色军大衣和黄铜头盔正是那时龙骑兵的常见制服。

法国步兵

大革命早期，因为贵族出身的军官引人侧目，大量军官远赴外国或脱离了军队，法军人才严重流失。步兵重组之后，整编为"准旅团"，军大衣颜色也由白色改为"共和国蓝"。图中有一名骑在马上的军官，他的右手边是一名掷弹兵。掷弹兵属于精锐，每一营中都有一个掷弹兵连。右二是一名乐队长，最右边则是一位工兵。左二士兵扛着一面共和国国旗。

参见
骑兵：战术和技术，
第 204—205 页；
步兵：纵队和线列，
第 206—207 页；
轻装步兵，
第 208—209 页

拿破仑战争，1803—1815年

骑兵：战术和技术

拿破仑战争期间，从数量上看，步兵是绝对主力，骑兵人数不多，但作用重大。虽然军中有轻骑兵和重骑兵之分，但是两者并非界限分明。铠甲骑兵堪称重装骑兵的典范，前后都有片甲护身，但是各国具体情况又不尽相同。比如很长一段时期内，普鲁士和俄国的重装骑兵根本不穿护甲。重装骑兵是承担冲锋任务的尖刀部队，所以并不擅长小规模战斗——这是轻装骑兵大展身手的时候，出色的猎骑兵、骠骑兵、轻装龙骑兵和枪骑兵总能顺利完成侦察和追击任务。龙骑兵往往号称重装骑兵，其实他们灵活多变，能够有效贯彻所有骑兵战术。

参见：
轻装骑兵，
第208—209页

1811年的法国军服

骑兵是拿破仑军队中的精锐，图中展示了三种骑兵的军服。左边两位，一个是卡宾骑兵（军中有两个卡宾骑兵团，装备与铠甲骑兵相当，戴高顶头盔，身穿护甲），一个是骠骑兵，身穿传统制服，还保留着最初的匈牙利骠骑兵的风貌；中间是一位铠甲骑兵；右边两名步兵，其中一位是帝国近卫军的掷弹步兵，头戴独具特色的熊皮帽。

博罗季诺的防御工事

拿破仑有时会让骑兵做进攻主力，而非尽量让步兵和炮兵打头阵。在1807年2月8日的埃劳战役和1815年6月18日的滑铁卢战役中，拿破仑就指挥骑兵大举冲锋。图中是1812年9月7日博罗季诺战役的场景，法国铠甲骑兵对驻守在"完备的防御工事"内的俄军发动进攻。

骑兵赛博剑

到底哪种骑兵赛博剑更有效？有人认为，直刃尖顶者威力最大，一击致命；有人喜欢宽刃剑，挥砍更顺手。图中是滑铁卢战役场景，左边是法军铠甲骑士，右边是英国第一禁卫队的爱德华·凯利卫队长，二人正近身厮杀。

战争的演变

玛丽亚·路易莎骠骑兵团

重装骑兵往往佩直刃赛博剑，轻装骑兵则使用曲刃赛博剑，这种曲刃剑其实更像砍刀。图中是西班牙玛丽亚·路易莎骠骑兵团的一名士兵，他身穿常见的骠骑兵制服，包括带装饰排扣的夹克和镶边马裤，手持曲刃赛博剑。

法兰西帝国近卫军的猎骑兵

轻装骑兵军团中，拿破仑帝国近卫军中的猎骑兵可谓兵强马壮。猎骑兵军团负责贴身保卫拿破仑，拿破仑本人也经常身着猎骑兵军装。图中，右边猎骑兵的制服和骠骑兵相似，左边的人则穿着军便服，猎骑兵在战场上也穿这种军便服。

阿尔布埃拉战役

冲锋骑枪是波兰传统武器。拿破仑战争时期，一些国家已淘汰冲锋骑枪，但还是有很多军队使用这种武器，波兰军队就因善用冲锋骑枪而威名远扬。有些步兵军团曾被枪骑兵杀得溃不成军。1811年5月的阿尔布埃拉战役是半岛战争中的一次惨烈战斗，英军的一个旅还没来得及组成防御方阵，就遭到法国枪骑兵的迎头痛击。

法国铠甲骑士军官

1802—1803年，拿破仑将重装骑兵改组为12个铠甲骑士军团，后来又扩建为15个。他们戴着头盔，前胸和后背都用片甲护身。这种铠甲不但能抵挡敌人的利剑，还能挡住火枪子弹。但是，铠甲过于沉重，所以铠甲骑士的马匹供应不足。

手执武器
· 骑兵赛博剑
· 冲锋骑枪

投掷/射击武器

防御装备
· 方阵

服装
· 用排扣装饰的夹克
· 高顶头盔
· 镶边马裤
· 熊皮帽

武士
· 卡宾骑兵
· 猎骑兵
· 铠甲骑兵
· 龙骑兵
· 骠骑兵
· 枪骑兵
· 玛丽亚·路易莎骠骑兵团
· 轻装步兵

军事理念和战术
· 安排骑兵大举进攻

战地工事和运输工具

步兵：纵队和线列

步兵操练和动作一直都异常复杂，不过战场上的主要阵形其实只有两种，即纵队和线列。纵队在行军时也能保持秩序和队形，可以有效执行各种命令，但是纵队之中，只有最前面2—3排士兵能够使用火枪。相比之下，线列如果纵深为2—3排，则人人都能使用火枪。所以，军队可以先按纵队前进，接近交火线时，再调整为线列。法军有时候会一直用纵队，直接与敌军交火，但是在半岛战争期间，法军遭遇了军纪严明的英军，其纵队完败于采用线列的英军火枪队。

宪兵骑士和工兵

所有的军队都有工程兵，他们承担工事修筑和加固等工程任务。步兵营中往往有工兵小队，图中右边者是拿破仑帝国近卫军掷弹步兵分队中的工兵，他手中拿着斧头，脸上留着胡子，身穿罩衣，佩戴交叉斧头袖标——这是工兵专用袖标。左边的骑兵来自卫队的精英宪兵分队，负责护卫和总务。

奥地利步兵

奥匈帝国在1805年、1809年、1813—1814年数次与拿破仑交战。这幅图创作时间较迟，但是图中掷弹兵的军服正是当时的样子。掷弹兵身穿白色军大衣，头戴大檐毛皮帽；奥地利军团士兵穿白色马裤；匈牙利军团士兵则穿浅蓝色长裤。

参见：
轻装步兵，
第208—209页

战争的演变

1812 年的英国士兵军服

左一是第四军团（国王禁卫军）的士兵，头戴 1800 年的高筒军帽（"烟囱帽"），身穿传统的英国红衫；中间是第一龙骑兵团（皇家军团）士兵，他身穿常见的重装骑兵制服；右边是一名军士，身穿苏格兰高地步兵制服，包括羽毛装饰的无檐帽、苏格兰呢裙，还佩了军士用的宽剑。

法兰西帝国近卫军掷弹步兵

拿破仑的帝国近卫军逐渐成为法国军队中的精锐之师，是当时最有名的一支部队。卫队中的高级步兵包括掷弹兵和猎兵，熊皮帽是猎兵的标志。图中的掷弹步兵穿着常见的战地军服，其实用性优于装饰性。

法兰西帝国近卫军中的燧发枪掷弹兵

1806 年，拿破仑开始征召中青年近卫军，以扩充一直追随他的老近卫军。掷弹兵和猎兵往往兼任燧发枪兵，图中的燧发枪掷弹兵身着传统的法国步兵制服，携带传统步兵装备。

法兰西帝国近卫军龙骑兵

拿破仑帝国近卫军的龙骑兵组建于 1806 年，其制服极具特色。他们的大衣是绿色的，头盔则由黄铜制成。尽管属于骑兵，但是法国龙骑兵仍然具备传统的步战能力，而且他们使用专门的龙骑兵火枪，与其他骑兵携带的卡宾短枪相比，这种火枪的杀伤力更大。

手执武器
- 斧
- 宽剑

投掷 / 射击武器
- 卡宾枪
- 龙骑兵火枪
- 火枪

防御装备
- 方阵

服装
- 罩衣
- 熊皮帽
- 黄铜头盔
- 苏格兰呢裙
- 长裤
- 高筒帽

武士
- 第一皇家龙骑兵
- 第四军团（国王禁卫军）
- 精英宪兵
- 掷弹步兵
- 工兵

军事理念和战术
- 纵队和线列

战地工事和运输工具

207

轻装步兵

拿破仑战争期间，步兵多以紧凑阵形出战，执行大部分作战任务；不过此时轻步兵也开始承担重要任务，英法两国的轻步兵战斗力显著提高。许多国家组建了专业的轻步兵军团，每个普通步兵单位也往往包含轻步兵分队，他们擅长作为散兵参加小规模战斗，与普通步兵相比，各具优势。战时，轻步兵各自散开，利用天然地势寻找掩护，点射敌军目标，而不是像结阵的步兵那样正面迎敌，密集开火。轻装步兵可以在大军前进时充当前锋，在主力部队投入战斗前突袭敌人，也可以为撤退的大军提供掩护。大部分轻步兵都使用传统的无膛线火枪，但是也有很多步兵单位配备了更精密的线膛火枪，比如英国第95步枪旅、第60团的步枪营，以及多个奥地利和普鲁士猎兵军团。

步兵方阵行军

从这幅图可以看到纵列阵形在实战中的运用。以法军为例，根据1808年的规定，每营有六个连，两个连成一个纵队，他们分成三拨，齐头并进。如果每一个连队有三排，一排120人，那么整个纵列的正面为80人，纵深为9人。

麦达战役

刺刀主要用来威慑敌人，在空旷的野战战场上士兵很少用刺刀对战。只有在敌军疲弱时，士兵才会端着刺刀冲锋，而此时敌军往往会停止抵抗，也无须士兵使用刺刀。图中是1806年7月4日麦达战役的场景，英军冲锋之前，法军已经准备停战。

贝尔根-奥普-佐姆

1814年3月，英军攻打贝尔根-奥普-佐姆。此战能够看出军团旗帜的重要性：旗帜不仅是军团的尊严和身份的象征，在烟尘滚滚、混乱喧嚣的战场上，旗帜还可引导被冲散的士兵集结再战。俘获敌方军旗是重大胜利，若是己方军旗落入敌手，不仅会颜面尽失，而且会严重打击士气。

战争的演变

法国执政官卫队

为抵挡骑兵进攻，步兵往往会结成长方阵，纵深数排。图中一幕发生在 1800 年 6 月的马伦哥战役中，法国执政官卫队组成方阵，四边都是密集刺刀，这样敌人就很难攻破。方阵最外面的士兵还可以单膝跪地，把刺刀对准敌方骑兵战马的胸部。

▼ 滑铁卢战役

1815 年 6 月 18 日，惠灵顿率领的联军和布吕歇尔元帅率领的普鲁士军队在滑铁卢与拿破仑的军队决战，联军取得了决定性胜利，拿破仑战争结束了。这张示意图中信息量很大，军队用的是线形阵；双方都在关键位置设据点，反法同盟在加固正面据点（图中顶部），拿破仑军队则沿前线设防御据点（图中底部）；进攻方集中炮火猛轰敌军战线中的重要据点。

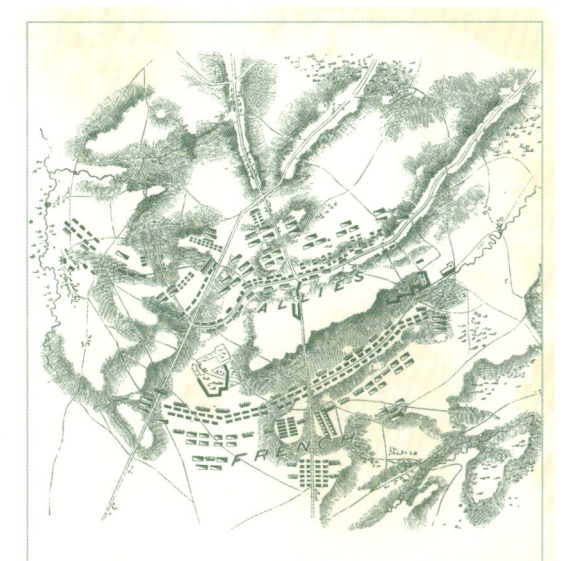

▲ 战斗中的法国掷弹兵

除了齐射，士兵还可以自行射击，无须追求动作一致。图中，前方一位掷弹兵正咬开定装弹底部，后排的掷弹兵则将已装药的火枪递给前排战友。

▲ 滑铁卢战役中的法国枪骑兵

步兵方阵稳定有余，机动不足，如果骑兵能和其他兵种协调合作，他们打步兵还是很有胜算的。图中拿破仑帝国近卫军的枪骑兵正向敌军冲锋，但是他们不仅没有援军，还受到反法同盟步兵和炮兵的合力反击，被围困其中。

手执武器
· 刺刀

投掷 / 射击武器
· 线膛枪
· 无膛线枪

防御装备

服装

武士
· 第 60 团步枪营
· 第 95 步枪旅
· 执政官卫队
· 掷弹兵
· 枪骑兵

军事理念和战术
· 散兵作战
· 方阵

战地工事和运输工具

参见：
燧发枪，
第 186—187 页；
步兵：纵队和线列，
第 206—207 页；
火器发展史，
第 216—217 页

炮兵的演变

军队往往按照炮弹的重量标识大炮，野战炮大致分为三种：3磅和4磅的（辅助）轻型炮、6磅和9磅的中型炮，以及12磅的重型炮，重型炮威力最大。18磅和24磅的大炮一般仅用于攻城或保卫战。一个炮兵连通常有6门或8门炮，这些炮一般口径相同，有时候也会有一两台榴弹炮。拿破仑战争时期，作战时大炮不再一字排开，而是集中起来，当时的军事家认为，这种密集炮火能够发挥"整体大于部分之和"的效果。集中火炮轰炸敌军的具体目标，这样炮兵就不再是辅助力量，而是进攻主力。

拿破仑在蒙特罗

拿破仑是炮兵出身，而且擅用火炮战术。1814年2月18日，在蒙特罗，拿破仑亲自瞄准，为发射火炮做准备。图中人物还有帝国近卫军的一组炮兵，他们各司其职：站在拿破仑右边的炮兵拿着点火器；在他身后，另一位炮兵拿着通条，用它把火药和炮弹塞入炮筒内，并蘸水擦拭炮筒。

炮兵组

炮兵分为徒步炮兵和骑马炮兵，前者大多随大炮一同前进，后者则机动性强，可以辅助骑兵。图中是一台常见的野战炮，用前车拉动，旁边还有骑兵组和徒步炮兵。徒步炮兵戴着皮革头盔，这是德意志巴伐利亚公国的特色军帽，在德意志其他公国也颇为常见。

野战炮

这幅画作于1802年，图中的野战炮车要靠炮兵用人力拉动，他们用来拉车的皮革带又称挽绳。

榴弹炮

榴弹炮炮管短，弹道曲线高，是唯一能够间接射中目标的大炮——它可以越过障碍物或友军击中目标。榴弹炮按口径而非炮弹重量分类，5½ 英寸榴弹炮就是其中一种。如图所示，在炮筒后面有个螺旋式升降装置，所有大炮都用这一装置调节发射角度。

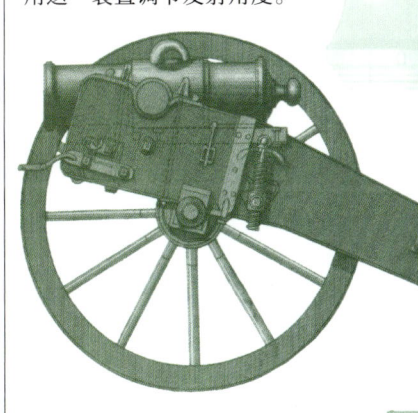

参见：
防御工事和攻城战，第 212—213 页；
加农炮详解，第 224—225 页；
火炮，第 296—297 页

迫击炮

和榴弹炮相似，迫击炮炮筒也很短。图中迫击炮安在固定的炮架上，它的弹道曲线非常高，几乎专门用来轰炸防御工事。

弹药车

每门大炮都配有一辆或多辆专门运送炮弹的小车，一般为四轮车，装有铰接车盖。

炮筒

图中是最常见的炮筒式样，炮口宽，靠近火门的密封端炮尾处有球形尾钮，两侧有炮耳，可以通过炮耳将大炮安在炮车或炮架上，炮管上还有提手。

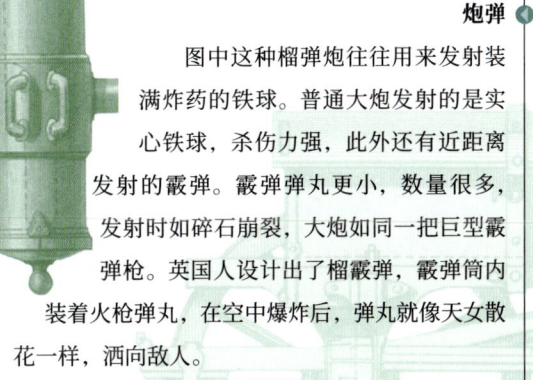

炮弹

图中这种榴弹炮往往用来发射装满炸药的铁球。普通大炮发射的是实心铁球，杀伤力强，此外还有近距离发射的霰弹。霰弹弹丸更小，数量很多，发射时如碎石崩裂，大炮如同一把巨型霰弹枪。英国人设计出了榴霰弹，霰弹筒内装着火枪弹丸，在空中爆炸后，弹丸就像天女散花一样，洒向敌人。

战争的演变

手执武器

投掷／射击武器
· 大炮
· 榴弹炮

防御装备

服装
· 皮革头盔

武士
· 炮手
· 帝国近卫军

军事理念和战术
· 密集轰炸

战地工事和运输工具
· 弹药车
· 木质炮架

防御工事和攻城战

相较于攻城战，拿破仑更喜欢在野战中歼灭敌人。与18世纪相比，拿破仑战争期间，防御工事的重要性略有下降。但是那些占据险要位置的堡垒依然十分重要，很多战役都围绕这些堡垒展开。1796—1797年的意大利会战期间，为解救被拿破仑围困的曼图亚堡垒，奥地利军队屡次发动攻城战；半岛战争中，惠灵顿将军沿托雷斯·韦德拉什战线修筑工事，抵挡来犯的法军，保卫联军基地；为了争夺罗德里戈和巴达霍斯两处要塞，拿破仑和反法同盟更是多次鏖战。

▶ 巴达霍斯攻城战

巴达霍斯是边境上的要塞，半岛战争期间，惠灵顿将军率领的联军两次攻打巴达霍斯，最终在1812年4月6号晚至7日凌晨，以惨重的代价拿下这一要塞。从平面图可以看到，惠灵顿用的是中规中矩的攻城战术，逐层推进，把壕沟和火炮掩体挖到最前线，最终兵临城下，在城墙处打开缺口，乘虚而入。

▶ 托雷斯·韦德拉什防线

惠灵顿将军指挥联军士兵沿托雷斯·韦德拉什战线修筑了多个要塞，它们互为犄角，共同守卫位于里斯本的盎格鲁-匈牙利联军基地。这些要塞依地势而建，可谓固若金汤。这是一张主要防御工事平面图，从中可以看出，三个重要据点以壕沟相连。这里有24门大炮，可以容纳1720名士兵。

▶ 攻陷巴达霍斯

1812年4月，联军攻打巴达霍斯，他们将主力放在圣母玛利亚和特立尼达棱堡之间的缺口处。联军攻势猛烈，但城内守军亦给予坚决反击，联军久攻不下，另一支原本佯攻队伍反而得手。这支队伍用的云梯，下可跨过壕沟，上可翻过城墙。

战争的演变

攻陷防御工事

中世纪的城堡主要由围墙保护，拿破仑战争时期的棱堡，构造复杂，布局精巧，还设有大炮掩体和防备森严的军火库。临时防御工事也有类似特征，可为攻城兵提供掩护。攻城部队可以利用壕沟做掩护，逼近对方的防御工事，也可以使用沙袋和土笼（填满泥土的竹篾篮子）垒成大炮掩体。图中，攻城部队先用大炮破坏要塞围墙，然后士兵从城墙缺口处猛攻，另外还有一些士兵躲在大炮掩体后面，伺机出动。

大炮

用于攻取要塞或攻城战的大炮与野战炮有很大区别。这种炮口径更大，炮弹更重，而且往往用富有特色的炮架。迫击炮（右）也是攻城利器，图中这台迫击炮就安在炮车上。攻城战要消耗大量炮弹，惠灵顿在攻打巴达霍斯时，使用了约 440 吨军火，其中炮弹超过 17.75 吨。

参见：
轻装步兵，第 208—209 页；
迫击炮，第 211 页

攻陷罗德里戈

1812 年 1 月 19 日，联军攻打罗德里戈时，同样试图从城墙缺口处突破，这是战争中最危险的任务，因为当进攻一方从城墙塌陷处爬上来时，守军会集中火力反击。约翰·金凯德（John Kincaid）是巴达霍斯恶战的幸存者，他后来详细描述了联军主力部队无法从缺口处攻入城内的惨状："战场上枪林弹雨，刀光剑影，死伤无数，恕我直言，这分明是人间地狱。"

手执武器

投掷/射击武器
· 迫击炮

防御装备

服装

武士

军事理念和战术
· 云梯攻城战术
· 修筑战略要塞

战地工事和运输工具
· 棱堡
· 围墙
· 壕沟

213

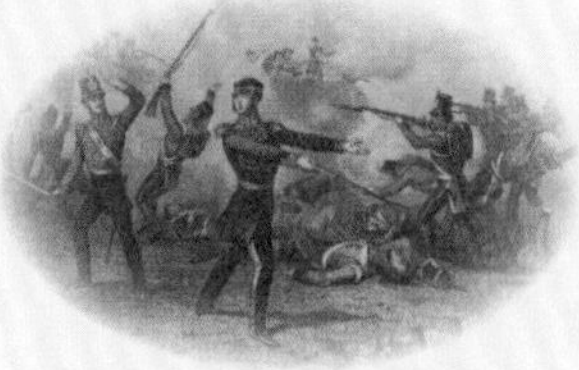
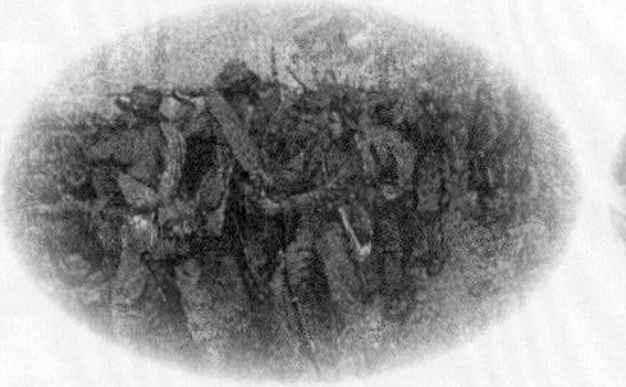
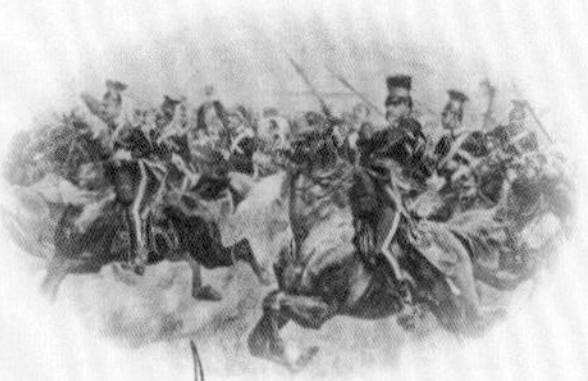
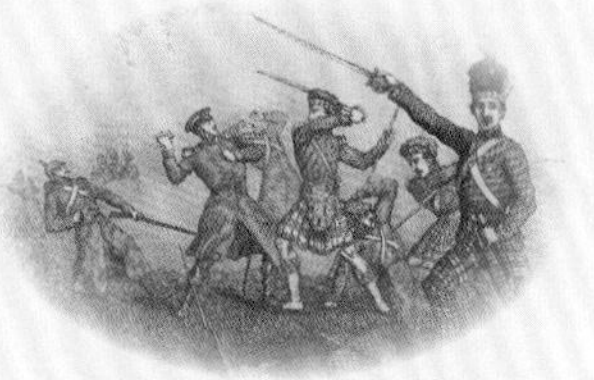
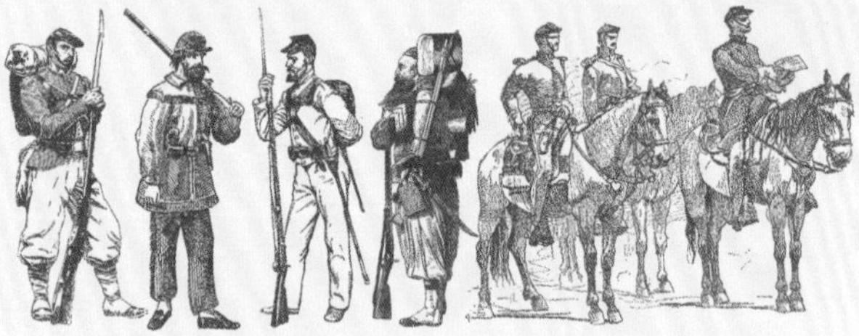
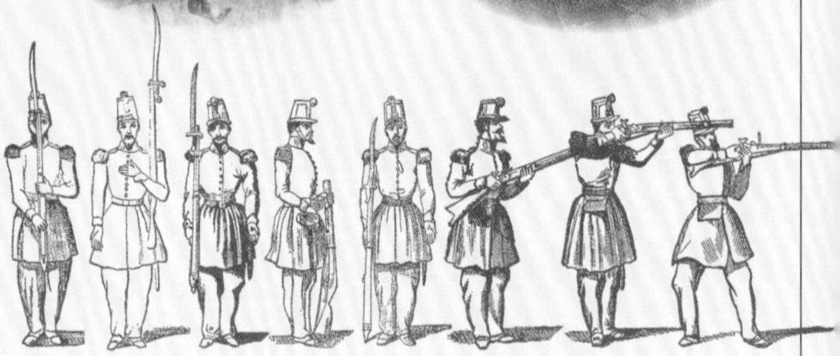
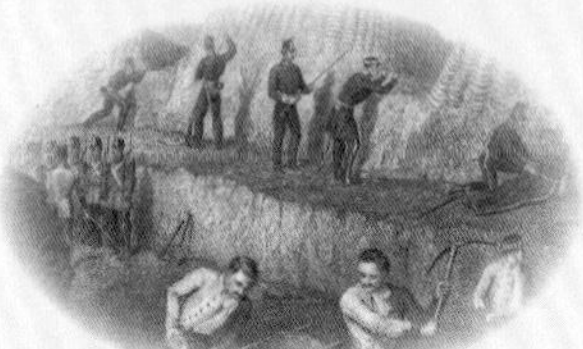
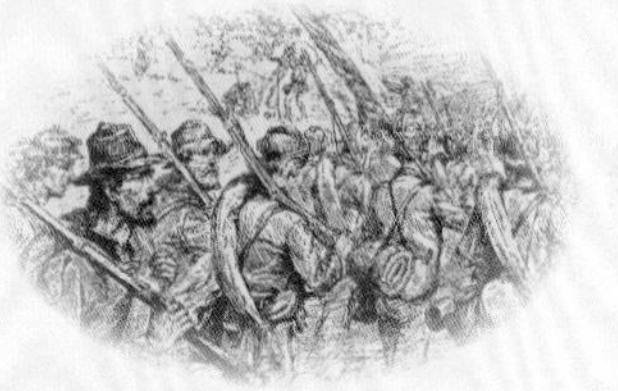
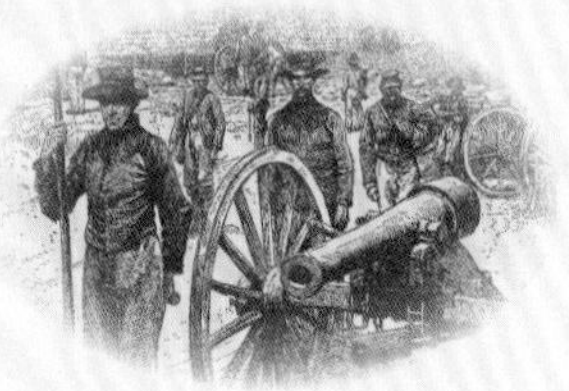
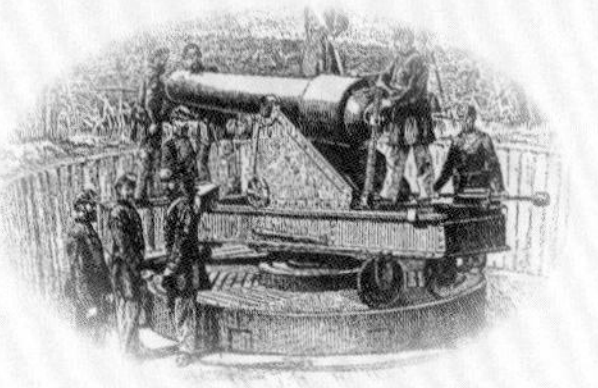
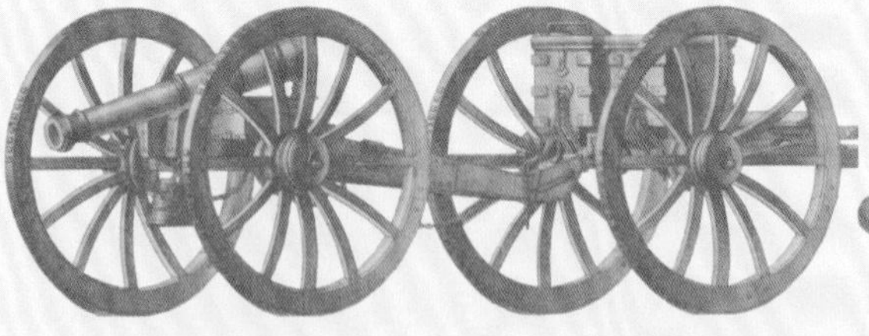
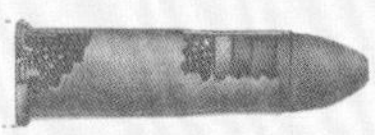
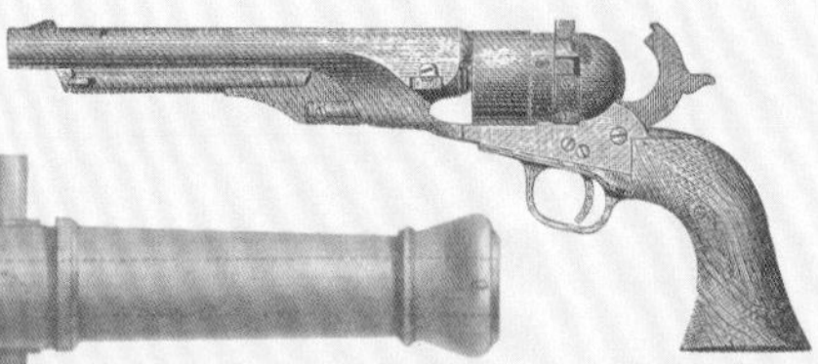
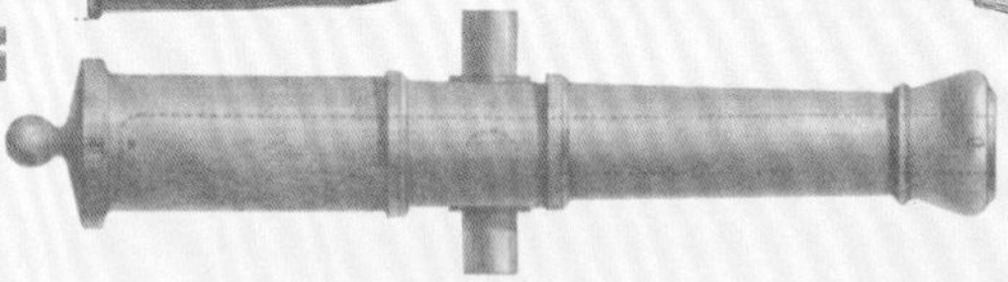
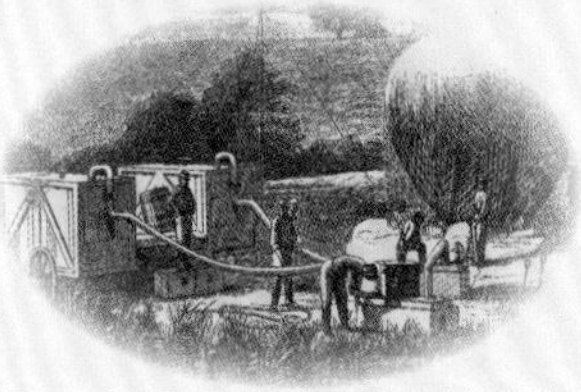
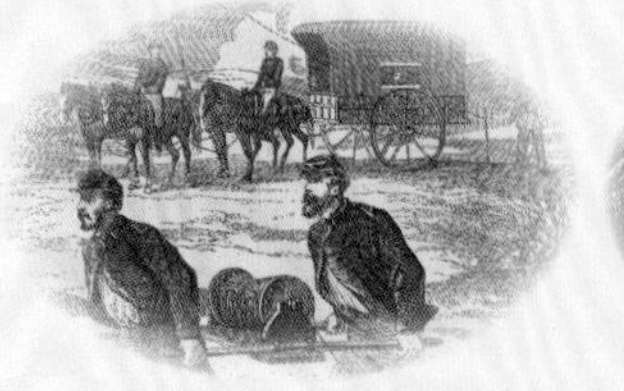
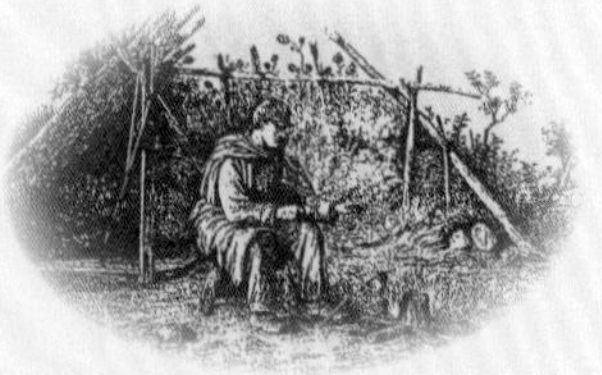
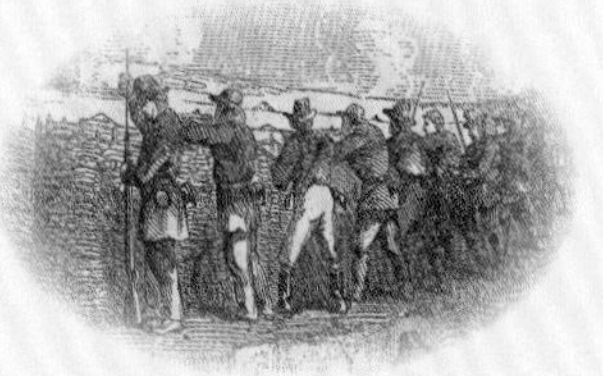
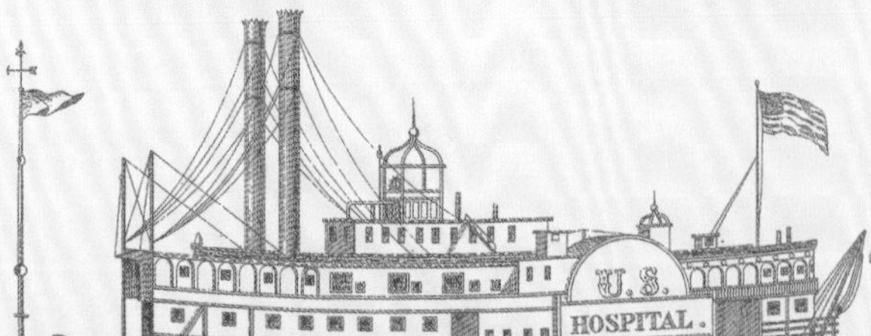
U.S.
HOSPITAL.
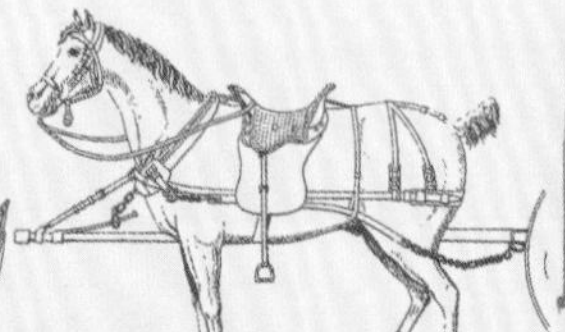
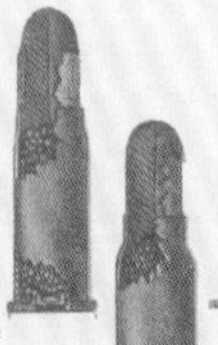
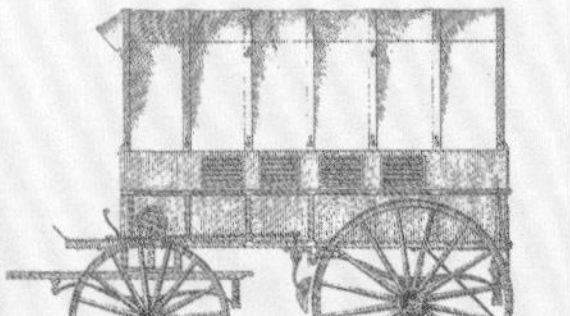

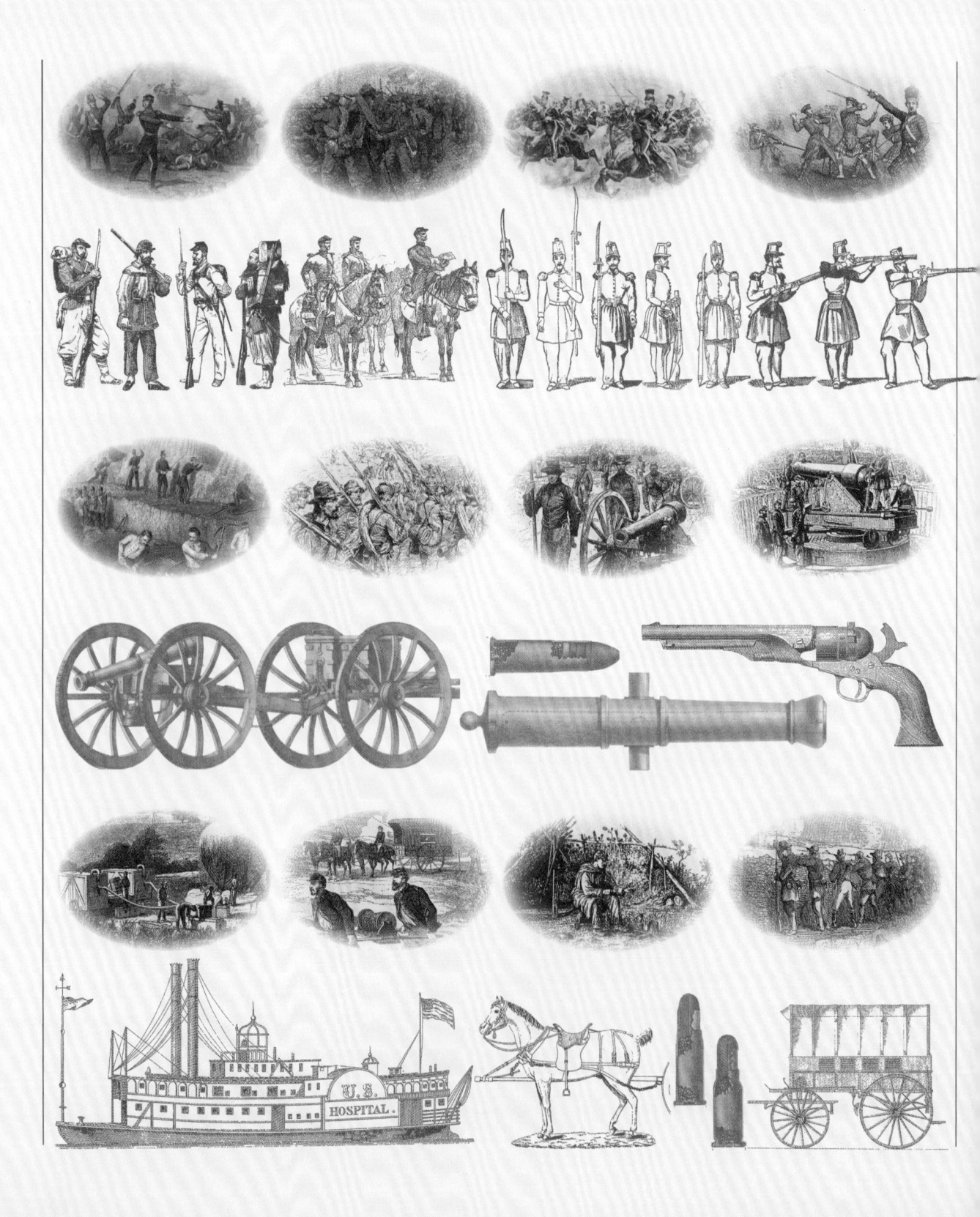

现代战争的开端
1841—1865年

1841—1865年是武器和战术飞跃式发展的时期。1841年，美国出现了线膛火枪，自此小型武器不断推陈出新。1861年，美国春田兵工厂开始生产来复火枪（线膛火枪），这种新式武器射程远，精度高，对以密集阵形出战的敌人有毁灭性的杀伤力——拿破仑时代的战术都是围绕密集阵形展开的，如今固守这些战术就会付出高昂的代价。

1853—1856年，俄国与英国、法国、撒丁王国、意大利、奥斯曼帝国（土耳其）联军交战，史称克里米亚战争。克里米亚战争似乎和40年前的滑铁卢战争有太多相似的地方：战术没变，贯彻战术的手段没变，制服、武器和装备几乎也一模一样。但实际上，传统战争终结的势头已经出现了，科技的进步改变了战争。克里米亚战争中，士兵开始在作战时使用电报、铁路、氯仿，以及火炮盲射等手段。联军步兵使用的米涅弹和带膛线的枪管射击范围大，精度高，很占优势。这些武器和疾病使得一百多万官兵在克里米亚战争中丧生。五年之后美国内战爆发，又有62.5万名军人丧命沙场。

19世纪战争史上，美国内战是关键性的转折点。起初战况与拿破仑时代并无太大区别，但是南北战争中士兵的武器更加先进，后来双方又大量修建野战防御工事，这场内战迅速成为第一场现代战争。线膛火枪极具杀伤力，后膛武器登上战场，带膛线的大炮也已经普及，骑兵只能承担突袭和侦察任务，指挥官要求士兵尽量使用临时防御工事，避免无谓的牺牲……在维克斯堡和彼德斯堡攻城战中，壕沟总长数英里，四处都是防爆掩体，这情形甚至有些像第一次世界大战。美国内战中，双方为取胜努力开发新武器，改革战略战术，这些都是促成20世纪战争升级的重要因素。

火器发展史

线膛火枪

19世纪四五十年代,军队高层已经意识到武器革新的重大意义。1823年,英国军官约翰·诺顿提出膨胀形变弹丸概念,这种弹丸从前膛装填,射击时膨胀,可以嵌入线膛。1836年,英国枪械技师威廉·格林将这种子弹造了出来。英国军方思想保守,觉得这种子弹制造工艺太过复杂,就没怎么重视。1841年,美国生产出带有击发装置的 .54 口径线膛火枪。1847年,法国的两位军官图弗南和米涅经过多次实验,设计出了形状合适的弹丸。1853年,英国人开发出自己的线膛火枪;1855年美国制造出 .58 口径线膛火枪,这种火枪膛线短,适合与米涅弹丸配套使用。

恩菲尔德线膛火枪

1853年克里米亚战争前夕,英国军队正着手淘汰滑膛火枪,引进线膛火枪。1853年末,作战部批准使用恩菲尔德线膛火枪,这种新式火枪在战场上日益普及。这幅图作于19世纪,描绘了1855年克里米亚战争中,英国少将阿希·温德姆指挥步兵在棱堡御敌的场景。

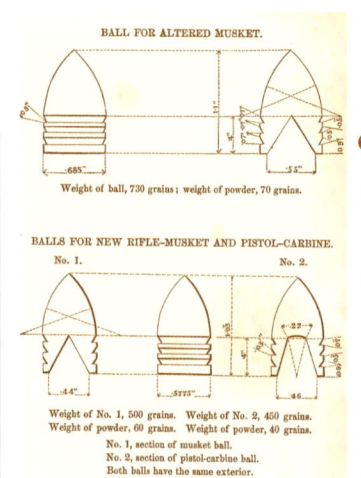

米涅弹

人们普遍认为,这种锥顶柱壳状火枪弹的发明人是法国军官米涅上尉——这种子弹又称"米涅弹"。米涅弹底部中空,锥形弹头下有三条环带,射击时会膨胀,嵌入火枪膛线。弹丸图纸来自1856年的《小型武器实验报告》(Reports of Experiments with Small Arms),这里有三种不同规格的米涅弹。

米涅

克劳德·艾蒂尔·米涅生于1804年,在法国参军,之后奔赴北非服役。为了表彰米涅发明新子弹,法国政府奖励他2万法郎,并邀请他去樊尚军校任教。1858年,他以上校军衔退休,后来任埃及总督赫迪夫的军事顾问,并出任美国雷明顿武器公司经理。

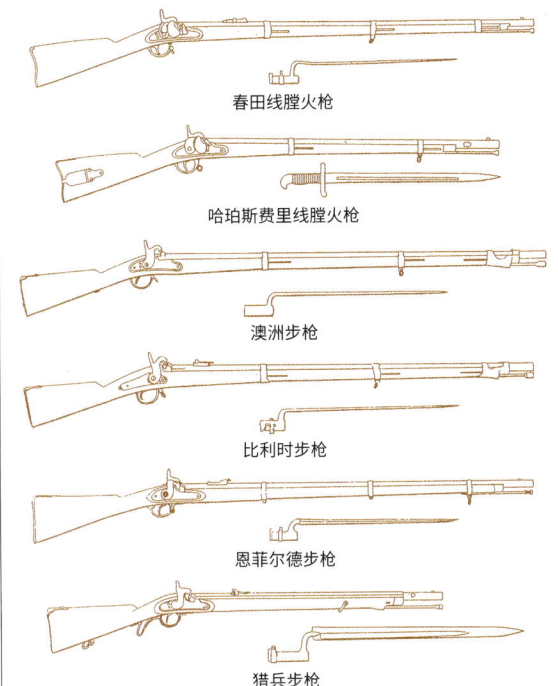

战争的演变　　手执武器

投掷/射击武器
- 子弹
- 米涅弹
- 线膛火枪

防御装备

服装

武士
- 美国内战步兵
- 英国军团

军事理念和战术

战地工事和运输工具

春田线膛火枪

哈珀斯费里线膛火枪

澳洲步枪

比利时步枪

恩菲尔德步枪

猎兵步枪

▲ 英国军团

朱塞佩·加里波第是意大利独立战争中的民族英雄。1860年,加里波第率领英格兰和苏格兰士兵组成的英国军团,开始反抗奥地利帝国的统治,争取独立。当时,英国军团的武器装备就是1853年政府规定的恩菲尔德线膛长火枪。这张图是托马斯·纳斯特(Thomas Nast)所绘草图的局部放大,来自《伦敦绘图新闻》(*Illustrated London News*)杂志。图中,1860年10月,获胜的英国军队正走在那不勒斯的托莱多路上。

▲ 美国内战时的线膛枪

这幅详图来自《美国内战官方军事地图册》(*Official Military Atlas of the Civil War*)。图中各种线膛枪都是美国内战期间的重要武器。1861—1863年,春田兵工厂共计生产265129支线膛火枪。图中较短的型号,M1855步枪标注有误——它不是老式的线膛火枪。其他各种武器都由欧洲制造——南方联盟军使用的线膛(火)枪都是越过海上封锁线的走私货。

◀ 射程和精度

美国内战期间,南北双方的步兵大都携带.58或.577口径的线膛火枪。膛线是刻在枪管内壁的螺旋线,这是来复枪的特征。线膛枪的子弹在射向目标的过程中会高速旋转,这样就可以保持稳定的方向,大大提高射击精度。受过训练的线膛枪手能够击中600码(550米)处的目标,普通士兵也有望射中250码(230米)处的目标。

参见:
M1863春田线膛
火枪详解,
第218—219页;
美国内战,
第226—247页

M1863春田线膛火枪详解

1.1860年5月18日,美国军械委员会认证了新型.58口径的线膛火枪。M1861春田线膛火枪的生产时间是1861—1863年。1863—1864年,春田兵工厂又推出两款线膛火枪,仅在M1861的基础上稍做改进。美国内战期间,配备春田武器之后,步兵的战斗力增加了四倍。春田M1861的有效射程达到460米,此外,由于使用油纸定装弹、击发火帽和小于枪管口径利于装填的米涅弹,其射击速度也略有提高。

2.M1863春田线膛火枪的枪机面板用三根螺钉从枪托另一侧固定,机心螺钉上装有击发锤。面板上刻有"美国春田"字样,以及型号、年份、苍鹰图案。

3.此为扳机扣至半待发位置时,枪机面板背面的内视图。A:击发锤;B:机心;C:限动器;D:限动螺钉;E:击发阻铁;F:阻铁螺钉;G:阻铁弹簧;H:阻铁弹簧螺钉;I:主弹簧;J:转栓;K:侧螺钉。

战争的演变

4. 春田线膛火枪用的是套筒式刺刀（又称三角刺刀），刀刃长45.75厘米，通过锁扣环（A）安装在枪管顶端。锁扣环可调节，通过一根单螺钉（B）上紧。

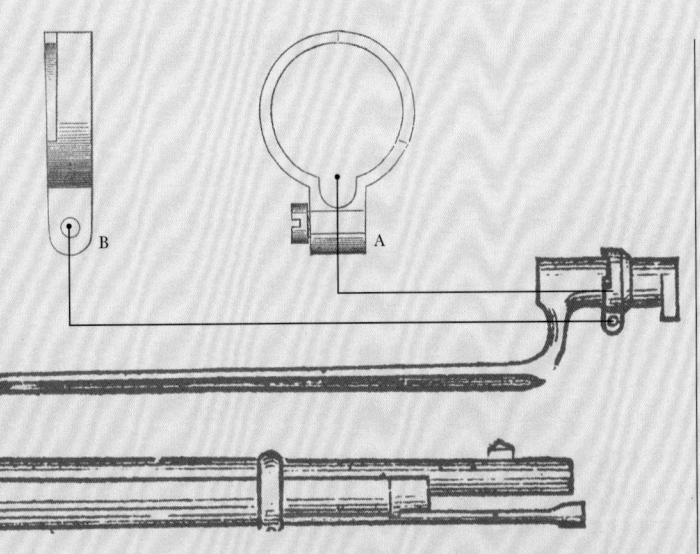

5. 这是M1863春田线膛火枪的黄铜叶片侧视图，基座上有两个黄铜叶片。短叶片用于约275米处的目标，长叶片用于约460米处的目标。

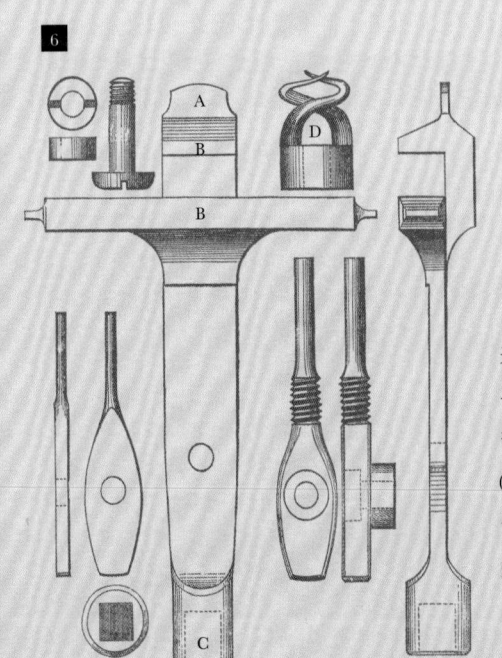

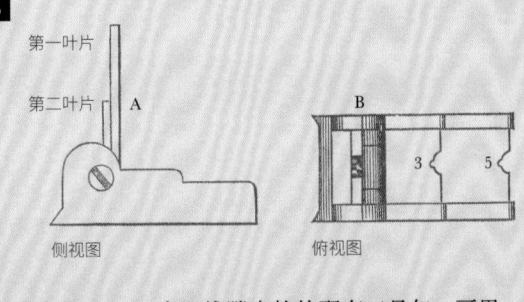

第一叶片
第二叶片
侧视图
俯视图

6. 图中是M1863春田线膛火枪的配套工具包，可用来拆卸和清洁火枪，往往仅由非委任军官携带。其中，平口螺丝刀（A）用来拆卸枪托底、枪托和枪管的衔接部分以及防松螺钉；钳子（B）用来拆卸主弹簧；扳手（C）用来拆卸底火锥，窄口螺丝刀用来拆卸枪机螺丝。士兵仅携带刮擦器兼滚珠螺钉（D）和螺丝刀，前者用来刮擦粘在枪管上的弹丸。

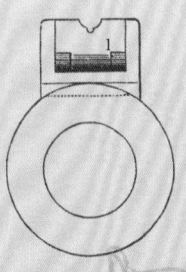

前视图和剖面图，可见100码刻度

克里米亚战争，1853—1856年

战术

克里米亚战争期间，俄国战场气候极端，地形复杂，士兵苦不堪言，英国、法国和奥斯曼帝国的士兵还深受霍乱和痢疾之苦。因暴风雨、夏日酷暑和冬季酷寒造成的伤亡触目惊心。而且一旦供给短缺，士兵就陷入缺衣少食、军火和药品都无以为继的境地。19世纪上半叶，技术进步带来了武器革新，但是骑兵、步兵和炮兵战术并未做出相应改变。骑兵仍沿用拿破仑时代的密集冲锋战术，经常伤亡惨重，巴拉克拉瓦战役中，"轻骑兵的冲锋"就是典型的例子；步兵装备已经革新，他们使用新式的线膛火枪，但是依然以密集阵形冲锋；炮兵则排着整整齐齐的队伍前进，后面跟着拉大炮的前车和弹药箱，这样很容易被敌军炮火击中。

▲ 哥萨克

图中人物为东斯科伊（Donskoi），是一名哥萨克骑兵。据亲见者说，东斯科伊一身哥萨克军服，英姿飒爽。他上身穿着猩红色战袍，腰间系着皮带，皮带上挂满了弹药瓶，下身是长至膝盖的宽松短裤，头戴一顶绵羊皮制的宽檐平顶帽。这种帽子有黑白两种颜色。他手执一根朴素的冲锋骑枪，佩剑没有护手，短枪别在腰间。

▶ 冲进死亡之谷

克里米亚战争中，双方都广泛使用骑兵，图中是1854年10月巴拉克拉瓦战役的场景。英国轻骑兵旅在卡迪根伯爵率领下冲入俄军炮兵阵地，死亡118人，负伤127人，损失战马335匹。

战争的演变

朱阿夫军团

朱阿夫军团建于1831年，最初，法军重点招募北非的部落勇士。克里米亚战争期间，朱阿夫军团在阿尔马河、因克尔曼、巴拉克拉瓦和最后的塞瓦斯托波尔攻城战中，都有突出表现。据称，朱阿夫军团是全世界首屈一指的轻骑兵，他们穿着彩色的阿拉伯风格的军服，头戴针织帽，上身穿蓝色短夹克，下身穿宽大的红色灯笼裤。

高地士兵

克里米亚战争期间，穿着色彩鲜亮军服的士兵是最显眼的目标。图中，苏格兰高地警卫团（又称第42步兵团）的士兵正在从俄军手中夺取阿尔马河畔的山坡高地。高地士兵隶属于陆军元帅柯林·坎贝尔爵士麾下的高地旅，他们头戴熊皮无檐帽，穿着紧身短上衣和黑绿相间的格子呢裙。

海军

1855年9月，攻下塞瓦斯托波尔之后，英国陆军和皇家海军士兵正在检查俄军用的土笼。在这次战役中，俄军被迫凿沉战舰以免其落入敌手，并且使用海军大炮补充陆上炮兵装备，将海军投入陆上作战。

手执武器
· 冲锋骑枪
· 剑

投掷/射击武器
· 大炮
· 短枪
· 线膛火枪

防御装备

服装
· 阿拉伯样式军服
· 苏格兰高地警卫团军服
· 哥萨克军服

武士
· 哥萨克骑兵
· 高地旅
· 朱阿夫军团
· 海军

军事理念和战术
· 过时的骑兵、步兵和炮兵战术

战地工事和运输工具
· 土笼

参见：
骑兵：战术和技术，
第204—205页；
轻装步兵，
第208—209页

技术

克里米亚战争中，壕沟战、炮火盲射或炮火间接射击、电报和铁路等都首次大规模用于战场。炮火盲射时，可以把火炮放在己方掩体之后，朝敌方射击。1794年法国大革命期间，法军就已使用气球侦察敌情；克里米亚战争中，侦察兵又用气球探察敌人隐蔽的炮位，再次展示了这种技术的实用价值。通信也有了质的提升，联军在瓦尔纳和巴拉克拉瓦之间铺设了海底电报电缆，伦敦作战指挥部则通过陆上电缆与前线指挥官直接联络，此举堪称人类历史上的一大突破。新闻记者用新兴的通信技术向大众报道克里米亚战况，让关注联军士兵命运的后方群众能及时获得信息。1855年1月，为了将军需物资从巴拉克拉瓦运往前线，在皇家工兵部队的监理下，英国委托私营承包商修筑了一条军用铁路。

▶ 工兵
图中，英国陈兵塞瓦斯托波尔城下，工兵在挖掘并修缮由土笼加固的战壕，后方的神射手则在壕沟内的射击土垛内就位。英国在一战时才成立皇家工兵队，所以那时候由工兵和非专业士兵执行这类任务。

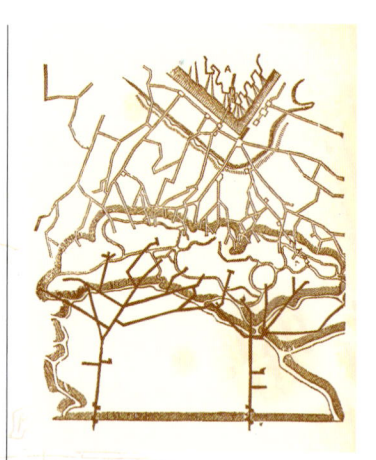

▶ 攻防双方挖掘地道
塞瓦斯托波尔攻城战历时11个月，联军试图通过挖地道攻入城中，俄军也在挖地道，以御敌于城外。英军工兵军团派出了很多技术熟练的工兵小队，并在俄军防御工事下面安置炸药，以破坏敌方据点。

▶ 伏击
由于线膛火枪的精度提高了，1854—1855年的塞瓦斯托波尔攻城战期间，联军和俄军都采用了伏击战术，即埋伏在坑内，伺机出击。伏击时，只要挖个坑，前方堆几块石头，就能供士兵藏身。士兵通过洞眼射击，这样既能杀伤敌人，又不易被敌人反杀。

战争的演变　　手执武器

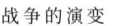

战地医护

克里米亚战争期间，"提灯女神"弗洛伦斯·南丁格尔带领 38 名女性志愿者在斯库台医院工作，在她们的精心护理下，伤员的死亡率大大降低，她们也成为战地护理事业的先驱。在斯库台医院，医生首次使用氯仿作为麻醉剂治疗伤兵。经过这次战争，大众逐渐了解到公共医疗与卫生的重要性，而护理从业者（主要为女性）的地位也得以提高。

参见：
法国观测气球，
第 202 页；
传送电报，
第 239 页

法式骡车担架

英式急救马车十分笨重，而克里米亚地势崎岖，所以在这里英军用的是法国提供的骡车担架。这种担架两侧由吊索悬挂，可以放在骡子背上，能够尽快把伤员从战地包扎所运送到斯库台医院。

新闻记者

威廉·罗素（William H. Russell）是伦敦《泰晤士报》的特派记者，在现场报道克里米亚战争。那时候记者可以自行决定报道什么样的新闻，比如罗素揭露了士兵缺乏补给的窘迫境遇，他还赞扬护士玛丽·西克尔的勇气。这位牙买加黑人护士想加入护理团队，但是被南丁格尔拒之门外，于是她自己建起了一家医院。罗素的新闻是利用刚刚出现的电报送回英国的。

投掷／射击武器
· 线膛火枪

防御装备

服装

武士
· 工兵军团

军事理念和战术
· 战地医护
· 炮火盲射
· 通信技术
· 攻城战术
· 壕沟战
· 气球侦察
· 伏击

战地工事和运输工具
· 军用铁路
· 土笼

223

加农炮详解

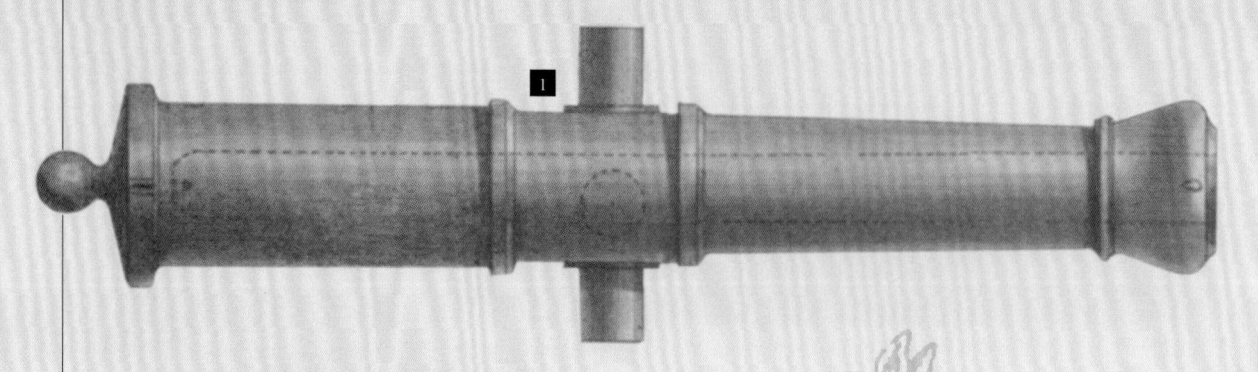

1. 图中是加农炮炮筒，1846—1848年的美国和墨西哥战争中，美国大量使用这种加农炮。这是一架6磅加农炮。19世纪之前的大炮炮筒上经常刻着复杂精致的装饰图案，相比之下，这种炮筒简朴许多，但是在某些细节上，依稀保留着古风，比如圆弧形炮口、外环、炮管坡膛处的圆形图案、较宽的后膛带和炮尾外环。

2. 19世纪早期，大部分西方国家都以实心弹重量作为大炮的分类标准。当时，所有炮弹都是铁球，铁球的重量与大炮口径相配套。口径为9.32厘米的大炮用6磅重的炮弹，故称六磅炮。骑马炮兵主要用六磅炮。

3. 挂在大炮下面的是一个铁皮桶，配有木质桶盖和套索扣，通过两个连杆和旋转接头拴在炮车车轴的洞眼上。桶里装着蘸水的海绵，用来清洗发射后的炮筒。

4. 大炮用炮耳安在木质战地炮车上，炮耳是炮管的自带部件。得益于这种设计，炮管可升降，用来调整大炮的射程和弹道。M1841六磅炮的射程一般为1390米。

战争的演变

5. 大炮通过牵引杆与前车相连。牵引杆的挂钩上绕着套绳，这是一条长约 8 米的粗麻绳。若在行军时开炮，炮兵会用这条套绳把大炮固定在前车上，不需要反复安装前车。

6. 大炮前车是移动炮车的前部，可以拆卸，套在拉车的马匹上。前车上有工具箱，内盛大炮射击和维护工具。炮组实地发射时，前车会移开，与大炮保持距离，以策安全。

7. 行军时，有些炮兵会坐在前车上，负责驾车的炮兵则骑在左边的拉车马匹上。此外，前车上还备有弹药箱。

美国内战，1861—1865年

步兵战术

威廉·约瑟夫·哈迪是美军中将，1838—1861年在军中服役。1855年3月，美国军队和民兵组织确认其著作《步枪兵和轻装步兵战术手册》为美军正式的操练手册。为了充分利用当时先进的步枪和线膛火枪等武器，哈迪的手册参考了美国军械部尉官斯蒂芬·贝尼特翻译的法国军事手册。内战初期，哈迪的手册在军中风靡一时，不过后来被希拉斯·凯西将军编写的《步兵战术》（1862年出版）取代了。哈迪出生于佐治亚，在内战中支持南方军队，他在1862年推出稍做修改的新版本手册，专供南方联盟军使用。

▲ 战术手册
哈迪的《步枪兵和轻装步兵战术手册》内页，由J. O.凯恩在1862年出版。

枪上肩
哈迪手册第一课为"枪上肩动作要领"。士兵把线膛火枪放在身体右侧，持枪的右手几乎完全伸直，扳机防护向前。第一课的最后几个动作是：向左看；向右看；向前看；向前、向后、向左、向右转。

支枪
第二课为"枪操作"，分为几部分。第一部分为支枪，士兵将线膛火枪移至左肩，用左前臂支撑击锤，左手放在胸前。这个动作可以过渡到"枪上肩"动作。

直举枪
直举枪的标准步骤是：保持直立，把枪从右肩移至中间，通条向前，左手抓住火枪的瞄准部分和下部中间的地方，右手抓住扳机防护旁的枪托部分。

战争的演变　　　　　手执武器

引火

收到"引火"口令后，士兵应用左手把线膛火枪放在腰间，枪托底部在右前臂下，枪口高度与眼睛齐平。用右手拇指将击锤拉到半待发状态，从火帽袋中取出黄铜击发火帽，安在枪机顶端的引火嘴上。

参见：
M1863春田线膛火枪详解，第218—219页；
步兵：制服和装备，第228—229页

投掷/射击武器
· 步枪
· 线膛火枪

防御装备

持枪立正

收到"持枪立正"口令之后，应把枪托底部放在靠近右脚边的地上，枪口离肩膀2英寸，通条朝前，枪托底的尖顶紧挨右脚，并与脚趾成一条直线，枪管垂直于地面。收到"稍息"口令之后，士兵无须再保持军姿。

服装

开枪

收到"开枪"口令后，士兵用食指扣动扳机，线膛火枪射出米涅弹。之后士兵应保持射击姿势，在收到新的口令之前，"头不能下垂或扭动"。

武士

军事理念和战术
· 操练
· 军事手册

装填弹药

线膛火枪装填子弹，士兵需要执行一系列口令。"开始装填"时，把枪托底部放在两脚之间，左手抓住线膛火枪，右手把定装弹盒移至胸前，以便取出弹药。后续口令分别是：取出定装弹药；撕开定装弹药（咬开包装油纸）；放入定装弹药（把黑火药和弹丸先后放入枪管）；取出通条；通条塞弹药；通条复位。

预备，瞄准

收到"预备，瞄准"口令后，士兵右脚退后，抬起线膛火枪，使之与眼睛齐平。用枪管上的准星瞄准，把击锤往后拉，让枪处于全待发位置，手指放在扳机上。

战地工事和运输工具

步兵：制服和装备

南北战争打响后，前几个月北方联邦军和南方联盟军都穿着五花八门、色彩艳丽的军服，直到1862年，北方军队才统一穿蓝色制服，而南方军队也大多穿灰色制服，此时这场战争又称"蓝灰之战"。其实，1851年的美国军服就是暗蓝色，但是当时正规军规模很小，南北各州的民兵很多都穿灰色制服，很多州还允许民兵团中各连队自行选择制服。1861年，南方各州为其正规军配备了统一制服，包括"候补军官灰"军礼服大衣，这种大衣在衣领和袖口处有不同颜色的花纹，代表不同的兵种。但是南方军队正规军人数不多，民兵的制服各有特色。其中最艳丽的当数朱阿夫样式制服，即效仿法国朱阿夫军团制成的军服。

埃尔斯沃思的朱阿夫候补军官

这幅详图来自1860年7月的《弗兰克·莱斯利新闻画报》（*Frank Leslie's Illustrated Newspaper*）。从中可以看出，当时有些民兵连队用的制服深受朱阿夫军服的影响，装饰繁复。亚伯拉罕·林肯的朋友埃尔默·埃尔斯沃思（Elmer Ellsworth）在芝加哥组建了一支美国的朱阿夫候补军官队伍，并于1860年在多州进行了操练巡回表演。

联邦步兵

这幅全身像是《内战军官图册》中的全页图。自1862年起，联邦步兵的制服和装备就基本统一：头戴M1859军便帽，上身穿有四个纽扣的直背短大衣，下身穿天蓝色长裤，手拿M1861春田线膛火枪。士兵随身携带有涂胶帆布制成的黑色军用背包、军毯、扁球形水壶和一个染黑的帆布拎包。

民兵背包

多个州的民兵团都用硬盒式背包来携带备用衣物和其他军需品，这种背包内有木质框架，外罩染黑帆布。图中是纽约州第7民兵团的背包，外面有一个军用炊事饭盒，用背包带固定。在纽约州，第7民兵团英勇善战，威名远扬。

战争的演变

猎兵

图为布鲁克林市组建的纽约州第14民兵团，这些民兵身着法国猎兵样式的制服，即红袜子、带有两排钟形纽扣的暗蓝色夹克、带一排钟形纽扣的红背心，外加红帽子。与内战时其他民兵团不同，直到1864年解散，第14民兵团的猎兵尽管制服风格统一，但是具体颜色、搭配并不相同。

联盟步兵

联盟步兵的军服和装备并不统一。许多士兵穿着灰色或灰胡桃色的紧身短夹克和长裤，头上的帽子却各式各样。虽然没有背包，只有军毯和罩衣吊带，但是他们的装备依然和北方联邦步兵相似，但是他们用的都是"南方制造"。

参见：
朱阿夫军团，
第221页

身穿灰衣的联邦士兵

马萨诸塞州第1兵团的士兵制服是灰色的，衣领和肩带处有红线装饰。后来，该兵团很快采用了统一的联邦蓝色制服。1861年，该兵团招募士兵，服役期为三年。兵团作战勇猛，参加了东部所有的大型会战，最终在1864年解散。

狩猎衫

南方军队许多步兵都是农民或林区居民，内战初期，他们的军服五花八门，样式奇特。图中是一位来自肯塔基州的志愿兵，他穿着流苏缀饰的狩猎衫，这身衣服仿佛能把人们带回美国独立战争时期。

手执武器

投掷/射击武器
- 线膛火枪

防御装备

服装
- 猎兵制服
- 联邦蓝制服
- 联盟灰制服
- 狩猎衫
- 朱阿夫样式制服

武士
- 马萨诸塞第1兵团
- 纽约州第7和第14民兵团
- 美国朱阿夫候补军官团
- 步兵

军事理念和战术
- 统一军服

战地工事和运输工具

229

骑兵

南北战争开始的时候，骑兵正处于职能过渡阶段。在拿破仑时代，大量骑兵集中冲锋，能够攻破步兵方阵；但是线膛火枪出现后，步兵有了这种射程更远、精度更高的武器，以骑兵为主力的集中冲锋战术再无用武之地。南北战争中，双方骑兵都以小队形式执行通信、护卫和侦察等任务。比如，在防御战中，骑兵可以殿后守卫；敌军撤退时，骑兵可以追击；进攻时，骑兵能有效地守卫两翼。骑兵还能长途奔袭，绕到敌后破坏通信设施、补给仓库和铁路。内战中，南方军队发动了19次骑兵突袭，北方军队15次，这种战术的威力可见一斑。

▶ 北方军队制服

这幅图同样来自《内战军官图册》，图中的联邦下士身穿1861年联邦军队规定的骑兵军服。他头上戴着M1858哈迪帽，身穿暗蓝色紧身夹克，领口和袖口处用黄线锁边。他戴的黄铜肩章最初是用来抵挡敌人赛博剑的攻击的。

▶ 赛博剑

南北两军中，很多骑兵都佩了M1840重骑兵（龙骑兵）赛博剑。这种型号的赛博剑模仿法国赛博剑样式，剑刃呈曲线，剑柄顶端有黄铜制圆球，配有弗里几亚头盔造型的半篮式护手，手柄用皮革包裹，并用黄铜线缠绕。铁制的剑鞘上有两个圆环和一个剑鞘尾。

▶ 南方军队制服

这幅图画来自《内战军官图册》，图中士兵身穿1861年6月联盟军队规定的正规军军服。军事历史学家认为，这套军服的设计者是尼古拉·马歇尔（Nicola Marschall），他是一位移民到美国的德国艺术家，设计过程中，他可能参考了奥地利的猎骑兵制服。军服衣领和衣袖处的黄色面饰正是美国骑兵的标识。

▶ 赛博剑操练

内战时期，骑兵主要使用《骑兵战术》操练手册。该手册由菲利普·圣乔治·库克准将编写，1861年出版。库克是联邦军官，也是南方联盟北弗吉尼亚州军队骑兵总指挥斯图亚特将军的岳父。在原手册中，这分别是赛博剑左格挡和右格挡姿势的配图。

战争的演变

麦克莱伦马鞍

乔治·布林顿·麦克莱伦是美国军队中的职业军官，曾与其他军官一起受命赴欧洲考察军事新技术。麦克莱伦借鉴用匈牙利木材制作的普鲁士骑士马鞍，设计出麦克莱伦马鞍。1859年，美国军方将麦克莱伦马鞍定为军用物资，广泛使用。

通信和护卫兵

联邦正规军骑兵经常充当通信和护卫兵，所以许多骑兵团被分成小队，承担各种任务。1864—1865年，美国第5骑兵团的B连、F连和K连就负责军队总指挥尤利西斯·辛普森·格兰特中将的护卫工作。

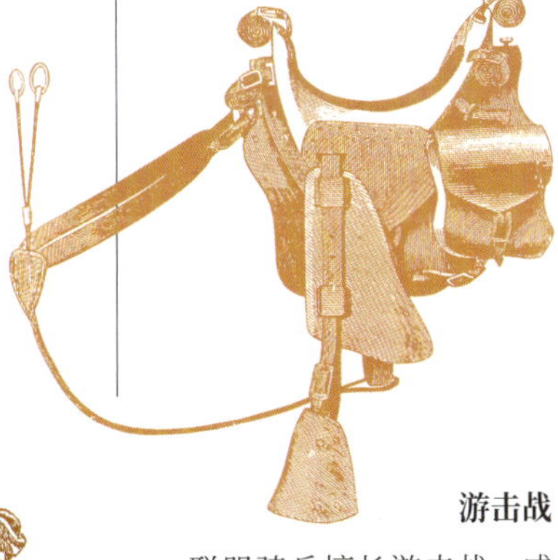

游击战

联盟骑兵擅长游击战。威廉·克拉克·匡特里尔就带领一些支持联盟的丛林游击队员在堪萨斯－密苏里边境一带活动，虽然没有严格的组织，但是他们杀害了许多支持联邦军队的平民。约翰·辛格尔顿·莫斯比则在弗吉尼亚境内联邦军战线后方领导游击战，同样神出鬼没，让联邦军不胜其扰。

手执武器
· 赛博剑

投掷／射击武器
· 线膛火枪

防御装备

服装
· 联盟骑兵制服
· 哈迪帽
· 联邦骑兵制服

武士
· 美国第5骑兵团
· 重装骑兵
· 匡特里尔突击队
· 正规骑兵

军事理念和战术
· 游击战术

战地工事和运输工具
· 麦克莱伦马鞍

火炮

我们可以根据基本设计样式、重量、炮筒长度和炮弹类型,对内战期间双方使用的火炮进行分类。其中,6磅和12磅的轻型野战火炮又可分为普通火炮和榴弹炮。普通火炮炮筒长、炮体重,发射实心弹,射程远、射击高度低,所需发射火药量大。榴弹炮炮筒比普通火炮短,发射炮弹和爆炸弹,射程较近,但是射击高度更高,所需发射火药量较小。线膛炮(如帕罗特和威特沃斯)射程更远,而且精度非常高。18磅和24磅攻城炮主要用于攻城和堡垒战,口径更大的哥伦比亚海军炮则用于海防。迫击炮炮筒又短又粗,射弧高,可发射重磅炮弹。迫击炮只需要少量的发射火药,就能射出实心或爆炸炮弹,并能达到最大射击高度。

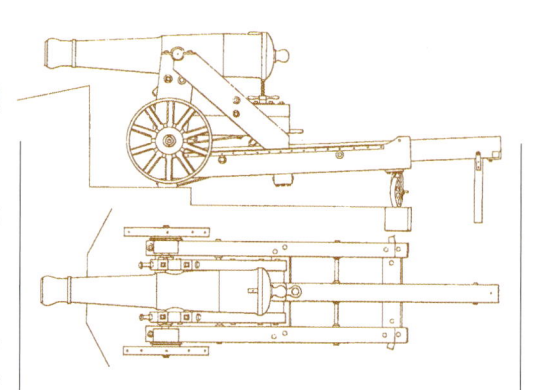

攻城炮

这幅详图来自1861年发表的《军械手册》。图中是一门架在木质高台炮车上的24磅攻城炮,可以越过胸墙发射。内战期间,华盛顿特区周围的防御工事里往往会布置此类重型火炮。

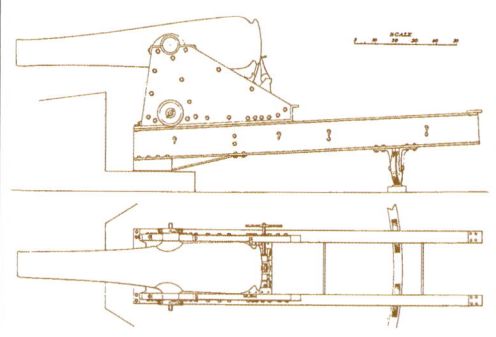

野战炮

内战期间,战地炮组一般由6—8门炮组成,由一位上尉军官指挥。每一对炮由一位中尉负责,每门炮由一位中士指挥,两位下士和四位炮手负责操作。

海防炮组

海防炮组由重型加农炮组成,图中的罗德曼火炮就是其中一种。海防炮往往架在铁制的高台炮车上,前方有枢轴,所以炮口既可以转动,又可以升降。如图所示,平台上设有圆轨,炮体可以绕此圆轨转动。

战争的演变

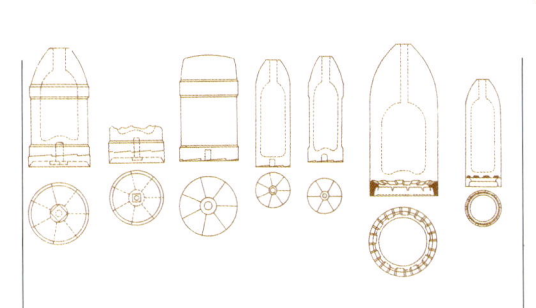

爆炸弹以及弹托

线膛火炮（如 100 磅帕罗特炮）的炮弹底部装有弹托，弹托由锻铁、黄铜、铅或铜制成。发射时，安装在底部的弹托会膨胀，嵌入炮筒膛线，将炮弹旋转射出，其精度和射程都远远超过滑膛炮。这些图纸来自《内战军官图册》，不仅标明了炮弹尺寸，还有安在炮弹底部的黄铜弹托零件图。

驻地炮

这是一幅根据照片绘制的版画。1865 年 8 月，马萨诸塞州第 3 重型炮兵团的官兵正在华盛顿特区的土屯堡守卫一门大炮，这是一门带有中心枢轴的 400 磅帕罗特炮，安在铁制高台上。这种炮是西点军校毕业生罗伯特·帕克·帕罗特发明的，后膛处加装了一圈锻铁制补强带。

山地榴弹炮

小口径山地榴弹炮专用于山地战。运送时，可以将其拆卸，捆扎后用驴或马运至战场，也可以用驴或马连炮架一起直接搬运（如图所示）。右边马背上，还捆扎着弹药或工具箱。

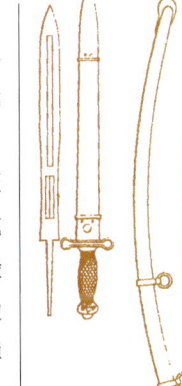

直刃剑和曲刃剑（赛博剑）

北方联邦和南方联盟的炮手往往佩剑，若是其炮组或单门炮炮位被敌人攻占，他们就用剑继续战斗。重型炮（如 24 磅火炮）炮手携带 M1833 徒步炮兵剑，而骑马的炮手往往携带 M1840 轻型炮兵赛博剑。

铁路炮组

1864 年 8 月，在马里兰州坎伯兰东部巴尔的摩至俄亥俄的铁路上，出现了早期装甲火车。火车由北方联邦士兵守卫，车上装有铁甲炮组，"每组包括三门火炮，有四节防火枪弹车厢，车厢有洞眼，供射击用"。1870 年巴黎攻城战中使用的装甲火车就脱胎于这种铁路炮组。

手执武器
- 赛博剑
- 直刃剑

投掷/射击武器
- 哥伦比亚炮
- 榴弹炮
- 迫击炮
- 帕罗特炮
- 罗德曼炮
- 威特沃斯炮

防御装备

服装

武士
- 马萨诸塞州第 3 重型炮兵团
- 炮手

军事理念和战术

战地工事和运输工具
- 装甲火车
- 高台炮车
- 运载山地炮的驴马

参见：
炮兵的演变，
第 210—211 页；
加农炮详解，
第 224—225 页；
火炮，第 296—297 页

233

战术：堡垒和攻城

美国内战期间，双方都广泛使用并积极改进战地防御工事。双方许多军官都出自西点军校，师从丹尼斯·哈特·马汉，学习军事工程和防御工事技术。马汉坚信工事构筑在战争中的重要作用，所以大力推进军事工程学的发展。17 世纪的法国军事工程师赛巴斯蒂昂·勒普雷斯特·德沃邦和 19 世纪的瑞士军事理论家巴伦·约米尼将军等人则是军事工程学科的奠基人。马汉精心编写了《战地防御工事全本》，此书于 1836 年首次出版，1861 年、1863 年在纽约重印，1862 年在美国南部重印。这本书内容完备翔实，涵盖战地防御工事和壕沟的规划、施工、防御，以及进攻等方方面面，是防御工事领域的权威手册。

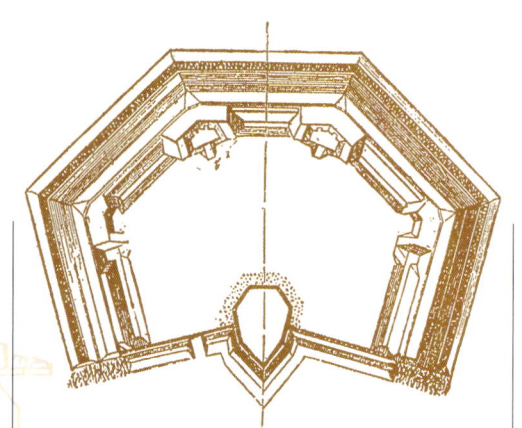

半月堡

半月堡是内战时期一种常见的独立式战地防御工事，堡内有为大型炮准备的炮位。堡垒由土方堆砌而成，除隐蔽的堡尾外，全部挖深沟防护，堡尾处有围桩，围桩外侧有突出的双边棱堡，故又称凸角堡。

速成坑道

这幅画描绘了 1863 年维克斯堡攻城战的场景，北方联邦的士兵迅速搭建了坑道，神射手在坑道后面向敌方射击，坑道内还有土笼护墙，其他士兵则在深壕沟中休息。壕沟后边有土堤防护。

战争的演变　　手执武器

投掷/射击武器

胸墙和壕沟剖面图
该剖面图展示了堡垒内部、上层和胸墙外坡的结构。壕沟面对敌人的一侧往往设有由尖桩组成的障碍物，壕沟底部可能也有尖桩栅栏。胸墙围起来的部分是垒道。

防御装备

外围障碍物
用来御敌的外围障碍物多种多样，绊马索就是其中一种，它可能是荷兰人在1594年格罗宁根攻城战中发明的。绊马索由一根横梁和两排交错的尖标枪组成，横梁约2.75—3米长，标枪约3米长。如图所示，除了绊马栅栏外，守军还会布置底部带尖桩的方孔和圆孔狼阱，以及铁丝隔栅等。

服装

武士

木屋碉堡
大型防御工事中，木屋碉堡较为常见。若外围防线失守，士兵可以躲进木屋碉堡，避开敌方火力攻击，那些分散在各地的小型驻军也可依靠碉堡抵挡敌方大部队的进攻。图中这座碉堡是根据马汉的防御工事原则修建的，用厚度一致的竖直圆木搭建，入口处设防护廊道。在碉堡围墙四周，士兵把土堆至围墙一半高处，以加强防护。

星堡
星堡外围有多个凸角，凸角的数目决定了星堡类型。图中是一个八角星堡，周围有宽沟防护，在垒道部分还有用于掩护的横坡（或障碍物），防止守军被飞来的弹片击伤。

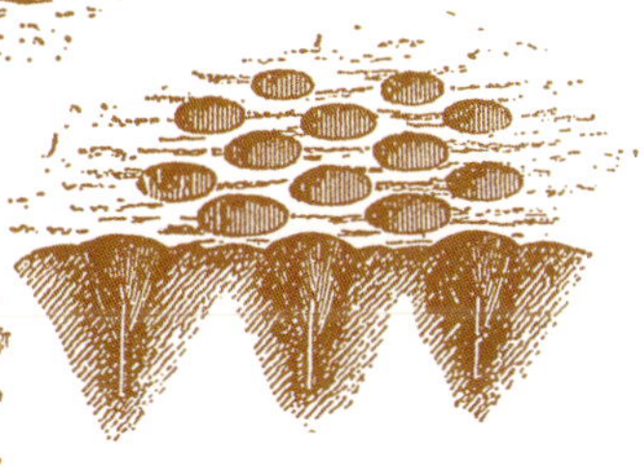

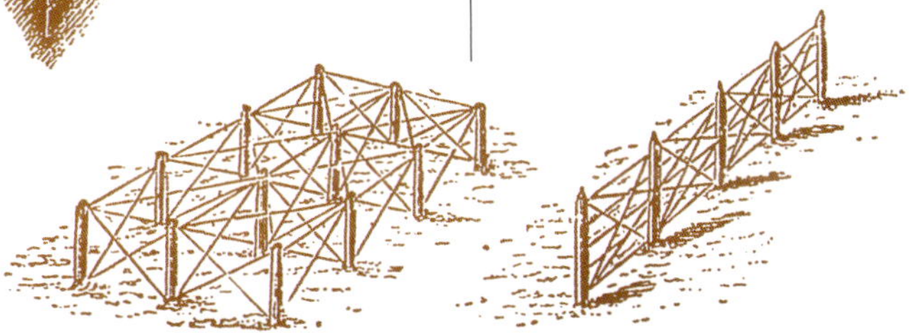

军事理念和战术
· 修建战地防御工事
· 修建军事工程

战地工事和运输工具
· 碉堡
· 星堡
· 绊马索
· 土笼护坡
· 半月堡
· 土堤
· 凸角堡
· 狼阱

235

连珠步枪和卡宾枪详解

1. 美国内战期间，军队开始大量使用后膛连珠步枪和卡宾枪。北方联邦士兵率先使用七发 M1860 斯宾塞步枪，最终锁定了胜局。斯宾塞步枪号称"横向射击塔"，是一种手动操作的杠杆扳机枪，管状弹匣放在后托里，内置边缘发火定装弹。北方骑兵还大量配备了更短小轻巧的斯宾塞卡宾枪。各类 M1860 斯宾塞步枪都可以与三角形或剑式刺刀配套使用。

2. 操作斯宾塞步枪或卡宾枪时，应该先扳下杠杆，退出之前已经发射子弹的空弹壳，与此同时，待发定装弹就位，可以在关闭后膛时填入机匣。M1860 斯宾塞步枪还加装了斯泰布勒隔断装置，确保它可以作单发枪使用，弹匣备用。

3. 扳下杠杆后，再手动将击锤扳至待发位置，此时步枪为待发状态。管式弹匣放在后托中，内装 7 发边缘发火弹，用螺旋弹簧驱动，可以将边缘发火弹填入机匣。娴熟的射手能够在 10 秒内瞄准并发射 7 发子弹。

4. 距后膛 8.6 厘米处的弧线弹簧基座上，有一个折叠单片状准星，枪口处还有一个前准星，三点一线，可以提高斯宾塞步枪的精度。

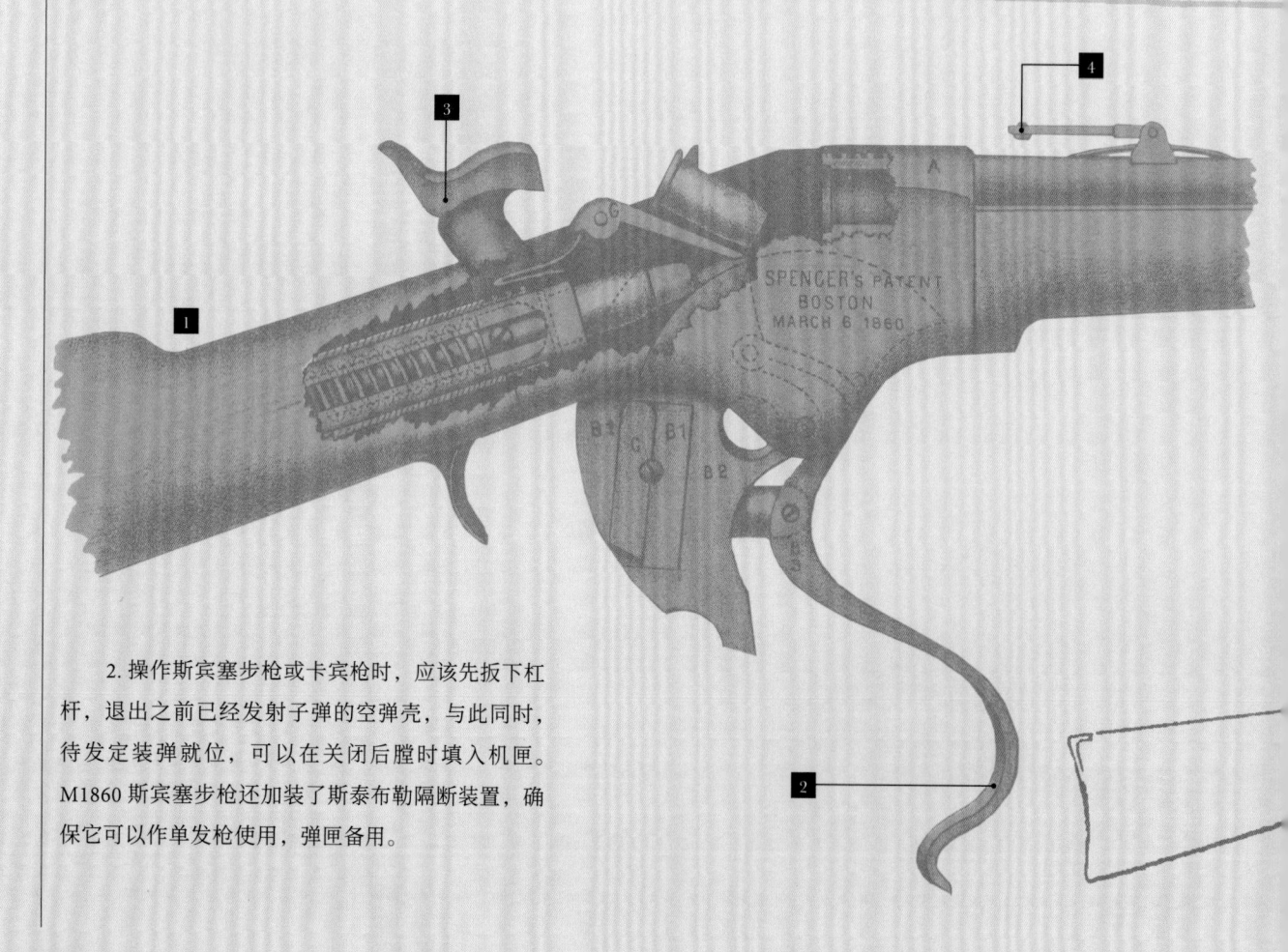

5. 内战后期，可以携带更多备用子弹的布莱克斯利弹盒面世，士兵称其为快速装填弹盒。骑兵用布莱克斯利弹盒可装 10 个弹匣管，步兵的弹盒可装 13 个，也就是说，他们另外备有 70 或 91 轮连发用子弹。

6. 内战期间，北方联邦军采购最多的后膛步枪就是 .52 口径的斯宾塞步枪，曾一次购入 11472 支。这种斯宾塞步枪重 4.5 千克，全长 119 厘米，枪管长 76 厘米，枪管上可安装尖角刺刀。这幅图来自《内战军官图册》，但是不准确，图中只能看到枪管上有两个环带，实际上有三个。

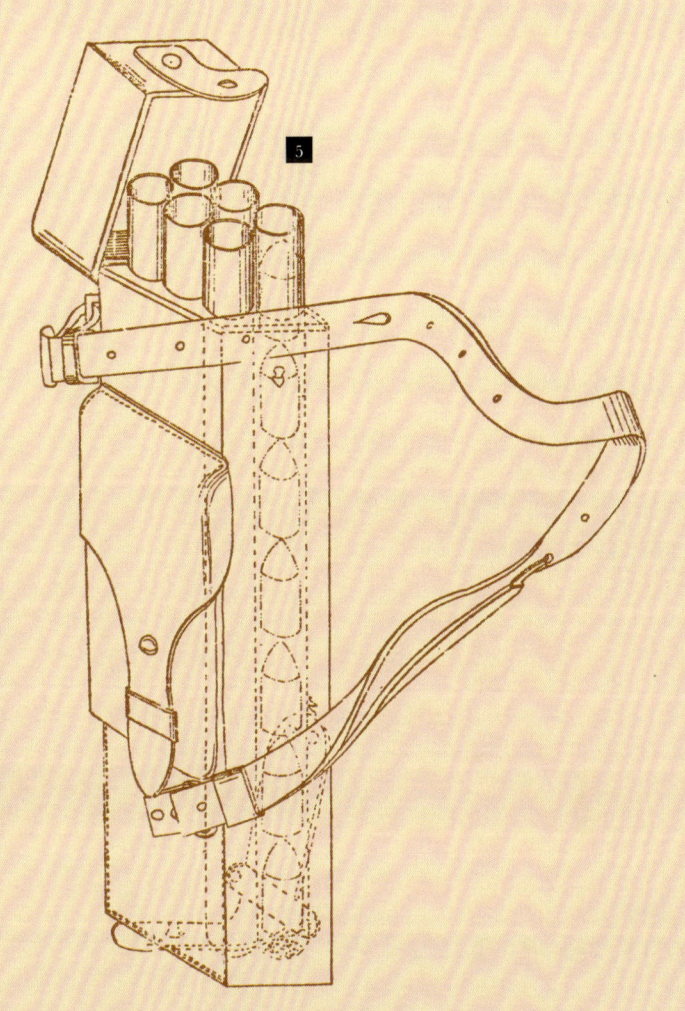

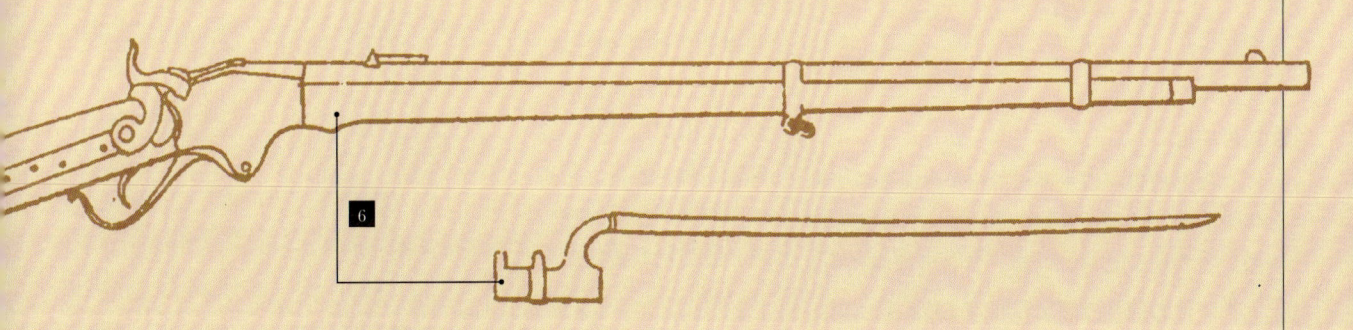

通信技术

南北战争期间，双方都有专业的通信兵团。内战前夕，联邦军队任命艾伯特·迈耶少校为首位通信兵军官，并正式组建通信兵团。南方军队中的通信兵团则由威廉·诺里斯上校和迈耶的前正规军助理爱德华·亚历山大牵头成立，虽然规模比北方小很多，但是通信手段并无多大差别。双方都用无线电波发送电报，用站台摇旗信号传递信息，用气球进行空中观察。

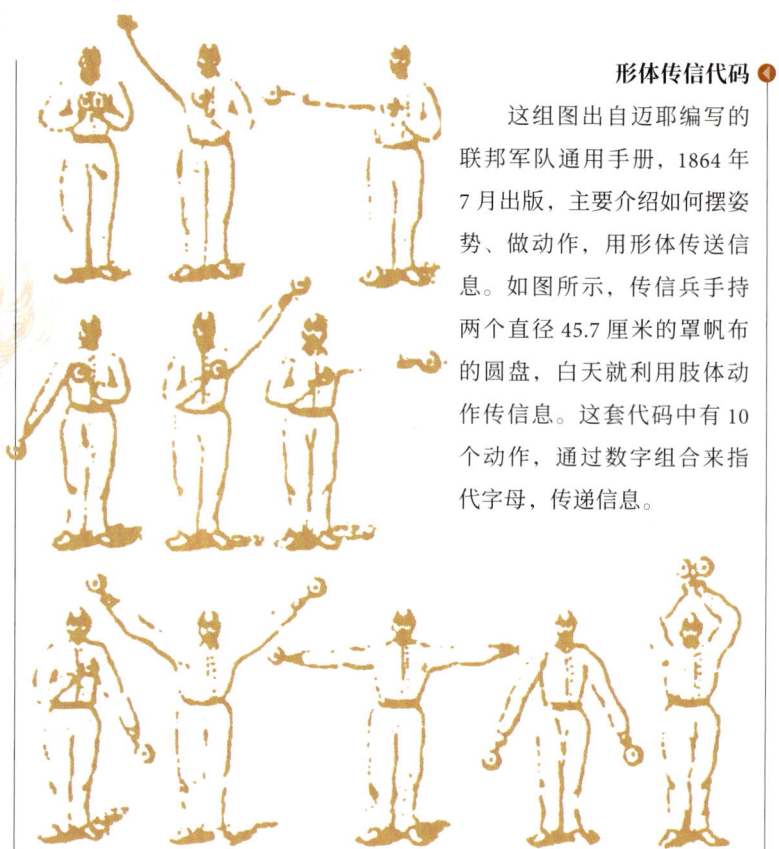

形体传信代码

这组图出自迈耶编写的联邦军队通用手册，1864年7月出版，主要介绍如何摆姿势、做动作，用形体传送信息。如图所示，传信兵手持两个直径45.7厘米的罩帆布的圆盘，白天就利用肢体动作传信息。这套代码中有10个动作，通过数字组合来指代字母，传递信息。

信号手枪

夜间通信可以用手枪射击单色或多色光柱弹来实现。这种信号弹是本杰明·科斯顿发明的。天气状况良好的时候，其有效视程约为8千米。单色信号弹燃烧时间为8秒，双色和三色信号弹燃烧时间分别为17秒和26秒。

信号迫击炮

在夜间军事行动中，北方军队会用迫击炮发射信号弹来传递信息。具体做法是，用定装弹药为照明弹托底，在发射过程中引燃照明弹。图中的信号兵正扛着迫击炮，肩带上还系着照明弹。如果路途较远，就会用驮畜搬运全套设备。

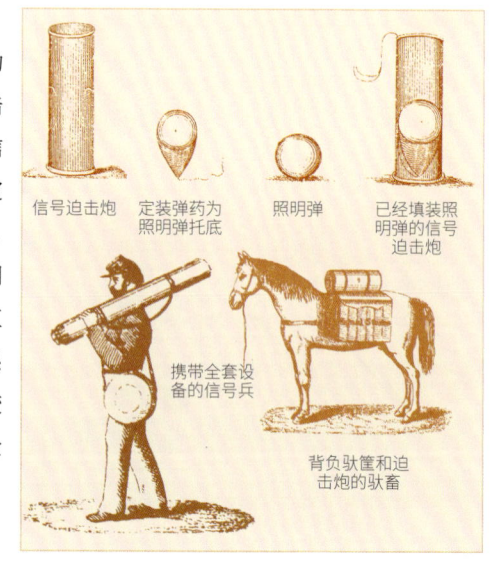

战争的演变　　手执武器

投掷/射击武器

防御装备

服装

武士
· 联盟通信兵团
· 联邦气球民兵团
· 联邦通信兵团

军事理念和战术
· 电磁通信
· 摇旗通信
· 气球侦察

战地工事和运输工具
· 驮畜

▲ 夜间信号

图中,一个信号兵手持火把,站在信号站旁边的平台上,摆出"预备"这一姿势。平台上挂着白天用的信号旗。右边是一名军官,正拿着夜间望远镜四处观察。

▲ 电报线

图中,信号兵正在安装电报线。电报线用的是绝缘铜芯线,可以放在灯杆上,就近挂在树上,或沿着栅栏铺设。士兵会用小车装运成卷的电报线。电报线连通之后,小车就可以当作电报办公室使用。左边的士兵正在挖洞,以埋设电线杆。

▲ 传送电报

传送电报的电磁装置有一个拨号盘,上面标注着数字和字母,拨号带动手柄,只要在需要的字母处停住,线路另一端的电报仪器就会出现相应的字母。当时有位作者写道:"电报装置如此简单,只要不是文盲,就能熟练使用。"

▲ 观测气球

南北双方都用气球侦察敌情,并向战地指挥官发送电报信息。萨迪厄斯·洛维开发出了氢气球,北方联邦气球民兵团用"勇者无惧"号氢气球执行任务,南方联盟军则用法式热气球。北方联邦气球民兵团是地形地貌工程师管理局管辖的民间组织。

239

柯尔特左轮手枪详解

1. 1814年，塞缪尔·柯尔特出生在康涅狄格州哈特福德市，他从小就喜欢枪支，喜欢琢磨枪支的工作原理。柯尔特曾在商船上工作，并远赴印度，航行中，商船舵轮激发了他的兴趣。他看到舵轮转动时，轮辐会与离合对齐，于是柯尔特想到，如果为手枪安装类似的"舵轮"，那么只要转动枪机，就可击发手枪了。

2. 1836年2月25日，塞缪尔·柯尔特获得了左轮弹匣生产专利，这是他的第一个美国专利。之后21年，柯尔特几乎垄断了左轮手枪制造业务。1861年内战爆发时，他已经生产出各种型号的左轮手枪，其中包括.44口径的柯尔特龙骑兵型左轮手枪、.31口径的陆军和海军用柯尔特M1851、.44口径的陆军用柯尔特M1860左轮手枪。内战期间，南北双方都广泛使用这些型号的左轮手枪，这里仅以.44口径陆军用柯尔特M1860为例，详细介绍这种新式武器。

战争的演变

4. 如图所示，.44 口径的陆军用柯尔特 M1860 左轮手枪的转轮弹匣可装 6 发子弹，子弹为直径为 0.454 英寸（1.15 厘米）的铅制弹丸或锥形子弹，发射装药为 30 格令（1.95 克）的黑火药，含有雷酸汞的黄铜击发火帽对撞击非常敏感，能迅速点爆火药。击锤击发之后，火帽点燃发射装药，弹丸射出枪口的速率为 230 米每秒。

5. 如图所示，这就是陆军用柯尔特 M1860 左轮手枪的一种锥形子弹。较原始的子弹制品里，黑火药定装弹是用锡纸包装的，与弹丸贴在一起。1860 年，柯尔特军械厂开始用可燃油纸包裹定装弹，然后再将全部子弹裹在一起，用开弹线捆扎。

3. M1860 柯尔特左轮手枪有一个棘齿型装弹杠杆，扳下杠杆，它就与 20.3 厘米长的枪管呈直角，可把射击弹药和子弹严严实实地塞进待发射的转轮弹匣内。

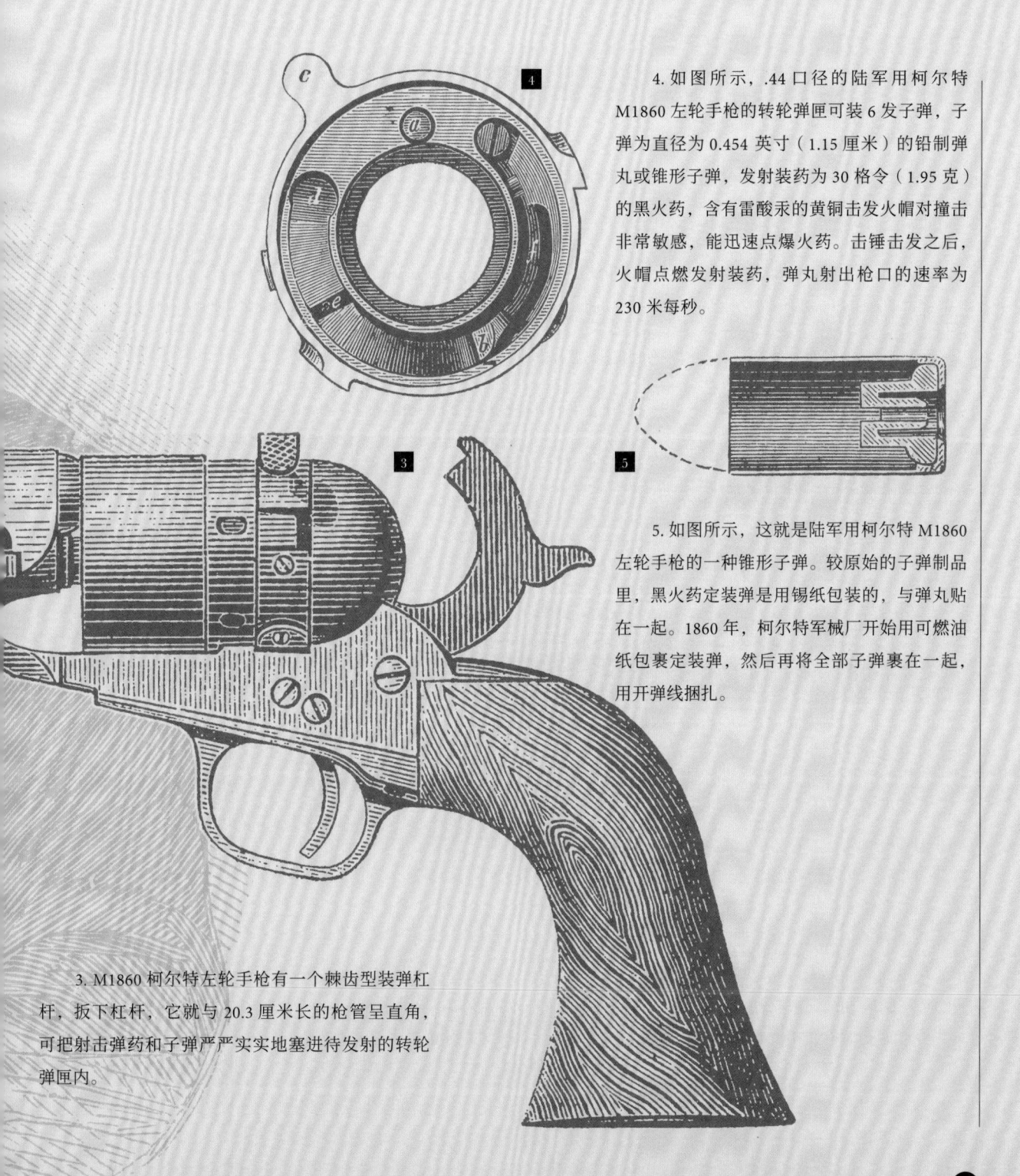

营地生活

北方联邦军队带了各种各样的帐篷，以确保战士有落脚之地。战争后期，帐篷越来越小。由于供应不足，南方军队士兵往往没有帐篷可用，只有军官才享有这种待遇。南方军官用的屋形帐篷和联邦士兵的帐篷类似，很多都是从北方军队缴获的战利品。两军都会搭建简易军棚，一般就地取材，所以材料五花八门，比如粗加工木材、栅栏木板、玉米秸秆，或是干草。到了冬天，军队会建造较舒适的木屋。士兵会在营地靠后的地方支起大铁炉，但是作战的时候就得用便携式平底锅。每个士兵都随身携带杯子、餐盘、刀、勺子、三头叉等餐具。

● 双人军用帐篷

这种双人小帐篷俗称"狗帐篷"，大概出现在 1861 年，是用斜纹棉布、轻帆布或是橡胶制成的。帐篷分为两半，每个士兵携带一半。需要支帐篷的时候，两名士兵把带刺刀的火枪插在地上，两个火枪之间的距离为帐篷宽度的一半。用火枪的扳机护环做钩子，拉紧配套的绳子，就组成了撑起帐篷的横梁。

● 霍普炉

不管是战斗还是日常起居，士兵大部分时间都待在战壕里，于是在内战晚期，出现了战壕或散兵壕专用的霍普营地炉。1863 年 1 月，霍普炉获得专利。这种炉子由金属薄板制成，形状像个盒盖，面板上留了两个孔，一个用来安装烟囱，另一个可以用来放烧水壶。

参见：
步兵：制服和装备，
第 228—229 页

● 西布利钟形帐篷

钟形帐篷的发明者是毕业于西点军校的亨利·霍普金斯·西布利。这种帐篷脱胎于印第安人的圆锥形帐篷，高 5.5 米，直径 3.7 米，可以住 12 名士兵。帐篷仅由一根架在铁制三脚架上的帐篷杆支撑，三脚架上配有可收紧或放松的调节装置。

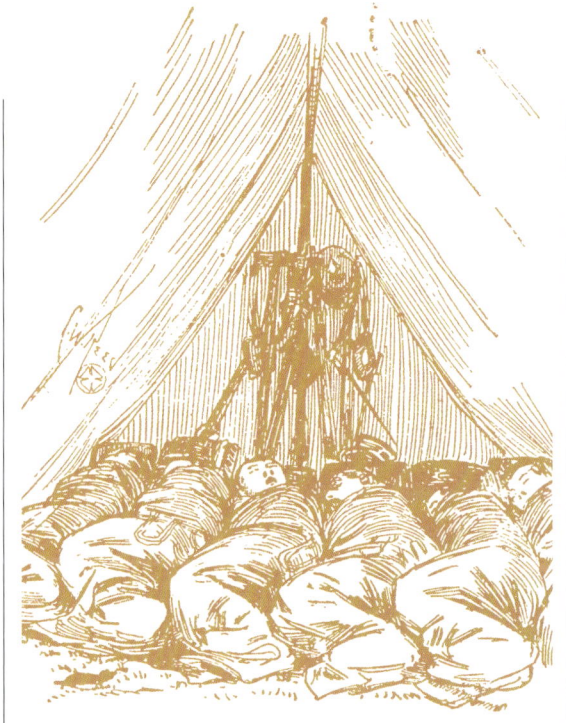

战争的演变

▼ 简易木棚

若是没有帐篷，南北双方的士兵都会搭建简易木棚。这种临时掩体其实就是个木头框架，顶上铺着树枝或是士兵能找到的其他可用的遮盖物。无论冬夏，这种掩体都无法挡风遮雨。

▲ 史密斯营地炉

1863年，俄亥俄州欧文斯维尔市的洛威尔·赫伯特·史密斯获得了这种营地炉的专利权。史密斯火炉将几部分安在一起，提起外面部分支在圆木之上，其他部分就会自动伸出，像望远镜一样。炉子里有炊具，携带方便。

▲ 挤挤挨挨

楔形帐篷一般能够容纳4名士兵，但是如果帐篷供应不足，一般都会塞上五六个人。睡觉的时候，这些士兵必须前胸贴后背，挤在一起。

手执武器

投掷/射击武器
· 火枪

防御装备

服装

武士

军事理念和战术

战地工事和运输工具
· 双人军用帐篷
· 木屋
· 简易军棚
· 西布利帐篷
· 楔形帐篷

243

医疗技术

随着技术的进步，新武器杀伤力猛增，南北双方士兵都有极高的负伤风险。当时的医药科学刚刚起步，士兵若是在战斗中负伤，几乎都会落下终身残疾或严重的后遗症，而且当时军营卫生条件恶劣，士兵还容易生病。风险高、卫生和医疗条件差，这一代士兵面临着严重的医疗困境。双方政府都尽力为士兵提供医疗护理后勤服务。到了战争中期，大批救护马车、医疗马车和担架投入使用，医疗列车和轮船也相继出现，战地医疗条件有所改善。

医疗列车

内战期间出现了各种临时改装的医疗列车，图中是设施最完备的一种。1862 年末，费城铁路公司制造出该医疗列车，其内部设计和卧铺车厢类似，但是床铺可以推拉，出入车厢非常便利，而且只需两人就可以把铺位抬起来，就像抬担架一样。每个医疗车厢有 51 个铺位，在两端各设一个列车（护理）员座位。医疗列车还配备了一台简单的炉灶、一个水箱和一个厕所。

"洛克"救护马车

1863 年，联邦政府为每个步兵团配备了三辆救护马车，每个骑兵团配备两辆，每个炮组配备一辆。"洛克"救护马车的座位铺着皮革软垫，在需要的时候，经过重新布置，可以让四位伤兵躺在座椅上。

医药箱

战场上，医院护工会用医药箱把基本药物和器械从医疗马车上搬下来。自 1863 年起，外科医生就随身携带皮革制战地医药箱（图中下部所示），里面装着氯仿、威士忌、鸦片、胶状硬膏和其他物品。

战争的演变

医疗马车

内战期间，战场上出现了各类医疗马车，1865年，联邦军队开始用奥顿里斯新型马车。这种马车由政府工厂特制，备有手术台和大手术时外科医生及其助手所需的医疗器械。药品放在带有滑轨的盒内，以方便拿取；医疗用品、敷料、配件和器具都放在抽屉或架子上。

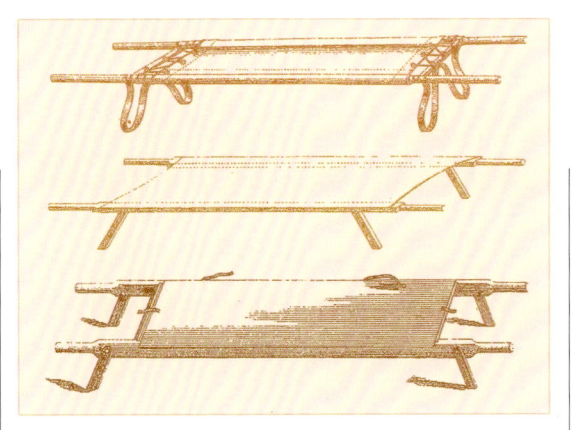

担架

内战开始时，北方联邦军队用的是萨特利帆布担架（上图），并将其作为规范化的军备物资。萨特利担架的框架由锻铁制成，担架员用皮革肩带抬起沉重的担架，运送伤员。霍尔斯特德担架（中图）较轻便，样式也更紧凑，很快就取代了萨特利担架。南方军队则用木头框架套帆布担架（下图），和北方军队使用的担架样式相似。

医疗船

1862年，北方联邦军队从南方联盟军那里缴获了一艘蒸汽机船，将其改装为医疗船，这就是美国海军第一艘医疗船——"红色漫游者"号。"红色漫游者"号船长是麦克丹尼尔，它游弋在密西西比河上，外科医生乔治·比克斯比带领30位外科医生和男护士提供医疗服务。三年内，"红色漫游者"号共收治2947名伤患，南北双方都有。

手执武器

投掷 / 射击武器
· 火枪

防御装备

服装

武士

军事理念和战术
· 医疗救治
· 外科手术

战地工事和运输工具
· 救护马车
· 医疗船
· 医疗列车
· 担架
· 医疗马车

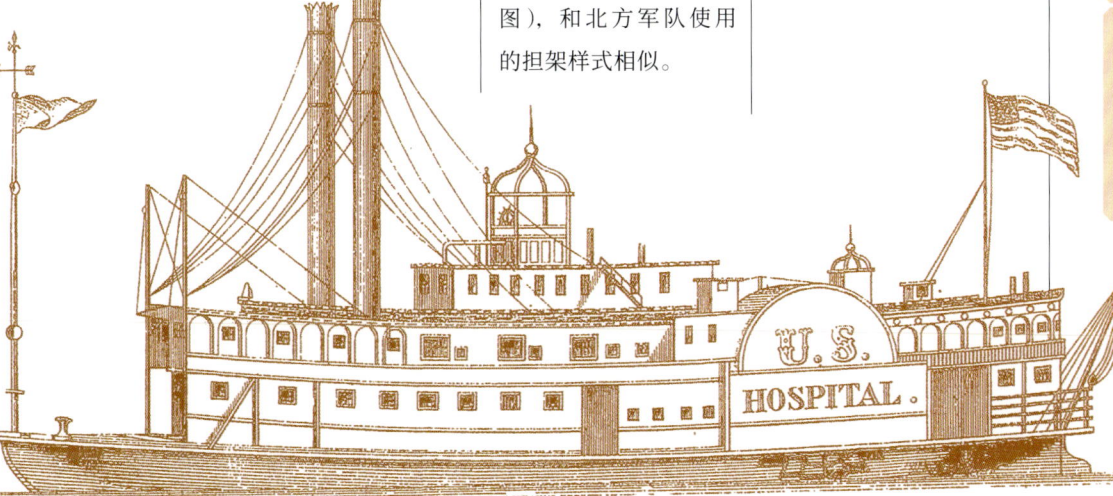

245

历史意义

美国内战之后,出现了一些杀伤力更大的武器,速射机枪、使用金属壳子弹的拉栓式后膛步枪、带膛线的大型加农炮等相继投入战场。瑞士商人兼社会活动家让·亨利·杜兰特(Jean Henri Dunant)意识到,军队装备这些杀伤性武器后,战争会越来越残酷血腥,于是他组织宣传活动,呼吁"让战争变得更人道"。他的呼吁获得了支持,1863 年,杜兰特在日内瓦组织了一场会议,共有 13 个国家代表参会;次年,瑞士议会召开外交大会,12 个到会国家共同签订首个《日内瓦公约》。公约规定,战争期间允许救护车和军事医院保持中立,医护人员享有非交战合法地位;所有受伤或患病士兵,无论其国籍归属,都应得到接待和救治;战俘失去服役能力之后,应予以遣返;医院、救护车和撤离中心用统一的白底红十字旗帜,交战各方见到旗帜,就应该尊重其中立地位。

▲ 后膛步枪

M1873 春田步枪是美军为其步兵配发的一系列活门单发后膛步枪中的最后一款。这款枪在后膛处有可拉开的活门机匣,所以又称活门步枪。射击时,外置击锤落下,击发撞针即可,不需要像 1866 年之前枪口装填的步枪那样,另外点爆击发火帽。

● 加特林机枪

1861 年,美国发明家理查德·乔丹·加特林博士设计出了手摇式机枪,它有 6 根枪管,可沿中心轴杆转动。1862 年,加特林获得了这款机枪的专利权。内战期间,很少有士兵使用加特林机枪,不过后来加特林机枪升级到 10 根枪管,每分钟可发射 320 转,也成了美国和欧洲战场上的重要武器。

战争的演变 | 手执武器

投掷/射击武器
·加农炮
·加特林机枪
·手摇式机枪
·步枪

防御装备

服装

武士

军事理念和战术
·《日内瓦公约》
·诺贝尔和平奖
·红十字会

战地工事和运输工具

金属弹壳定装弹

拉栓式后膛步枪用的是金属弹壳边缘发火子弹，黄铜或纯铜制弹壳包含引火药和弹药，铅制弹丸或弹头压入弹壳顶端。射击时，步枪击锤或撞针撞击子弹边缘，点燃引火药（或雷酸汞），然后点爆弹药，推射出铅弹。

克虏伯加农炮

"加农炮之王"阿尔弗莱德·克虏伯在位于德国埃森的兵工厂中造出了大型加农炮，帮助普鲁士军队赢得了1866年对奥地利和1871年对法国的战争。截至1887年，克虏伯已经向21个国家和地区出售了24567门克虏伯加农炮。

让·亨利·杜兰特

1859年索尔费里诺战役爆发之后，让·亨利·杜兰特根据自己在战场上的所见所闻，撰写了《索尔费里诺回忆录》（*A Memory of Solferino*），记录战争给人们造成的巨大创伤。1864年签订的《日内瓦公约》亦以杜兰特的人道主义理念为基础。1901年，杜兰特和弗雷德里克·帕西共同获得第一届诺贝尔和平奖。帕西是国际争端仲裁制度的倡议者和奠基人。

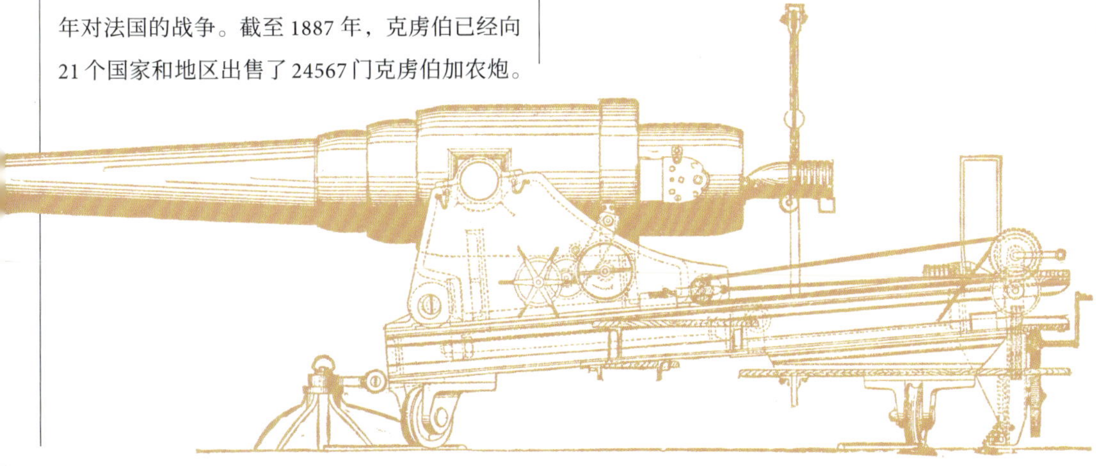

247

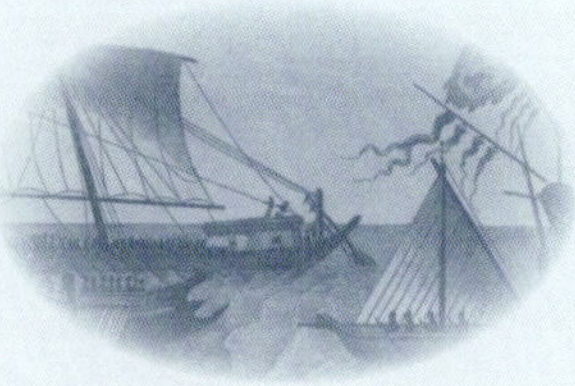
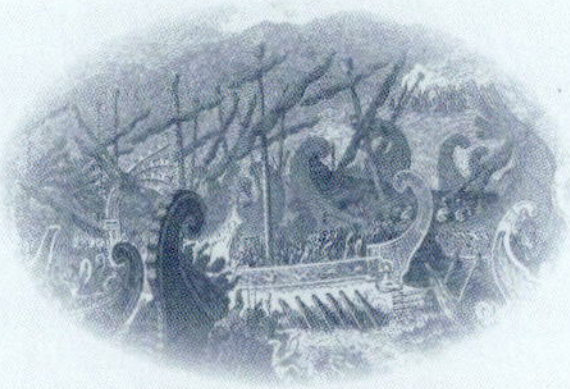
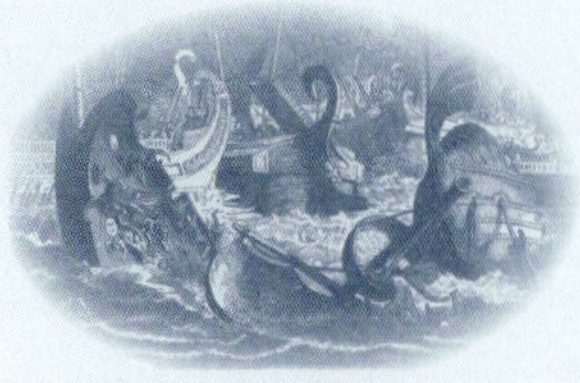
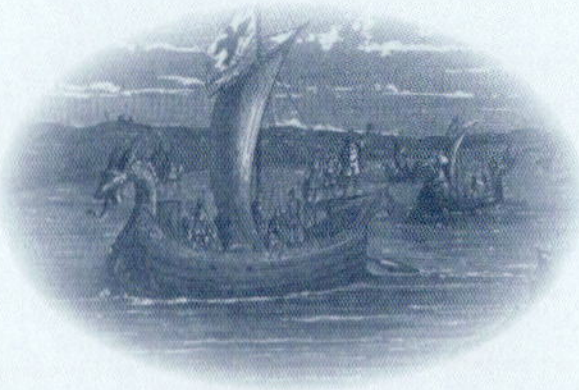
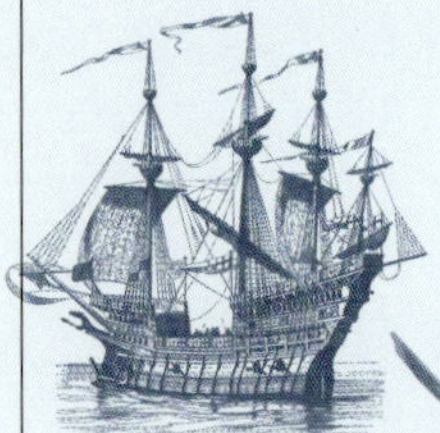
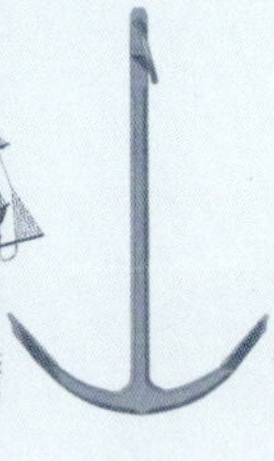
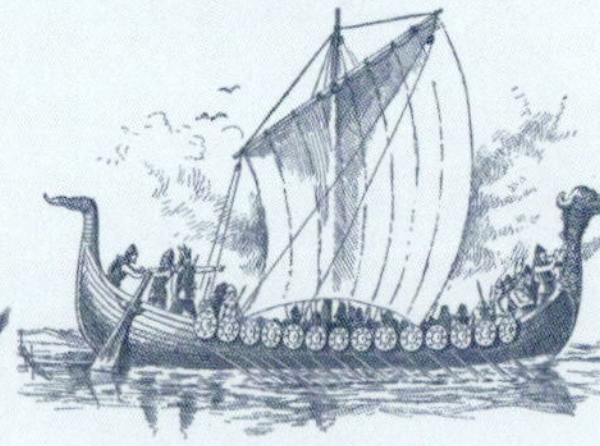
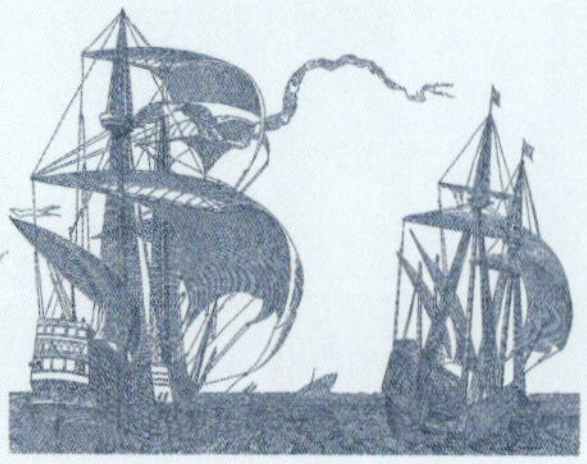
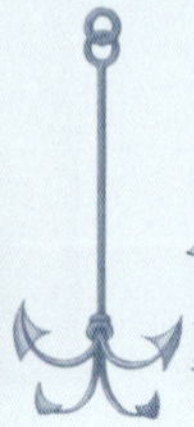
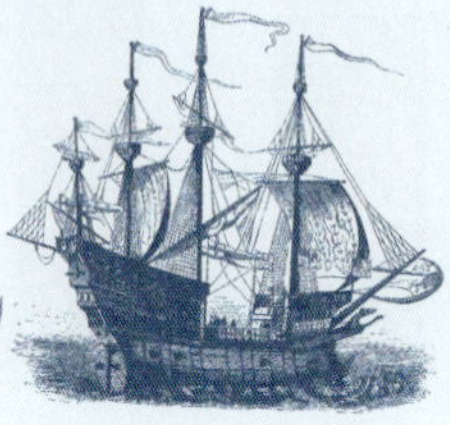
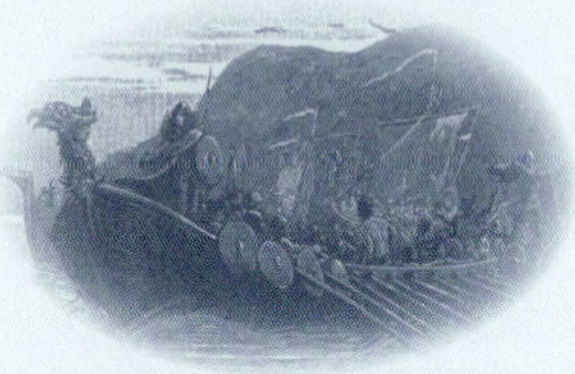
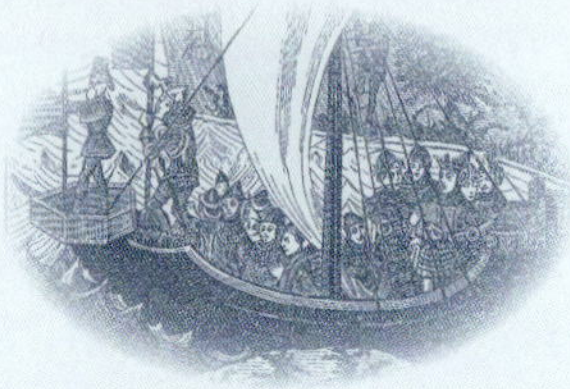
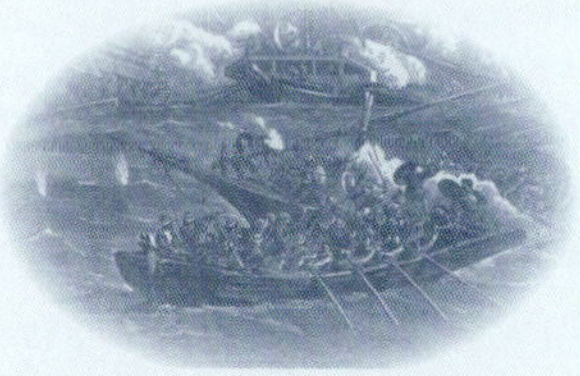
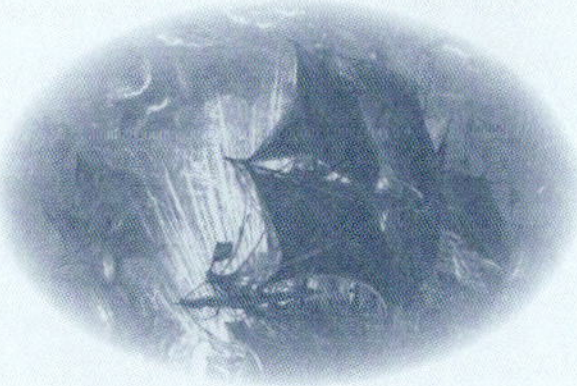
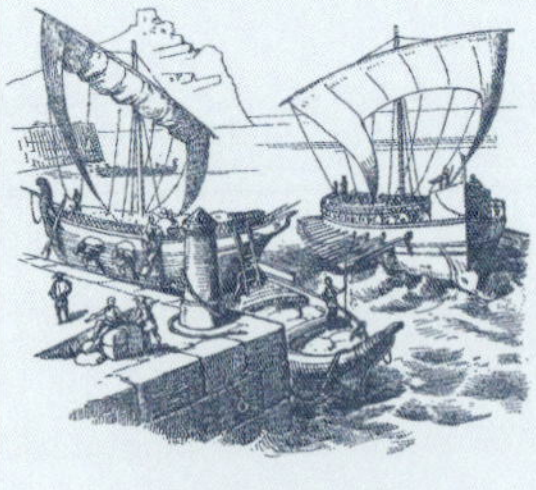
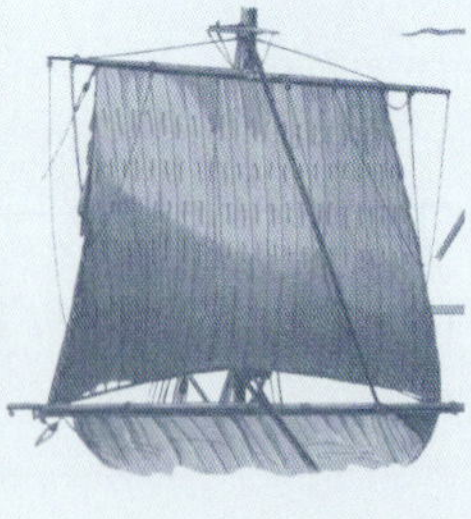
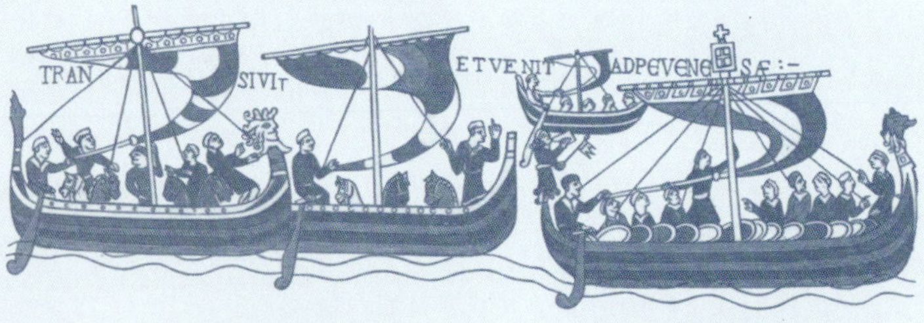
TRAN
SIVIT
ETVENIT
ADPEVENESÆ:-
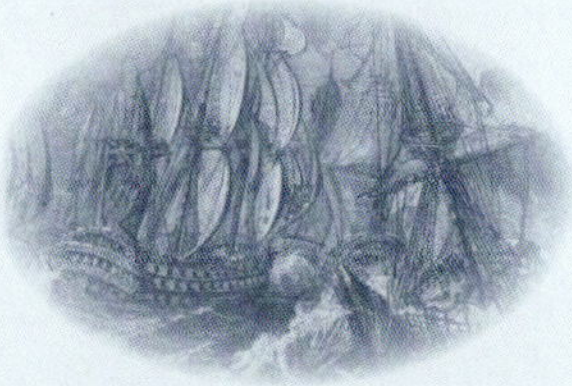
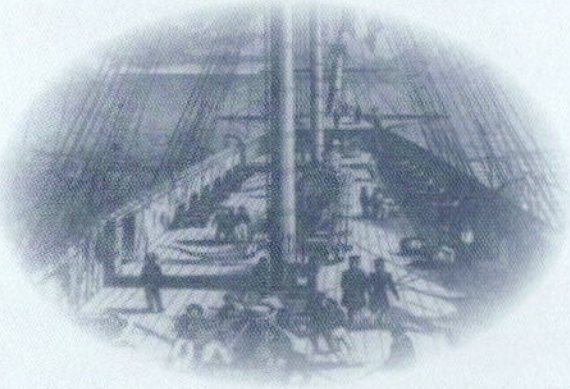
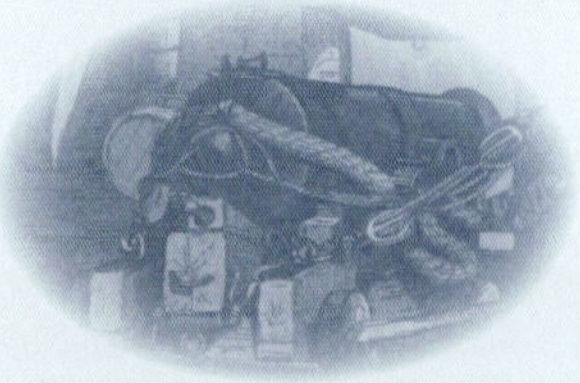
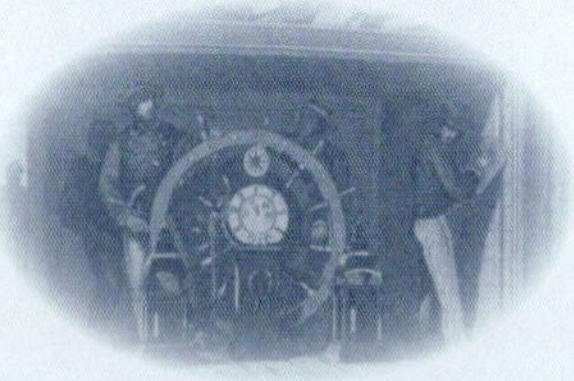
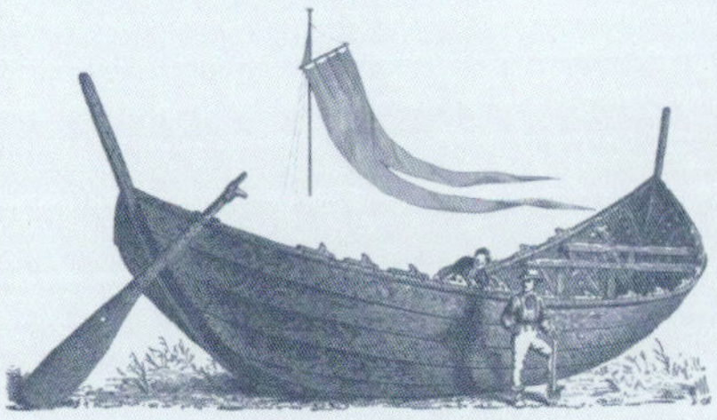
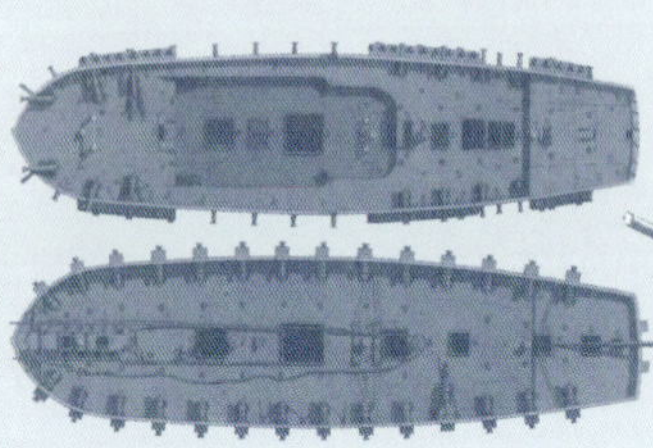
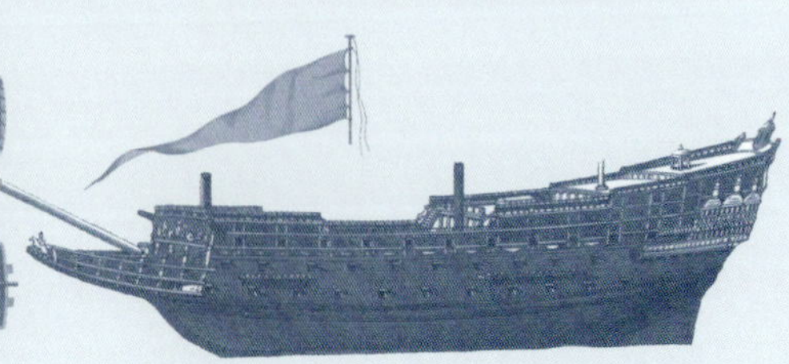

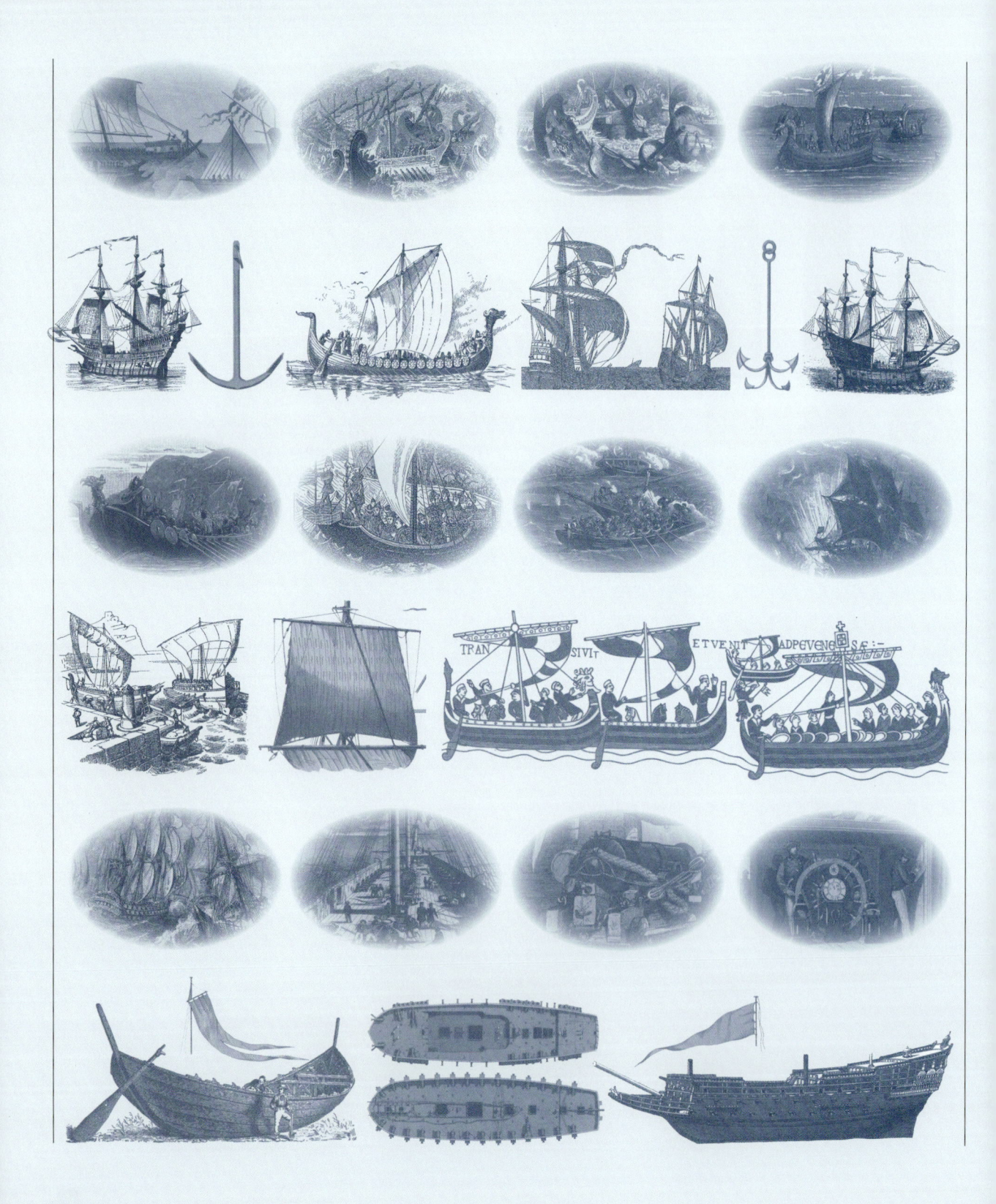

海战
公元前500—公元1865年

历史上最早用于水上战争的船只是古代中国的楼船。秦汉时期，中国的造船业就很繁荣了，能工巧匠可制造各种各样的战船，比如用于进攻的先登，用来冲撞的艨艟，以及"迅疾如跃马"的奔马等。

在地中海地区，腓尼基人、希腊人和罗马人用的是单层甲板战船（又称桨帆船），这种战船主要用船桨驱动（顺风时就扯帆行船）。桨帆船独霸地中海多年，直到5世纪西罗马帝国灭亡，才出现其他种类的战船。此后，地中海地区的各个王朝、东罗马帝国的拜占庭海军，以及伊斯兰国家都仍在使用桨帆船，但是其风头已被新式战船夺去。意大利的威尼斯、比萨、热那亚各城邦也一直使用桨帆船，直到以风力驱动的寇克帆船和卡瑞克帆船出现并普及，桨帆船才退出历史舞台。

16世纪，西班牙人把黄金从美洲运至欧洲，用的是闻名遐迩的西班牙盖伦大帆船。盖伦战船体形硕大，由风力驱动，通常有两层或两层以上的甲板，三至五根桅杆。1588年，西班牙无敌舰队与弗朗西斯·德雷克爵士率领的英国舰队在海上交战，双方的战舰大多是盖伦帆船。经过改装，英国的盖伦船虽体积比西班牙船小，但是速度更快，因而具备决定性优势。在之后250年的时间内，这种横帆盖伦帆船成了所有战舰的基本原型。

17世纪，风帆战列舰崭露头角，这种战舰有三个甚至四个炮台，最多可载90门火炮。1805年特拉法尔加战役中，海军中将霍雷肖·纳尔逊勋爵率领英国的风帆战列舰队，在特拉法尔加海角大展神威，击败战舰数量更多的法国和西班牙联合舰队。

1850年，蒸汽动力技术正快速发展，由螺旋桨驱动的木质船体战舰成为战列舰主力。1860年，铁甲护卫舰横空出世，逐渐取代了木质船体战舰；美国内战期间，铁甲战舰迎来现代战舰新时代。

中国、埃及和腓尼基人

桨帆船时代

在距今大约10000—4000年的新石器时代晚期,古代中国人首先发明了木船,这种船也会用于战争。汉朝的楼船堪称水上堡垒,可载数百名弓弩手和船员。公元前15世纪,新王国时期的埃及成为首屈一指的海上强国,哈特谢普苏特女王曾派遣海上探险队沿非洲东海岸搜罗奇珍异宝,图特摩斯三世则出海远征,将地中海东岸地区纳入埃及治下。公元前1200—前800年,腓尼基人海上力量强大,建立了多个殖民城邦,迦太基就是其中最负盛名的海岸城邦。腓尼基人的战船船头有尖角,可用来冲撞并击沉敌方战船。

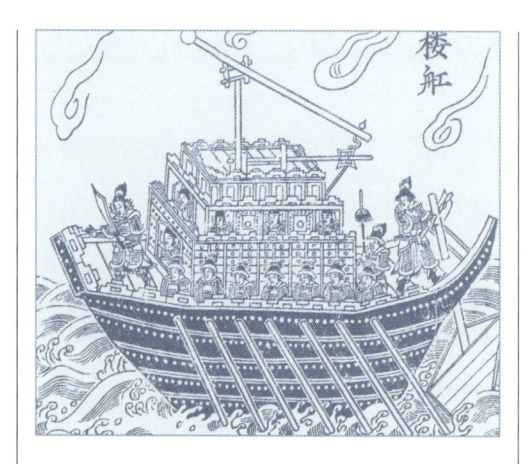

▲ **中国楼船**

秦汉时期,中国水兵大量使用楼船。秦始皇就是率领由这种多层甲板楼船组成的舰队,灭楚国,最终实现统一的。

▲ **埃及横帆贾列船**

埃及后期的战船只有一根桅杆,带横帆。这种战船可容纳30名桨手,他们通过划动长桨来控制行船方向。船头有高大的舷墙,可挡住敌方弩矢。埃及横帆贾列船没有龙骨,但是船头和船尾之间有构件相连,既是通道,又起到增加船体强度的作用。

▲ **埃及第一王朝桨帆船**

图中的桨帆船与1991年考古学家在塔尔汉和阿拜多斯遗址发掘的第一王朝船只类似。这种战船长25米,宽3米,船头和船尾翘起,可容纳30名桨手,大多为三角帆。

克娄巴特拉的花船

埃及皇家驳船和河上行舟没有风帆，要么由其他船只拖动，要么靠桨手划动。船上往往有多层甲板，带有隔间和厨房，住宿条件奢华。这种船最初被称为"克娄巴特拉的花船"，有精美的桅杆和旗帜，还有罩棚护住前甲板。

超级战船

据说，埃及法老托勒密·菲洛帕托尔四世（公元前221—前205年在位）建造了一艘巨型贾列船，被称为超级战船，又称"四十列战船"——传说这艘战船有四十列船桨。史学家推测，这应该是一艘双体贾列船，和中国楼船类似。船宽15米，长122米，有4000支桨，可搭载士兵和船员3250人。

"叙拉古"战船

公元前240年，阿基米德设计了这艘船，科林斯的阿基阿斯把它造了出来。船最初属于叙拉古赫农王二世，后来被赠予亚历山大的欧厄尔葛忒斯，即托勒密三世，更名为"亚历山大"号。这艘船可容纳400名士兵，有八个甲板塔楼，并装有可以发射5.5米长箭和82千克石块的投石机。

战争的演变

手执武器

投掷/射击武器
· 投石机

防御装备

服装

武士
· 中国人
· 埃及人
· 腓尼基人

军事理念和战术

战地工事和运输工具
· 中国楼船
· 埃及桨帆船
· 埃及皇家驳船
· 超级战船

参见：
新王国时期：
战术和技术，
第16—17页；
战船和撞角，
第252—253页；
罗马海军，
第254—255页

251

希腊

战船和撞角

最早的希腊战船被称为"单列五十桨战船",两侧各有 25 名桨手,桨手们组成一列,划桨行船。在大约公元前 500 年的古风时期,希腊人开发出速度更快的战船,配有多列船桨,分别命名为双列桨战船、三列桨战船、四列桨战船。这些战船的船头都装了青铜撞角。考古学家认为,如果桨手经验丰富,又孔武有力,三列桨战船的航速能够达到 14 节。在大约公元前 400 年的古典时期,希腊人还造出了三层甲板五列桨的重型战船。即使遇上大风,这些船也不易偏离航道,19 世纪的铁甲战舰其实就脱胎于这些古老的战船——那时希腊人用铅皮包住吃水线以下的船体,以免被敌船撞沉。

制海权

凭借先进的战船,在亚历山大大帝(公元前 336—前 323 年在位)时代,希腊控制了地中海东海岸。所以,希腊对波斯帝国、埃及,乃至遥远的印度边陲地区都有影响力。

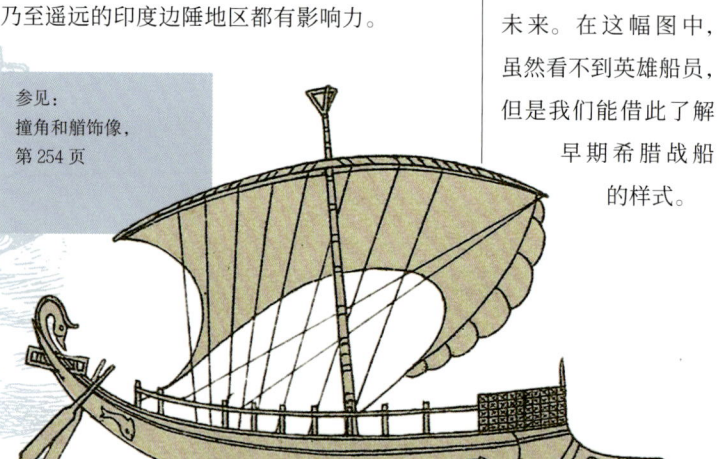

参见:
撞角和艏饰像,
第 254 页

"阿尔戈"号

希腊神话中,阿尔戈斯建造了一条船,叫"阿尔戈"号,伊阿宋和希腊众英雄正是乘坐"阿尔戈"号,远赴科尔基斯(今格鲁吉亚),历尽艰辛找到了金羊毛。据说,"阿尔戈"号船头有块木头取自圣地多多纳的森林,这块木头不仅能说话,还能预知未来。在这幅图中,虽然看不到英雄船员,但是我们能借此了解早期希腊战船的样式。

带撞角的三列桨战船

这是一张希腊三列桨战船的船头详图,从中可以看出,这种船由三列桨驱动。三列桨战船速度快,行动灵活,在公元前 7—前 4 世纪独霸地中海。之后,三列桨战船大多被船体更大的四列桨和五列桨战船取代。图中可看出,尖利的青铜撞角在船头吃水线处。

战争的演变

单列五十桨战船

在这艘希腊单列五十桨双桅战船上，有为船员提供防护的高大艄楼。船头则装了尖利的撞角，由此可见，这种战船和之前用来运送士兵的战船不同，它是水上的战斗利器。

阿基米德的影响

古老的木制战船无法抵挡火攻。据说，希腊科学家和数学家阿基米德发明了一种装置，可以利用一组镜子点燃敌方的桨帆船。公元前212年，罗马人攻打叙拉古时，希腊海军就使用了这一发明。

萨拉米斯海战

公元前480年，地米斯托克利率领希腊士兵在萨拉米斯岛附近击败薛西斯一世麾下的波斯舰队，希腊的海上力量一时风头无两。这次战役中，希腊舰队佯装撤退，引诱波斯战船进入科林斯海湾。波斯弓箭手从高桅桨帆船上放箭，因晨风干扰，无法射中目标，然后希腊重装步兵手持坚盾利矛登上了波斯战船，他们在近身战中具有决定性优势。

手执武器

投掷/射击武器

防御装备

服装

武士
· 重装步兵

军事理念和战术
· 制海权

战地工事和运输工具
· "阿尔戈"号
· 希腊战船
· 高艄楼
· 铅皮船

253

罗马人

罗马海军

罗马海军成立于公元前311年，第一次布匿战争（公元前264—前241年）期间，面对强敌迦太基，罗马海军迅速扩充，极大促进了罗马共和国的早期扩张。罗马帝国成立之后，海军规模缩减，地位下降，主要承担水上警戒和海岸巡逻等任务。4世纪，罗马舰队基本上被东罗马帝国收编，成为拜占庭海军。罗马战船脱胎于希腊三列桨和四列桨帆船，船尾弧度大，撞角不仅尖利，还用金属补强，另外配备了战斗塔楼和更坚固的舷缘。罗马战船上还有接舷吊桥，即"乌鸦吊"，可用来钩住敌船并供罗马士兵登船杀敌。

▶ 双列桨战船

图中的这艘双列桨战船不符合史实——它不仅有巨大的主帆，还配备了桅帆和船首斜桅。罗马战船往往以诸神称号命名，比如"马尔斯"号，而且其艏饰像是独一无二的，具有很高的辨识度。这艘战船的艏饰像兼作撞角，舵从船尾伸出，不仅有助于把握航向，还增强了巨大船体的稳定性。

▶ 船头和锚

罗马战船船尾处，有高高翘起的天鹅状木雕，颇具特色。最初的船锚就是装满石块的篮网，到了希腊罗马时代，锚是由木块制成的，外包铅皮。

▶ 迦太基造船技术

第一次布匿战争期间，罗马军队俘获了一艘迦太基战船。当时迦太基的造船技术远超罗马，罗马巧匠仿照这艘战船，造出140艘战船，组成了罗马舰队。图中的战船尾部有精致的雕刻图案，但是船桨不符合史实，那时的罗马战船应该使用双列船桨。

▶ 撞角和艏饰像

有些罗马桨帆船的船首撞角有三个尖角，船头还刻着装饰图案和神话符号，刻工精美，色彩鲜艳。图中的罗马桨帆船就用野猪头和马首作艏饰像。

战争的演变

手执武器

投掷/射击武器
· 投石机

防御装备

服装

武士
· 拜占庭海军
· 迦太基海军
· 罗马海军

军事理念和战术
· 制海权

战地工事和运输工具
· 罗马战船
· 迦太基战船
· 小型运兵船
· 防御艉楼

小型运兵船

罗马帝国海军使用的战船船桨更小，吃水更浅，更适于在地中海和河道中执勤。帝国时代后期，这种战船被小型运兵船取代。在莱茵河和多瑙河等边境地区，罗马军团小型舰队在巡逻或突袭时，大量使用这种运兵船。

海战

第一次布匿战争，罗马败给了经验更丰富的迦太基海军，此后罗马大力发展海军力量，努力扭转战局。这幅海战图中，战船的撞角和艉楼清晰可见，左边第二艘战船上，罗马士兵正准备放出接舷吊桥，钩住敌船。

投石机

这是第一次布匿战争时期的罗马桨帆船，艉楼上有投石机。战船越大就越稳定，投石机射击精度也越高。罗马共和国后期，投石机基本上取代了接舷吊桥，因为若是投射得法，投石机能够在远处命中敌舰，而接舷吊桥只有与敌船距离很近时才能发挥作用。

接舷吊桥

这幅版画临摹了一幅罗马浮雕，从桨帆船船头伸出的木梁其实是接舷吊桥。作战时，罗马海军用它钩住敌船，然后沿吊桥攀上去。这幅版画中，作者把接舷吊桥画成了一根钓鱼竿，与史实不符，但是艉楼（船首的防御塔楼）画得十分逼真。

维京人

斯奈克长船和达卡船

8—11世纪，北欧武士乘坐狭长的维京船来到欧洲大陆，抢掠其富庶地区。丹麦人的斯奈克长船体积稍小，桨手最多有20对。当国王把象征开战的箭矢送往各地时，居民就会乘坐斯奈克长船出征。达卡船体积大一些，有30条长凳可供桨手乘坐，是维京国王和贵族引以为傲的资产，代表了维京人高超的造船技艺。维京时代后期还出现了桨手长凳超过30条、船体长约36米的超级达卡船，仅用于王朝战争。

参见：
维京人侵者，第76—77页；
诺曼人，第78—79页

▼ 可卸桅杆

斯奈克战船是一种十分常见的维京长船。传说克努特大帝的舰队共有1400艘战船，其中1028艘是斯奈克战船；1066年征服者威廉登陆英格兰，麾下也有600艘斯奈克战船。靠近海岸时，斯奈克战船的帆和桅杆可以收低，用来麻痹对手。

▼ 维京龙船

维京龙船有20—30名桨手，在没有风的时候，桨手会踏着鼓点一起划桨，驱动龙船前进。桨手依赖盾牌防身，海上风浪大作的时候，他们会把盾牌收好，放在船上安全的地方；天气晴好的时候，他们也许会把盾牌挂在两侧船舷上，随时准备战斗。

◀ 浅吃水

维京战船船体用焦油处理，然后覆以动物皮毛，这样可以起到密封防水的作用。许多斯奈克船船体轻盈，吃水极浅，根本不需要靠近港口，船员就能直接把长船推上岸。维京海盗出海劫掠时，会直接把斯奈克长船推上海滩，然后涉水上岸，发动袭击。

战争的演变

▼ 深吃水

挪威山脉众多，峡湾密布，所以挪威长船吃水线深，适合在险要的峡湾地区航行，也能适应大西洋变幻莫测的气候；相比之下，丹麦长船吃水线浅，在浅岸和海滩水域也能来去自如。挪威战船靠近海岸的时候，瞭望员会站在船头观察地形，避免撞上浅水中的岩石。

▼ 突袭和劫掠

维京人乘龙船四处突袭劫掠。据说维京船头刻有猛兽雕像，比如龙蛇之类，不仅可以辟邪，躲开北欧神话中的恐怖海怪，还能令对手胆战心惊。图中的维京龙船前后都有塔楼，应该是艺术的夸张。

▼ 1066年诺曼底公爵入侵英格兰

1066年，诺曼底公爵威廉进入英格兰。威廉公爵有维京血统，他是诺曼底艾玛皇后的侄孙，而艾玛皇后先是嫁英格兰国王埃塞尔雷德二世，丈夫去世后再嫁丹麦克努特大帝。图中，1066年入侵英格兰之前，威廉公爵在索姆河畔圣瓦莱里召集舰队，舰队由斯奈克式战船组成，威廉的旗舰名号为"莫拉"号。

手执武器

投掷/射击武器

防御装备
· 盾牌

服装

武士
· 维京人
· 征服者威廉

军事理念和战术
· 突袭

战地工事和运输工具
· 达卡船
· 长船
· 斯奈克船
· 浅吃水战船

中世纪战船

寇克船和卡瑞克帆船

维京长船雄霸欧洲水域数百年，15世纪依然在海上游弋。在中世纪，北欧人又发明了寇克帆船，它体形巨大，有两到三根桅杆和横帆装置，还配备了斜挂三角帆。中世纪后期，卡瑞克帆船面世，这种远洋航船船尾高，甲板稳固，可以架设火炮。在加农炮出现之前，寇克船和卡瑞克帆船在军事上的主要功能是运送士兵，帮助他们登上敌人的甲板战斗，而非冲撞敌船。14世纪，加农炮问世，寇克船和卡瑞克战船开始配备这种新式武器，重型火炮安在船的中部，可以越过或穿过舷墙发射；轻型火炮则位于艏楼或艉楼内。火炮后坐力大，发射时可能会让这些中世纪的战船东倒西歪。

14世纪的桨帆船

14世纪，十字军和穆斯林军队在地中海交战时，两军使用的战船其实没什么区别。在北欧，寇克式大帆船已经普及，但是地中海沿岸的基督教国家依然在用不断升级的罗马桨帆船，这种战船主要由桨驱动，配斜挂三角帆。不过地中海沿岸战船和北欧战船也有相似之处，船上都有塔楼。

战斗平台

1249年第七次十字军东征期间，路易九世攻陷了尼罗河三角洲上的阿拉伯商业中心达米埃塔城。攻城时，十字军将己方战船用作云梯，登上了敌方城墙。这幅画作于维多利亚时代，图中，阿拉伯人在港口拉起了铁链，阻止入侵船只进港。

参见：
火炮，第296—297页

水上堡垒

与维京式长船和罗马桨帆船相比，中世纪的寇克船船体曲线更饱满，速度较慢，机动性较差。寇克大帆船在中世纪雄霸北欧水域，不仅广泛用于货物运输，在加装艏楼或艉楼后，还可用作战船。

战争的演变

"大哈利"号

1514年，亨利八世下令在伦敦附近的伍尔维奇军用船坞中建造"大哈利"号卡瑞克帆船；1553年，该船毁于火灾。"大哈利"号是首批安装火炮的战船之一，两边船舷都留有炮口，供火炮发射。"大哈利"号建成之时，装有186门火炮，其中大部分是小口径火炮，但也有不少大型铁铸火炮。

"玛丽·露丝"号上的大炮

1836年，潜水员约翰·迪恩打捞出了"玛丽·露丝"号上的几门大炮。图中正是其中一门，如今这门大炮收藏在伦敦塔博物馆内。

早期的后膛装填大型火炮

中世纪后期，海军开始在战船上安装大型火炮。当时炮弹从炮口塞入炮筒，但是火药要从后膛放入火药室，这种火炮就是19世纪后膛火炮的前身。中世纪的冶炼技术依然很落后，很难把铁块熔化并铸成需要的样子，所以那时的炮筒都是由长锻铁条焊接在一起做成的。炮筒外面还加了很多道铁箍，让其更牢固。

"玛丽·露丝"号

1511年，"玛丽·露丝"号建成下水，它是亨利八世舰队中首批可做到舷炮齐射的战船之一，在海战中屡建奇功，深受国王喜爱。1545年，"玛丽·露丝"号在与法国舰队交战时意外沉没。1971年，考古学家发现了"玛丽·露丝"号残骸，并在1982年将其打捞上来——在水下考古史上，这具有深远的影响。

手执武器

投掷/射击武器
- 重型火炮
- 铁铸大炮

防御装备

服装

武士
- 十字军
- 伊斯兰军队

军事理念和战术
- 攻占敌船

战地工事和运输工具
- 卡瑞克大帆船
- 寇克大帆船
- 桨帆船
- "大哈利"号
- 长船
- "玛丽·露丝"号

盖伦船和舰队

竞速型盖伦帆船

16—18世纪，英国、荷兰和西班牙都掀起了舰船技术革新运动，盖伦帆船应运而生。盖伦帆船体积大，布设多层甲板，与卡瑞克大帆船相比，盖伦船船体轻盈，艏楼低，船体长，速度快，不仅行驶得更平稳，而且机动性更强，于是逐渐取代了前者。与之前的战船不同，盖伦船船尾略呈方形，船首从船前部艏楼以下的地方伸出。1588年，西班牙无敌舰队和英国皇家海军交战，双方战船大都是盖伦帆船，英国海军的战船由女王船舰财务官约翰·霍金斯爵士研发，船体更轻盈，机动性更强，于是战胜了西班牙舰队。西班牙舰队用的是笨重的卡瑞克帆船和西式盖伦船，后者比英式盖伦船大，主要用于长途海运。

16世纪的盖伦船

16世纪的盖伦帆船船体狭长，艏楼移至伸出的船首斜桅之后，艉楼半悬，这种设计使得盖伦船能够近风航行。盖伦船对航行要求很高，海员必须掌握驾驶技术，熟练操作船载火炮。所以与中世纪海战不同，高超的航海技术成了制胜的关键。

弗朗西斯·德雷克爵士

"复仇"号是英国第一艘竞速型盖伦帆船，是1577年马修·贝克在伦敦附近的德普特福德皇家造船厂建造的，当时造价为4000英镑。"复仇"号体积不大，重约500吨，单层炮台，配备46门火炮，从两边舷侧射击。1588年无敌舰队之战中，海军中将弗朗西斯·德雷克爵士的旗舰就是赫赫有名的"复仇"号。

西班牙舰队的月牙阵形

1588年，麦地那·西多尼亚公爵率领西班牙无敌舰队迎战英国海军。西多尼亚公爵命船队摆出紧密的月牙阵形，以增强防御。但是当无敌舰队进入英吉利海峡后，他发现英国的盖伦战船速度更快，进退转向更为灵活，火炮攻势更猛烈，西班牙舰队无法施展既定战术。

战争的演变

手执武器

投掷／射击武器
· 重型火炮

防御装备
· 月牙阵形

服装

武士
· 西班牙舰队

军事理念和战术
· 火船战术
· 竞速型船体
· 航海技术

战地工事和运输工具
· 卡瑞克大帆船
· 盖伦帆船
· "复仇"号

海上强国荷兰

1609 年，荷兰宣布独立，成立共和国。仅半个世纪，荷兰就成为海上强国，控制了大部分水域的海上贸易，势力范围扩大到远东地区。下方左图是一艘正在建造的荷兰盖伦帆船，高高的船尾呈方形，在底部收拢，尖尖的船首自船的前半部伸出。荷兰盖伦船布设两层或三层炮台，桅帆装备齐全，既有横帆和船首斜桅，又有斜挂着三角帆的后桅。

火船

木质战船最忌火攻，自古以来火船就是实施火攻的利器。1588 年 7 月 28 日，英国海军点燃八条火船，顺水放出，这些火船很快冲向停泊在加来附近的无敌舰队。多位西班牙舰队船长害怕战舰被火烧毁，割断锚索，四处躲藏。

参见：
火炮，第 296—297 页

改变形状的盖伦帆船

图中是一艘尚未完工的盖伦帆船，船尾精雕细刻，半悬于空中。有了船载火炮之后，士兵无须登上敌船近身作战，于是战船艏楼变矮，艉楼也不像之前那样高大醒目。

战列舰

战列舰战术

17世纪,造船师开发出安装多门大炮、可以从舷侧开火的战舰,战列舰时代拉开序幕。这种战舰布设一、二、三甚至四层炮台,最多可以安装140门大炮,海军用这种战舰把战列舰战术发挥到了极致。作战时,双方舰队排成纵列,最大限度地利用舷侧火炮压制对方。最有效的战列舰是"74门炮战列舰",顾名思义,这种战舰安装了74门大炮。74门炮战舰船体并不笨重,机动性较强,最初是法国海军在18世纪30年代造出来的,后来所有的海上强国都争相仿制。不过各国海军依然在建造载炮更多的大型战舰作为指挥舰,这种大型战舰不够灵活机动,只有在靠近敌舰时,才能充分发挥作用。

"海洋"号

英国皇家海军有两艘"海洋"号,图中展示的是第二艘。这艘装载98门大炮的二级战舰是约翰·亨斯洛爵士设计的,1805年10月24日在伍尔维奇军用船坞下水。拿破仑战争中,英国海军凭借这类战舰取胜,获得了海上霸权。

"太阳王"的旗舰

"太阳王"号是一艘装载了104门大炮的战列舰,自1688开始任法国海军旗舰,1692年被英国和荷兰火船焚毁。这艘战舰得名于法国波旁王朝国王路易十四——路易十四自称"太阳王",它美轮美奂,是巴洛克时期最精致华丽的旗舰之一。

"海上霸主"号

"海上霸主"号由查理一世下令制造,是第一艘拥有完整的三层炮台的战舰,装载102门大炮,1637年下水,是那个时代最雄伟的战舰。船上所有大炮都由青铜铸造,与铸铁大炮相比,炮体更轻便,但是造价更高。

战争的演变

直布罗陀大围攻

1779 年，法国和西班牙联军围攻英军在直布罗陀的驻地。直布罗陀大围攻持续了三年，面对联军的轰炸和封锁，英军一直坚守驻地。大围攻最惨烈的战斗发生在 1782 年 9 月 13 日，联军召集了 10 万名海军和多艘战列舰攻打直布罗陀要塞，但依然未能攻占英军驻地。

基伯龙湾战役

基伯龙湾战役是七年战争中英法两国进行的一次海战。1759 年 11 月 20 日，英国上将爱德华·霍克爵士率领 23 艘战列舰，在圣纳泽尔港附近的法国海岸追上了法国孔德弗朗元帅的 21 艘战列舰。交火大约一个半小时后，法国大部分战舰或被击沉、俘获，或被迫搁浅，英国皇家海军大获全胜。

桅杆结构

图中是拿破仑时代的一艘法国战列舰，桅帆装备齐全。从中可以看出，为了达到规定高度，大型战舰的桅杆由四部分组成，从下至上分别为下桅、中桅、上桅和顶桅。

手执武器

投掷 / 射击武器

防御装备

服装

武士
· 法国海军
· 英国皇家海军

军事理念和战术
· 封锁
· 战列舰战术

战地工事和运输工具
· 74 门炮战列舰
· "海洋"号
· "太阳王"号
· "海上霸主"号

参见：
战舰详解，
第 264—267 页

战舰详解

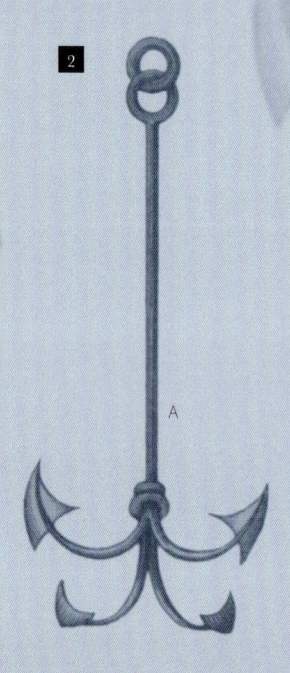

1. 护卫舰是最常见的战舰，可用来侦察敌舰，或是保护运输商船。法国海军率先开发了护卫舰，而后其他国家纷纷效仿。这是一张护卫舰的上层炮台平面图，从中可以看出，船体中部两侧设有舱口和舷梯。

2. 战船使用的锚具多种多样。多爪锚（A）适用于岩石遍布的坚硬海底，在抢占敌船时，也可以用来钩住敌船；蕈形锚（B）适用于淤泥堆积的海底；移船锚（C）可以在风力不足的时候增加战舰的灵活性，以克制敌船。移船即先沿战舰前进的方向抛下锚具，然后所有船员拉紧锚索，带动战舰前移。

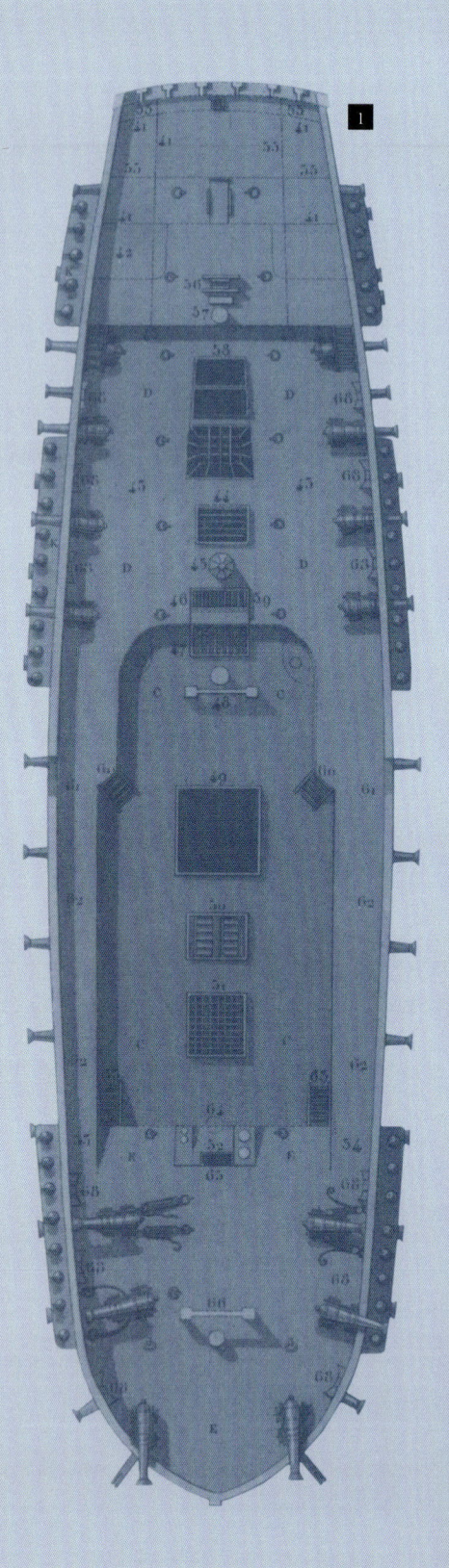

战争的演变

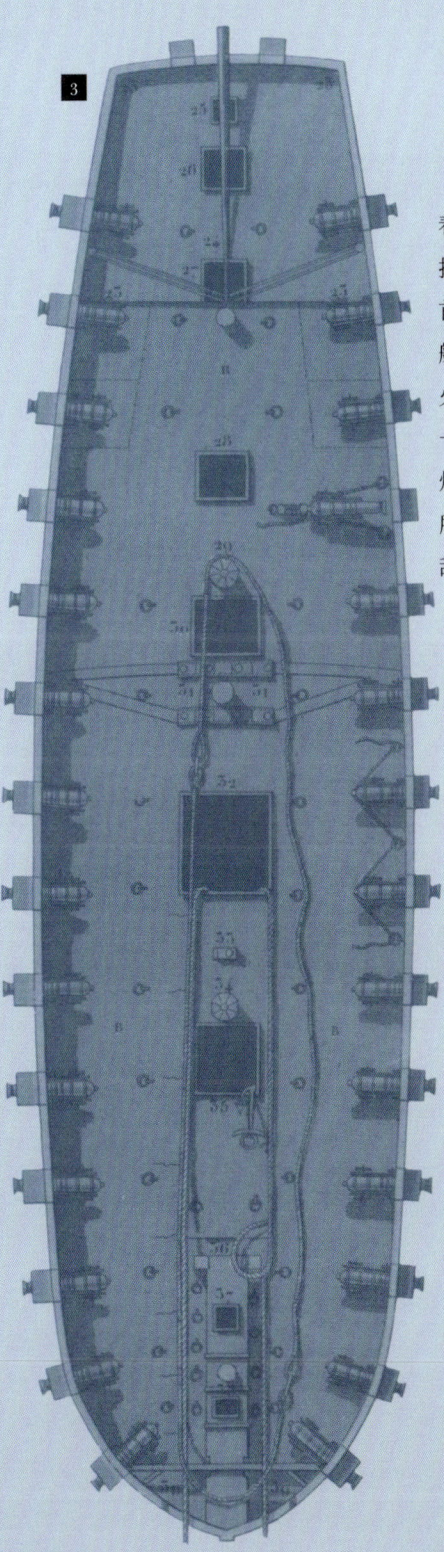

3.从这张底层炮台平面图可以看出，护卫舰具有强大的舷侧火力。护卫舰前方的重型火炮被称为"舰首追击炮"，因为当护卫舰追逐敌舰时，只有这些重型火炮能够开火。当护卫舰被敌舰追击时，任何一侧的两门重型火炮都能移至炮位，从空炮门处开火，所以它们被称为"舰尾退敌炮"。

5.起锚机是一种用来起锚的绞盘装置，可能是中国人发明的。

4.图中是护卫舰的部分桅帆。中间是上桅帆，两侧是斜桁纵帆，下方是挂在桅顶的三角旗。

265

图例
1. 主桅楼上的船员
2. 晾晒船帆
3. 升起信号旗
4. 在船首斜桁上涂焦油
5. 把水桶从主舱口吊下去
6. 医生为病号做体检
7. 舰长室
8. 餐厅
9. 厨房
10. 低级军官室
11. 船员寝室
12. 在大炮旁操练
13. 高级军官室
14. 军官食堂
15. 医疗室
16. 海军操练
17. 船员就餐
18. 修理船帆
19. 食品存放室
20. 病休室
21. 小舟
22. 帆桅索具室
23. 监狱
24. 炮弹和索具室
25. 储酒室
26. 火药库
27. 滑轮室
28. 储物室
29. 牲畜舱
A. 挂起的小舟
B. 船尾瞭望台
C. 舵
D. 艉楼
E. 吊床
F. 第一炮组
G. 第二炮组
H. 第三（半个）炮组

17. 船员分组用餐，每组有12—15名船员。士兵食物定量，炊事兵从司务长那里领来食品，由战舰厨师烹饪，然后把饭菜放在住舱甲板上的餐盒周围。军官可以不领口粮，而是领取等额餐补，自行购买食物。

29. 底层舱包括低级军官、司务长和文书的寝室、食堂。司务长负责保管战舰的储备食物和衣物。战舰一般会准备足够六个月的食物和水，以及远洋所需的船帆和索具备件。有些战舰还会运一些待宰的牲畜和其他动物，这些都存放在船舱内。

战争的演变

12. 水兵带枪操练，预备赶跑登舰敌军，或是登陆作战。还有些水兵守在岗位旁，练习发射炮弹。

20. 医务室由一位外科医生和三位助理负责。尽管从图上看有床位，但是大部分病号都和普通水兵一样，睡在吊床上。战斗时，军舰清场，会在舰中留出一块空地，作为外科医生的房间，或是用作驾驶舱。

25、26. 战舰炮手管理火药库、实心炮弹和爆炸弹。军火库往往靠近存放水桶的舱室（又称"湿舱室"），仅能从小舱口出入，舱口蒙着湿帆布，严防火花窜入。

7. 从剖面图能够看出，19世纪40年代的战列舰布局并不合理，空间逼仄狭窄。舰长室有起居舱和食品储藏室，战舰的钟往往放在出入口上方。这一片区的下层，就是军官的食堂和舱室，军官们在那里吃饭、睡觉、交流。

267

战舰生活

19世纪早期,战舰上的海员必须遵守严格的日常作息制度。英美战舰上,内务长会鸣哨并吹军号唤醒士兵,法国内务长则击鼓并吹军号。所有船员必须在五分钟之内起床,整理吊床,并走上顶层甲板开始做清洁。船员每天轮流执勤(又称"狗哨"),执勤换班以钟声为准,每天六班,其中四个班为四小时一轮,另外两个班两小时一轮。每周一到两次全员集合,所有成员必须穿正装,在起锚机周围集合,接受检阅。一天两次在炮位旁集合并点名;船员分组操练每周两次,地点也在炮位旁;全员警戒一周一次,此时战舰将进入战备状态。

舰尾视图
升高尾甲板位于舰尾,即桅杆之后,只有军官才能在此处集合。图中最前方是战舰钟,船员以鸣钟为号值班,每天六轮。钟后面放着小舟,用来运送物资。

舰首视图
这是一张法国护卫舰的舰首视图,图中可见艏楼、舰首斜桅和飘扬的三色旗。前方有一群海员,正在转动起锚机,其他人则在用沙石打磨并清洁甲板。

战争的演变

战舰舵轮

战舰行驶时，由舵手操作舵轮，另外有一名士官随时监督舵手，称"舵官"。舵官由航海经验丰富的士官担任。图中可以看出，舵轮轮盘上有指南针和气压表。

▼ 卡龙舰炮

卡龙舰炮是18世纪一项重要发明，它大大提高了战舰的战斗力。1776年，苏格兰的卡龙公司发明了这种轻型短炮，它可以安装在艏楼或艉楼上——这些平台都无法承受重型大炮。卡龙舰炮发射时，后坐力会把木质炮架往后推，但是木质炮架下方有滑轨，大炮后膛又有绳索，能够消解后坐力的影响。

▲ 舷侧大炮

图中是一艘法国战舰上的舷侧大炮，这口36磅的大炮安放在木质炮架上，后膛处有结实又粗大的绳索，可用来消解大炮发射时产生的后坐力，侧边还有与绳索配套的索具。实际上，法国战舰舷侧大炮的后膛绳索并没有绕过炮体，而是穿过了炮架枢轴上的中心孔眼。

手执武器

投掷/射击武器
· 舷侧大炮
· 卡龙舰炮

防御装备

服装

武士

军事理念和战术
· 日常作息和点名

战地工事和运输工具
· 战舰

特拉法尔加海战

特拉法尔加海战发生在 1805 年 10 月 24 日，英国海军中将纳尔逊勋爵率领由 27 艘战列舰组成的皇家海军舰队，击败了法国海军中将皮埃尔·维尔纳夫指挥的由 32 艘战舰组成的法国和西班牙联合舰队。特拉法尔加海战是拿破仑战争中具有决定性意义的一场战役，法国和西班牙联军 22 艘军舰被击沉，英军一舰未失，但是纳尔逊中将在战役即将结束时被法国神枪手击中，不治身亡，英国痛失民族英雄纳尔逊。这场胜利巩固了英国海军在 18 世纪建立的海上霸权，也展示出纳尔逊开创的海军战术的卓著有效。

● 纳尔逊

纳尔逊不仅是一位出色的指挥官，更是天才的战略军事家。早在 1798 年尼罗河河口海战中，他就曾大胜法军。当时纳尔逊率领舰队从敌舰面向岸边的一侧和险滩之间穿过，然后攻其不备，向敌舰射击。

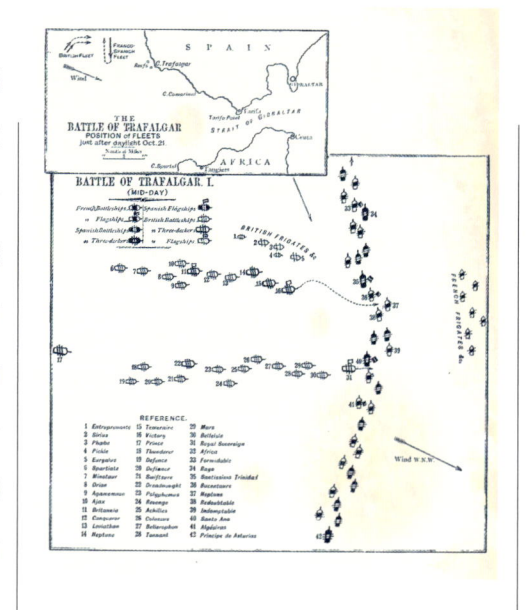

● 法国战列线

拿破仑战争期间，法国海军主要有两种战术，舰队或排成一线逼近敌舰，或排成平行的两条线，与敌舰交战。这幅图源于 17 世纪晚期保罗·霍斯特（Paul Hoste）的手稿，霍斯特是耶稣会一位神父和数学家，曾任图尔维尔中将的神父。

● 纳尔逊战术

特拉法尔加海战中，纳尔逊将舰队分成两纵列，向敌舰发起进攻，冲散了敌舰阵形。英国军舰可以分开，各自战斗，以俘获或击沉法国和西班牙战舰。

战争的演变

参见：
战舰详解，
第 264—267 页

"胜利"号

英军切断敌军的战列线之后一个多小时，纳尔逊坐镇的旗舰"胜利"号与法国战舰"勇猛"号狭道相逢，桅杆撞在一起，纳尔逊遭受致命枪伤。"勇猛"号上的法军组织了登舰突击队，准备强攻"胜利"号，这时皇家海军的"鲁莽"号靠近"勇猛"号，并向舰上船员开火，"勇猛"号很快投降。

英雄殉国

特拉法尔加海战中，大炮是破坏力和杀伤力最强的武器，不过所有战舰上都有神枪手，一旦敌舰靠近，他们就能给对方致命打击。纳尔逊一身戎装，非常显眼，很容易成为"勇猛"号上神枪手的目标，果然在战斗要结束的时候，他遭受到致命枪伤。

信号旗

战列舰上的通信显然是歼敌制胜的关键，18 世纪后期，皇家海军开始努力改进信号系统。而在 16 世纪，海军就开始用彩旗代码，以升降彩旗的方式发布信号。图中上半部四列彩旗的含义为："英格兰希望人人都尽忠职守。"

手执武器

投掷／射击武器
· 舷侧大炮

防御装备

服装

武士
· 纳尔逊勋爵
· 维尔纳夫中将
· 神枪手

军事理念和战术
· 战列线
· 战舰信号
· 双纵列阵形

战地工事和运输工具
· "勇猛"号
· "鲁莽"号
· "胜利"号

蒸汽时代

首批蒸汽机船

1704 年，法国物理学家丹尼斯·帕潘首次用蒸汽动力驱动船舶；1813 年，美国人罗伯特·富尔顿造出第一艘蒸汽驱动战舰。富尔顿称这艘战舰为"Demologos"，即"人民之学问"，它的正式名称是美国富尔顿蒸汽战舰。1822 年英国海军首次在护卫舰"彗星"号上使用蒸汽机。19 世纪 50 年代，法国的"拿破仑"号下水，这是世界上第一艘以蒸汽机为主动力装置的战舰，又率先使用了螺旋桨，它标志着法国在海军军备竞赛中的领先地位。1853 年，不甘落后的英国推出"阿伽门农"号战舰。1855 年，美国海军首先装备侧轮蒸汽机船"密西西比"号和"密苏里"号，它们也是美国首批由蒸汽驱动的远航主力舰。

▶ 立式发动机

早期的明轮蒸汽机船用的是边杆发动机，螺旋桨蒸汽机船则用立式发动机（如图所示）。无论哪一种，其原理都是传动杆将活塞杆运动传送至连接杆。与这些初期发动机相比，1881 年问世的三胀式发动机效率更高。

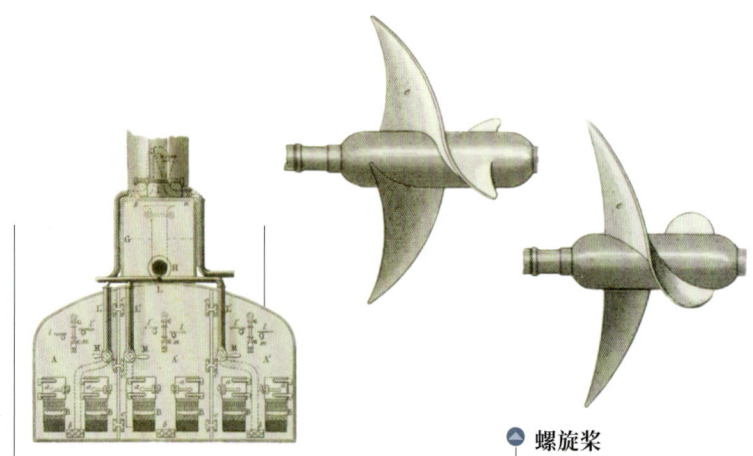

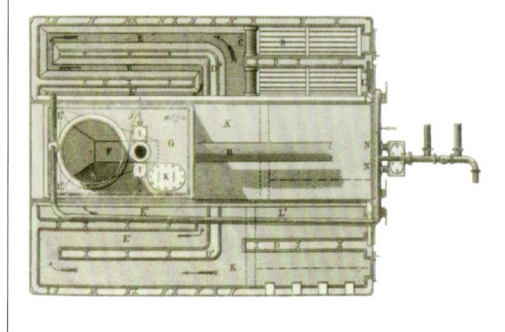

马丁锅炉

图中这种立式水管锅炉是美国海军总工程师丹尼尔·马丁发明的。内战结束之前，美国大部分蒸汽机战舰就使用这种锅炉。马丁立式锅炉安全性能差，有时会爆炸，另外如果被敌舰爆炸弹击中，也会造成惨重伤亡。

▲ 螺旋桨

波希米亚工程师约瑟夫·雷塞尔发明了船用螺旋桨，并在 1827 年获得此项专利。1844 年，出生于瑞典的约翰·爱立信为美国海军设计并开发了"普林斯顿"号战舰，它是美军第一艘由螺旋桨（如图所示）驱动的金属船体战舰。

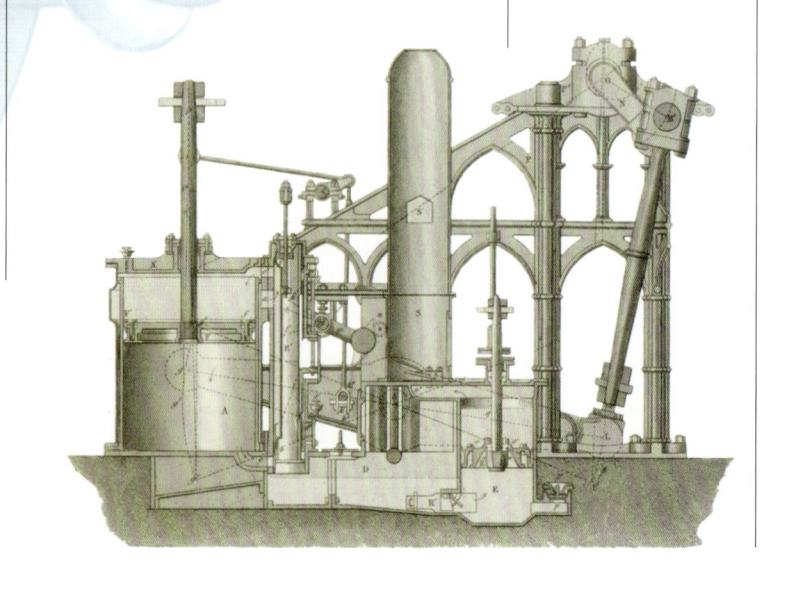

战争的演变

"富尔顿"号

"富尔顿"号是双体式明轮战船，明轮位于中心位置。它船体坚固，装备精良，堪称移动堡垒，在海岸防御方面作用重大。1814 年 10 月下旬，"富尔顿"号下水，当时英美正交战（第二次独立战争，又称"1812 年战争"）。1815 年 2 月"富尔顿"号完工（当时富尔顿刚刚去世），并在 1816 年 6 月移交给美国海军。

"阿伽门农"号

19 世纪上半叶，英国皇家海军委托造船厂制造了更多蒸汽机战舰，"阿伽门农"号就是其中之一。初期的蒸汽机船使用舷明轮，19 世纪 30 年代，螺旋桨取代了明轮。1853—1856 年克里米亚战争期间，英国皇家海军就大量使用这两种蒸汽机船。

"拿破仑"号

装有 90 门大炮的"拿破仑"号是著名海军设计师迪皮伊·德·洛梅的杰作，法国海军拥有"拿破仑"号之后，又在十年之内添置了 8 艘类似战舰。"拿破仑"号主要靠风帆航行，只有在战斗或者风向不利的时候，才使用蒸汽动力。

手执武器

投掷/射击武器

防御装备

服装

武士
· 法国海军
· 英国皇家海军
· 美国海军

军事理念和战术
· 螺旋桨
· 蒸汽动力

战地工事和运输工具
· 金属船体战舰
· 舷明轮
· 蒸汽驱动战舰

273

铁甲战舰

首次海战

19世纪50年代末期,膛线大炮横空出世,它威力巨大,可以发射能击毁木质战舰的爆炸式炮弹,铁甲战舰时代到来。1859年,法国海军战舰"光荣"号下水,它的木质船体上覆盖了12厘米厚的大型铁板,能够抵挡当时威力最大的火炮。第二年,英国皇家海军的"勇士"号下水;1862年美国内战期间,铁甲战舰首次在海上亮相。南方联盟政府物资匮乏,仿照"弗吉尼亚"号制造了一系列中央炮廓式战舰。北方联邦海军则开发出半潜水艇式浅水重炮型铁甲战舰,装有旋转炮塔。南北双方的战舰都只适合在浅海战斗,无法在公海上逞强。

汉普顿锚地海战

1862年3月的汉普顿锚地海战中,南方的"弗吉尼亚"号和北方的浅水重炮战舰"监察"号缠斗了四个小时,不过两艘战舰都未遭受严重损害。"弗吉尼亚"号的实心炮弹不足,无法重创"监察"号;"监察"号炮弹火力不足,亦无法穿透"弗吉尼亚"号的倾斜装甲。

第一艘真正的铁甲战舰

"监察"号是联邦海军第一艘铁甲战舰,1862—1865年,联邦海军又以它为原型,制造了一系列浅水重炮战舰。"监察"号由约翰·爱立信设计,有旋转炮塔,装有两门28厘米达尔格伦炮,"监察"号舰重987吨,甲板大多低于海平面,最大时速仅为7海里每小时。

"勇士"号

如今,"勇士"号经全面修缮后,停泊在英格兰朴次茅斯港。1861年,皇家海军为"勇士"号举办了下水仪式,它是当时世界上体积最大、装甲最完备的战舰。"勇士"号与其姊妹舰"黑王子"号在服役期间都不曾参战,而且不到十年就被淘汰了。

浅水重炮型战舰炮楼内部布局

这艘浅水重炮战舰"帕塞克"号的炮楼内有两口达尔格伦滑膛炮,口径分别为27.94厘米和38.1厘米,由于38.1厘米的大炮一开始锻造技术不达标,所以布置了口径不同的大炮。图中最前方是圆形炮弹,其中一个已在吊索之内,正准备上膛。

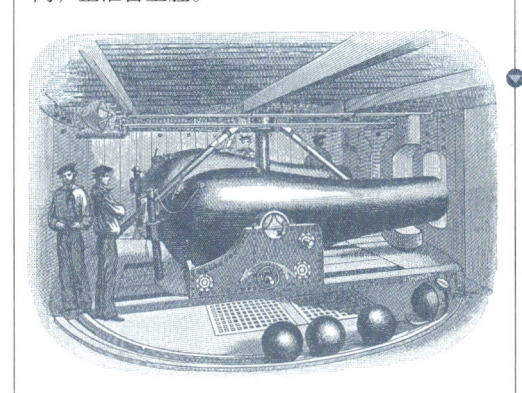

"监察"号大受追捧

美国内战期间,第一艘铁甲战舰"监察"号大显神威,在北方各州大受追捧,联邦海军以之为原型,制造了多艘浅水重炮战舰。其中,"清教徒"号有双炮塔,"罗阿诺克"号则布设了四座炮塔(之后改为三座)。这两艘战舰都建成于1864年底,并未参加实战。

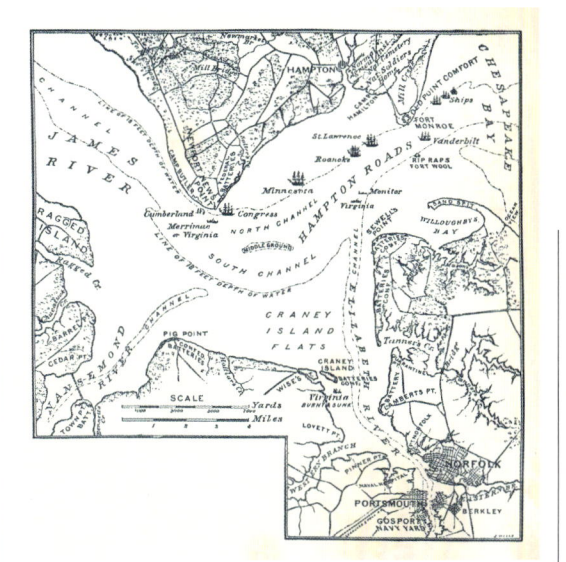

"弗吉尼亚"号

1861年4月20日,北方联邦海军从诺福克海军船厂撤退时,其蒸汽机护卫舰"梅里马克"号起火并沉没,南方联盟将其船体改装成了"弗吉尼亚"号。"弗吉尼亚"号堪称漂浮的炮台,由蒸汽驱动,两侧有倾斜式重型装甲,防弹效果极佳。

首场铁甲战舰战役

1862年3月9日,在汉普顿锚地战役中,"弗吉尼亚"号向北方联邦封锁舰队发动进攻,封锁舰队都是木质船体战舰,在战争中处于下风。"坎伯兰"号被撞毁之后沉没,另有几条战舰被迫搁浅。南方联盟的铁甲战舰在汉普顿锚地战役中取得了成功,北方联邦军队未能在半岛会战中一举攻破南方联盟的首府弗吉尼亚的里士满,南方政府得以续命。

手执武器

投掷/射击武器
· 达尔格伦炮

防御装备

服装

武士
· 美国南方联盟海军
· 英国皇家海军
· 美国北方联邦海军

军事理念和战术
· 建造铁甲战舰

战地工事和运输工具
· "光荣"号
· "监察"号
· "弗吉尼亚"号
· "勇士"号
· "帕塞克"号
· "坎伯兰"号

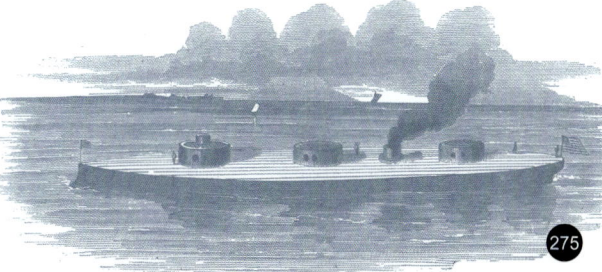

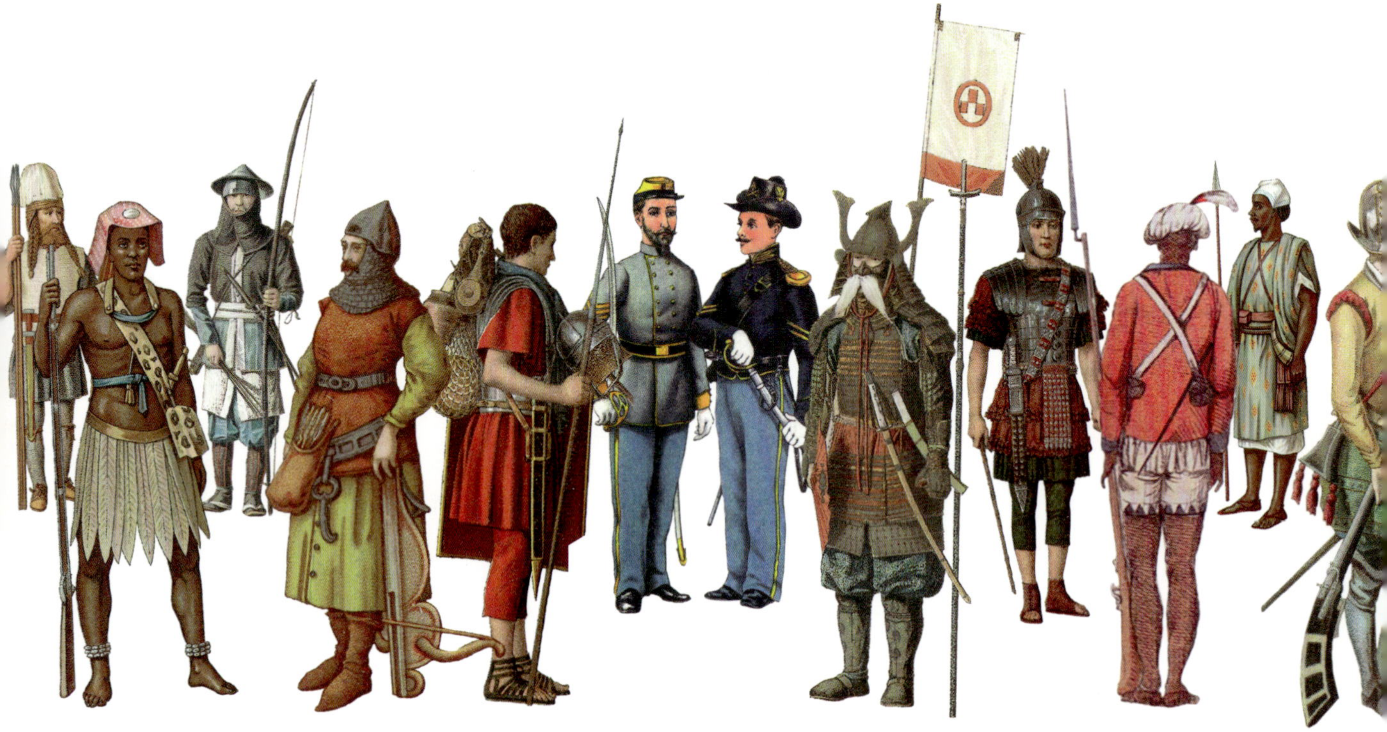

武器和盔甲革命

REVOLUTIONS IN ARMS AND ARMOR

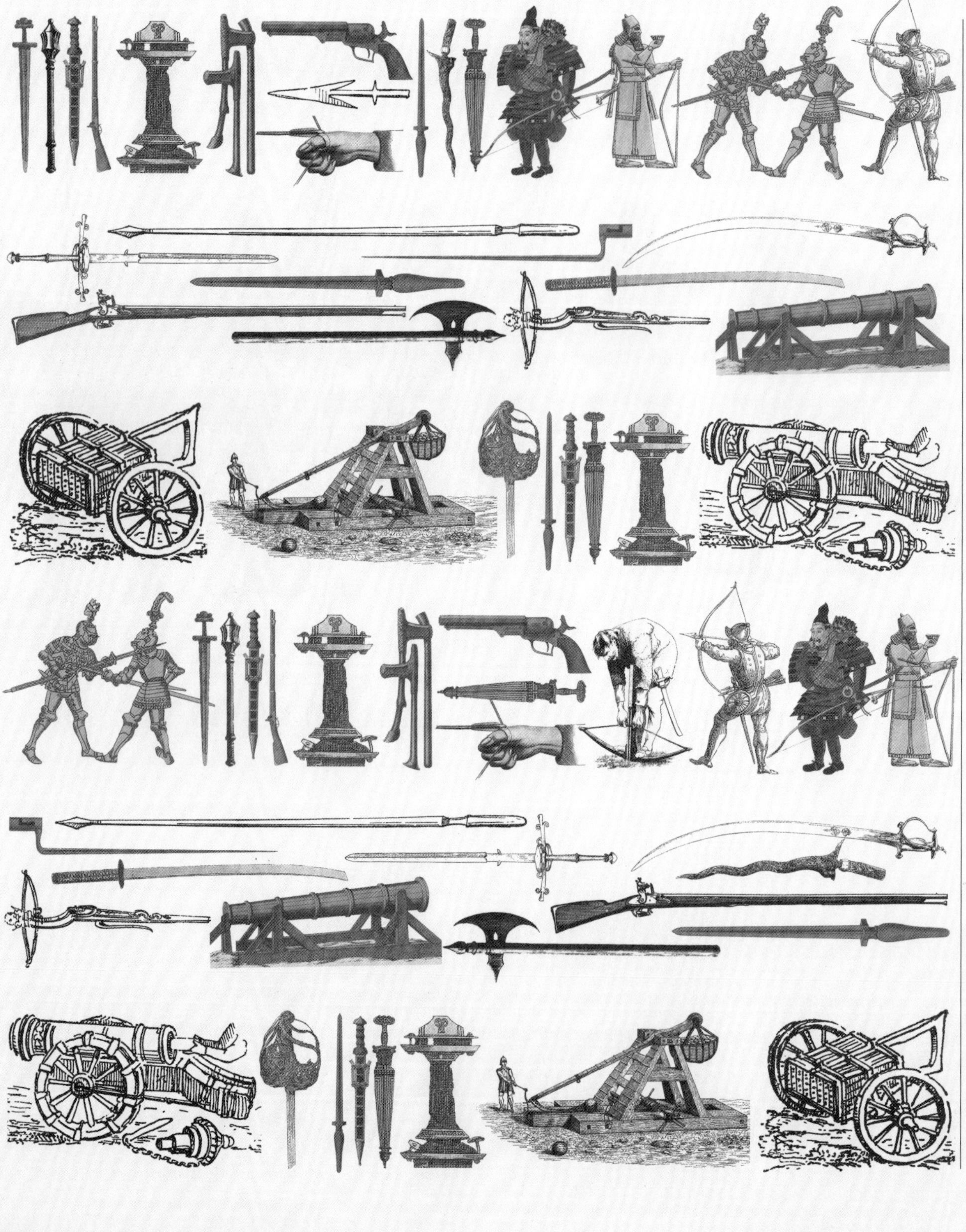

武器

远古时候，人们以石头或树枝为武器来攻击敌人，或用来打猎。后来随着社会的进步和经济技术的发展，人们发挥想象和智慧，不断发明和改进新的武器。武器技术革新通常都会运用当时最先进的成果，在其发展过程中，有过数次飞跃。比如，从抄家伙动手打人到向对方投掷武器，再到借用机械装置，把武器掷得更远，中间就存在两次飞跃，第一次是概念性飞跃，第二次是实质性飞跃。至于用什么装置把武器掷得更远，其实并不重要，它可以是甩石机，可以是吹箭筒，也可以是投矛杆。重要的是，人们掌握了方法，既能把武器投掷得更远，又不必以身犯险。

弓箭的发明是武器发展史上重要的里程碑，数千年内，弓箭一直是重要的战斗武器。弓箭手往往可以凭高超射术制敌取胜，比如埃及和亚述的战车弓箭手、亚欧草原上的骑射手，以及中世纪欧洲结阵作战的大批步兵弓箭手。

10世纪，中国炼丹师发明了火药，这种由硫黄、硝石和木炭混合而成的爆炸物彻底改变了战争的面貌。但是火药面世之后，人类并未立即发明枪炮。一开始，中国人尝试在战争中使用各种爆炸装置，还使用装着火药的火箭；直至14世纪，人们才发明火炮；16世纪，火炮终于替代弓箭，雄霸战场。

骑兵和步兵之间的交锋尤为激烈，骑兵用冲锋骑枪进攻，步兵举起长枪抵抗。在中世纪，冲锋骑枪一度成为决定战局的重要武器。骑兵的胸甲上安装了钩状托架，托架钩住一块木法兰，法兰又与冲锋骑枪相连。这样坐在高背马鞍上的骑兵就与坐骑和冲锋骑枪三者合一，拥有巨大的冲击力。面对这样的骑兵，敌方会集结大批手持长枪的职业步兵，列阵御敌。

所有战争中，士兵都免不了对敌人贴身近战。此时短棍、（带锤头的）战棍、斧钺都能发挥作用，刀剑更是重要武器。实际上，刀剑不仅可用于攻防，更是身份的象征，是一种永久流传的文化现象。

刀剑

锻钢

无论是主动出击,还是积极防御,刀剑这类武器都同样有效。所以,刀剑必须同时具备一些相反的特性:金属材料须有足够的硬度,保证刃部锋利;其内核又必须足够柔软,否则一碰就碎。许多早期的刀剑都是青铜的,经过锤炼,其硬度可增加三倍。约公元前1000年,铁器时代来临,铁取代青铜成了铸剑材料。钢是铁碳合金,通过在火炉中烧铁矿石和木炭炼成。炼钢时,先加热,然后通过控制冷却速度改变钢的分子结构,优化钢的构造,达到核心柔韧、边缘坚硬的效果。为了让刀剑更强韧轻盈,铸造师还在刀剑上开槽,在中部起脊。由于刀剑铸造本身就是一种复杂的技艺,所以刀剑既是贵重的武器,又是身份地位的象征。

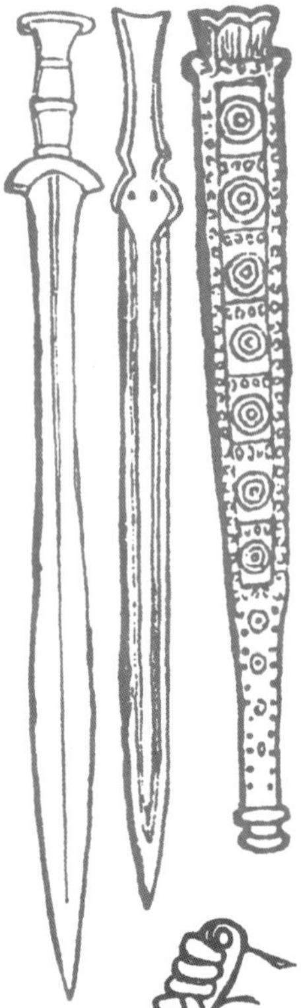

西弗斯短剑

手持长矛的希腊重装步兵以西弗斯短剑作为辅助武器。西弗斯短剑由青铜制成,双刃呈叶形,中部大多起脊,以增加强度。

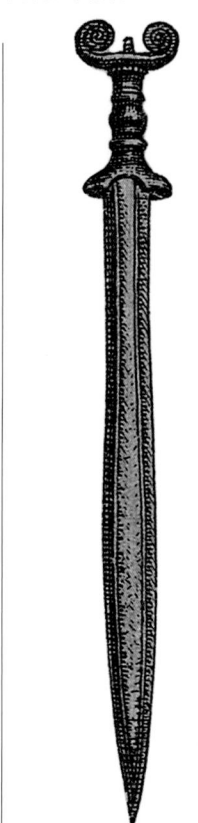

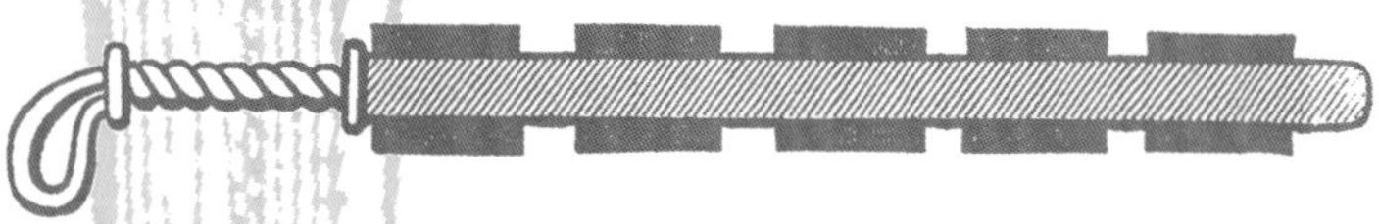

黑曜石锯剑

最早的剑由木头制成,有些木剑上镶嵌了黑曜石剑刃。1884年,马德里皇家兵器展览馆起火,馆内收藏的唯一一把古代黑曜石锯剑被焚毁。

克赫帕什镰形刀

这是一种独具特色的埃及早期青铜刀。曲刃向外,刀尖向上,挥臂抡刀就能直击对手,刀刃底部的弯钩可以用来拉倒敌人的盾牌。

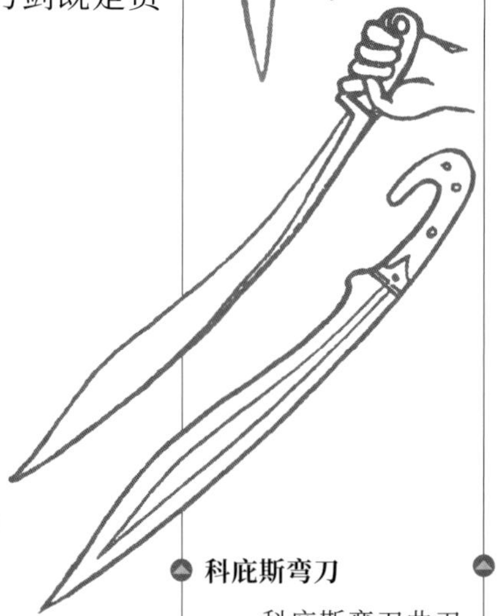

科庇斯弯刀

科庇斯弯刀曲刃向内,是希腊骑兵钟爱的武器。

铁器时代的剑

盖尔特剑是早期铁器时代典型的战剑,在当时用软钢制成,材料性能和今天的锻铁类似。

武器和盔甲革命

5—8 世纪的盎格鲁-撒克逊剑

图中是一把盎格鲁-撒克逊剑的剑柄。这种剑的剑刃往往为焊接纹，在锻造过程中钢铁条缠绕在一起，形成精美的花纹。

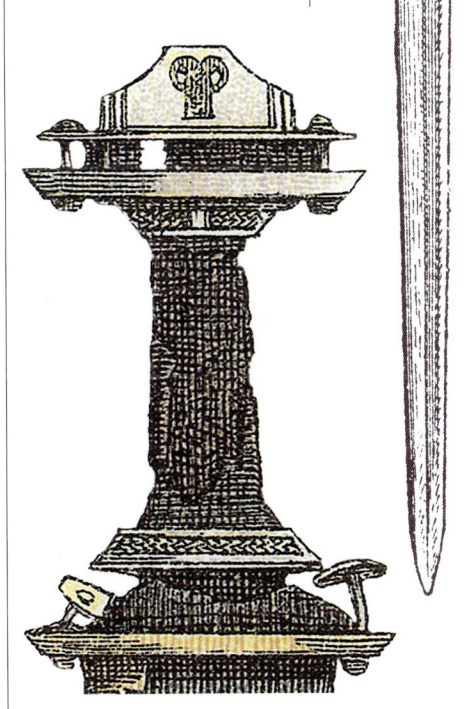

12—15 世纪的武装剑

武装剑配有轮状柄首和简朴的十字状护手，单手即可操作，是最常见的中世纪骑士用剑。

13—14 世纪的战剑

1250 年，铸剑师开始锻造特大剑，它们被称为"战剑"或是"巨剑"。

西斯帕尼埃尼斯型罗马短剑

西斯帕尼埃尼斯是一种常见的罗马短剑，军团士兵将其挎在右手边髋部，百夫长则把它佩在左手边。这种罗马双刃铁剑长约 70 厘米，灵活轻便，可劈可刺，不仅适合在密集阵形中使用，在开阔战场的厮杀中也是制敌利器。

8—11 世纪的维京剑

9 世纪，维京铁匠摸索出了用单块铁坯锻造长剑的方法。之后，锻造长剑产量大幅度提高。

手执武器
- 古代欧洲剑
- 罗马短剑
- 克赫帕什镰形刀
- 科庇斯弯刀
- 黑曜石锯剑
- 西弗斯短剑

投掷 / 射击武器

防御装备

服装

武士
- 罗马重装步兵
- 中世纪骑士
- 罗马军团士兵

军事理念和战术
- 提高武器钢的性能

战地工事和运输工具

砍杀和刺击

中世纪的剑沿袭了维京剑的样式，直到 13 世纪下半叶才出现革新趋势，刀剑种类增加，样式愈加丰富，不仅出现了大型长剑，其外形也发生了变化——盔甲持续改进，刀剑也必须增加杀伤力。欧洲之外，许多国家的刀剑都独具特色。日本钢颇有传奇色彩，据说只有印度的乌兹钢和中东的大马士革钢可与之媲美。

砍杀和刺击，到底哪种更致命？这一问题从无定论——砍刀刺剑，各有所长。16 世纪早期出现了一种新型迅捷剑，这是一种有效的刺击武器，适用于文明决斗。后来它逐渐成为时尚的佩饰，身着便服的风雅人士常常佩迅捷剑。

● 13—15 世纪的大砍刀

大砍刀是强大的宽刃砍杀武器，靠近刀尖处的刃片最宽。中世纪许多弓箭手和重甲骑兵都偏爱这种形似半月弯刀的大砍刀。

● 双手剑

16 世纪的双手巨剑长度超过 1.8 米，俗称"屠杀剑"。剑刃上的钩子是用来保护手的——在近身厮杀时，持剑士兵可以把手伸出放在那里，缩短剑的长度。

● 14—15 世纪的长剑

这种剑有超长握柄，武士双手握持剑柄，能够划出大幅度的剑刃轨迹，左右挥剑，力道惊人。

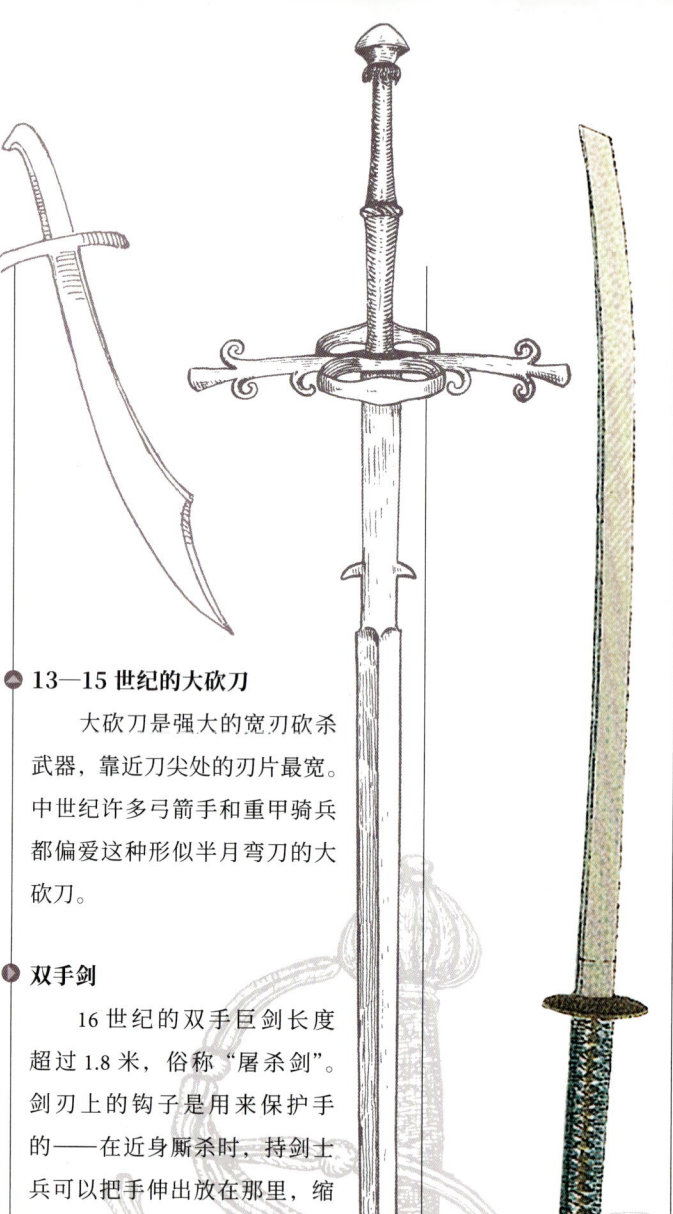

● 日本刀

这就是著名的日本武士刀。日本刀锻造工艺繁复，其成品核心处柔软，弹性佳，外层钢却坚硬无比，刀刃锋利，削铁如泥。

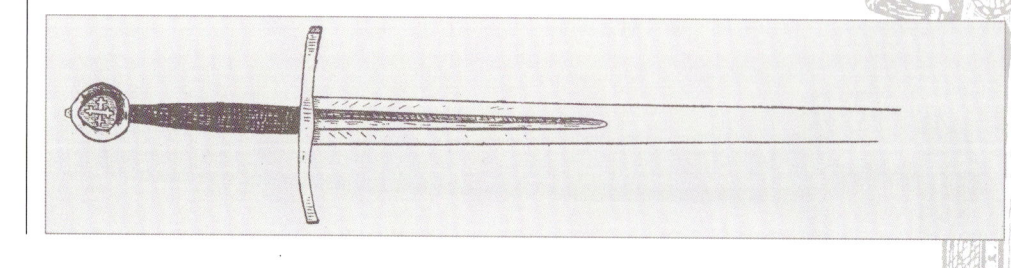

武器和盔甲革命

塔瓦弯刀
印度刀剑样式繁多，塔瓦弯刀是一种曲刃轻刀。

马来刀
这是印度尼西亚名刀，据说将它刺入敌人身体之后，它的波状刀锋可削骨如泥。

碗状剑柄迅捷剑
17世纪，迅捷剑的花式剑柄被碗状剑柄取代。有时候，为了方便在战场上杀敌，骑士会保留迅捷剑剑柄护手，但是把剑体部分换成宽刃。

篮状剑柄迅捷剑
自17世纪开始，为了给士兵执剑的手提供更密实的防护，迅捷剑的剑柄样式愈加复杂。17—19世纪，带篮状剑柄的宽刃迅捷剑应用广泛。

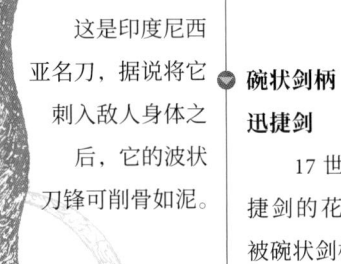

花式剑柄迅捷剑
16世纪，花式剑柄迅捷剑是骑士决斗的首选武器。经改进的剑柄能够为裸露在外的手提供防护，骑士一般左手持匕首，右手执迅捷剑，二者合璧，威力大增。

小剑
17世纪中期开始，小剑取代迅捷剑，成为绅士日常携带的防身武器。而在战场上，军官随身携带款式与之相似的重刃剑，用来御敌。

手执武器
- 大砍刀
- 日本刀
- 塔瓦弯刀
- 长剑
- 迅捷剑
- 小剑
- 双手剑
- 马来刀

投掷/射击武器

防御装备

服装

武士
- 日本武士
- 重甲骑兵

军事理念和战术
- 砍杀和刺击

战地工事和运输工具

283

长杆武器

远古时期，人们用尖头长棍对付猛兽，可以在安全距离内将其杀死。给长棍安上矛刺，就成了最初的长矛，而长矛正是最基本的战斗武器。轻巧的矛可以用来投掷，重矛则用于近战。古战场上的矛兵成千上万，对于早期骑兵而言，矛有时是投掷武器，有时又可作手执标枪用。12世纪，矛杆加长了，欧洲骑士就把骑枪夹在腋下，水平指向敌人，此时人、马、枪三者合一，挟骏马狂奔之势，可冲破敌军防线——骑兵冲锋战术从此诞生。无论在古战场，还是十六七世纪的欧洲战场，长枪都是最重要的武器。但是长枪最终被刺刀取代了——长杆武器的演变经历了一个轮回，人们再度开始改造长矛。

▶ **骑枪**

冲锋骑枪战术出现后，骑枪越来越沉重，可保持平衡的枪杆底端也越来越大。该图中间是一支15世纪的冲锋骑枪，它的抓手形状非常合理，可以缓冲骑枪刺向实心物体时对骑士手部产生的冲击力。

参见：
燧发枪，
第186—187页

▶ **骑士比武大会时使用的骑枪**

三叉矛头骑枪又称冠状骑枪，是一种为骑士比武大会特别设计的骑枪，可以扣住对手的盾牌——毕竟，在比武时，最重要的目标就是折断对手的骑枪。这把骑枪配有钢制护手，有些用于实战的冲锋骑枪也配备了这种护手。

▶ **维京矛**

维京文化中，刺矛是受人尊重的武器。它是战场上首屈一指的进攻武器，面对守军盾墙，维京战士可以手执刺矛越过盾墙击杀对手。

▲ **诺曼骑兵矛**

从贝叶挂毯可以看出，这些矛长约3米，既可以投掷出去，又可以用作骑枪。横刺可用来稳固马镫上的矛刺，保证矛刺不会伤到战马。

▶ **波黑双头骑枪**

轻装的东方骑兵沿袭了轻骑枪传统，他们的骑枪与欧洲沉重的冲锋骑枪不同，图中的双头骑枪就是其中一例。

武器和盔甲革命

拿破仑时代的骑枪

16世纪中期到18世纪末，骑枪逐渐从欧洲战场上消失，但是拿破仑战争期间，骑枪又回归了。这种轻型窄骑枪具备长杆武器的优势，与中世纪的重骑枪用法不同，拿破仑时代的骑士不会水平举着这种骑枪冲向敌人。

钩镰

钩镰脱胎于农具，后来变成军事武器，前后都有矛刺。它深受中世纪普通士兵的喜爱。

步兵长枪

步兵长枪长度在4.8—6.7米。大名鼎鼎的马其顿方阵士兵就用长枪，英国内战期间，各路步兵依然在使用这种武器。密集的步兵举起长枪，好似幕墙一般，这样骑士就无法攻入。图中的步兵长枪是15世纪的武器，枪头后有金属条，用来防护剑击。

戟

西方的戟是14世纪瑞士步兵为抵御骑兵进攻而开发的武器，它兼具矛和斧的优点。

长柄斧

这是中世纪骑士下马步战时用的精英长杆武器。其头部为斧钺状，柄长1.5米，比其他长杆武器短。战斗时，它既能用来格挡，又能让对手失去平衡。

短枪

短枪又称"半长枪"，是17世纪末至19世纪初步兵军官携带的武器。美国独立战争期间，许多军官都使用短枪。

塞入式刺刀

塞入式刺刀出现在17世纪，它将火枪变成了近距离厮杀时使用的长矛。最初的塞入式刺刀填塞在火枪枪口，其缺点是，一旦装上刺刀，火枪就无法射击了。

套筒式刺刀

套筒式刺刀套在火枪枪管顶端，不会妨碍火枪射击。据说，这种刺刀是在1689年基里克兰基战役之后出现的。

手执武器
- 刺刀
- 钩镰
- 戟
- 骑枪
- 长枪
- 长柄斧
- 短枪

投掷/射击武器
- 火枪

防御装备
- 护手

服装

武士

军事理念和战术
- 骑兵冲锋战术

战地工事和运输工具

短棍、战棍和斧

钝器击打

　　钝器击打造成的骨肉创伤和刀剑、子弹加诸身体的伤害一样，都足以致残甚至致命。钝器由原始的木头短棍发展而来，人们打斗时，通常会用钝器击打对方头部。给木柄装上石头或金属锤头，短棍就升级为战棍，这些武器古已有之。板甲时代是战棍大显身手的时候。板甲表面平滑，略有弧度，能挡开剑刃和箭矢，但是无法承受钝器的重击。身着板甲的战士被战棍砸中之后，可能会昏迷，甚至当场毙命，因此，骑士会在护甲里面穿上夹着厚厚垫层的衣服，缓冲钝器带来的重击。对没有铠甲护体的人而言，斧头显然具有骇人的威力，因为它能劈开血肉之躯。但是即使身披盔甲，斧头的利刃依然能劈开坚甲，而且它的冲击力也会破坏盔甲的防护作用。

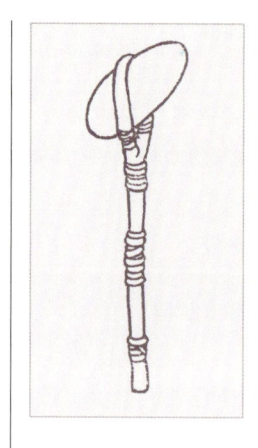

▲ **石头战棍**

　　印第安战斧就脱胎于这种石头战棍，如今我们熟悉的钢制斧头则是欧洲移民带到北美大陆的。这种斧头来自英格兰谢菲尔德，当时欧洲移民用它和印第安土著换取物品。

▲ **青铜凿斧**

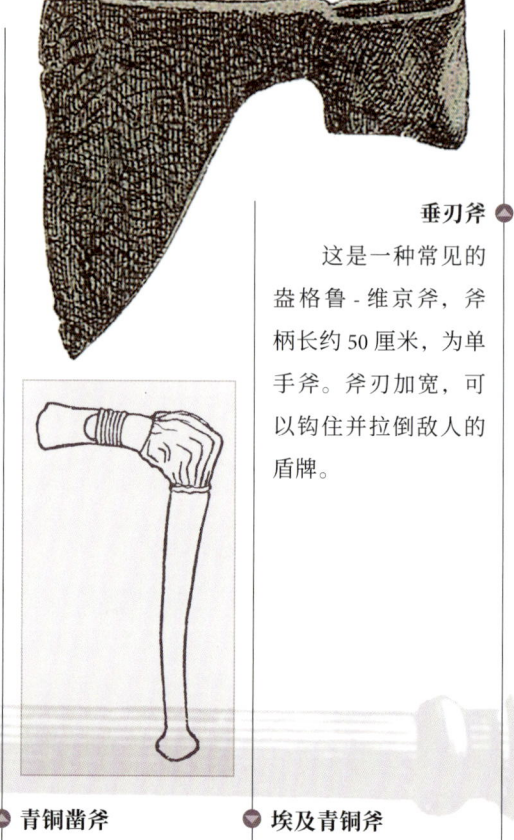

　　这种青铜凿斧最初是一种工具，但是考古学家认为，早在新石器时代人们就把这类工具用于战争了。

▲ **垂刃斧**

　　这是一种常见的盎格鲁-维京斧，斧柄长约50厘米，为单手斧。斧刃加宽，可以钩住并拉倒敌人的盾牌。

▲ **埃及青铜斧**

　　埃及青铜时代有各式各样的武器，如剑、长矛等，但是斧头和战棍是最常见的长柄武器。

▶ **萨摩亚短棍**

　　这把萨摩亚短棍由棕榈木制成，是早期击打武器中常见的一种。

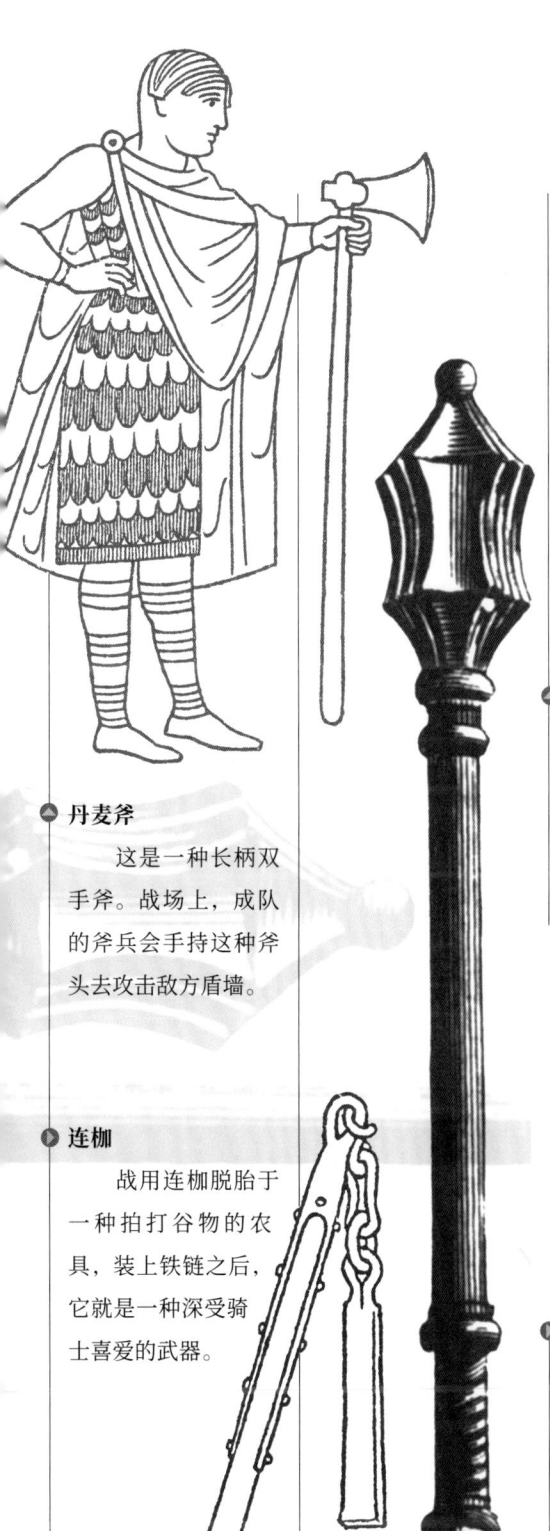

武器和盔甲革命

手执武器
· 斧
· 战斧
· 垂刃斧
· 短棍
· 丹麦斧
· 连枷
· 战棍
· 战锤

投掷/射击武器

防御装备

服装
板甲

武士

军事理念和战术
· 制造钝器创伤

战地工事和运输工具

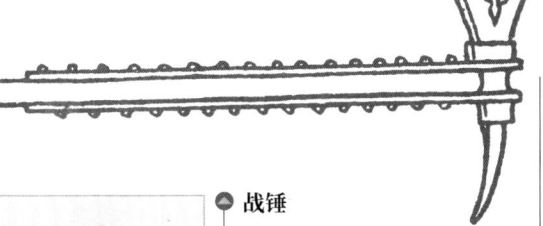

◐ **战锤**
这也是骑士钟爱的武器，可用来击杀全副板甲护体的敌人。

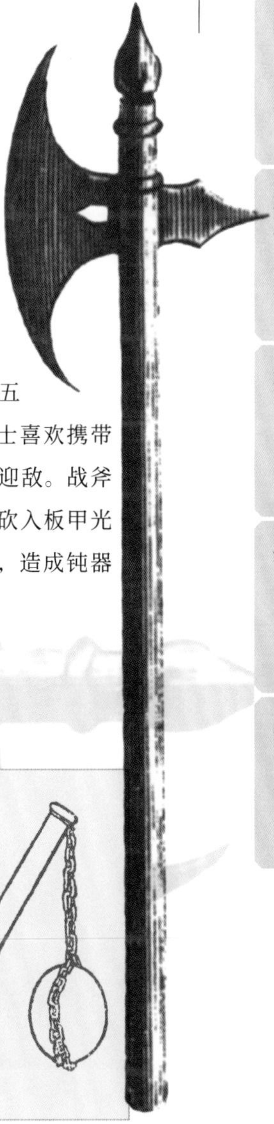

◐ **钉头战棍**
板甲出现之后，带尖刺的战棍随之产生，它能击穿板甲。

◐ **凸缘战棍**
这种15世纪常见的战棍用凸缘替代尖刺，所以可以挂在马鞍上，不会刺伤战马。

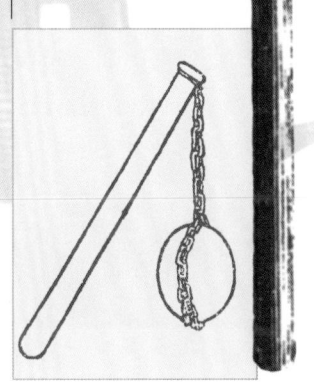

◐ **连枷战棍**
这是深受中世纪骑手喜爱的武器，它兼具连枷和战棍的优点。

◐ **战斧**
十四五世纪，骑士喜欢携带这种斧头迎敌。战斧斧刃能够砍入板甲光滑的表面，造成钝器创伤。

◐ **丹麦斧**
这是一种长柄双手斧。战场上，成队的斧兵会手持这种斧头去攻击敌方盾墙。

◐ **连枷**
战用连枷脱胎于一种拍打谷物的农具，装上铁链之后，它就是一种深受骑士喜爱的武器。

287

投掷武器

早期投掷武器

远古时期，投向敌人的棍子或石头是最早的投掷武器。其实不仅人类，其他灵长类动物也会捡起东西扔向捕食者。整个中世纪，人们依然用石块作为投掷武器，比如围城期间，守军就会从城堡的胸墙上扔石头。甩石机问世之后，士兵可以借助机械力量，增加投掷精度和射程。在古代希腊，人们用弹弓射出铅弹，铅弹是用模具造出来的，以此确保投掷物的重量和形状保持稳定。罗马重标枪是当时最先进的投掷矛，其木制握杆沉重，投掷时更顺手；枪尖呈圆锥体，能刺破盾牌；枪头足够长，能伤及盾牌背后的士兵。而软铁制成的枪头插入盾牌之后，会被沉重的握杆压弯，令盾牌失去防护效果。

投石杖
图中后举者手中为投石杖，它主要用于海战，也可用于陆地上的围城战。图中士兵正用它把装着希腊火的陶盆扔向敌船。

回旋镖
澳洲土著使用的飞镖多种多样，有些掷出之后不会飞回。人们主要用它狩猎，有时也用它对付敌人。

埃及投掷棒
在埃及古墓里，有大量保存完好的投掷棒。从文物资料可以看出，投掷棒和回旋镖一样，既用于狩猎，也用于作战，但是它的横截面比回旋镖更圆。

投石机
对于埃及、希腊、罗马和其他古国军队而言，甩石兵是非常重要的战斗力量。在大军集结之时，甩石兵会作为突击手冲在前线。

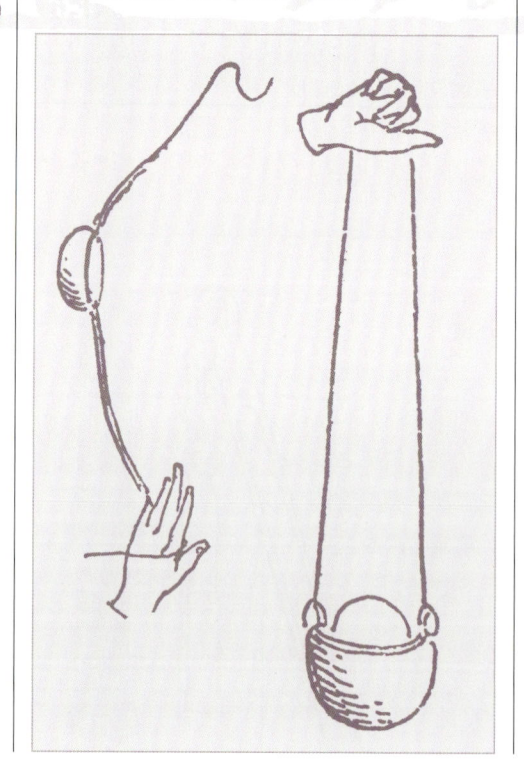

武器和盔甲革命

诺曼投掷战棍

从贝叶挂毯上的战斗场面可以看出，诺曼士兵用的是投掷战棍，这种战棍的棍头与石块相连。

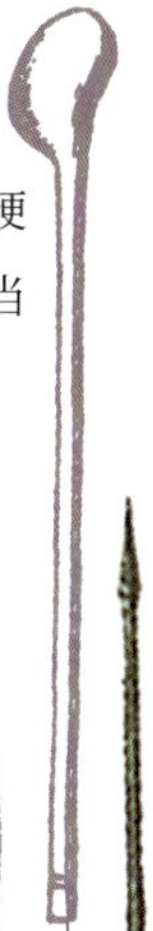

祖鲁圆头棒

祖鲁圆头棒由硬木棍制成，也可以当战棍使用。

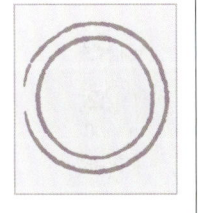

查克拉轮刃

锡克人的轮刃外缘如同剃刀一般锋利，可以像飞盘那样掷出，也可以从食指飞转出去。

非洲飞刀

非洲飞刀样式繁多，大多数至少有三片利刃，而且这些刀刃形状不同，大小各异。

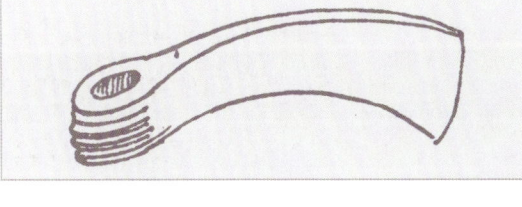

法兰克掷斧

法兰克掷斧的斧柄较短，长度约30厘米。法兰克士兵和撒克逊武士往往使用成对掷斧，因为射程不远，所以会在靠近敌人的时候掷出。

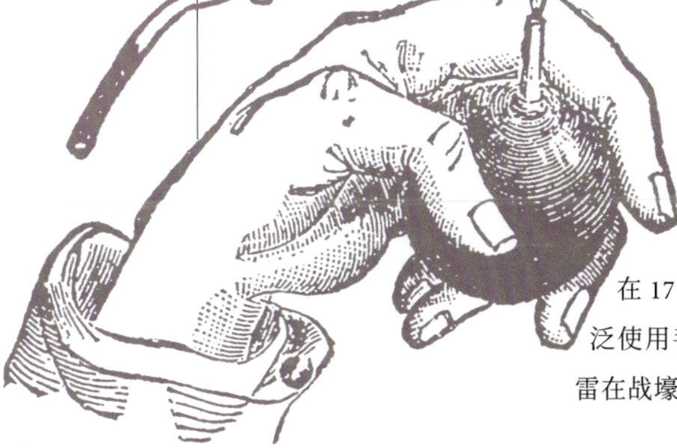

标枪

标枪就是投掷短矛，中世纪之前，它一直是所有军队的主要武器，步兵和骑兵都适用。

重标枪

重标枪是罗马军团用的投掷矛。军团士兵携带两只标枪，一支重，另一支轻。

手雷

早在10世纪，手雷在中国就已是常用武器。手雷其实就是带引信的小型炸弹，在17世纪末和18世纪，欧洲人广泛使用手雷。第一次世界大战时，手雷在战壕战中发挥了巨大作用。

手执武器

投掷/射击武器
- 回旋镖
- 查克拉轮刃
- 法兰克掷斧
- 投石杖
- 手雷
- 非洲飞刀
- 标枪
- 祖鲁圆头棒
- 重标枪
- 投石机
- 投掷战棍

防御装备

服装

武士
- 澳洲土著
- 法兰克人
- 罗马人
- 撒克逊人
- 祖鲁人

军事理念和战术
- 投掷武器，制造创伤

战地工事和运输工具

289

弓

致命弹簧

霍梅嘉德弓出土于丹麦的一个泥煤沼泽地，距今约9000年，是欧洲目前发现最早的保存完好的弓。这说明弓出现的时间很可能比它更早，考古学家认为，在非洲发现的箭头距今有2.5万年。不同地区的人用不同材料制作弓——弓实际上就是储存并释放能量的大弹簧。在气候温和的地方，树木多浆汁，有弹性，人们用木材制弓；在干旱地区，树木稀少，木材干燥，弓则由复合材料制成。比如，兽角能抗压缩，与筋腱粘连之后，又能抗拉，再加上木芯，就能制成强弓。在战场上，射程之内万箭齐发，威力非同小可，战车射手和骑射手还能有效贯彻散兵游击战术。

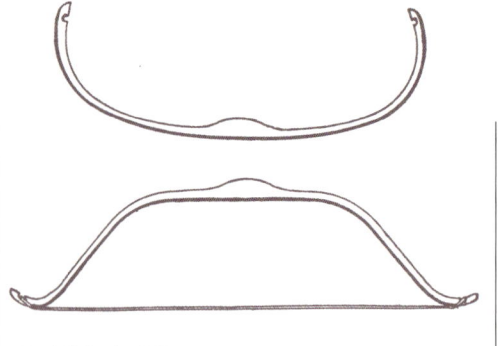

土耳其复合反曲弓

这种弓是用兽角和筋腱安在木芯上制成的，复合材料制成的弓受预应力之后，会呈反曲状以储存动能。这一类反曲弓是骑射手的主要武器。

扳指

所有使用复合反曲弓的族群都同时使用扳指，其形状大多和图中扳指类似，不过中国人的扳指是圆环状的。

平弓

平弓在新石器时代已经出现，其弓臂是平的，许多部落都喜爱这种武器，包括北美印第安人。

角弓

埃及人、赫梯人和亚述人用角弓，这是青铜时代后期最完备的战车弓。下弦时，弓为扁平的W状；上弦时，呈三角状；拉满时，可形成一道完美的弧线。

放弓

使用时，扳指底部钩住弓弦，然后拇指弯曲，把食指放在拇指上，扣住弓弦使之不移位。使用扳指时，箭放在弓的右手边。

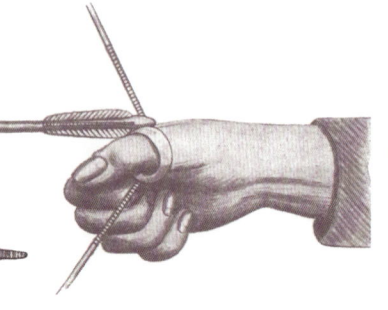

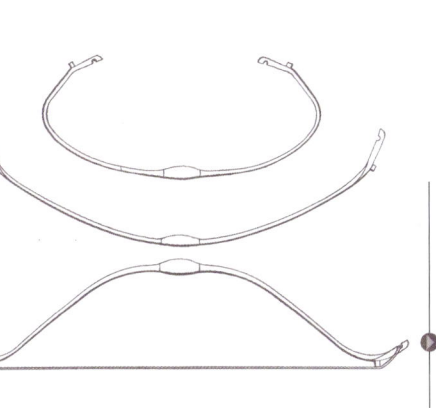

武器和盔甲革命

中国反曲弓

古代中国人、鞑靼人、匈奴人和波斯人使用的反曲弓都在弓臂末端装弓弰，以加速弓弦复位。

日本和弓

日本和弓由竹片包裹桑木芯制成，做好后再涂上油漆，裹上藤条。和弓不对称，下弓臂仅有上弓臂一半长。武士骑马时，弓是他的主要武器。

英格兰长弓

最好的长弓由紫杉木制成，但英格兰人也用赤桦木、榆木和其他木料制作长弓。尽管用的是单一材料，但是加热之后，长弓还是会稍稍反曲。

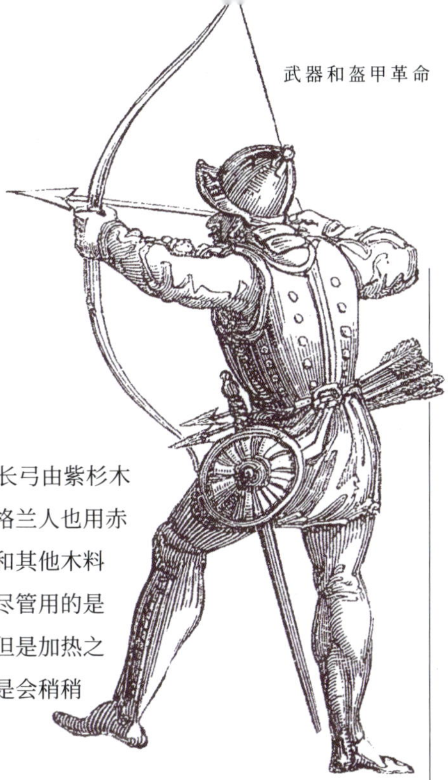

箭镞

1：带倒刺的箭镞能切开皮肉，主要用来杀伤骑兵。

2：狭窄的针状箭镞又称锥形箭，可射穿盔甲。

3：燃烧箭，最迟在罗马时期，士兵就在攻城战和海战中使用燃烧箭了。中世纪，人们把糊状药粉放入白兰地中浸泡制成火药，把火药放入亚麻袋内，然后把装满火药的亚麻袋包在箭上，最后用树脂密封，制成燃烧箭。

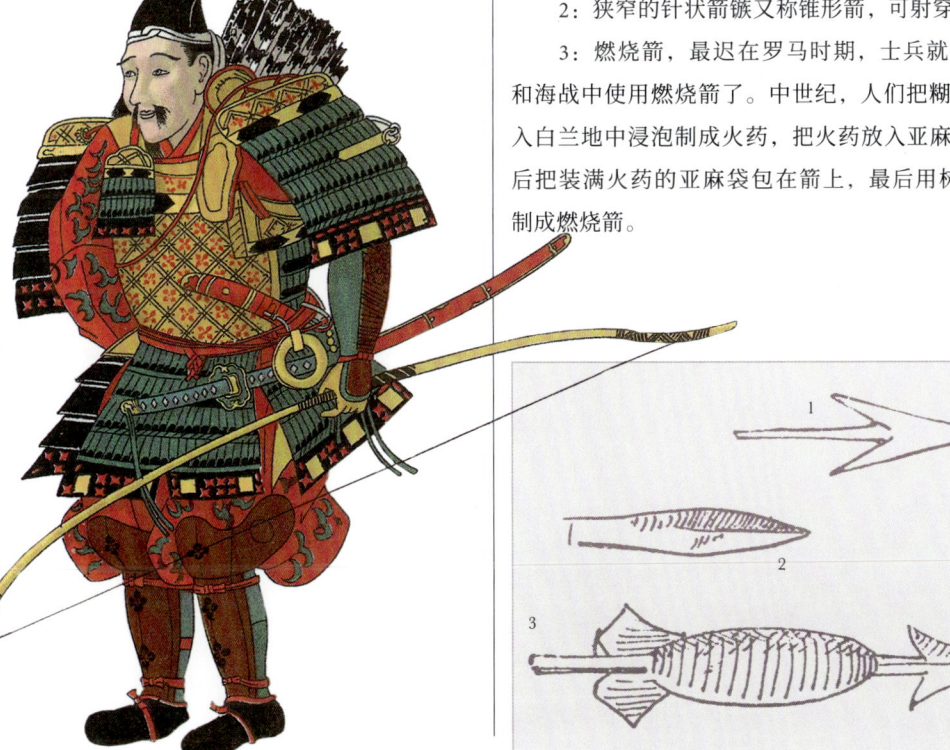

手执武器

投掷/射击武器
- 角弓
- 复合弓
- 平弓
- 日本和弓
- 长弓
- 反曲弓

防御装备

服装

武士
- 亚述人
- 埃及人
- 赫梯人
- 印第安人
- 日本武士

军事理念和战术
- 游击战术

战地工事和运输工具

291

十字弩

加强版弓箭

最初的十字弩结构简单，弩弓或弩片由木头制成，拉力最多有200磅。弩弦钩在突出的弩牙上，触发弩机之后，弩牙往下，箭射出来。十字军东征之后，欧洲人发现了兽角和筋腱复合弓的威力，于是参照这种弓造出了新一代强力十字弩。因为弩牙和弩弦的拉力增大，人们为十字弩机安装了转动螺母。后来十字弩威力越来越大，仅仅依靠臂力已经无法精准操作，于是人们开始用机械装置拉开弩弦。机械装置越来越先进，又加强了十字弩的杀伤力。17世纪前十年，钢铁技术实现突破，高强度钢制弩片随之出现，此时十字弩发展至巅峰，其拉力甚至超过1500磅。

▶ **腰带和钩爪**

这个人把脚放进十字弩前方的蹬具中，把弩弦钩在腰带上的钩爪上，然后用脚的力量拉开弩弓。

▶ **木制十字弩**

这幅画作于19世纪，图中的十字弩有转动螺母，但实际上，那里只应该有弩牙。图中的男人把双脚放在笨重的十字弩上，试图拉开弩弓，这一点并未画错。由于十字弩拉力大，人们往往需要坐在地上，手脚并用才能拉开弩弓。

▶ **绳子和滑轮**

如图所示，绳子一端系在十字弩底部，另一端系在弩手的腰带上，滑轮上的钩子与弩弦相连，使用这种装置后，弓弩拉力是原来的2倍。

武器和盔甲革命

羊腿杠杆

据说这种装置外形与山羊的后腿相似，杠杆的两个前钩爪挂在从弩弓侧边伸出的双耳上，另一个二级单钩爪钩在弩弦上。杠杆中部铰接，可转动的二级单钩爪会把其后部推向前方，以此上弦。这种装置的拉力是原来的 5 倍。

齿轮装置

这是一个放在机壳内的齿轮，可以沿齿条拉动。这种装置的拉力是原来的 145 倍。

石弩

这种弓弩可发射石块或黏土泥丸。16—18 世纪，人们喜欢用石弩打鸟或是小型野兽。

飞镖弩机

罗马人在阵地战中大量使用弩机。弩机双臂是分开的，由筋腱束或亚麻绳缠绕——扭绞的绳索起到了扭力弹簧的作用，它可发射重飞镖，射程约为 400 米。弩机主要用于阵地战，也可用于围城战，无论攻守都可以用这种武器。

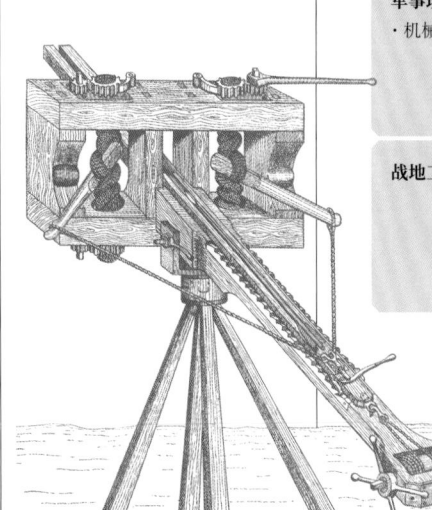

中国连弩——诸葛弩

诸葛弩箭匣内有 10—15 支弩箭，杠杆往前推，弩箭就会下落待发，同时箭匣底部的挂弦槽会钩住弩弦。当杠杆向后拉满时，挂弦的位置会有一个突起，把弦顶出挂弦槽，同时带动弩箭发出。这种武器效能不足，精密度也低，只有弩箭淬毒之后，才会致命。

绞盘十字弩

在发射间隙，士兵可以把绞盘装在十字弩上拉开弩弦。但是安装绞盘十分复杂，会延缓射击速度，不过这种装置的拉力是原来的 45 倍。

手执武器

投掷/射击武器
· 飞镖弩机
· 诸葛弩
· 齿轮弩
· 十字弩
· 石弩

防御装备

服装

武士
· 十字军
· 罗马人

军事理念和战术
· 机械助力弩

战地工事和运输工具

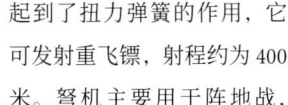

攻城器械

攻打和锤击

攻打防卫严密的城堡或城市，主要有四种方法。第一种是围困，断绝城内守军和居民的粮草，但是围城战往往旷日持久，会耗费大量时间和军力。第二种是挖隧道破坏墙体，隧道从地下穿墙，用木料支护；如果地下挖空处过大，就用木制框架支护，隧道挖好后，攻方点燃支护木料，位于隧道上方的墙体就会倒塌。第三种是搭云梯（或攻城塔），即借助云梯翻越墙顶，这种做法非常危险。第四种是用攻城锤或巨型投石机破坏城墙。这些攻城器械因体形庞大，必须当场搭建。这些器械往往都有各自的名号，英格兰国王理查一世就曾将一辆攻城车赐名为"坏邻居"，爱德华一世则拥有一架"战狼"。

参见：
弩机详解，
第58—59页；
弩炮详解，
第62—63页；
攻城器械技术，
第112—113页；
配重式投石机详解，
第114—115页

▽ 攻城锤

攻城锤其实是一根笨重的方形木梁，悬吊在木框内，可随吊绳前后摆动。有的攻城锤框架下安了滚轮，可以由躲在框架内的士兵推到城墙边，或是在靠近目的地的地方竖起立柱，用绞车往前拉攻城锤。攻城锤上面盖着湿兽皮，保护它不会被飞来的燃烧箭或希腊火盆点燃。

▽ 投石机

这种投石机体形巨大，威力惊人。投石臂被巨大的扭绞绳索紧紧套住，甩出之后再用带杠杆的绞车摇回。

◯ 投石弩机

罗马的投石弩机与飞镖弩机（参见293页）的运作原理一样——两个弩机臂缠绕在扭绞绳索之中，借助扭力弹射。顾名思义，投石弩机和飞镖弩机的区别在于弹射物不同。

武器和盔甲革命

攻城塔

攻城塔其实是一种带有防护墙的云梯，这样可以降低攀爬城墙士兵的风险。士兵在塔内向上攀爬，然后沿跳板步桥翻过城墙，涌入城内。攻城塔底层往往装有攻城锤。

配重式投石机

投石机的配重篮内堆满了石块，配重大小可以调整，以改变射程。杠杆、绞盘和滑轮都可以降低投石臂。有些大型配重投石机还配备了风车，可以带动齿轮。除了配重投石机，还有人力牵引投石机，使用时由数十位士兵同时拉绳子替代配重。

使用中的配重式投石机

配重能产生巨大力量，让投石臂运动。而且在顶端装投石索，也大大增加投石臂的长度。

攻城十字弩

图中这种巨型攻城十字弩的设计图稿来自达·芬奇，可用来发射石弹。虽然其尺寸夸张——这架十字弩大得不可思议，但是当时人们在攻城时确实用超大十字弩。

弹力投石机

很多中世纪手稿中都出现了这种投石机插图，但是并未发现任何使用这种弹力投石机的记载。

手执武器

投掷／射击武器
· 投石弩机
· 攻城锤
· 投石机
· 攻城十字弩
· 配重式投石机

防御装备

服装

武士

军事理念和战术
· 制造攻城器械

战地工事和运输工具
· 城堡
· 攻城塔

火炮

技术进步

最早关于火炮的详细记录见于 1327 年，在爱德华三世书的手稿中。那时的大炮是短筒的，由青铜制成，形似花瓶。几十年后，铁制长炮面世。工匠把铁板套在木芯周围，然后将铁板焊接成筒状，木芯烧尽之后，铁炮就成型了。为了防止铁板受压后散开，外面还会圈上铁箍。这和制作木桶的方法一模一样，所以英语中，炮筒与"桶"是同一个单词。15 世纪末，铸铁技术革新，工匠开始铸造大炮，然后钻孔，这也为铁制炮弹的出现提供了技术基础——之前人们使用石块做炮弹。此后，后膛装填和线膛炮这两项技术大大提高了火炮的效率、威力和精准度。

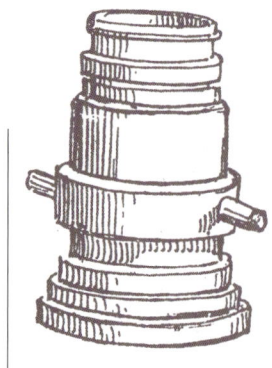

迫击炮

迫击炮炮筒短，炮弹大，弹道高，主要用于攻城战。

射石炮

早期的炮被称为"射石炮"。射石炮下有木制框架，从固定炮位发射。

车载大炮

如图所示，这架 15 世纪的射石炮安在炮车上，而且炮体高度可调节。

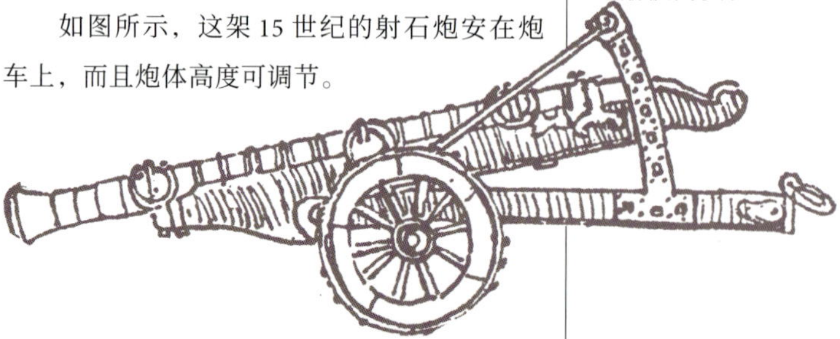

风琴炮

风琴炮有多个炮管，图中是 15 世纪的风琴炮，有 40 个炮管。17 世纪以后，这种炮才逐渐被淘汰。

后膛装药弹加农炮

在这台大炮旁边，地上堆放着几颗后膛炮弹。这种炮弹里面填满黑火药，使用时从后膛塞入炮筒。

武器和盔甲革命

手执武器

投掷 / 射击武器
· 射石炮
· 后膛装药弹加农炮
· 榴弹炮
· 海军加农炮
· 线膛加农炮

防御装备

▲ 后膛加农炮

16 世纪已经出现了全部从后膛装填炮弹的加农炮。此后火炮的地位越来越重要，人们开始铸造各种尺寸和口径的大炮。

▲ 榴弹炮

这是一种大型火炮，一半是迫击炮，另一半是加农炮，能够以抛物线弹道发射炮弹。图中榴弹炮制造于 19 世纪 40 年代，其实自 18 世纪起，军队就使用这种榴弹炮来破坏敌方的战地防御工事了。

▲ 线膛加农炮

美国内战期间，双方都大量使用线膛加农炮，其威力、射程和精确度都优于滑膛炮。100 磅的帕罗特加农炮的射程为 8 千米，但是它并没有配套的远程瞄准装置。

服装

▲ 海军加农炮

炮口装填的海军加农炮必须用炮车推到炮台上装填炮弹。装好后，炮口伸出舷侧炮门，向外发射。

武士

▲ 各类炮弹

1：霰弹筒内装着小弹丸，发射时弹丸会炸开，使用这种炮弹的大炮就像一把巨型霰弹枪。在中世纪，军队会使用木制霰弹筒，霰弹又称"灯笼弹"。

2：链弹是一种杀伤性炮弹，从炮筒射出之后会高速旋转。

3：实心弹是大炮的标准炮弹，威力巨大，足以破坏敌方的战舰和陆上防御工事。

4：棒弹和链弹相似，也是杀伤性炮弹。

军事理念和战术
· 后膛装填
· 线膛技术

战地工事和运输工具

参见：
炮兵的演变，
第 210—211 页；
加农炮详解，
第 224—225 页

297

手执火器

从火绳点火装置到米涅弹

14 世纪末,就有人把一端有塞子且带火门的管子安在木托上,当作手执火器用。当时,人们把散装火药和弹丸从管口塞入,然后用火绳点燃火药。这种武器不易操作,不过效果差强人意。火绳点火装置问世之后,手执火器操作起来就方便多了。蛇杆前端夹住缓慢燃烧的火绳,扣动扳机就能放低火绳,送至引火盘。有了这样的装置,士兵就可以双手执枪,加长枪管随之出现。后来,簧轮、燧发和击发火枪陆续出现,但是最具突破性的技术革新当数 19 世纪的线膛枪和米涅弹。此后,手执武器不仅能迅速上膛,还能射中远程目标。

杆枪

这种杆枪是最早的手执火器,直到 15 世纪依然有人使用。枪手一只手执枪,另一只手将火绳送入火门。

火绳钩枪

这种带有扳机杠杆的火绳枪出现在 15 世纪。因为枪前部有钩子,所以被称为"火绳钩枪"。钩子可以把枪搭在胸墙或是枪手的巨盾上,以减少后坐力。

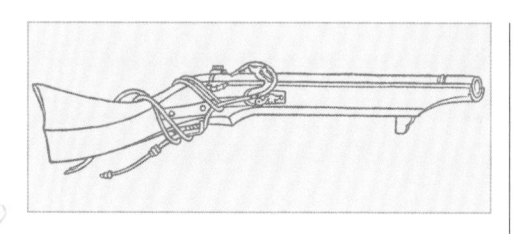

火绳枪

16 世纪时,使用火绳点火装置的枪被称为"火绳枪"。这种枪枪管长,精度和射程都超过前代火枪,但是必须使用支架。

簧轮手枪

转轮点火装置出现之后,士兵可以事先装填火药和弹丸,让火枪处于待发状态,这特别适合骑兵。小巧的簧轮手枪很快也出现了。16 世纪,骑兵会把已经上膛的手枪放在马鞍枪套内或靴筒上部,一个人最多可携带六支手枪。

转轮点火装置特写

大约在 1530 年,机械师发明了转轮点火装置。其原理是,用发条驱动带锯齿的钢轮,使用杠杆把黄铁矿石放在钢轮旁,扣动扳机时,引火盘打开,钢轮旋转,击发黄铁矿石产生火花。

参见:
火绳点火装置详解,第 158—159 页;
燧发枪详解,第 188—189 页;
线膛火枪,第 216—217 页;
连珠步枪和卡宾枪详解,第 236—237 页;
柯尔特左轮手枪详解,第 240—241 页

武器和盔甲革命　　手执武器

长管火绳枪

虽然富有的骑士喜欢用造价高昂的簧轮枪，但是直到17世纪，步兵一直使用更便宜也更可靠的长管火绳枪。

击发打火装置

1805年，苏格兰牧师亚历山大·福赛斯（Alexander Forsyth）发明击发打火装置。福赛斯发现，雷酸汞受到敲击时会燃烧，于是将雷酸汞放入铜制火帽内，火帽经击锤敲打会迸出火星并点燃发射药。这种打火装置不受天气影响，性能稳定可靠。

装有击发帽的长管火枪

19世纪中期，军队中大多使用击发点火装置的火枪。尽管击发帽上膛很麻烦，但是它优势明显，许多燧发枪都改装为击发枪。

斯宾塞步枪

米涅弹的成功研发大大提高了步枪上膛的速度，杠杆式连发步枪则改变了战争的面貌。

燧发长管火枪

早在16世纪，机械师就已发明燧石点火装置，但是直到18世纪，军队才开始广泛使用燧发枪。燧发枪一普及开来，立刻大受追捧。

米涅弹

使用丸状铅弹的步枪有种种弊端，人们试图找到合适的弹丸，克服这些弊端。大约在1840年，米涅发明了一种新式子弹，它呈锥顶柱壳状，线膛火枪和步枪都适用。所谓膛线，就是枪管内刻的线槽，线膛枪射出的弹丸能迅速转动，其稳定性和精确度都大大提升。但是在上膛过程中，士兵必须将弹丸塞进枪管，直至越过膛线，这样射击速度就会大受影响，让士兵在战场上风险大增。米涅弹很容易塞进枪管，发射时又会膨胀，与火枪膛线咬合，它的出现是军事技术的一项重大突破。

燧石打火装置特写

击锤的钳口处咬着一块燧石。扣动扳机时，燧石与火镰相撞，迸出火花。火镰与引火盘盖相连，击打火镰时，它能自动打开引火盘盖，于是火花落入引火盘内，点燃引火药。

柯尔特左轮手枪

柯尔特六发左轮手枪是西部牛仔的传奇武器。自16世纪开始，机械师就尝试制作左轮手枪，但是数百年后，塞缪尔·柯尔特才攻克重重难关，将实物制作出来，并在1836年获得专利，而后开始大规模生产。美国内战期间，骑兵广泛使用左轮手枪。

投掷/射击武器
- 火绳枪
- 柯尔特左轮手枪
- 燧发长管火枪
- 火绳钩枪
- 长管火绳枪
- 装有击发帽的长管火枪
- 杆枪
- 斯宾塞步枪

防御装备

服装

武士

军事理念和战术
- 线膛枪技术
- 米涅弹技术

战地工事和运输工具

299

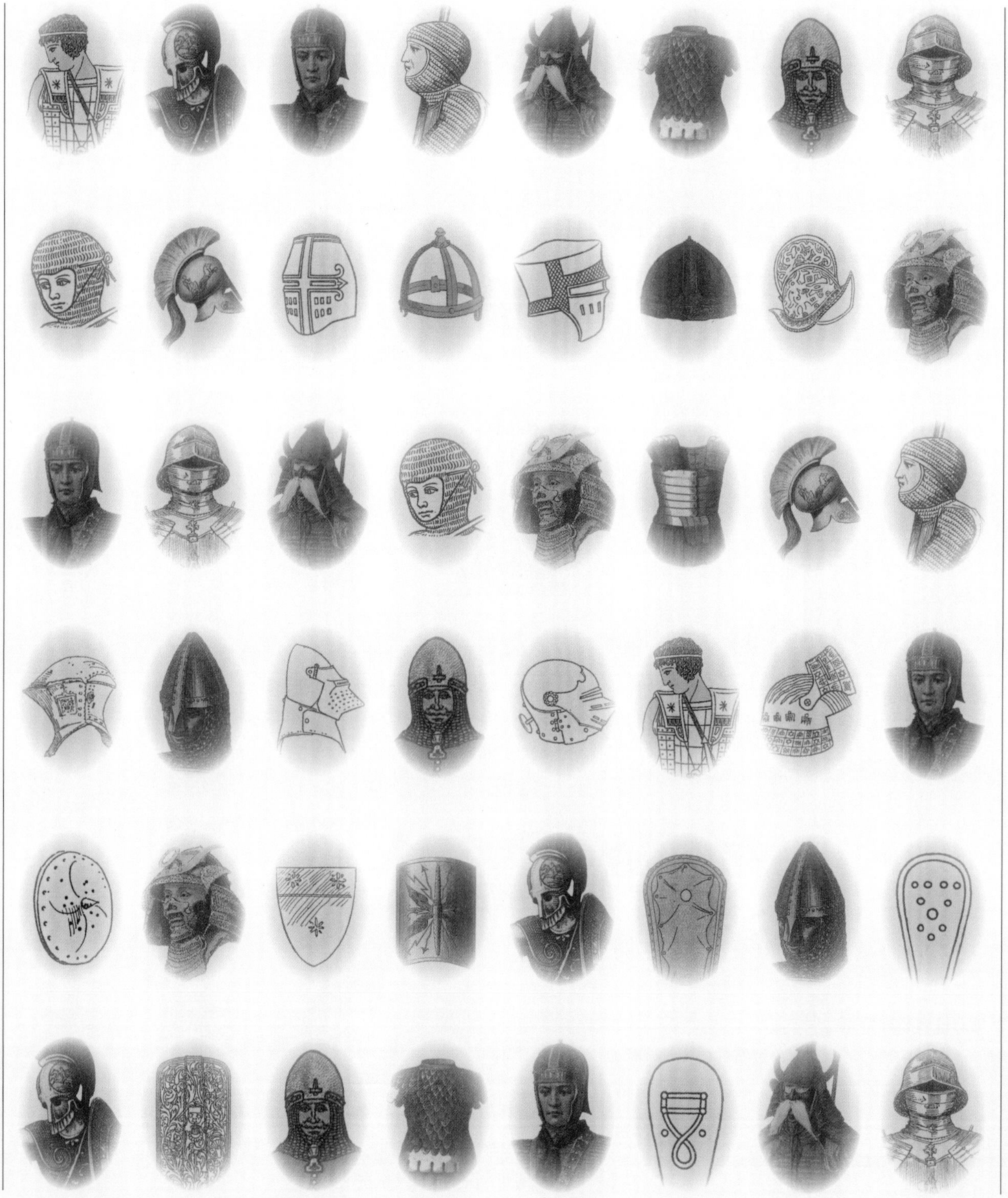

盔甲

人们设计盔甲，是为了保护战士不受武器的伤害。在这一前提下考察盔甲的作用，才能得到更准确的结论。比如，板甲是否能抵挡敌方利箭？这与箭矢的发射距离、箭头类型、弓的威力，以及箭以什么角度射过来等都有关系，但板甲质量是最重要的因素，毕竟，不同板甲的质量相差甚远。中世纪，淬钢硬化技艺日渐完善，但是只有巨富才买得起高档盔甲，大部分重装骑士的盔甲只是勉强可用，而普通士兵的盔甲只能说聊胜于无，根本无法抵挡敌人的攻击。

盔甲本身也有诸多弊端。穿戴盔甲往往需要很长时间，穿上之后，战士就得承受盔甲的重量。当然盔甲未必那么笨重——披甲士兵能够自如地跑动，骑马，战斗；但若是不穿盔甲，他当然更轻松。穿着盔甲的士兵还得忍受高温，因为在披上盔甲之前，他们必须穿上厚厚的垫层。

如何在盔甲的保护功能和士兵的机动性之间求得平衡？不同地区的人有不同的做法。希腊战士仅用盔甲护住胸部、头部和小腿，罗马士兵则用盾牌而非盔甲保护腿部。头盔是所有护甲中最重要的部分，它也存在三种弊端。其一，如果头盔护住了耳朵，那听力就受影响，加上周围盔甲碰撞，咣当作响，士兵更是很难在嘈杂的环境中分辨声音。其二，若是覆盖面部，显然不透气，而士兵一边承受着盔甲的重量，一边忍受高温，还要浴血奋战，必须保持呼吸顺畅。其三，头盔会影响视力，这是最大的弊端。战斗时，士兵得眼观六路耳听八方，而护住面部的盔甲势必阻挡士兵的视野。

各个地区、各个时代的工匠一直试图解决上述问题，他们通常根据气候条件、盔甲材料、制造工艺，以及武器的杀伤力来权衡。仔细观察各种盔甲，我们就会对不同时代的战争性质有更深刻的了解。

身体护甲

防护的科学

所有的身体护甲都要在提高防护和降低负重之间谋求平衡，此外，工匠还会对盔甲做各种装饰，比如起瓦楞，雕花纹，贴金箔等——最精美的盔甲是艺术品，是权贵社会地位的象征。无论锁子甲还是板甲，金属外壳都只是护甲的一部分，用来格挡敌方武器的进攻，金属外壳之下充当垫层的衣物才是缓冲受力的大功臣。15世纪，欧洲制甲工匠锻造出了足够大的钢片，能够制成全副铠甲，这是一项非常重要的成就，不过其他地方仍在用小型钢板连缀而成的护甲。

希腊亚麻胸甲

在迈锡尼时代和古典时代，希腊士兵都用亚麻胸甲保护身体。这种胸甲由多层亚麻黏合而成，看上去不起眼，但是效果很好。

希腊重装步兵护甲

尽管名曰"重装步兵"，但是和后世相比，他们的护甲并未覆盖全身。胸甲由青铜制成，仿照肌肉轮廓塑形，覆盖胸部，小腿部分由青铜护胫套防护——若仅依靠盾牌，小腿容易受伤。

罗马鳞片甲

这种样式的罗马护甲内层为亚麻短袍，外层缝制了叶子形状的铁制鳞片。最晚在埃及中王国时期，士兵就开始使用青铜制鳞甲战衣了。

罗马锁子甲

罗马辅兵身穿锁子甲短袍，这种护甲不仅轻便，而且非常灵活。

罗马环片甲

环片甲是罗马军团士兵的通用铠甲，它由灵活的长条甲片连缀而成，既轻便，又能提供有效防护。

武器和盔甲革命

锁子甲

13 世纪的骑士可能从头到脚都裹在锁子甲内。

锁子甲特写

锁子甲环环相扣，每个锁环都用铆钉做接头。锁子甲不应被称为"链式锁子甲"，因为锁环一个连着一个才构成了链条。

14 世纪的准板甲

13 世纪中期，人们开始使用板甲补强锁子甲。图中，在士兵的膝关节处可以清楚地看到补强板甲。此外，士兵还会用板甲大衣护住胸部，其样式类似披风，穿在棉布罩衣里面。

15 世纪的哥特式全副板甲

15 世纪下半叶，就在中世纪即将结束的时候，才出现了真正"全身披挂闪亮铠甲的骑士"。此时，得益于先进的制钢技术，工匠打造出了异常坚硬的铠甲，经过精心塑形，这些铠甲强度更高，厚度则相对降低。

布面铁甲

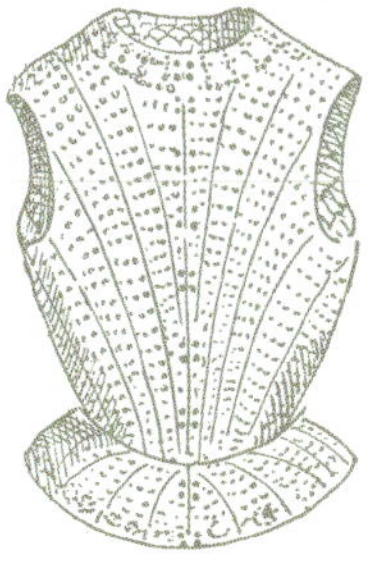

布面铁甲由一块块大约 6.5 平方厘米的铁板缝在布料或皮革上制成。这种护甲更灵活，轻装士兵尤其喜爱。直到 16 世纪，西班牙征服者依然用布面铁甲。

17 世纪的四分之三铠甲

随着火器的普及，盔甲逐渐被淘汰。但是直到 17 世纪末期，有些重骑兵依然使用图中的四分之三铠甲。

日本武士铠甲

日本铠甲是小块板甲用丝线连缀而成的，整套日本铠甲略轻于欧洲铠甲。日本人会在钢板甲涂上面漆，这样在潮湿气候下也不易生锈。

手执武器

投掷 / 射击武器

防御装备

服装
· 布面铁甲
· 亚麻胸甲
· 锁子甲
· 板甲
· 日本武士铠甲

武士
· 重装步兵
· 骑士
· 罗马军团
· 日本武士

军事理念和战术
· 铠甲艺术表达
· 制钢技术

战地工事和运输工具

头盔

头盔是战场防护的重中之重。头盔分为两种，一种可护住整个头颈部，另一种则不超过耳际线。大多数套式头盔顶部都比两侧厚，因为头部承重过大，也会造成麻烦。和身体护甲一样，头盔之下也应该有垫层，才能提供有效的保护。在冲锋骑枪或密集放箭战术大行其道的时代，士兵的面部显然需要多加防护。但是一旦戴上带面罩的头盔，士兵就无法自由呼吸了，视线和听力也会受阻——他们在战场上厮杀，必须呼吸顺畅，眼观六路，耳听八方。

施潘根式头盔

这是5—9世纪欧洲常见的一种头盔，主框架用金属制成，其上安装皮革或钢板合成盔体。

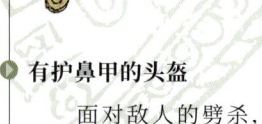

有护鼻甲的头盔

面对敌人的劈杀，杠式护鼻甲能有效防护面部，而锥形盔顶表面呈弧状，能够抵挡来自剑或短棍的击杀。脸的下半部则有带衬垫的锁子甲保护。

科林斯式头盔

希腊重装步兵的科林斯式头盔由青铜制成，用马鬃做顶饰，别具一格。

护面头盔

11世纪末，骑士开始用腋下平放骑枪冲锋的战术；12世纪，工匠打造出了护面头盔。

桶盔

13世纪时，头盔的防护更加密实，往往用皮带与胸部和背部的盔甲相扣。

颅盔

这种钢制颅盔由锁子甲围成，士兵先把它穿在里面，外面再罩一层桶盔。

武器和盔甲革命

巴萨内特式犬面盔

14世纪，阵地战中经常用密集放箭战术，于是越来越多的士兵戴这种头盔。这种头盔眼缝与双眼有一定距离，严重妨碍视线。

蛙嘴盔

蛙嘴盔的眼缝前伸，形似蛙嘴。它整体结构坚实，专门用于骑士比武大赛。

夏雷尔轻盔

15世纪德意志士兵常常同时戴夏雷尔轻盔和护喉甲，这是保护头部的两件套。图中夏雷尔轻盔的面甲用铆钉连接，可以移动，有的则固定安装在头盔上。英语中的护喉甲（bevor）一词来源于法文的"baver"，意为"滴水"，指的是戴上护喉甲，呼出的气会凝成水。

阿尔梅特头盔

这是一种15世纪常见的意大利头盔，它能为面部提供有效保护。

水壶盔

15世纪重装步兵喜欢戴水壶盔，它尤其适用于攻城战。

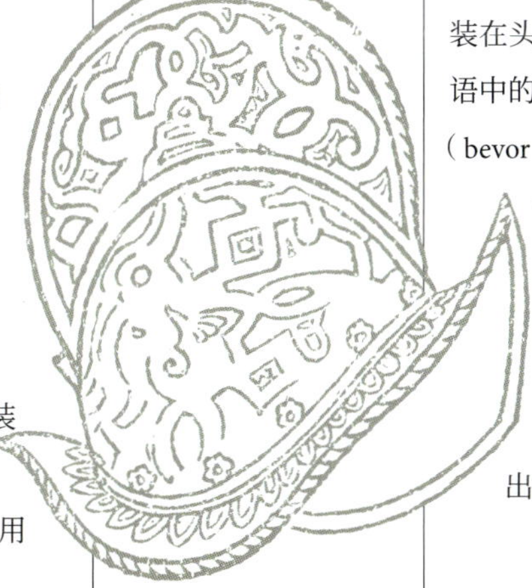

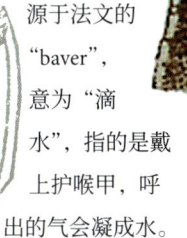

高顶头盔

16世纪的西班牙征服者和17世纪的长枪兵常常戴这种开面式头盔。

日本武士头盔

日本武士头盔的护颈甲状如喇叭口，造型独特。头盔用繁复的家族徽章装饰，而且往往和阴森诡异的面罩配套使用，意在恐吓敌人。

手执武器

投掷/射击武器

防御装备

服装
· 阿尔梅特头盔
· 颅盔
· 高顶头盔
· 科林斯式头盔
· 蛙嘴盔
· 护面头盔
· 桶盔
· 水壶盔
· 夏雷尔轻盔
· 日本武士头盔
· 施潘根式头盔

武士

军事理念和战术
· 盔甲艺术表达
· 制钢技术

战地工事和运输工具

盾

护具和身份象征

很早的时候，盾牌就是个人身份和荣誉的象征。据说斯巴达母亲就对儿子说："要么手持盾牌凯旋，要么躺在盾牌上被战友抬回来。"把战死沙场的武士放在盾牌上抬回家，这是一种古老的风俗。对武士来说，在战斗中丢失盾牌是奇耻大辱。盾牌不仅能提供身体防护，还能体现武士的身份。而且盾牌面积大，可以在上面做多种装饰。在崇尚个人英雄的文化中，每个武士都有专属纹章，斯巴达就是其中一例；在强调集体主义的文化中，比如罗马，每个军团都有独特的盾牌徽章。欧洲无比繁复的纹章系统在中世纪发展成熟，其中一个重要原因，就是骑士戴着护面头盔，只能通过盾牌纹章来辨认身份。木材和皮革是最常见的盾牌制作材料，工匠能用它们制成轻便又坚固的盾牌，有效抵挡重击。

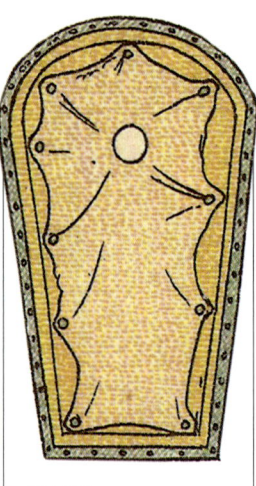

埃及盾

埃及广大步兵普遍使用这种盾牌。工匠把木板黏合在一起，或是钉在一起，外面罩上兽皮，就制成了埃及盾。

重装步兵盾牌

希腊语中，盾牌一词为"hoplon"，而重装步兵一词为"hoplite"，意为"执盾者"。希腊重装士兵的盾牌往往由藤条制成，外罩兽皮。所谓盾裙则是盾牌底部挂着的皮革围裙，用来为士兵的双腿提供额外防护。

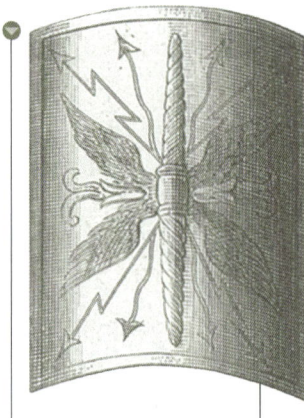

罗马大盾

常见的罗马军团盾仅在中部设一个抓手。军团士兵行军时要随身携带盾牌，遇到刮风下雨，则用皮革盾罩来保护大盾。

撒克逊人和维京人的盾牌

7—11世纪，以盾牌组成盾墙是盎格鲁-撒克逊人和后来的维京战士在阵地战中的主要战术。方队士兵肩并肩站在一起，盾牌层层叠叠，形成坚固的防御屏障。撒克逊人和维京人的盾牌是圆形的，中心有铁质浮雕花饰。

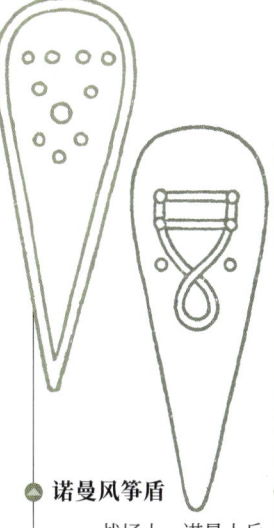

武器和盔甲革命

诺曼风筝盾

战场上，诺曼士兵会斜持拖着长尾巴的风筝盾。当诺曼骑兵面对敌人转向时，可以用风筝盾护住战马的侧腹，挡住敌人的箭矢或其他投射武器。

13 世纪的剑盾格斗

剑盾格斗本身就是深入人心的武术项目，在伦敦地区尤其受人追捧。练习格斗的学员会在史密斯菲尔德集合，然后相互比拼。返程路上，这些剑盾赛手会把小圆盾挂在剑柄上，一路喧闹，无比骄傲。人们称他们为"浪荡剑客"。

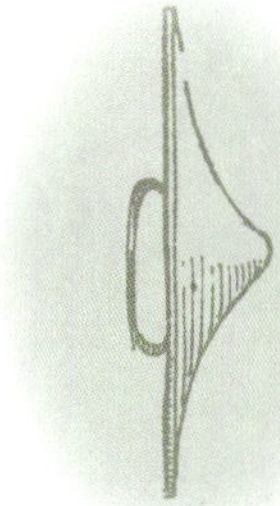

小盾

这是一种可拿在手中的小型金属盾。小盾守可格挡，化解力道；攻可出击，堪比重拳。很早的时候，小盾已经普及，中世纪后期，小盾更是风靡沙场。直到 16 世纪末，还有平民用这种盾牌防身。

熨斗盾

这种盾牌形似熨斗，维多利亚时代的文物研究者称之为"熨斗盾"。熨斗盾由皮革或亚麻包裹木芯制成。

竞技盾

竞技盾最初为骑士比武专用，后来也用来作战。盾面上开口，可用来架设骑枪；盾面中间凹陷，两头凸起，能最大限度降低对方骑枪遇阻后向上偏移伤及面部的风险。

巨盾

这是十字弩手使用的盾牌，后来成为持枪士兵的盾牌。当弩手装填弩栓或持枪士兵装填火药时，他们就把巨盾撑在地上，形成防护屏障。

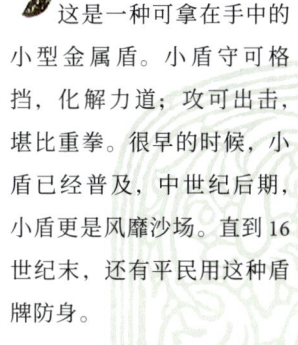

轻盾

到 1500 年，盾牌基本被淘汰，但是有些轻装部队依然使用轻盾。18 世纪，苏格兰士兵依然在使用轻盾。

手执武器
- 剑

投掷 / 射击武器

防御装备
- 小盾
- 竞技盾
- 熨斗盾
- 风筝盾
- 巨盾
- 罗马大盾

服装

武士
- 盎格鲁－撒克逊人
- 埃及步兵
- 重装步兵
- 维京人

军事理念和战术
- 盾墙

战地工事和运输工具

307

时间表

约公元前3000年
最早的轮式车辆牛车出现。

牛车

公元前2686—前2181年
埃及古王国时期,即金字塔时期。

公元前2040—前1786年
埃及中王国时期,埃及人使用先进的武器和战术,劫掠四邻。

约公元前1650年
青铜时代后期,战场上出现马拉战车,军队机动性增强。

约公元前1000年
步兵团体变得有纪律,出现受过训练的骑兵群体,以及成套且卓有成效的攻城装备,军队开始使用铁器时代的技术。

亚述统治阶层和步兵

公元前727年
提格拉·帕拉萨三世去世。在其治下,亚述和巴比伦合而为一,成为历史上首个中央集权帝国,这个帝国在一个世纪之后吞并了埃及。

公元前550年
居鲁士推翻米底王国,占领今伊朗地区,开创阿契美尼德王朝,即波斯帝国。

公元前264—前241年
罗马和迦太基海军爆发第一次布匿战争。罗马仿照迦太基的高级战船,打造出一支舰队,但是他们依然在这次战争中落败了。

布匿战争

476年
西罗马帝国灭亡,黑暗时代来临,历时二百年。

793年
维京人洗劫英格兰东北部林迪斯法恩修道院。

800年
教皇加冕查理大帝为"罗马皇帝"。分封制萌芽,封臣必须履行军事义务;同时,查理大帝倡导学习拉丁文本,加洛林文艺复兴运动开始。

1066年
诺曼征服。诺曼底公爵率领由维京长船组成的舰队,入侵英格兰。这种维京长船体形稍小,称斯奈克长船。

斯奈克长船

1227年
成吉思汗去世。他统一蒙古各部落,组建了强大的军队。起初,蒙古军队依赖其高超的骑术获胜,后来,他们迅速学会了被征服民族的先进战术。

成吉思汗

1240—1241年
蒙古人入侵欧洲,带来火药技术——在征服中原地区的战争中,蒙古人见识到了火药的威力。

13世纪
蒙古人两度东征日本,因遇台风而被迫撤退,于是日本人称台风为"神风"。

1410年
坦能堡一役,条顿骑士团败于波兰和立陶宛盟军。

1453年
奥斯曼突厥人攻占君士坦丁堡,给已经千疮百孔的拜占庭帝国敲响了丧钟。

15世纪80年代
哥特式骑士铠甲的鼎盛时期。

15世纪90年代
奥地利皇帝(神圣罗马帝国皇帝)马克西米利安一世借鉴瑞士模式,组建德意志轻装步兵队伍。德意志步兵组织严明,要进行严格的战术训练,是现代军队的雏形。

德意志步兵

1525年
帕维亚战役中,手持火绳枪的西班牙步兵战胜了法兰西铁甲骑兵,此战见证了火器的崛起和骑士兵种的没落。

1526年
蒙古大帝帖木儿六世孙巴布尔从阿富汗进入印度,建立莫卧儿王朝(名称源自"蒙古")。莫卧儿皇帝经常用战象来恐吓敌人。

约1530年
转轮点火装置面世。其原理是用齿轮击打火石产生火花,继而点燃长管火枪的弹药。

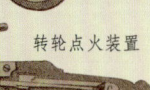

转轮点火装置

时间表

公元前1570—前1069年
埃及新王国时期，其社会生活和文化完全军事化，国家拥有巨大财富，实力强大，史称"黄金时代"。

公元前1275年
埃及和赫梯展开卡迭石之战，两军都大量使用战车。

约公元前1200年
传说中的特洛伊战争时代，四个世纪之后，荷马用史诗描述了这场战争。

马拉战车

公元前480年
萨拉米斯海战，交战双方是地米斯托克利率领的希腊士兵和薛西斯一世麾下的波斯舰队。希腊军队先是诱敌深入，然后乘机登船，在近战中占尽优势。

萨拉米斯海战

公元前334年
亚历山大大帝入侵波斯。亚历山大采用了新战术，这是他战无不胜的原因之一。

波斯灭亡

公元前240年
科林斯的阿基阿斯建造了"叙拉古"战船。这艘船由阿基米德设计，可能是世界上最大的古战船。

公元前49年
盖乌斯·特瑞伯尼乌斯统率罗马军队，赢得罗马共和国最后一场大型攻城战，占领马赛。

马赛之战

1095年
教皇乌尔班二世号召基督徒东征，从穆斯林手中夺回圣地，第一次十字军东征拉开序幕。四年后，十字军攻占耶路撒冷。

1187年
撒拉逊统帅萨拉丁经过鏖战，最终攻占耶路撒冷。而后，基督徒发动了第三次十字军东征，英格兰国王"狮心王"理查一世是这场战争中的传奇式英雄。

"狮心王"理查一世

1346年
蒙古人围攻热那亚港口卡法城。

14世纪
火炮首先在中国出现，替代了使用火药的喷火器。

中国火炮

16世纪
自本世纪初，以意大利为首，各国大力改进军事防御工事，成就斐然。

1511年
亨利八世麾下旗舰"玛丽·露丝"号建成，它是首批可做到舷炮齐射的战舰之一。

1521年
西班牙征服者人数很少，但是军事技术优势巨大，迅速打败了美洲当地的阿兹特克人。

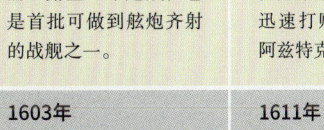

1577年
英国德普特福德皇家造船厂建造了第一艘竞速型盖伦帆船"复仇"号。11年后，"复仇"号成为弗朗西斯·德雷克爵士的旗舰，在无敌舰队之战中立下赫赫战功。

1603年
德川家康就任日本幕府将军，在江户建立政府。日本武士的军事意义减弱，政治地位上升。

1611年
瑞典国王古斯塔夫·阿道夫继位，随即着手学习先进军事战术。

阿兹特克皇帝蒙特祖马二世

1618年

三十年战争开始。这场战争始于天主教和新教之间的意识形态之争,但是后来演变为争夺政治权力和国家利益的战争,让无数生灵涂炭。

三十年战争

1630年

英格兰发布了长管火枪、轻火枪、火绳枪和卡宾枪枪管长度的官方尺度。

1632年

路德维科·梅尔佐的《军事规则》英译版面世,此书主要介绍战场上的战术部署。同年,约翰·克鲁索发表类似作品《骑兵军事指南》。

1677年

手雷正式成为英国军队新武器。

1704—1709年

西班牙王位继承战。马尔博罗富有领袖魅力,战术水平高,联合奥地利和荷兰盟军,与法军对战,在布伦汉姆、拉米利斯和马尔普拉凯等地连连获胜。

18世纪30年代

法国造出"74门炮战列舰",随后所有强国的海军都争相仿效,制造装载加农炮的战舰。

战列舰

1756—1763年

欧洲主要国家悉数卷入七年战争,战火蔓延至各国的海外殖民地,堪称"世界大战"。

1775年

美国独立战争开始,轻骑兵在英国军队中的作用越来越重要。英国精英队成立,军团由轻骑兵和步兵组成,士兵制服为绿色。

轻骑兵

1805年

特拉法尔加海战中,海军中将纳尔逊勋爵率领英国舰队击败了法国和西班牙联合舰队。这场胜利意义重大,表明英国皇家海军的航海技术和战术运用出类拔萃。

1814年

第一艘由蒸汽驱动的战舰"富尔顿"号下水,这艘蒸汽战舰属于美国海军,由罗伯特·富尔顿建造。九年之后,英国海军才首次使用蒸汽战舰。

蒸汽时代

1836年

塞缪尔·柯尔特发明柯尔特六发左轮手枪,并获得专利。

柯尔特左轮手枪

1840年

第一次鸦片战争爆发,英国的坚船利炮战胜了装备陈旧落后的清朝军队。

1853年

英国作战部批准士兵使用恩菲尔德线膛火枪,为迫在眉睫的克里米亚战争做准备。

1854年

巴拉克拉瓦战役中,由于战术陈旧,指挥失误,英国的轻骑兵旅伤亡惨重。

1861年

"勇士"号举行下水服役仪式。这是当时体积最大、装甲最完备的铁甲战舰。

塞缪尔·柯尔特

"勇士"号

时间表

1642年
英国内战开始,双方迅速学会了欧洲大陆的先进战术和阵法。

英国内战

1645年
6月14日的纳西比战役中,托马斯·费尔法克斯男爵为议会派打造的"新模范军"与保皇派展开决战。作为职业部队,"新模范军"经受住了战争的考验。

17世纪
本世纪下半叶,攻城战术发展至巅峰。

1735年
中国的乾隆皇帝登基,次年改元,之后清朝版图有所扩大。

1740—1748年
主要欧洲国家悉数卷入奥地利王位继承战。战争结果表明,雇佣兵(无论经验多么丰富)和国内征兵(无论数目多么庞大),都无法与训练有素的本国职业军人匹敌。比如,这场战争中,普鲁士军队战绩斐然。

1746年
卡洛登战役。詹姆斯党人支持查尔斯·爱德华·斯图亚特王子;汉诺威王朝军队支持乔治二世,其统帅是坎伯兰公爵。詹姆斯党人失利,战术不当和统帅力有不逮是其中两个原因。

1794年
法国大革命期间,士兵首次乘坐载人气球开展空中侦察。

侦察气球

1803—1815年
拿破仑战争。拿破仑·波拿巴率领主要靠征募集结的法国军队,联合像走马灯一样变化的盟友,与十分传统但是同样多变的欧洲对手(反法同盟)交战,战争规模前所未有。

拿破仑战争

1815年
拿破仑兵败滑铁卢。拿破仑善用骑兵冲锋战术,但在滑铁卢一役中,因缺乏步兵的有效支持,法军失败。

1836年
丹尼斯·哈特·马汉编纂的《战地防御工事全本》出版。25年后的美国内战中,南北双方都将此书奉为战地防御工事宝典。

1855年
美国中将哈迪参考法国军事手册编写的《步枪兵和轻装步兵战术手册》,获得美国军队和民兵组织认证,成为正式的军中操练手册。

1856年
历时三年的克里米亚战争结束。用电报传递军事信息、修建临时铁路(用来运输军事物资)、战场医疗护理条件改善(其中包括氯仿的应用)等都始于这场战争。

1857年
西点军校毕业生亨利·霍普金斯·西布利发明了钟形帐篷(又称"西布利帐篷")。

1861年
美国春田兵工厂开始生产线膛火枪。这种新式武器射程远、精度高,对以密集阵形出战的步兵具有毁灭性的杀伤力,所以这种盛行一时的标准步兵战术亟待改革。

克里米亚战争

1861—1865年
美国内战。长途奔袭而后插入敌后的骑兵战术大展神威,南方联盟发动19次骑兵突袭,北方联邦发动15次,这种骑兵战术的实用性可见一斑。

1862年
美国发明家理查德·乔丹·加特林博士首次获得六管机枪的专利权。

加特林机枪

1864年
为保障战时人道主义救助,12个国家签署了《日内瓦公约》。

311

术语表

Arquebus 火绳（钩）枪：15—16 世纪的火枪从枪口填装火药，用火绳点火装置，长管火枪和步枪都脱胎于火绳枪。

Bascinet 巴萨内特式头盔：中世纪欧洲骑士佩戴的一种开面式金属头盔，后来添加了面甲和护颈板甲。

Bastion 棱堡：从城堡或堡垒墙壁边角延伸出的箭头状防御工事，与城堡共同形成广角防御阵地。

Bireme 双列桨帆船：腓尼基人、希腊人和罗马人使用的桨帆船，无风时，由两侧双列桨手划船。

Bodkin 锥形匕首（箭）：一种盎格鲁-撒克逊匕首，匕尖有方形剖面。中世纪时，工匠仿照其形状，制造了锥形铁箭头。

bow-chaser 舰首追击炮：安装在护卫舰前方的重型火炮。在追击敌舰时，舰首追击炮可以向前方敌舰风帆索具开火，防止敌舰逃脱。

breech-load weapon 后膛装填武器：将实心或爆炸弹塞入枪（炮）管后膛的武器，与枪口装填武器正好相反。

brown bess 棕贝丝燧发枪：18 世纪 20 年代至 19 世纪 50 年代英国军队使用的一切燧发火枪的统称，属于非正式名称。

Buckler 小盾：1100—1600 年北欧武士常用的灵巧盾牌，用前臂操作。一般为圆形，可拿在手中。

Carabiner 卡宾骑士团：最初指配备卡宾枪（短管火枪）的骑兵队伍，后来指轻骑兵连，或骑兵队。

Carbine 卡宾枪：最初指短管火枪，后来指短管步枪或长管手枪。

Carrack 卡瑞克帆船：15—16 世纪西欧高尾远洋帆船，有三到四根桅杆。

Cascable 炮尾：指加农炮的尾部，包括尾钮、颈部和尾部外环。

Cataphracts 具甲骑兵：原指波斯帝国的重装骑兵，后来指罗马帝国和拜占庭帝国的重装骑兵。

chapel-de-fer 水壶盔：13—16 世纪战士使用的一种圆形宽边战盔。

Chasseur 猎兵：法国轻步兵或轻骑兵团成员，也指美国内战中身穿类似制服的士兵。

Coif 贴头帽：包住除了脸之外的整个头部、颈部和双肩的锁子甲战衣。

Corvus 乌鸦吊：木制接舷吊桥，放在罗马战舰船头，用来帮助罗马士兵登上敌船杀敌。

Cranequin 齿轮装置：14 世纪时，通过摇动棘齿滑轮的手柄上紧十字弩绳的装置。

Crenellation 垛口：城墙顶部凹凸状的短墙，士兵可以在开口处观察敌情，并利用墙体掩护。

Cuirass 胸甲：一副铠甲中护住胸部和背部的重要部分。

Dragoon 龙骑兵：原指在紧急状态下能策马驱驰的步兵，后指轻骑兵团成员。

Drakkar 达卡维京长船：后期维京长船，又称"龙船"。

Falchion 大砍刀：11—16 世纪欧洲的砍杀武器，刀体重，单刃宽，大多为弯刀。

Faulds 腹甲：成套铠甲中用来保护下腹、髋部以及大腿的部分，为裙状短甲。

flintlock musket 燧石长管火枪：一种从枪口装填火药的滑膛长管火枪，射击时，用燧石点火装置点燃引火盘中的火药。

Framea 日耳曼短枪：早期日耳曼武士使用的一种刺矛。

Francisca 法兰克掷斧：早期日耳曼部落使用的一种掷斧，法兰克部落尤其喜爱这种武器。

Frizzen 火镰：一块 L 形钢板，底部可盖住燧发火枪的引火盘。使用时，火镰与燧石相撞，击打出火花，点燃引火盘内的引火药，引火药再点着燃烧室内的填装火药。

Gabions 土筐：又称"土笼"，是柳条编成的圆柱形篮筐，里面塞满泥土，垒在一起，可作为炮手和狙击手的掩体。

gladius hispanicus 西班牙短剑：一种较短的双刃刺剑，罗马人在西班牙发现这种武器后，迅速将其引进，并在帝国全境普及。

Goedendag 好日子：14 世纪早期的一种重型矛，多见于佛兰德斯地区。柄和刃之间有短棍，短棍还有球形把手。

Gorget 护颈：成套铠甲中保护颈项的部分，又指军服中覆盖颈部的部分。

Hackbut 火绳钩枪：早期火绳枪的另一名称。英语中，这个单词和源自丹麦语的"钩枪"（hook gun）一词意思相似。

Halberd 戟：带斧头和反刺枪尖的长矛。

Hauberk 甲衣：袖筒蓬松的锁子甲夹克。

hoop and stave bombard 拼接炮筒和筒箍大炮：一种大口径炮，炮筒由铁板铸成，并用筒箍固定。

Hoplites 重装步兵：全副武装的古希腊城邦战士。

Hussar 骠骑兵：原指 15 世纪早期匈牙利

规模不等的轻骑兵队伍,后泛指17世纪之后在欧洲各地和北美出现的类似队伍。

Katana 日本刀:日本人称之为"武士刀",单刃,刀体适度弯曲。

Keri 马来刀:印尼以及周边国家的短匕首或刀,刀刃大多呈波状,刀柄倾斜。

Khopesh 克赫帕什镰形刀:古埃及镰刀状武器。

Kopis 科庇斯弯刀:一种向外弯曲的希腊骑士刀,长约3英尺(1米),可用来与步兵对战。

Lunette 半月堡:一种独立的防御工事,或为障壁、胸墙,或为外围工事,最初呈半月形。

Macahuitl 黑曜石锯剑:阿兹特克木剑,剑身为木棍,棍上镶嵌多块黑曜石(火山玻璃)作为剑刃。

Machicolation 堞口:堡垒内室天花板或楼板上的开口,守卫在上层的士兵可以往堞口倒开水、扔石头,以击退进攻者。

Maniple 步兵支队:罗马军团分队。

Mantlets 活动掩体:中世纪的可移动分块式掩体,组合安装之后,能够防御敌军箭矢和其他射击物。

matchlock musket 长管火绳枪:采用火绳点火装置的长管火枪。射击时,缓慢燃烧的火绳先点着引火药,再点燃枪管后膛中的发射火药。

minié ball 米涅弹丸:用于枪口装填步枪的膨胀子弹,形状特殊,在克里米亚战争以及美国内战期间逐步普及。

Mortar 迫击炮:炮口装填,配有底板和撞针,发射特制炮弹(迫击炮弹);速度低,弹道弧线高。

motte-and-bailey castle 城寨式城堡:1066年由诺曼人带到英国,由深沟环绕的土堆和栅栏围护的居住地组成。

muzzle-loading weapon 前膛装填武器:从枪管或炮管顶部(离目标最近)装填子弹或炮弹的枪炮,与后膛装填相反。

Onager 弩炮:又名"野驴投石机",是古罗马后期一种移动攻城器械,用投石杆技术,类似小型配重投石机。

palstave ax 青铜凿斧:青铜时代的战斧,金属斧头上有浇铸而成的带颈法兰,用来把斧头安在木柄上。

Pavise 巨盾:外面中部起脊的大型盾牌。在中世纪,士兵(尤其是弓箭手和十字弩手)用它做护身屏障。

Peltast 轻装步兵:古希腊轻装步兵,他们使用枝条编成的轻盾,又称"轻盾兵"。

Pentekonter 五十桨战船:希腊早期战船,两侧各有一列桨手,每列桨手25人。

Petrary 投石装置:古代投石攻城器械的统称,比如中国投石机和欧洲配重式投石机。

Pilum 罗马标枪:罗马军团使用的投掷矛,又称"重标枪",枪头为金字塔状。

Poleyns 护膝甲:成套铠甲中保护膝盖的部分,或为板甲,或为其他种类的甲片。

priming pa 底火盘:长管火枪的引火盘。射击时,火花首先点燃引火药,然后点着枪管后膛的发射药。

Quarrel 弩栓:十字弩发射的方头栓钉。

Quillons 十字叉:两道钢条交叉形成的剑护手,样式简单。

Quinquereme 五列桨重型战船:古希腊和罗马桨帆船,无风时,由每侧五列桨手划动。

Redan 凸角堡:半月堡、堡垒或城堡墙向外突起的样式,呈箭头状,可形成广角防御阵地。

rere-brace 上臂护甲:成套铠甲中保护上臂的部分。

Revetment 护墙:沿墙修筑的工事或突出部分,用来抵消敌方投射物和爆炸物的冲击力。

Ribauldquin 风琴炮:14—15世纪,一种能同时发射铁制炮弹的多炮管大炮,又称"排炮"。

Rondel (圆头)匕首:中世纪一种匕首,刀身细长,手柄为球状。

Sabatons 铠甲战靴:成套铠甲中保护双脚的部分。

Sapping 挖掘战壕:挖掘战壕或隧道,以攻击或破坏敌方要塞的防御工事。

Scutum 罗马大盾:罗马军团士兵使用的半圆柱状盾牌。

seax/scramasax 撒克逊刀:黑暗时代欧洲西部、北部和中部各族人(尤其是撒克逊和弗兰克人)使用的大刀。

snaphaunce lock 燧发枪机:一种早期燧发火枪枪机,当时还没有用特制的钢片盖住底火盘。(参见"火镰")

Snekke 斯奈克维京长船:体形最小、最常见的维京舰队长船。

spencer rifle 斯宾塞步枪:一种手动操作的杠杆枪机连发步枪。美国内战期间,联邦军队用的就是这种步枪。

Trireme 三列桨战船:腓尼基、希腊人和罗马人使用的桨帆船,无风时,由两侧三列桨手划船。

Trunnion 炮耳:大炮两侧有炮耳,这是大炮的旋转中轴。

参考书目

Barber, R and Barker, J, *Tournaments: Jousts, Chivalry and Pageants in the Middle Ages*, The Boydell Press, Woodbridge, 1989

Blackmore, H L, *Guns and Rifles of the World*, London, 1965

Blair, C, *European Armor c.1066 – c.1700*, Batsford, London, 1979

Brown, R A (ed.), *Castles: a History and Guide*, Blandford, Poole, 1980

Capwell, T, *The Real Fighting Stuff*, Glasgow Museums, 2007

Casson, L, *The Ancient Mariners: Seafarers and Seafighters of the Mediterranean in Ancient Times* (second edition), Princeton University Press, 1991

Chandler, D, *The Art of War in the Age of Marlborough*, London, 1976

Chandler, D, *The Campaigns of Napoleon*, London, 1967

Chase, K, *Firearms: A Global History to 1700*, University of Cambridge Press, 2003

Chenevix Trench, C, *A History of Marksmanship*, Follett, 1972

Connolly, P, *Greece and Rome at War*, Macdonald, 1981

Cruso, J, *Militarie Instructions for the Cavallerie*, Cambridge 1632; reprinted Kineton, 1972, with commentary by Brig. P Young

Davis, Maj. G B et al, *The Official Military Atlas of the Civil War*, Government Printing Office, Washington, 1891–1895

Dawson, D, *Origins of Western Warfare*, Westview, 1996

Dawson, D, *The First Armies*, Cassell, 2001

Drews, R, *The End of the Bronze Age*, Princeton, 1995

Drews, R, *Early Riders: The Beginnings of Mounted Warfare*, Taylor and Francis, 2004

Duffy, C, *Fire and Stone: the Science of Fortress Warfare 1660–1860*, Newton Abbot, 1975

Duffy, C, *Frederick the Great: A Military Life*, London, 1985

Duffy, C, *The Army of Frederick the Great*, Newton Abbot, 1974

Duffy, C, *The Army of Maria Theresa*, Doncaster, 1990

Duffy, C, *The Military Experience in the Age of Reason*, London, 1987

Edge, D, and Paddock, J M, *Arms and Armour of the Medieval Knight*, Bison Books, London, 1991

Edgerton, R, *Death or Glory: The Legacy of the Crimean War*, Westview, Boulder, Colorado, 1999

Ferrell, J, *The Dr Leo S Figiel Collection of Mogul Arms*, Butterfield & Butterfield, San Francisco, 1998.

Ferrill, A, *The Origins of War: From the Stone Age to Alexander the Great*, Perseus, 1997

Field, R, *American Civil War Fortifications (2): Land and field fortifications*, Osprey Publishing, 2005

France, J, *Western Warfare in the Age of the Crusades 1000–1300*, Cornell Press, Ithaca New York, 1999

Gabriel, R A, *Genghis Khan's Greatest General: Subotai the Valiant*, Praeger, 2004

Gernet, J, *A History of Chinese Civilization*, University of Cambridge Press, 1985

Gillingham, J, *Richard the Lionheart*, Weidenfeld & Nicolson, London, 1989

Glover, M, *Warfare in the Age of Bonaparte*, London, 1980

Goldsworthy, A, *The Complete Roman Army*, Thames & Hudson, 2003

Goldsworthy, A, *Roman Warfare*, HarperCollins, 2005

Griffith, P, *The Art of War in Revolutionary France*, London, 1998

Grose, G, *Military Antiquities Respecting a History of the English Army, with a Treatise on Ancient Armor and Weapons*, London, 1801

Guilmartin Jr., J F, *Gunpowder and Galleons: Changing Technology and Mediterrean Warfare at Sea in the Sixteenth Century* (revised edition), The United States Naval Institute, Annapolis, Maryland, 2003

Hamilton, E P, *The French Army in America and... The Musket Drill of 1755*, Ottowa, 1967

Hanson, V, *The Western Way of War*, California, 1989

Hardee's Rifle and Light Infantry Tactics, J. O. Kane, Publisher, 126 Nassau Street, New York, 1862

Hardy, R and Strickland, M, *The Great Warbow*, The History Press, 2005

Hartog, L de, *Genghis Khan*, IB Tauris, London, 1999

Haythornthwaite, P J, *The English Civil War 1642–1651: An Illustrated Military History*, Poole, 1983

Haythornthwaite, P J, *Napoleonic Weapons and Warfare: Napoleonic Cavalry*, London, 2001, and *Napoleonic Infantry*, London, 2001

Hooper, N and Bennett, M, *Cambridge Atlas of Warfare: The Middle Ages 768–1492*, Cambridge University Press, 1996

Hughes, Maj. Gen. B P, *Firepower: Weapons Effectiveness in the Battlefield 1630–1850*, London, 1974

Hughes, Maj. Gen. B P, *Open Fire: Artillery Tactics from Marlborough to Wellington*, Chichester, 1983

Johnson, R U (ed.) et al, *Battles and Leaders of the Civil War*, four volumes, Thomas Yoseloff, New York, 1956

Keen, M, *Chivalry*, Yale University Press, New Haven and London, 1984

Kemp, A, *Weapons and Equipment of the Marlborough Wars*, Poole, 1980

Knight, I, *The Anatomy of the Zulu Army*, Greenhill, London, 1995

Lane-Poole, S, *Saladin and the Fall of Jerusalem*, Greenhill, London, 2002

Lavery, B, *Nelson's Navy: The Ships, Men, and Organization, 1793–1815*, The United States Naval Institute, Annapolis, Maryland, 1989

Murphey, R, *Ottoman Warfare 1500–1700*, UCL Press, London, 1999

Nafziger, G F, *Imperial Bayonets: Tactics of the Napoleonic Battery, Battalion and Brigade as found in Contemporary Regulations*, London and Mechanicsburg, 1996

Newark, T, *Warlords*, Arms and Armour Press, London, 1996

Nicolle, D, *Medieval Warfare Source Book, Volume 1 and 2*, Arms and Armour Press, London, 1995, 1996

Nordhoff, C, *Man-of-War Life*, The United States Naval Institute, Annapolis, Maryland, 1985

Norman, A V B, and Pottinger D, *English Weapons and Warfare 449–1669*, Dorset Press, New York, 1966

Nosworthy, B, *Battle Tactics of Napoleon and his Enemies*, London, 1995

Oakeshott, E, *The Archaeology of Weapons*, Lutterworth Press, 1960

Parker, G, *The Military Revolution*, University of Cambridge Press, 1996

Paterson, W F, *A Guide to the Crossbow*, Society of Archer-Antiquaries, 1990

Peterson, H L, *Arms and Armor in Colonial America 1526–1783*, Dover Publications, 2000

Peterson, H L, *The Book of the Gun*, Hamlyn, 1968

Robinson, F, *Islamic World*, University of Cambridge Press, 1996

Rose, S, *Medieval Naval Warfare, 1000–1500*, Routledge, New York, 2002

Rothenberg, G E, *The Art of War in the Age of Napoleon*, London, 1977

Rules for the Management and Cleaning of the Rifle Musket, Model 1863 for the Use of Soldiers, Government Printing Office, Washington, 1863

Sinclaire, C, *Samurai*, Salamander, London, 2001

Sprague, M, *Norse Warfare: Unconventional Battle Strategies of the Ancient Viking*, Hippocrene Books Inc., New York, 2007

Stone, G C, *A Glossary of the Construction, Decoration, and Use of Arms and Armor*, New York, 1961

Taylor, C, *The American Indian*, Salamander, London, 2002

Todd, F P, *American Military Equipage, 1851–1872, Volumes I & II*, The Company of Military Historians, Providence, Rhode Island, 1974–1977

Tucker, S, *Arming the Fleet: U.S. Navy Ordnance in the Muzzle-Loading Era*, The United States Naval Institute, Annapolis, Maryland, 1989

Turnbull, S, *Samurai: The Warrior Tradition*, Arms and Armour Press, London, 1996

Turnbull, S, *The Samurai Sourcebook*, Weidenfeld & Nicolson, 2000

Turner, J, *Pallas Armata: Military Essays...*, London 1683, reprinted New York, 1968

Vale, M G A, *War and Chivalry: Warfare and Aristocratic Culture in England, France, and Burgundy at the end of the Middle Ages*, University of Georgia Press, 1981

Wagner, E, *Cut and Thrust Weapons*, London, 1967

Wagner, E, *European Weapons and Warfare 1618–1648*, London, 1979

Warry, J, *Warfare in the Classical World*, Oklahoma, 1995

Windham, W, *A Plan of Discipline composed of the use of the Militia of the County of Norfolk*, London, 1759, reprinted Ottowa, 1969

"W.T.", *The Compleat Gunner*, London 1672, reprinted Wakefield, 1971

撰稿人说明

蒂姆·纽瓦克（Tim Newark），战争史专家，著述颇丰，作品有《高地人》（*Highlander*，2010），《战斗民族爱尔兰》（*The Fighting Irish*，2012），《兵不厌诈》（*Camouflage*，2007）等。他曾在《军事画报》从事编辑工作，近些年则在英国皇家邮政担任历史顾问，并参与多部电视系列纪录片的文本编写工作。其中《二战群英暨武器录》（*Heroes & Weapons of WW2*）更是重量级作品。

撰写本书"放眼世界""步兵方阵详解""罗马攻城战术详解"等内容。

马修·本内特（Matthew Bennett），桑德赫斯特皇家军事学院高级讲师，主要研究中世纪骑士、十字军东征等方面的内容，已发表多篇论文。其代表作为《剑桥战争图集——中世纪768-1487》（*The Cambridge Atlas of Warfare: The Middle Ages 768-1487*）。

撰写本书"中世纪战争"这一部分内容。

多尼·道森博士（Dr. Doyne Dawson），曾在普林斯顿大学学习古代史，在西点军校学习军事历史。现任韩国世宗大学教授，研究领域为战争起源。

撰写本书"古代的战争""罗马及其敌人""黑暗时代""维京入侵者"等内容。

罗恩·菲尔德（Ron Field），1982年获富布赖特奖学金，1983—1992年任英国联邦历史学会助理，2005年入选总部设在美国华盛顿哥伦比亚特区的军事历史学家协会。主要研究领域为美国南北战争，其作品广受好评。

撰写本书"现代战争的开端""海战"等内容。

菲利普·海桑斯威特（Philip Haythornthwaite），蜚声国际的学者和历史顾问，研究方向是18—19世纪军事历史、制服和设备。他重点关注拿破仑时期军事史，已发表40多篇军事史学文章。

撰写本书"枪支革命""燧发枪时代"等内容。

迈克·罗德斯（Mike Loades），军事历史学家、历史武器专家，因在多部电视纪录片上亮相而广为人知。著有《剑与剑客》（*Swords and Swordsmen*，2010），《长弓》（*The Longbow*，2013），《复合弓》（*The Composite Bow*，2016）等。

撰写本书"武器和盔甲革命""引言"等内容。

图片出处

除文中另行标注外，其他所有插图都来自如下作品：

Boutell, Charles, *Arms and Armour in Antiquity and the Middle Ages*, London, Reeves & Turner, 1874

Burton, Sir Thomas, F, *The Book of the Sword*, London, Chatto & Windus, 1884 (Modern edition published by Dover Publications, New York, 1987)

Clark, Geo T, *Medieval Military Architecture Vol 1 and 2*, London, Wyman & Sons, 1884

Colomb, Vice Admiral P H, *Naval Warfare*, London, W H Allen & Co, 1899

Demmin, Auguste, *An Illustrated History of Arms and Armour from the Earliest Period to the Present Time*, London, George Bell & Sons, 1877

Du Chaillu, Paul B, *The Viking Age Vol 1 and 2*, New York, Charles Scribner's Sons, 1890

Farrow, Edward S, *Farrow's Military Encyclopaedia Vol 1 to 3*, New York, 1885.

Fox, Frank, *The Story of the British Navy*, London, Adam & Charles Black, 1913

Grant, James, *British Battles On Land And Sea Vol 1 to 3*, Cassell Petter & Galpin, 1897

Heck, J G, *Iconographic Encyclopaedia of Science, Literature & Art*, New York, Rudolphe Garrigue, 1851

Hottenroth, Friedrich, *Le Costume Chez Les Peuples Anciens et Modernes*, Paris, Armand Guérinet, 1890

Hottenroth, Friedrich, *Trachten, Haus-, Feld-und Kriegsgeräthschaften der Völker alter und neuer Zeit*, Stuttgart, Verlag von Gustav Weise, 1884

Hugo, Herman, *De Militia Equestri Antiqua Et Nova... Libri Quinque*, B. Moreti, 1630

Payne-Gallwey, Sir Ralph, *A Summary of the History, Construction and Effects in Warfare of the Projectile-Throwing Engines of the Ancients: With a Treatise on the Structure, Power and Management of Turkish and Other Oriental Bows of Mediaeval and Later Times*, Longmans, Green & Co, London, 1907

Payne-Gallwey, Sir Ralph, *The Crossbow*, 1903 (Modern edition published by Dover Publications, New York, 1995)

Racinet, Albert, *Le Costume Historique,* Paris, Librairie de Firmin-Didot et cie, 1888

Rules for the Management and Cleaning of the Rifle Musket Model 1863

Schmidt, Rodolphe, *Les Armes A Feu Portatives, leur Origine et leur Developpement Historique et Technique*, Paris, 1877

本书有幸获得如下组织的许可，得以使用大量珍贵图片，在此郑重致谢：

AKG Images: 8 (b), 36–37 (bkgd), 36 (b), 37 (b), 38 (b), 116 (t), 136 (b), 137 (tr), 248 (tl) 253 (c). **Alamy:** 126 (t). **Bridgeman Art Library**/The Stapleton Collection, UK: 37 (t); Private Collection: 126 (b), 128 (t); The Stapleton Collection, UK: 129 (bl), 143 (tr); Private Collection: 144 (br); National Army Museum, London: 223 (br); Peter Newark American Pictures: 233 (br); Ken Welsh: 260 (c); Bibliotheque des Arts Decoratifs, Paris, France/Archives Charmet: 273 (b), Private Collection: 309 (c). **Corbis:** 127 (t); Bettmann: 136 (tr), 137 (tl), 146 (tr), 214 (tr), 220 (b), 309 (br). **Hong Kong Maritime Museum**, (reproduced by permission): 250 (t). **Mary Evans Picture Library:** 137 (br), 138, 143 (br), 146 (tl), 216 (c).

我们向提供图片的单位表达诚挚的谢意，如有遗漏，实属无心，在此郑重致歉。

本书还用了如下各位的私人珍藏图片，亦在此郑重致谢：

Ron Field

Philip Haythornthwaite

Tim Newark

图书在版编目（CIP）数据

图解战争史：从上古时代到现代/（英）蒂姆·纽瓦克主编；顾捷昕，丁广华译. --北京：北京联合出版公司，2023.12（2024.7重印）

ISBN 978-7-5596-6018-3

Ⅰ.①图… Ⅱ.①蒂…②顾…③丁… Ⅲ.①战争史—世界—普及读物 Ⅳ.①E19

中国版本图书馆CIP数据核字（2022）第037973号

2009 Quarto Publishing plc
First Published in 2009 by Ivy Press, an imprint of The Quarto Group,
1 Triptych Place, Second Floor, London SE1 9SH, United Kingdom

Simplified Chinese edition copyright © 2023 by Beijing United Publishing Co., Ltd.
All rights reserved.
本作品中文简体字版权由北京联合出版有限责任公司所有

图解战争史：从上古时代到现代

[英] 蒂姆·纽瓦克（Tim Newark） 主编
顾捷昕 丁广华 译

出 品 人：赵红仕
出版监制：刘 凯 赵鑫玮
选题策划：联合低音
责任编辑：王月梅
装帧设计：聯合書莊

北京联合出版公司出版
（北京市西城区德外大街83号楼9层 100088）
北京联合天畅文化传播公司发行
北京华联印刷有限公司印刷 新华书店经销
字数328千字 889毫米×1194毫米 1/16 20印张
2023年12月第1版 2024年7月第2次印刷
ISBN 978-7-5596-6018-3
定价：168.00元

版权所有，侵权必究
未经书面许可，不得以任何方式转载、复制、翻印本书部分或全部内容。
本书若有质量问题，请与本公司图书销售中心联系调换。电话：（010）64258472-800